工商管理经典译丛
市场营销系列

Business Administration
Classics·marketing

定价策略

Pricing Strategy

蒂姆·史密斯（Tim J. Smith）

—— 著 ——

周庭锐　张恩忠　赵智行　阳　颖

—— 译 ——

中国人民大学出版社
·北京·

图书在版编目（CIP）数据

定价策略/史密斯著；周庭锐等译 . —北京：中国人民大学出版社，2015.4
（工商管理经典译丛 . 市场营销系列）
ISBN 978-7-300-21001-8

Ⅰ.①定 Ⅱ.①史…②周… Ⅲ.①企业定价 Ⅳ.①F274

中国版本图书馆 CIP 数据核字（2015）第 056927 号

工商管理经典译丛 · 市场营销系列
定价策略
蒂姆·史密斯　著
周庭锐　张恩忠　赵智行　阳　颖　译
Dingjia Celüe

出版发行	中国人民大学出版社		
社　　址	北京中关村大街 31 号	邮政编码	100080
电　　话	010 - 62511242（总编室）	010 - 62511770（质管部）	
	010 - 82501766（邮购部）	010 - 62514148（门市部）	
	010 - 62515195（发行公司）	010 - 62515275（盗版举报）	
网　　址	http://www.crup.com.cn		
经　　销	新华书店		
印　　刷	天津鑫丰华印务有限公司		
开　　本	787 mm×1092 mm　1/16	版　　次	2015 年 5 月第 1 版
印　　张	20.75 插页 1	印　　次	2024 年 7 月第 9 次印刷
字　　数	365 000	定　　价	75.00 元

工商管理经典译丛·市场营销系列

出版说明

随着我国市场经济的不断深化，市场营销在企业中的地位日益突出，高素质的市场营销人才也成为企业的迫切需要。中国人民大学出版社早在1998年就开始组织策划"工商管理经典译丛·市场营销系列"丛书，这是国内第一套引进版市场营销类丛书，一经推出，便受到国内营销学界和企业界的普遍欢迎。

本丛书站在当代营销学教育的前沿，总结国际上营销学的最新理论和实践发展的成果，所选图书均为营销学界有影响的专家学者所著，被世界各国（地区）的高校师生和企业界人士所广泛使用。在内容上，涵盖了营销管理的各个重要领域，既注意与国内营销学相关课程配套，又兼顾企业营销的实际需要。

市场营销学是实践性很强的应用学科，随着我国企业营销实践的日渐深入和营销学教育的快速发展，本丛书也不断更新版本，增加新的内容，形成了今天呈现在读者面前的这一较为完善的体系。今后，随着营销学的发展和实践的积累，本丛书还将进行补充和更新。

在本丛书选择和论证过程中，我们得到了国内营销学界著名专家学者的大力支持和帮助，原我社策划编辑闻洁女士在早期的总体策划中付出了大量的心血，谨在此致以崇高的敬意和衷心的感谢。最后，还要特别感谢为本丛书提供版权的培生教育出版集团、约翰威立公司、麦格劳-希尔教育出版公司、圣智学习出版公司等国际著名出版公司。

希望本丛书对推动我国营销人才的培养和企业营销能力的提升持续发挥应有的作用。

中国人民大学出版社

译者序

　　在过去 20 年夙夜匪懈的学术研究与企业实践中，我们发现"定价"始终是企业主管所面临的最常见但也是最感困惑的决策议题。不可否认，不论一种产品或服务如何强调其品位与价值，对于一般消费者而言，价格绝对是一个非常重要的消费行为决定因素。便宜的定价，虽然可以让人们贪其实惠而趋之若鹜，但是折损企业应得的利润，而过高的定价，又令人仰之弥高，望之却步，在满足不了盈亏平衡点的销量下，企业很可能偷鸡不着还蚀了那把珍贵的米。

　　然而，在便宜与昂贵之间，是一条单纯的直线吗？假如人心是机械结构，那么只需经济学和管理科学即可解释一切，但问题是人心远远超越科学可以计量的范围。若干研究显示，不缺钱的富人往往更加理性精明，比寻常庶民更能分辨所消费内容的真实价值（厂商更难以获得溢价），反而是理应对价格敏感的贫穷的人，更容易接受通过销售话术所堆砌出来的忽悠的泡沫价值，愿意相信不合理的过高定价（厂商更容易获得溢价）。在便宜与昂贵之间，存在一个繁复的结构。事实上，定价是个令人费解的谜。

　　很幸运的是，我们总算寻到了解开这个谜的门径。就在某个秋日午后，中国人民大学出版社石岩老师邀请我品鉴下蒂姆·史密斯这本《定价策略》，原本只是考虑是否引进这本书，但是我在展读之后，被作者严谨的思考、生动的语言、随手拾来的举例深深吸引，一路畅读，欲罢不能。阅后心中澎湃激动不已，赶紧致电石老师，这本难得一见的好书不仅应当引进中国，更应该翻译成中文，以飨广大中国读者。

　　由于个人工作忙碌，时间有限，所以在征得石老师的首肯后，邀请我的同事张恩忠老师以及赵智行、阳颖两位非常优秀的同学共同参与这本书的中文翻译工作，历时一年有余，总算结稿成书。在此特别感谢石老师的热情支持与耐心等待。纵观本书，我的心得是，定价是至高的艺术，也是最严谨的科学。谨以此书和读者以及投身企业实践的同好们共同勉励、共同学习。

周庭锐

序　言

　　一位负责定价的企业主管必须能够回答下面这四个基本问题：（1）价格应该定为多少？（2）什么时候需要提供折扣以及如何管理折扣？（3）所设定的价格结构能否带来最高的收益？（4）竞争以及行业动态将会如何影响价格决策？面对这四个基本问题的挑战，我们将这本《定价策略》构造成四大主题："设定价格"、"管理价格变动"、"建立价格结构"以及"定价策略"。

　　第Ⅰ篇"设定价格"探讨了一些关于定价的定性影响因素，以及一些定量的定价方法。定价最常用的三种定量方法是：交换价值模型（exchange value models）、经济价格优化（economic price optimization）和顾客知觉定价（consumer perception-based pricing）。这三种定量的定价方法都是基于一个共同的哲学信念，那就是价格必须能够反映价值。因此，我们直接通过定性模型来探讨价格与价值之间的概念性关系，假定价值本来就存在于被观察者的心中，由此我们可以探讨许多心理与行为的因素究竟如何对价值知觉发生具体的影响。

　　第Ⅱ篇"管理价格变动"检验了"定价—折扣"决策。我们将折扣视为一种价格分割的形式，传统上也称为价格歧视。我们首先分析了厂商为什么在选择了一个最优定价后，还需要提供折扣。接着检讨折扣对于企业获利、顾客行为的影响，以及组织因此所面临的挑战。为了更好地解释这些挑战，我们讨论了行业里广为接受的用来监测与管理折扣决策的权威方法。其中一种用来监测折扣决策的方法——从利润敏感度分析（profit-sensitivity analysis）衍生出来的所谓"销量门槛"（volume hurdles），我们将会引介给读者，作为我们介绍经济价格优化的导入门径。

　　第Ⅲ篇"建立价格结构"讨论了六种不同的价格结构。由于这个领域仍在不断演进中，实际上存在许多不同类型的定价结构以及各种历史价格结构，我们试图聚焦于最常见且被证明最有效的价格结构。在这里讨论到的每一种价格结构，我们都基于顾客行为、利润优化、经济分析以及在管理上的关键取舍来考虑如何选择适当的价格结构。

其中一种最古老的定价结构叫做两段定价法（two-part pricing），也就是将整个销售分成两个阶段，只要其中一段的销售实现，就会自动促成另一段的销售。两段定价法常见于政府公共建设、会员性质的机构、夜店俱乐部以及其他许多行业里。

厂商经常会优先销售它们的基础产品，客户如果愿意额外购买附属配件或外加模块，那么就可以很好地增强基础产品的功能。对于这些外加模块、附属配件和补充性的产品，我们讨论了它们和基础产品之间相互作用的机理。

除了上述这种将基础产品与增强模块分拆销售的模式，厂商也可以利用产品的版本更新，通过对产品利益点的渐进改良，让产品依照版本从良好变到更好，从更好变到最佳。在版本更新策略里，我们讨论了版本价格结构里的驱动因素与限制。

捆绑销售是另一种强化价格里隐含利益的方式。在捆绑销售里，两种完全不同的商品在一次单一的交易中被同时出售。对商家来说，由于捆绑销售对顾客行为以及对商家价格结构优化的效果不同，捆绑销售所创造的利润和使用其他方法是不同的。

另一种类似的定价方法是订阅预购，例如传统上的杂志和报纸，或者新近的云端软件服务，构造良好的订阅预购定价结构的关键要素是对顾客终身价值（customer lifetime value）的深入理解。

或者，厂商也可以使用动态定价法，这是收益管理的一种形式。收益管理技术已经成为航空业与酒店业最关键的定价挑战。

第Ⅳ篇"定价策略"着重探讨在更宽广的竞争、行业演变背景下以及法规框架下，定价所面临的挑战。

本书的主旨在于提出定价时的决策挑战，以及在处理这些决策挑战时可以使用的定量与定性模型。随着本书内容的展开，新的模型会建立在原先模型的基础上而逐步导入。在构造这些用来指引定价决策的模型时，我们也注意到了每个模型的隐含缺点，讨论了定价决策如何可以进一步获得改善。这里我们并不是在说这些模型没用，而是说它们仍然存在某些不全面的地方。

从这样的视角出发，定价就像物理学一样。物理学的初学者从牛顿力学里的力、重量和加速度开始学习，尽管我们可以据此做出某些预测、设计机器，并通过这些17世纪的简单模型获得科技进步，但是当科学家开始更深入地观察这个宇宙时，牛顿力学已然显露出它的不足，结果是，我们在20世纪开创了量子力学，以及通过相对论更精细地解释了移动的法则。

定价也是一样，我们可以构造出一些简单的模型来指引管理者做出更好的决策，但是就像牛顿力学，这些简单模型只能指引决策到某个限度，当决策质量越来越好，更好的模型被发展出来，某些简单模型就必须被降格到只剩基本的参考价值。

学习定价的初学者可能会对于定量模型很难提供清晰的最终答案而感到不满意，其实定价并不是一道工程数学的题目，而是一种策略挑战，在某些时候，管理者必须面对不确定的状况来进行决策，我们在这里展现的模型是通过提示这些决策的后续步骤与可能结果，看看其中一种决策选择是否更优于另一种，如此来指导管理决策的进行。然而，任何一种单一的定量模型都不足以指导所有的定价决策，因此在本书里我们尽可能展示各种不同的对于定价的洞察与模型，可以让管理者自行挑选与他们的决策情境最贴切的模型。就如同乔治·博克斯（George E. P. Box）所说，"所有的模型都是错的，但是其中有些很有用！"

目　录

第Ⅳ篇　定价策略

第 I 篇　设定价格

第1章 好价格的边界

学习目标

- 谁参与了价格决策？
- 为什么定价对于企业的健康如此重要？
- 企业能够影响它们的定价权吗？
- 好价格的本质是什么？
- 边际成本和消费者剩余与设定一个好价格有何关系？
- 在市场里还有哪些可以影响产品定价的具有可比性的因素？
- 交换价值模型可以如何用来设定价格？
- 延伸问题：交换价值模型与市场细分有何关系？

管理者究竟应该如何对新产品进行定价？他们应该将价格设定成和竞争对手一模一样吗？或者他们应该将价格定得低一些来获取市场份额？又或者应该将价格定高点以便于提高单位利润？或许采用会计观点更为实际，只需要简单地在边际生产成本之上再加上一点合理的利润就行了。如果真是这样，怎样才叫做"合理的利润"？

定价问题可能是最令管理者心烦的决策了。难得有其他的决策会比定价更能影响企业的获利、顾客对产品的需求，以及这个企业所能够调整其竞争地位的高度。定价问题在策略上如此重要，是因为它跨越组织职能的边界，涵盖了市场营销、销售、财务以及运营，新增加任何一个职能部门管理者的意见，结果可能都只是为定价挑战添乱而已。

为了应对这个极具挑战性的决策，以及管理好组织内部互相冲突的各种意见，管理者必须采取一种理性的手段来进行定价，他们需要一种根植于真实市场环境，包括关于竞争与顾客偏好的手段，来进行定价。

当我们想到了定价，可以将价格想成是一种厂商在与它的顾客双赢交易的情形下所能获取的价值，厂商之所以存在是要为它的顾客生产价值，以便换取价格，而所有的利润来自于交付价值给顾客时所取得的价格高于为了生产该价值所支付的成本，顾客所获得的价值是他们通过产品所获得的利益超过了他们所支付的价格。

这样的交易在厂商与顾客之间是自由发生的，在自由的市场里，顾客自行决定是否要购买某个特定的产品或服务，在一个自由开放的市场里强制顾客购买，如果这还不算不道德行为的话，至少也已经触犯了法律。在自由市场里，如果顾客不喜欢厂商的价格，他们完全拥有取消交易的选择权，因此价格是厂商在与它的顾客双赢交易的情形下，所能获取的价值。

我们接下来展示定价的威力，并厘清制定价格决策的挑战。我们将展示**交换价值模型**（exchange value model）的构造过程，据以初步解释何谓理性定价决策。交换价值模型彰显了所谓好价格的边界，厂商应该在这个范围内为它们的新产品定价。为了发展一个交换价值模型，我们将展现顾客视角下的价值对于定价决策是何等的重要。

1.1 告知价格决策

价格的重要性

设定正确价格的重要性不容低估，定价直接影响到企业的获利，即使是非营利组织，定价决策也攸关这个企业的资源，以及其服务成员的能力。对于所有参与其中的人，定价错误的代价十分昂贵，不论价格是过高还是过低，定价错误都会毁灭获利。

当产品或服务定价过高，许多顾客将会拒绝购买这种产品或服务，这不仅会导致企业割让市场份额给它的竞争对手，还会使得许多潜在消费者认为这家企业与他们无关。由于只能售出极少量的产品，市场吸引力很快流失，连带使得潜在或实际投资者对于这家企业的预期财务回报大幅缩水，最终这家企业会发现自己不得不通过降价来设法重新争取市场的青睐，而这些努力通常都已经太迟了。顾客可能已经生出负面情绪，结局是造成公共关系的新挑战以及管理分歧。

当产品或服务定价过低，企业可能错失了一个重要的、从为顾客创造的价值中分享获利的机会。有些厂商习惯将价格定低来获取销量，这些厂商通常会发现，原本期待的销量从未出现过。进一步说，在进入一个新市场时如果定价特别低，将会让消费者对于这个品类的产品产生错误的价格期望，当厂商尝试更正这个错误时，将会面临消费者对这种产品属于低价产品的顽固预期，最坏的情况是，由于连成本都不堪负荷而导致公司破产。

再重复一遍，错误的价格导致营收的损失，导致利润的损失，导致顾客的流失，最终导致整个企业策略性地失败。我们目睹了大量的企业正在执行很差的定价决策。从摩托罗拉公司决定将它那革命性的手机产品RAZR 调降价格来扩大市场份额，一直到 Pilgrim's Pride 公司在鸡饲料成本猛然飞涨时调涨出售小鸡的价格导致失败，坏的定价决策确实会造成灾难。在大部分的例子里，这些公司不仅因为利润受损而形成潜在的倒闭危机，更糟的是员工失业下岗，顾客流失到更具竞争力的对手那边去。缺乏足够的利润来提供适当的竞争资源，企业将无法投资改善生产力，更无力开发下一代顾客将会需要的产品，这些失败的企业往往愈来愈弱小，最后难免死亡。

跨越组织职能

由于价格是如此重要，企业高管会花费大量精力来制定正确的价格，但是价格决策应该让谁来负责才正确呢？

从组织的视角来看，定价决策是个跨职能、很难和谐一致的挑战，财务、销售、营销，甚至运营经理，都会在定价决策过程中扮演他们的角色。这里面每个职能部门的经理都将基于他们自己可获的信息，带进来他们独有的价值观点与技巧。很不幸的是，这些职能经理很可能会因为对他们进行绩效衡量的指标不同而产生了偏差的看法。

财务经理在参与定价决策时很可能高度地受到他们自己的会计导向的影响。从信息视角看，由于他们掌握了生产成本的信息，熟悉盈亏平衡点分析与成本加成定价法，他们通常比其他人更清楚高价格、高毛利之间的关系，以及因此产生的高股东收益，基于他们所受的训练与价值视角，财务经理经常要求较高的定价与较高的毛利率，但是他们通常没有能力去判断，究竟顾客是否愿意支付这样的高价。

反之，销售与营销部门的经理在进行价格决策时，往往更大地受到他们顾客导向的影响。从信息视角看，销售与营销经理通常很清楚市场份额、竞争行为和顾客偏好，基于他们所受的训练与营销经验，他们更可能理解公司自身在创造顾客偏好与顾客支付意愿上的潜力与限制。此外，销售与营销经理的绩效考核通常是基于夺取市场份额的能力、达成销售目标或者攻占特定客户，受限于这样的诱因偏差，很不幸地，销售与营销经理更倾向于制定较低的价格来吸引顾客，以至于在这样的过程中牺牲了更高的获利机会。

即使是运营经理也可能为定价决策做出很有价值的贡献，尤其是经济规模、经济范畴、学习曲线以及他们的责任范围等，都会影响到定价决策。与其他职能经理相同，运营经理在进行决策时也受到他们自己的诱因与绩效衡量指标的影响，尤其当绩效指标着眼于平均成本效率时，运营经理更可能为了追求产量的扩大与生产效率的改善而倾向于制定较低的定价。

在定价时，经理们必须既能善加利用来自各职能部门经理所带来的信息与技巧的好处，同时也能消除这些不同职能部门所带来的在定价上的偏差态度，他们必须在追求单位产能与市场份额的同时平衡创造较高毛利率的需要，因此有必要收集跨职能部门的信息来满足这样的需要。为了制定正确的决策，许多公司将定价权放在企业CEO的位置，以便匹配这样的责任宽度。为了帮助决策，许多CEO逐渐发展出一种新的组织能力：成为定价高手。

定价高手必须拥有足够宽阔的洞察力与技巧来进行定价决策，他们理解顾客究竟是如何来认知公司所提供的产品或服务，以及他们对此的支付意愿，同时他们非常清楚公司的边际生产成本，以及针对特定市场的固定增量成本。从营销视角来看，他们非常清楚竞争行为、市场份额与行业动态。通常他们还深刻理解经济学，能够衡量需求弹性，并认识到价格调整、产量变化与利润改善之间的关系。基于本能与需要，定价高手必须统合刚性的定量分析技巧，以及柔性的、传递有意义的定价信息并引发行为的定性技巧。

定价高手通常拥有财务、营销、经济学或数学专业背景，在职能分工上，他们通常面向营销或财务部门主管汇报，这取决于他们每天所面对的定价挑战的本质为何。对于策略定价决策，越来越多的情况是定价高手必须直接向企业CEO作汇报。

对利润的影响

为了展示价格的重要性，考虑如下企业的标准利润公式：

$$\pi = Q \times (P - V) - F \qquad (1—1)$$

式中，π 为利润；Q 为销售量；P 为价格；V 为变动成本；F 为固定成本。

为了制定正确的价格决策，我们考虑将变动成本与真实的边际成本设为相等。很多时候，企业会将变动成本定义为平均单位成本，其实平均单位成本并不是变动成本，因为在它们的计算中包含了间接成本与其他形式的固定成本，因此使得这样的变动成本会因为产量的增加而减少，或随着产量的减少而增加。真实的边际成本是指每新增加一单位的产出所增加的成本，因此在绝大多数情形下会低于平均单位成本。如果企业经理人使用平均单位成本来替代边际成本，结果将会过度保守地理解有利可图的定价边界，导致可能的利润损失。

在企业利润公式（1—1）里，所有的固定成本都必须计入 F 里，固定成本包含许多不同形式的间接成本，例如设施（厂房与设备、间接人工，在某些情形下甚至包含直接人工，即当人力成本无法正确分摊到产出时）。

Q 代表在式（1—1）中的销售数量，它衡量的是如芯片、汉堡包，或是量身定制的工业产品。P 是式（1—1）里的价格，它衡量的可以是货币单位的几分之几，或是几百万元。[1]

对利润公式（1—1）里的任何一个变量（例如变动成本、固定成本、销售数量或是价格），如果一位企业领导能够加强管理，对之进行调整，究竟哪个变量对改善获利能力的作用最大？为了解答这个问题，且让我们来进行一次简单的定量分析。

假定某企业在如下状态下运营：每生产一件产品的变动成本是 10 美元，固定成本每季度 100 万美元，目前产品的平均销售价格为每件 25 美元，每季度产量 8 万件，在这些条件下，这个企业每季度可以赚进 20 万美元（见表 1—1）。

表 1—1　　　　　　　　　　　　利润杠杆

		最近一季度	下一季度 1% 的改善			
			变动成本（美元）	固定成本（美元）	销售量	价格（美元）
价格（美元）	P	25				25.25
销售量	Q	80 000			80 800	
变动成本（美元）	V	10	9.90			
固定成本（美元）	F	1 000 000		990 000		
利润（美元）	π	200 000	208 000	210 000	212 000	220 000
利润变化（美元）			8 000	10 000	12 000	20 000
获利改善			4%	5%	6%	10%

如果把以上结果作为对照绩效，我们可以在其他变量保持不变的情形下，分别对任何一个利润杠杆进行 1% 的微调，来看看结果会如何变化。如果我们加大对生产力的投资，使得变动成本降低 1%，将能够提升 4% 的利润。同样地，降低经常开支或削减固定成本 1%，可以多创造 5% 的利

润。如果公司投资于更好的市场营销能力，因而使得销售量提升 1％，将可以提高 6％的利润。相对而言，如果能够提价或减少折扣额 1％，获利的增加是 10％。

相对于其他任何一种管理变量，价格对利润具有最大且最直接的影响力。前述假定中企业的计算结果并非特例，研究人员针对全球 1 200 家公开运营的大型企业进行利润公式的研究显示，在管理控制下，价格调整对于利润，比起其他任何变量的作用都更大。[2]

无论如何，价格之于企业利润的作用是双刃剑。一次小小的价格提升可以带来巨大的利润增加，而一次小小的降价，又可以极大地伤害利润。正是由于价格对利润的影响如此之大，同时它还能够直接影响消费者行为，定价实在值得所有而不是大部分企业管理者高度关注。

影响价格的要素

如上述企业高管对定价的重视，以及利润杠杆分析的例子所显示的，正确定价对企业的影响实在太大了。然而，这些观察都低估了隐藏在定价里的挑战。如何才是正确的定价？

如前所述，价格是厂商在与其顾客进行互惠交换的过程中所获得的价值，我们可以观察到，所谓正确的价格通常不是一个固定的单一数值，而是同时对顾客和厂商都有利的一段数值范围。若干数值对厂商比较有利，而其他一些数值则对顾客更为有利，任何落在范围内的数值，对顾客与厂商都有利。同时，厂商通常有些能力来控制它在交易过程中所能获得的价格。

例如，考虑一个关于肯尼亚咖啡的简单议价练习，我经常在 DePaul 大学本科与研究生课堂上让学生们练习，总是获得类似的结果。假定咖啡烘焙业者可以在每磅 3.2 美元的边际成本下提供肯尼亚咖啡，而零售商可以在至少每磅 7.5 美元的售价下获利，这时候任何介于 3.2～7.5 美元之间的协议价格都同时让买卖双方有利可图，因此都是好价格，如果协议价格能尽可能压低，则零售商从烘焙业者那里能取得更大利益，反之，如果协议价格能够抬高，则烘焙业者可以获利更多。无论如何，介于其间的价格对交易双方都有利。

为了实现交易价格，买卖双方被要求进行议价协商。最基本的实验设定是：所有买方都被要求必须以低于 7.5 美元的价格购买肯尼亚咖啡，而所有卖方都被要求以超过 3.2 美元的价格来销售肯尼亚咖啡，只是其中有一半学生被额外提供了关于肯尼亚咖啡的关键销售指示，而另一半没有。在这个设定里，潜在议价空间（zone of potential agreements，ZOPA）介于 3.2～7.5 美元之间（如表 1—2 所示）。

表 1—2　　　　　　　　　　　　　肯尼亚咖啡议价

	品牌名	保留价格（美元）	关键销售指示	平均交易价格（美元）
所有买方	有	7.5	无	
价格卖方	有	3.2	无	3.82
品质卖方	有	3.2	有	5.33

肯尼亚咖啡关键销售指示（key selling points，KSPs）：

7.5 美元/磅　　　肯尼亚咖啡是地球上所能种出的最好的咖啡之一。

咖啡豆的原产地肯尼亚是东非最重要的咖啡基地，他们在咖啡的研究与开发上无人可以匹敌，他们的质量控制非常精准，数以千计的咖啡农接受了良好的指导，通过农业技术培育了最高级别的咖啡豆，并且获得了他们应有的回报。

潜在议价空间

一般而言，肯尼亚咖啡是一种浅色的、令人口齿留香的咖啡豆，好的肯尼亚咖啡带给人一种混合的味觉，包括水果味（浆果或柑橘），有时候带点儿香味或好闻的葡萄酒味。

3.2 美元/磅

　　拥有关键销售指示且在议价过程中善用这些信息的卖家，总是比没有这些信息的卖家可以卖出更高的价格，这一点百试不爽。在一个典型的实验里，没有关键销售指示的卖家的平均售价是 3.82 美元，而那些拥有关键销售指示卖家的平均售价是 5.33 美元，在实验中单单是关键销售指示就可以将成交价格提高 40%。显而易见，价格是个可以加以影响的利润杠杆，更明确地说，它可以受到信息的影响。那些被知会他们所卖商品价值，并且能够利用这些信息与买方进行沟通的卖方，比那些没有信息或做不到与买方沟通的卖方，将更有机会达成更高的交易价格。

　　进一步探索影响议价的各种动态要素，发现起价会高度影响议价结果，把起价定得比较高的卖方，往往最后可以获得较高的协议价格；相应地，把起价订得较低的卖方，最终的协议价格往往也较低。

　　从这个较为细致的探索里，我们理解到在开放议价的情形下，攻击性出价更有利。一开始先提出一个对自己较有利的价格，然后慢慢调整，使得议价者有机会去探测谈判对象的价格底线，最终获得一个对自己更有利的协议价格。

　　更进一步探索，肯尼亚咖啡的买卖双方被告知哥伦比亚咖啡的平均销售价格，这回肯尼亚咖啡的协议价格最后几乎总是与哥伦比亚咖啡的价格趋于一致，因此参考价格也极大地影响了交易价格。

　　整体而言，肯尼亚咖啡实验总结了三条获得好价格的强大法则：（1）如果想要获得更好的交易价格，卖方必须知道他们所贩卖产品的价值，同时能够积极地与对手沟通这些价值；（2）卖方必须先极力地报出高价，然后装作很不情愿地给予折扣；（3）给出的参考价格会高度影响最终的交易价格。

定价的艺术与科学

显然，定价直接决定获利能力，但是从前述的议价实验可以知道，定价同样由厂商力所能及的影响价格的行为所决定。好的定价必须同时紧密联系定量与定性两种洞察力。

定价的科学（science of pricing）是指收集信息，进行定量分析，从而正确地发现可获利价格范围的活动。定价数据就像其他可以影响管理决策的信息，很难是完全清晰的，这不仅仅因为数据本身的不确定性，更因为随着时间、地点以及顾客状态的变化，适当的价格结构、定价点、价格折扣也都随之改变。想要完全消除这些不确定性所需要付出的时间与预算，远远超过绝大多数企业资源的承受能力，因此定价不可避免地必须包容其中的不确定性。除却不确定性，定量分析方法可以用来改善定价决策、规避严重的错误以及发现新机会。

如同议价实验所展示的，厂商可以采取的影响定价的行为，可能很难使用定量方法进行分析，这些行为不是价值破坏（例如无法有效沟通产品价值），就是价值创造（例如发现了产品新的用途因而提高其对顾客的价值）。

在设定定价政策时，很重要的一点是，必须记住顾客并不是整齐划一的一个整体，有些顾客会给予产品更高的价值评定，因此厂商可以针对某些顾客，定一个较高的价格。理解顾客在需求上的差异，可以让我们发现一些定价上的新机会。

定价的艺术（art of pricing）是指能够让我们去影响顾客对价格的接受度、调整定价结构以应对竞争，以及将定价策略统合进竞争策略、营销策略和行业政策的一种能力，这需要深刻理解顾客行为、产品内隐属性的潜在影响力、价值认知、顾客预期以及价格结构本身，同时，还要求定价策略能够支持企业的营销策略，以因应市场整体的竞争与行业环境。

采取更富有创造力的手段，厂商才能够更好地针对顾客所认知到的价值来进行定价。要做到这点，必须同时结合定量与定性方法。在许多例子里我们可以看到，尽管定量方法提供了大量信息，但是缺乏揭示顾客行为细节的能力，以至于失去改善定价的机会。定性的洞察力让管理者得以弥补这个缺憾，如此，管理者能够更好地将定价策略与其他策略统合起来。因此，定价既是艺术也是科学。

1.2　交换价值模型

接受正确定价是个范围区间的概念，使得定价的重点转变为如何去确定好价格的边界。交换价值模型就是用来量化价格的边界。[3]知道好价格的边界，可以将我们关于定价的讨论简化为可接受范围内的一些潜在价格点。

使用交换价值模型来管理定价决策，使得定价任务从与眼前任务关系不大的平衡企业内部政治斗争或沿用过去惯例，转变为价值创造，以及企业如何从所创造的价值中分得公平份额的能力。

交换价值模型为我们揭示了两种价格边界。极端边界定义了任何理性的买卖双方都不可能跨越进行交易的价格界限；另一个处于极端边界之内的窄边界则是厂商极力希望能说服顾客在该范围内进行交易，从而带给厂商最大利益的价格边界。买卖双方有时可能会在窄边界之外进行交易，这不能保证他们获得最大利益。

为了描绘好价格的边界，我们将以强生的子公司 Cordis 在 2003 年 4 月所推出的 Cypher 冠心病药物涂布可降解涂层洗脱支架[4]为例，这种支架是用来重新开启因为冠心病导致血流受阻闭塞的心血管。在 Cypher 上市前，解决这个问题的最佳方案是植入一种标准金属支架，与此类似的产品竞争激烈。在物理结构上，这种涂布药物的 Cypher 支架与标准金属支架很类似，但是在实验室里的测试表明，这种涂布药物的新设计可以很好地改善病人对于心血管支架的接受能力，由于这项额外添加配方的专利而获得美国食品与药品监督管理局（FDA）的批准，Cypher 在上市时是破天荒的新产品，市面上不存在任何与它类似的产品，因此 Cordis 公司的管理高层无法简单地复制竞争对手的行为来进行产品定价，定价成了一个特别令人望而生畏的挑战。

管理者可以构造一个交换价值模型来制定类似 Cypher 这种革命性产品的价格。交换价值模型可以告诉企业高管关于他们的新产品所带给顾客的相对价值，使得高管能够按照这个知觉到的价值来进行定价。对于革命性产品，交换价值模型是最常应用来决定上市定价的最佳实践方案。只要使用了交换价值模型来设定价格，这个模型可以进一步转化为销售工具，用来支持价值的沟通，因此交换价值模型在定价与影响价格接受上是很重要的定量工具。

极端边界

价格的极端边界介于生产的边际成本与完整的顾客效用之间，任何交易如果跨越了这上下界限，都将使得买卖双方在交易后处于不利的状态，因此我们预期只要是理性的买卖双方，都不可能在边界之外进行交易。

边际成本规定了极端边界的下界

边际成本（marginal costs）反映了卖方的底线，任何低于边际成本的价格都让卖方在完成交易后陷入比交易前更糟的状况，任何高于边际成本的价格都让卖方在交易后变得更好。有些时候，基于价格的战术运用，卖方可能选择将价格定在非常靠近边际成本的地方，但是绝大多数时候，卖方将会寻求从交易中获利，如果不能在交易中获利将会使得他们完全丧失参与交易的动机，因此企业高管不可能期待将价格定在边际成本这个水平上。

生产 Cypher 的边际成本很难估计，而且想要穿透公司内部的部门藩篱去认定真实的边际成本也很困难，有些报告显示在 Cypher 上市时，标准金属支架的平均单位成本大约为 150 美元，在支架上涂布药物并不昂贵，而生产这种药物的成本每个支架不过几元钱而已。有些估计在算尽所有可能成本后认为 Cypher 在上市时的平均单位成本是 375 美元，由于平均单位成本通常要远高于边际成本，我们在这里将以这个金额当做真实的边际成本的大概估计值，以便展示交换价值模型。

姑且不论 Cypher 的真实的边际成本究竟有多低，Cordis 公司绝不可能将价格定在很靠近这个水平的地方，期待 Cordis 公司将价格定在靠近边际成本附近显然是不公平的想法，开发 Cypher 需要巨大的研发投入——一种寄托在虚幻回报上的高风险投资，因此公司在价格设定上不会仅仅想要回收开发 Cypher 所投入的成本而已，公司更想要的是获利，这种需求不仅止于只是对投资者的一种回馈，更是为了在未来能够获得顾客更高的价值评价而进行进一步的研发投资。何况，尽管 Cordis 是市面上第一个导入涂布药物心血管支架的厂商，它仍然必须面对其他研发努力或许将在 Cypher 专利远远还没到期之前，就研发出治疗冠心病新型方法的商业风险。因此，Cypher 的管理者更应该将边际成本当做定价的底线，而不是将其作为定价决策的参照指标。

边际成本简单地说就是定价的底线，它对于定价的指导作用微乎其微，仅仅是保证价格不能低于这个水平。更重要的是，在内部成本会计的意义里，边际成本更不能代表产品所带给顾客的价值，如果不能将定价与产品所传递的价值联系起来，卖方完全无法洞察任何定价的潜在机会。不能从顾客视角去理解价值，可能导致管理层定出一个非常高的价格来回收沉没成本，或者充满机会主义地从被蒙骗的顾客那里获利，当然这么做的结果将会很快让公司被市场淘汰，因为顾客将会拒绝买单。或者，同样致命的甚至更加常见的是，不能理解顾客对价值的看法，使得厂商过度依赖边际成本，以至于将新产品价格定在过低的水平，自愿放弃自己辛苦研发新产品并将其价值带给顾客所应获得的回报，如同我们在议价实验里所看到的，边际成本只不过是极端边界之一罢了。

顾客效用规定了极端边界的上界

假如边际成本是卖方的底线，顾客效用就是买方的底线。**顾客效用**（customer utility）是顾客拥有特定商品所收获的价值。任何顾客如果为产品支付的价格高于所获得的效用，这笔交易就是得不偿失；反之，如果支付的价格低于所获得的效用，这就是一笔好交易。顾客对产品所认定的价值，就是他们从该产品上所获得的效用。**消费者剩余**（consumer surplus）就是全部顾客效用与实际交易价格之差。只要消费者剩余始终保持为正值，顾客就觉得买该产品很值。

顾客从产品所获得效用直接来自于该产品为其带来的好处，我们将这些好处归类为四种基本类型：（1）**形式**（form）效用，直接来自于产品本身隐含的属性。例如，前面例子中顾客可以通过心血管支架延长生命的价值，顾客体验畅饮可口饮料时的快乐，或是涡轮机之于电网厂商供电能力的价值。（2）**地点**（place）效用，来自于能够在特别偏好的地点获得产品的能力。例如，能够在附近的医院里就取用到前述的心血管支架，在附近的咖啡店里就能喝到可口的饮料，或是购买的涡轮机可以要求直接交送到电厂里。（3）**时间**（time）效用，来自于能够在最方便的时刻取得产品。例如，冠心病刚刚被发现的当下就可以及时获得心血管支架，口渴的当下能够马上喝到饮料，或是能够配合建设电厂的进程在正确的时间交付涡轮机。（4）**所有权**（ownership）效用，来自于拥有支配这个产品所带来价值的权利，即使这个价值始终未曾加以使用过。例如，无论何时只要需要，将会支付植入心血管支架的一切费用，这种保险承保范围所带来的价值；拥有一瓶饮料，既可以喝掉又可以转手卖掉的价值；或是有权要求在将来某个时刻交付涡轮机所带来的价值。

顾客从前述全新改良的心血管支架取得四种基本类型的效用。Cordis公司为了制定 Cypher 的价格，应该特别重视形式效用。生产 Cypher 这种产品所创造的最重要的价值是顾客获得借此可以延长他们生命的价值。能够延长生命，应该值多少钱呢？

冠心病最大的危害就是威胁生命。冠心病增加了心脏的负荷，剥夺了心脏所需的氧气以及正常的血液循环。如果不能正确解决这个问题，冠心病患者的预期寿命会缩短许多，他们更可能遭遇心脏病发作的威胁，并且更可能猝死。

经济学家曾经尝试去量化生命的价值，他们通常将生命定义为未来剩余人生里总收入所折算的现值，勉强可以接受，但是不免存在道德争议。这不仅因为这种方法无法适当地考虑到一个人日后余生里职业转换的可能性，更重要的是，这对于一个人所珍惜的生命价值是种严重的错误计算，完全不考虑人们愿意分配更多的时间来实现的价值，例如与他们的配偶相互依恋，照看孩子或孙子长大、参加他们的婚礼、参加他们预产期前的送礼会，或者去实现其他一些重要的人生目标。将这些考虑进来，我们立刻可以理解为什么哲学家要强调所有生命都具有同等的价值，但是不可衡量。

在许多定价决策上，必须承认我们实在无法完美地量化任何东西，只能去接受我们所能获得的最佳估计与通用惯例。因此，很不得已，只好让我们暂且将人们未来收入的现值作为对生命价值的估计，同时，由于每个人的工资与未来生产力持续期间存在差异，让我们假定估计冠心病患者在未来余生中所赚取收入的平均现值是 500 000 美元。

毫无疑问，许多读者会抗议这样低得不像话的生命价值的估计，无论如何，假如心血管支架的顾客效用接近 500 000 美元，Cordis 公司是否应该将 Cypher 的价格定在这附近的水平？我们很快就会理解这样的价格实在太荒谬了。假如 Cordis 对 Cypher 的定价靠近这个水平，大部分的顾客都会觉得这是高不可攀的，同时顾客对 Cordis 公司的感情很快就变坏了，甚至导致报复行为，主张这是不公平定价，抗议 Cordis 漫天要价或者是只愿意服务那些有钱人。在这样的情况下，政府很可能会强迫 Cordis 放弃专利，并允许其他厂商生产相同的产品。显然，将价格定在顾客效用附近并不是非常恰当或值得推荐的做法。

顾客效用简单来说就是价格的上界，同样提供极少的关于定价的指导作用，仅仅就是保证价格必须低于这个水平。顾客效用是边际成本的镜像，正如同厂商要尽量避免定价在边际成本附近，顾客也要尽量避免接受靠近顾客效用的定价，一如我们在议价实验里看到的，顾客效用只不过是极端边界的另一端罢了。

边际成本与顾客效用是极端边界

到此为止，我们已经探讨了在任何初级经济学教材里关于定价的两个最热门的议题，我们所呈现的是，边际成本是卖方的底线（也就是潜在定价区间的最下界），而顾客效用是买方的底线（也就是潜在定价区间的最上界），两者都不是最佳的定价点，但是合在一起，它们表达了在定价时那两道不可逾越的潜在价格界限。

很不幸的是，在这两条界限之间的定价区间相当宽广，我们很保守地估计了心血管支架 375 美元的边际成本，以及 500 000 美元的顾客效用，留下的潜在定价空间实在太过宽广，以至于对定价决策毫无意义，两个极限数字之间相差了 1 000 倍，这除了在最前沿的宇宙学或量子物理学等研究课题上还有些意义外，可说是毫无用处。依赖这两个边界，Cordis 公司的高管完全无法确定 Cypher 的上市价格究竟应该定在 400 美元、4 000 美元、40 000 美元，还是 400 000 美元。

企业高管需要一组比边际成本和顾客效用更窄的范围来进行定价决策，即使只是将潜在价格范围缩小到 10 倍，都比单独基于极端边界的定价要有效得太多。对于一个革命性的新产品而言，企业高管可能会不情愿地接受一个范围差距 10 倍的定价空间，但是绝对不会对一个差距达千倍的不确定性的范围寄予任何信任。对于比较创新的产品，他们更可能要求一个窄到只差几个百分点的定价区间。

窄边界

企业高管寻求定价决策的指导方案，显然需要一组比边际成本与顾客效用更窄且更具有实践意义的定价边界，为了识别这些边界，我们必须策略性地思考何谓价格。

如同在关于顾客效用的讨论里所揭示的，产品之所以产生价值，是因为它们给予了顾客从事某件事情的能力，顾客认同产品的价值，是因为产品让他们能够实现某种目标，在新产品上市前，顾客总是能够找到其他手段来完成相同或类似的目标，事实上没有任何产品是真的进入一个完全真空的市场里，生活并不是从一个新产品的导入后才开始的，它只是可能让生活变得更加美好罢了，在新产品上市以后，它让顾客更容易达成那个目标。

与其辛苦地想方设法地去量化实现目标的完全且精确的价值，更实际的问题是，相比于新产品上市前，上市后对于实现目标究竟带来什么价值？换句话说，实现目标的其他替代方案是什么？这些替代方案的价格是多少？使用新产品来实现目标可以创造多少新增的价值？这个新产品还可以实现哪些过去很难实现的其他目标？

在策略上，价格必须能够反映顾客在实现他们的目标时，相对于使用其他手段所能获得的价值。较高的价格反映产品相对于其他替代选择，可以更好地满足顾客的需求；较低的价格反映产品满足顾客需求的能力，与其他替代选择差不多。这就是策略性定价的本质：基于可比较的替代选择所提供的相对价值来定价。

较窄的价格边界可以定义为可比较的替代选择以及差异化价值。

可比较的替代选择

可比较的替代选择（comparable alternatives）是顾客可以使用的实现相同或类似目标的其他解决方案，它们有可能是直接面向顾客问题的竞争产品，或是间接的替代方案。竞争产品通常可以在市场里加以识别，而且已经有了交易价格，因此它们对于定价决策有借鉴意义。

对于 Cordis 公司，最接近 Cypher 药物涂布可降解涂层洗脱支架的可比较替代选择是标准金属支架，标准金属支架并不是治疗冠心病的最佳解决方案，大约有 25% 的病人在安装了标准金属支架后并发器官排斥导致心血管阻塞的症状，或者复发冠心病。临床实验显示，使用 Cypher 可以降低并发心血管阻塞的器官排斥到大约 5% 的概率，因此在上市时，Cypher 药物涂布可降解涂层洗脱支架是市场里同类产品中最佳的替代方案。

有些时候，可比较的替代选择并不容易识别出来，但是它们始终存在。对于革命性的新产品而言，可比较的替代选择通常是某种替代方案，例如在 20 世纪 90 年代导入互联网之前，早就存在邮件服务、公告板、电话簿、电话、报纸、杂志、广播和电视；在 20 世纪 80 年代导入桌上型电脑以前，早就有打字机、计算器和投影仪存在；同样地，在 19 世纪铁路兴起以前，人们走路、骑马、乘坐马车旅行。

对于 Cypher 而言，存在一些距离较远的可比较的替代选择。在开始研发标准金属支架以前，冠心病患者通常需要接受心血管绕道手术，这种绕道手术只是市场里许多替代方案中的一种，其他替代方案可能还包括药物治疗、卧床休息，以及改变饮食习惯和健身、养生疗法等。

在构造定价原则时，最好使用市面上最接近的可比较替代选择，相对于距离较远的可比较替代选择，顾客更可能参照非常相近的替代选择来评估他们的支付意愿，因此，经理人在定义潜在定价点时，应该尽可能使用最接近的竞争品或替代品来进行对比。

就在 Cypher 上市时，标准金属支架是治疗冠心病最广泛、最有效、最经济的手段，因此标准金属支架将是我们用来设定较窄价格边界的基础指标。标准金属支架很明显是 Cypher 的较次的替代选择，因为它具有较高的并发心血管阻塞的概率。

较次的替代选择（inferior alternatives）是那些为顾客目标提供类似利益，但是整体而言顾客效用较低的竞争对象。较次的替代选择决定了较窄定价区间的下界。

较窄定价区间的下界是一个较宽松的边界，一般而言，经理人应该将价格设定在邻近他们的较次的替代选择的上方，因为他们的新产品提供了更多的价值。在某些情形下，例如他们想以现有产品进入一个以目前价格无法进入的市场，经理人可能考虑将价格定在这个界限的下方，假如他们真的这么做了，也仍然必须将价格定在边际成本这个极端边界的上方，一般而言，如果一个公司将价格定在邻近较次的替代选择的下方，就意味着公司在放弃一些应得的潜在利润。

Cordis 公司生产的标准金属支架在 Cypher 上市前定价在 1 050 美元左

右[5]，使用这个数值来指导定价决策，同时基于 Cypher 药物涂布可降解涂层洗脱支架明显优于标准金属支架这个事实，Cypher 的定价应该高于上面这个金额。究竟要高多少？要决定 Cypher 的定价应该比标准金属支架高多少，取决于它的优越性究竟价值多少。

差异化价值

差异化价值（differential value）是相对于替代品，使用特定产品所带来顾客效用变化的差值。如果一个新产品优于它的可比较的替代选择，那么它的差异化价值就会是正值；如果新产品不如它的可比较的替代选择，那么它的差异化价值就会是负值。

产品的经济**交换价值**（exchange value）是最靠近的可比较的替代选择按照产品差异化价值进行调整后的价格，它是顾客所愿意支付给最靠近的可比较的替代选择的价格加上这个经过改良（或变差）的产品所增加（或减低）的利益的价值。

$$交换价值＝可比较的替代选择的价格＋差异化价值 \qquad (1—2)$$

给定一个产品，理性的顾客将会愿意支付由交换价值所决定的最高价格，因此对于那些优于最靠近的可比较的替代选择的产品，交换价值是它们较窄定价区间的上界。

如果一个新产品定价在交换价值上，平均而言，将使得顾客感觉不到这个新产品与最靠近的可比较的替代选择的差别，有些顾客可能会觉得新产品更好，因而愿意支付更高的价格，而有些顾客会觉得这样不值得，因此交换价值是较窄定价区间的一个宽松的上界。经理人或许可以将价格定得比交换价值还高，但是通常会发现如果将价格稍微定得低一些，可以带来更好的获利。平均而言，将价格定得比交换价值还低，将让使用这个新产品的顾客获得比使用其他可比较的替代选择更多的好处，当然，所获得的好处更是远远超过了不存在这个新产品的状况，因此这将会是个好的定价。

我们必须构造模型才能量化差异化价值。不过，人类有史以来所创造的任何模型都是不完美的，尽管如此，有模型总比没有模型能够带给经理人更有品质的信息，模型对于指导定价非常有用。

为了构造新产品对比其可比较的替代选择的差异化价值，经理人首先必须尝试去量化利益变化所带来的价值，其中一种有用的手段是进行"现况"与"将会"的情境描绘。"现况"的描绘用来阐明目前顾客使用可比较的替代选择来作为实现目标的手段所产生的价值以及这种手段的缺点；"将会"的描绘用来阐明将来顾客使用这种新产品作为实现目标的手段所产生的价值以及这么做的缺点。

这个计量模型表达了利益的变化取决于利益的本质。在构造这个模型时，定价专家将会在他们的定量分析里展示一些很专业的技巧，但是没有任何一个单一模型能够解释所有利益形态的价值，无论是时间的节省、人工的节省、资产利用的改善、获利的改善、风险的降低、愉悦的提高、健康的改善，以及其他许多类型的利益都可以在某个程度上构造成量化模型，但什么是能够描绘这些价值与价值变化的最佳计量模型，将取决于所面临的定价任务的本质。[6]

显然，Cypher 给心脏病患者提供了比标准金属支架更多的利益，因此，我们可以预期这里的差异化价值应该是正值，与标准金属支架相比，所新增的利益主要来自于对心血管阻塞复发率的降低，作为提供定价指导的起点，我们将针对降低心血管阻塞复发率所创造的差异化价值来进行建模。

心血管支架通常是作为一个整体治疗方案的一部分，而不是单独使用。植入心血管支架并解决某些冠心病问题，患者首先必须进行外科手术，手术的价格，包括住院费，手术室费用，医生、护士、术后医院照护费用以及其他费用，加起来至少要花费 12 000 美元。[7]

相对于全部手术费用，标准金属支架只不过是一个价值 1 050 美元的元件而已，如果植入标准金属支架的手术失败率是 25%，我们可以预期失败成本至少相当于支架成本，假设器官排斥导致并发心血管阻塞，医生必须考虑使用药物、血管造型术、重新植入或者进行一次心血管绕道手术来解决这个问题。我们可以利用这些对手术的理解，来估计例如 Cypher 这种药物涂布可降解涂层洗脱支架的差异化价值。

为了构造差异化价值模型，让我们先利用概率树来计算使用标准金属支架的期望总成本。根据所收集到的数据，我们知道一位进行金属支架植入手术的病人一开始必须支付 12 000 美元的手术费，他们还有 25% 的可能性必须支付同样 12 000 美元的费用，去矫正器官排斥所引发的诸多挑战，而有 75% 的可能性他们不用进行任何额外的治疗就能回归正常的生活。理解了这些，我们就可以计算使用标准金属支架的期望总成本为 15 000 美元（见图 1—1）。

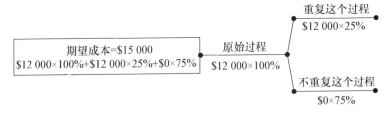

期望成本＝原始过程的成本×概率
　　　　＋重复过程的成本×概率
　　　　＋不重复过程的成本×概率
期望成本＝ $12\,000×100\% + $12\,000×25\% + $0×75\%

图1—1　植入标准金属支架的期望总成本

对于计算植入 Cypher 相比于植入标准金属支架的差异化价值，我们可以在调整复发率之后，假设总期望成本为已知常量，将支架价格设为未知，来重复上面的计算。在这个例子中，我们设定总期望成本仍然为 15 000 美元，将总期望成本设为相同数额的原因是我们想要识别，在让顾客觉得新产品和最靠近的可比较的替代选择没有差异的情形下，Cypher 应该定价多少。我们已经确定了进行一次标准金属支架植入手术的价格是 12 000 美元，其中标准金属支架为 1 050 美元，因此不包含标准金属支架这个选项的手术价格是 10 950 美元（12 000－1 050），由于我们还不知道这种药物涂布可降解涂层洗脱支架应该定价多少，我们将它视为一个等待我们求解的未知变量，在图 1—2 中设为 X。

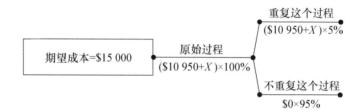

$$期望成本 = \$15\,000 = (\$10\,950 + X) \times 100\% + (\$10\,950 + X) \times 5\% + \$0 \times 95\%$$

图 1—2　药物涂布可降解涂层洗脱支架的交换价值

使用一点代数知识，概率树分析显示，药物涂布可降解涂层洗脱支架的交换价值是 3 336 美元。假如交换价值是 3 336 美元，且可比较的替代选择定价为 1 050 美元，我们可以计算差异化价值为 2 286 美元（3 336－1 050）。

还有其他许多来自药物涂布可降解涂层洗脱支架的价值没有被这个模型考虑进来，比如病人重复手术过程所浪费时间的价值、由于降低了手术失败的概率所带来的心安，以及死亡风险的降低，这些都是显著的价值来源，基于这些理由，顾客很可能愿意为药物涂布可降解涂层洗脱支架支付比我们所计算出来的交换价值更高的价格。站在纯经济学的角度，我们很有信心地相信所计算出来的 Cypher 的交换价值是个合理的（如果不是太保守的）潜在估计价值。

依照价值比例定价

从刚性的极端边界，我们知道 Cordis 公司必须将 Cypher 的价格定在 375 美元的边际成本与估计值为 500 000 美元的顾客效用之间，从较窄边界来看，我们猜想 Cordis 公司对 Cypher 的定价应该至少高于它最靠近的可比较的替代选择 1 050 美元，因为 Cypher 带来的价值更多。从一个简单的交换价值模型来看，我们猜想任何一个低于 3 336 美元的价格，应该都很有吸引力（见图 1—3）。

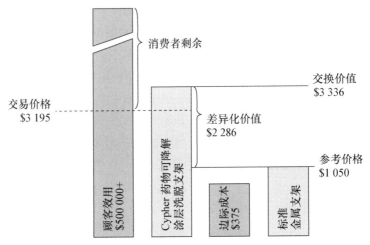

图 1—3　优越产品 Cypher 的价格边界

通过策略地考虑可比较的替代选择与差异化价值来计算交换价值，我们让定价的不确定性从超过 1 000 倍的差距降低到了大约 3 倍，显然，以可比较的替代选择和差异化价值为基础考虑的交换价值模型，在提供定价指导上，要远优于只是单纯考虑边际成本或顾客效用。事实上，在许多价格决策里，边际成本和顾客效用很少真的被拿来作为定价之用，而设法去识别竞争品和替代品，同时去理解顾客判定它们是优是劣的原因，这在定价上是更为精确的手段。

Cordis 公司应该将 Cypher 定在什么价格？为了同时平衡保险公司、政府机构与公司的需求，Cypher 最终的定价是 3 195 美元。[8]

Cypher 定价在 3 195 美元，该价格远远高于它的边际成本，同时远远低于它所带来的顾客效用，但是 3 195 美元也比 Cypher 的最靠近的可比较替代选择价格要高，而比它的交换价值要低。

定价在 3 195 美元，Cypher 的价格大约是它的竞争者的 3 倍，面对这个价格，顾客会退缩吗？完全不会！就在它上市的 9 个月内，Cypher 在美国市场里为 Cordis 公司挣得的市场份额从原先的 10% 提升到超过 60%。[9]，[10]

从财务上来说，Cypher 产品对于 Cordis 公司来说是一个巨大的成功，为该公司赚取了数十亿美元。显然，接近于边际成本的定价会丧失巨大的盈利机会，减少了继续研发一鸣惊人的创新产品所需的收益。在相反的边界上，研究人员考察了非常成功的企业家的定价决策，发现他们尽可能地将价格定在交换价值附近，正如 Cordis 公司高管对 Cypher 产品的定价一样。[11]

Cypher 产品的发布价格代表了 Cordis 公司、保险公司和政府机构的需求的妥协。在这一价格水平上，利益相关者的范围扩大了，投资者也获得了其风险投资的相应报酬。由于为顾客的需求开发了新的解决方案，贡献了自身的才智和主动性，员工也得到了持续就业和潜在奖金方面的奖励。最后，冠心病患者不仅得到了更有效的治疗，也有可能享受更长、更健康的生活。

1.3　设定价格

对于像 Cypher 之类的革命性产品，经证明，在确定合理价格的界限方面，交换价值模型是极具成本效益和时间效益的。对于革命性产品的定价决策，高管们受到信息的困扰，客户也缺乏必要的洞察力来做出明智的评论。从这一点来看，交换价值的计算厘清了庞杂的信息。根据产品所能提供的好处，交换价值模型的形式也会发生变化，但是识别可比较的替代选择、理解它们的利益差异，并计算差异化价值的方法，几乎适用于所有的定价挑战。

对于更先进的产品或更成熟的产品，交换价值模型无法为定价决策提供足够窄的价格范围。对于这些类型的产品，需要以研究为基础的技术，这样能更直接地衡量客户喜好和其他经济因素。

在所有情况下，合理价格的范围位于边际成本和消费者剩余两个极值之间，通过交换价值（由可比较的替代选择与其差异化价值所决定）可进一步缩小该范围，处于该界限范围之内的价格将会使利益相关者的境况更好，这也是好价格的标志。

小结

● 定价是一种战略性的挑战，它对盈利能力有直接影响，它需要广泛的信息、正确的思考角度以及平衡各种竞争议题的能力。

● 定价的科学指的是收集信息的行为、进行定量分析的行为，以及揭示能够产生积极成果的价格范围的理解行为。

● 定价的艺术指的是影响客户对价格接受度的能力、适应定价结构以改变竞争环境的能力，以及根据竞争战略、营销战略和产业政策调整定价策略的能力。

● 好价格是指那些让公司及其客户在交易完成之后境况都比以前更好的价格。好价格的极值范围为：上限为顾客效用，下限为边际成本。更窄的价格范围为：上限为交换价值，下限为最靠近的较次替代选择的价格。

● 差异化价值可根据产品提供的好处的增加或减少来进行量化（与可比较的替代选择提供的好处相比）。

● 交换价值为可比较的替代选择的价格加上差异化价值。

● 对于革命性产品，简单的交换价值模型通常就是最有效的量化合理价格边界的方法。

● 能够量化价格边界以后，高管们就能够将他们对利润的需求与他们提供给客户的价值结合起来，做出更好的定价决策。

练习

1. 假定某家公司生产的工业产品的变动成本为 8 500 美元，每周的固定成本为 25 000 美元。目前，该公司每周销售 20 件该产品，其价格为每件 10 625 美元。

a. 该公司目前的盈利能力如何？

b. 如果变动成本降低 1％ 而其他保持不变，盈利能力能有多少改善？

c. 如果固定成本降低 1％ 而其他保持不变，盈利能力能有多少改善？

d. 如果所售出产品的数量平均增加 1％ 而其他保持不变，盈利能力能有多少改善？

e. 如果产品价格提高 1％ 而其他保持不变，盈利能力能有多少改善？

f. 个别来看，提高公司的哪方面数据将会产生最大的积极影响——变动成本、固定成本、所售产品数量，还是产品价格？

2. 假定某家公司生产的消费品的变动成本为 7.25 美元，每月的固定成本为 75 000 美元。目前，该公司每周销售 14 000 件该产品，其价格为每件 14 美元。

a. 该公司目前的盈利能力如何？

b. 如果变动成本上升 1％ 而其他保持不变，对公司的盈利能力有哪些害处？

c. 如果固定成本上升 1％ 而其他保持不变，对公司的盈利能力有哪些害处？

d. 如果所售出产品的数量减少 1％ 而其他保持不变，对公司的盈利能力有哪些害处？

e. 如果产品价格降低 1％ 而其他保持不变，对公司的盈利能力有哪些害处？

f. 个别来看，未能控制哪方面的数据将对公司产生最大的害处——变动成本、固定成本、所售产品数量，还是产品价格？

3. 旧产品售价为 5 美元，改进产品与旧产品相比能够给客户多提供 2 美元的价值。改进产品每件的生产成本为 3 美元。

a. 改进产品的最靠近的可比较的替代选择的价格是多少？

b. 改进产品与旧产品的差异化价值是多少？

c. 改进产品的交换价值是多少？

d. 你建议高管将改进产品的价格定在什么范围？

4. 旧产品售价为 27 美元，简易版产品与旧产品相比，功能减少了，少向客户提供 6 美元的价值。简易版产品的每件生产成本为 10 美元。

a. 简易版产品的最靠近的可比较的

替代选择的价格是多少？

b. 简易版产品与旧产品的差异化价值是多少？

c. 简易版产品的交换价值是多少？

d. 你建议高管将简易版产品的价格定在什么范围？

5. 竞争对手将重型机械的价格定为 14 000 美元。你方公司一直试图进入重型机械市场，并已开发出一种边际成本为 8 500 美元的新产品。你方公司的新机械在某些方面优于竞争对手的产品，在其他方面劣于竞争对手的产品，然而，它所需的维护减少了，每台引擎可减少 3 500 美元的人力成本。

a. 新产品的最靠近的可比较的替代选择的价格是多少？

b. 新产品与旧产品的差异化价值是多少？

c. 新产品的交换价值是多少？

d. 你建议高管将新产品的价格定在什么范围？

6. 2005 年，GE 发布了其"进化系列"机车引擎，它能够在使用寿命内大量节省燃料。据估计，每年的燃料节省量为 100 万加仑。在发布之时，GE 及其他竞争者将机车的售价定为 200 万美元。

a. GE"进化系列"机车的最靠近的可比较的替代选择的价格是多少？

b. 如果柴油的价格为每加仑 2.5 美元，GE"进化系列"机车仅在第一年的燃料节约价值为多少？

c. 仅基于第一年节约的燃料价值，GE"进化系列"机车的交换价值为多少？

d. 如果联合太平洋公司将该机车运行了 20 年且使用 8% 的折现率，运行一辆 GE"进化系列"机车 20 年所节省的燃料费用的现值为多少？

e. 如果客户每年需要付出 20 万美元的 GE"进化系列"机车的额外维修成本，使用同样的 8% 折现率，GE"进化系列"机车在 20 年间的额外维修成本的现值为多少？

f. 基于运行期间节约的燃料价值和增加的维修成本，与现有的机车相比，GE"进化系列"机车的差异化价值为多少？GE"进化系列"机车的交换价值为多少？

7. 20 世纪 90 年代，Itron 公司将新的自动抄表（AMR）解决方案引入了北美公用事业市场。AMR 是 20 世纪 90 年代的一项革命性产品，能够完全改变电表读取的流程。在 AMR 产品之前，公用事业公司被迫手动读取电表数据，每次读取成本为 1 美元。在 AMR 产品发布之后，读表成本降为 0。公用事业公司面临着采用 AMR 需要进行急剧成本转换。安装每台 AMR 需要一位技能丰富的技师每家每户进行安装。假定安装一台 AMR 的成本为 50 美元。对于此道练习题，假定以上估值都是准确的，并且生产一台 AMR 的边际成本为 12 美元。

a. 手动读表时，每块电表的年度成本为多少？AMR 呢？

b. 假定公用事业公司使用 6% 的折现率来进行新采购的成本预估。在 AMR 的 10 年寿命中，每块电表能够节约多少成本？

c. AMR 最靠近的可比较的替代选择价格为多少？

d. AMR 与其最靠近的可比较的替代选择的差异化价值为多少？

e. 北美的标准 AMR 解决方案的交换价值是多少？

f. 在欧洲大部分地方，公用事业公司每年读取一次电表。欧洲的标准 AMR 解决方案的交换价值是多少？Itron 公司应在 20 世纪 90 年代进入欧洲市场吗？

8. 根据课本中给定的信息，Cordis 药物洗脱支架的价格为多少时可使所有的标准金属支架在市场上无利可图？

9. Zipcar 公司为客户提供汽车共享服务。客户约花费 10 美元一小时就可借一辆车（该价格包括所有燃料费、保险费、税费和车辆使用费）。相比之下，美国人平均每年为汽车购买和服务支付 3 000 美元，为燃料每年支付 2 000 美元，为保险和税费每年支付 1 000 美元。

a. 对于美国人来说，拥有一辆车的年均总成本为多少？

b. 考虑到每位城市居民每周使用汽车 6 小时。使用 Zipcar 公司的汽车服务的年度成本为多少？

c. 考虑到每位郊区居民每周使用汽车 50 个小时。使用 Zipcar 公司的汽车服务的年度成本为多少？

d. 就目前的价格结构而言，Zipcar 公司能够吸引到城市居民和郊区居民使用它的服务吗？Zipcar 公司当前的目标市场应为哪个？

附录1A 较次产品

假定好价格界限的评估过程中，最靠近的可比较的替代选择在某种程度上是稍显劣质的。然而，通常来说，现有的可比较的替代选择是较优的。当现有产品优于新产品时，识别好价格界限的方法必须做出适当调整。

较次产品有其常规的开发途径和营销途径。在构建过程中，现有产品的一些特点和好处都被移除了，以便使产品价格降下来。通过剔除不必要的好处，向客户提供他们需要的产品，这些产品就被生产了出来，因此，考虑这些产品的合理价格界限同样有意义。

在营销较次产品时，其定价边界分析某种程度上也是类似的，关键的区别是差异化价值为负数，这样，交换价值就小于其最靠近的可比较的替代选择的价格。边际成本和顾客效用的硬性边界在概念上没有发生变化。对于较次产品，合理价格的界限是位于交换价值和边际成本之间（详见图 1—4）。

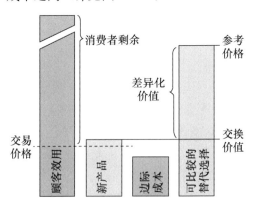

图 1—4　较次产品的价格边界

[1] Tim J. Smith, "The Transaction Landscape," *Hawks, Seagulls, and Mice: Paradigms for Systematically Growing Revenue in Business Markets*. Lincoln, NE: iUniverse, 2006: 6–27.

[2] Michael V. Marn, Eric V. Roegner, and Craig C. Zawada, "Introduction," *The Price Advantage*. Hoboken, NJ: John Wiley & Sons, Inc., 2004: 4–6.

[3] Exchange value models are discussed in a variety of settings including Robert J. Dolan, "Pricing: A Value-Based Approach," HBS No. 9-500-071 (Boston: Harvard Business School Publishing, 1999). Gerald E. Smith, Thomas T. Nagle, "A Question of Value," *Marketing Management* 14, No. 4 (July 2005): 38–43.

[4] U.S. Food and Drug Administration (April 24, 2003). "FDA Approves Drug-Eluting Stent for Clogged Heart Arteries." Press Release (http://www.fda.gov/bbs/topics/NEWS/2003/NEW00896.html), retrieved on January 4, 2009.

[5] Kurt Kruger, "Devices and Information Technologies," in Lawton R. Burns (Ed), *The Business of Healthcare Innovation*. New York: Cambridge University Press, 2005: 288–89.

[6] Tim J. Smith, "Communicate the Value," *Hawks, Seagulls, and Mice: Paradigms for Systematically Growing Revenue in Business Markets*. Lincoln, NE: iUniverse, 2006: 160–74.

[7] Reported total procedure costs vary from a low of $9,000 and a high of $30,000. The value that we are using in this text is acceptable for demonstrating the usefulness of an exchange value model in pricing. See Jason Ryan and David J. Cohen, "Are Drug-Eluting Stents Cost-Effective? It Depends on Whom You Ask," *Circulation* 114 (2006): 1736–44.

[8] "J&J Tells Doctors of Cypher Stent Clots," *Los Angeles Times* (July 9, 2003). (http://articles.latimes.com/2003/jul/09/business/fi-rup9.10), retrieved on January 4, 2009.

[9] Organ Gurel, "Drug-Eluting Stent Market: $5 Billion Turning on a Dime" *Midwest Business.com* (July 24, 2006). (http://www.midwestbusiness.com/news/viewnews.asp?newsletterID=15086), retrieved on January 4, 2009.

[10] Cordis Corporation, a Johnson & Johnson Company (January 20, 2004). "CYPHER Sirolimus-Eluting Coronary Stent: Delivers on Clinical Promise." Press Release (http://www.cordis.com/active/crdus/en_US/html/cordis/downloads/press/FINALCYPHER_Milestone_Release_1_20_041.pdf), retrieved on January 4, 2009.

[11] Stuart Read, Nicholas Dew, Saras D. Sarasvathy, Michael Song, and Robert Wiltbank, "Marketing Under Uncertainty: The Logic of an Effectual Approach," *Journal of Marketing*, 73 (May 2009): 1–18.

利润对价格的敏感性

在更成熟的市场中，在做出定价决策时，仅有交换价值模型提供的指导是不够的，高管们需要更强大的指导，他们需要对顾客对价格的反应有更清晰的了解。通过量化销量和价格之间的关系，高管们可确定利润对价格变动的敏感性，并优化价格。

经济价格优化在某些市场是有用的。与交换价值模型的宽广价格范围不同，经济价格优化可提供精确到1%的价格指导。在成熟的、经常购买的产品市场中，例如牛奶、燃料、鸡和铁矿石市场，顾客会更换供应商以捕捉哪怕是一丁点儿的价格变动。为了捕捉顾客和留住顾客，高管们需要经济价格优化提供更为精确的指导，而不是交换价值模型提供的粗略指导。

尽管经济价格优化找准价格的能力很明显，但它并不适合所有的定价决策。经济价格优化需要对价格和需求之间的关系有高度准确的了解。革命性的产品和更为成熟的产品之间的关键区别之一是关于顾客对价格变动反应的相关信息的可用性。在革命性的产品市场中，产品很少有经营记录用于量化顾客对价格变动的反应。在更为成熟的产品市场中，研究和统计方法可以揭示出价格和需求之间的精确关系。

利润敏感性分析（profit sensitivity analysis）揭示了价格的微小变动对利润的影响。价格变动对利润产生了直接影响和间接影响。直接影响可在利润和价格之间的线性关系中看到。间接影响来源于价格变动对顾客需求的影响。在正常市场中，较高的价格会导致较少的购买量，而较低的价格则会导致较多的购买量。[1]因为利润取决于出售的数量以及价格，且出售的数量又取决于价格，所以价格变动通过对需求的影响而对利润产生了间接影响。

从利润敏感性分析中，我们可以发现销量门槛。**销量门槛**（volume hurdles）定义了降价时的需求增加量以及涨价时所允许的需求牺牲量。在决定以新价格进攻某一特定市场的战略决策中，销量门槛使得高管们能够量化所需的销售目标，并将销量目标与他们所做出的潜在需求预期进行比较。在战术定价决策中，销量门槛是在为价格促销和折扣设定销售目标过程中的例行程序，它也是在促销结束时评价价格优惠的盈利能力的例行程序。

利润敏感性分析为进行经济价格优化奠定了基础。**经济价格优化**（economic price optimization）是确定使利润最大化的价格的一种方法，它依赖于需求弹性的量化，是对价格变动和销量之间关系的一种度量。

在本章中，我们继续探索定价和管理价格决策的合理方法。首先，我们进行利润敏感性分析来构建销量门槛。这样做时，我们将突出对价格和需求之间关系理解的重要性，这将引出对需求弹性的探索。理解需求弹性后，高管们就有能力进行经济价格优化且理解利润对价格的敏感性。

2.1　利润敏感性分析

利润敏感性分析考察的是微小的价格变动对盈利能力的影响，它对两个不同价格所赚取的预期利润进行了简单的分析。有了利润敏感性分析后，我们就可以将目前价格赚取的预期利润与不同价格可能赚取的预期利润进行对比。[2]

回想一下我们的标准利润公式，我们可以看到价格直接影响利润。在利润公式中，不太明显的是价格通过其他变量对利润所施加的影响。

$$\pi = Q \times (P - V) - F \tag{2—1}$$

式中，π 为利润；Q 为销售量；P 为价格；V 为变动成本；F 为固定成本。

在所有决定利润的变量中，一个纯粹的价格变动会影响销量，但不会影响变动成本和固定成本。对于普通商品，价格上涨导致销量下降，价格下降导致销量上升。据统计，在正常市场中，价格和销量呈负相关。纯价格变动意味着价格可增加或减少而不用改变产品。因为产品本身不受影响，且可以预见生产的方式，所以变动成本和固定成本不应该受纯价格变动的影响。

要确定利润对价格的敏感性，让我们先比较目前价格赚取的预期利润和正在考虑当中的未来新价格可能赚取的利润。使用 π_i 表示初始价格赚取的利润，π_f 表示最终价格将赚取的预期利润，我们从式（2—1）中发现：

$$\pi_i = Q_i \times (P_i - V) - F \tag{2—2a}$$

$$\pi_f = Q_f \times (P_f - V) - F \tag{2—2b}$$

式中，P_i 为初始价格；P_f 为正在考虑当中的最终价格。同样地，我们用 Q_i 表示初始销量，用 Q_f 表示新价格的销量。变动成本和固定成本在纯价格变动时属于常数，因此在式（2—2a）和式（2—2b）中不会变化。

销量门槛

销量门槛是由价格变动要求产生的，以便在价格变动后使公司经营状况更好，至少要保持原来的水平。基于企业的利润动机，我们可以说价格变动的要求在于提高利润，即

$$\pi_f \geqslant \pi_i \tag{2—3}$$

代数分析

使用式（2—2a）和式（2—2b）以及在式（2—3）中所提任何价格变动应提高利润的要求，我们可以得出所需销量变动的代数式，以在价格变动中提供相等的或更高的利润。由此产生的不等式定义了销量门槛，或销量的最小变化（与价格变动相关，以提高利润）：

$$\%\Delta Q \geqslant \frac{-\%\Delta P}{\%CM_i + \%\Delta P} \tag{2—4}$$

在式（2—4）中，$\%\Delta Q$ 为价格变动时所需的销量变动百分比，$\%\Delta P$ 为考虑中的价格变动百分比，$\%CM_i$ 为初始边际贡献与初始价格之比。从数学角度来说，这些变量被定义为：

$$\%\Delta Q \equiv \frac{Q_f - Q_i}{Q_i} \tag{2—5a}$$

$$\%\Delta P \equiv \frac{P_f - P_i}{P_i} \tag{2—5b}$$

$$\%CM_i \equiv \frac{P_i - V_i}{P_i} \tag{2—5c}$$

按照企业的利润动机，任何价格变动的目的都是为了提高盈利能力。如果公司预期能达到销量门槛，则价格变动是可行的。如果销量门槛高于预期的销售变化，那么就不能证明新价格的合理性，公司应考虑替代方案。

图解分析

在图解分析的帮助下，我们可以看到销量门槛来源于以下需求：较低价格下的销量增长所获得的边际贡献应大于降价所损失的边际贡献（详见图 2—1）。

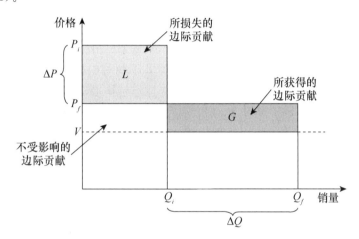

图 2—1　降价的利润敏感性分析

某一给定价格获得的收入为 $P \times Q$ 确定的矩形面积。某一给定价格的边际贡献为较小矩形的面积 $(P - V) \times Q$。和之前一样，价格变动执行的前提是：新价格至少可提高利润。

如果 G 为降价带来的销量增加所做出的边际贡献，且 L 为降价所损失的边际贡献，公司的利润动机需要收益大于损失，即

$$G \geqslant L \tag{2—6}$$

所获得的边际贡献 G 为销量变化乘以新边际贡献所得的矩形面积。所损失的边际贡献 L 为变动价格乘以旧销量所得的矩形面积。从数学角度来说，我们将它们表达为：

$$G \equiv (P_f - V) \times (Q_f - Q_i) \tag{2—7a}$$

$$L \equiv (P_i - P_f) \times Q_i \tag{2—7b}$$

将式（2—7a）和式（2—7b）（量化预期损失和收益）代入式（2—6）中，我们发现：

$$(P_f - V) \times (Q_f - Q_i) \geqslant (P_i - P_f) \times Q_i \tag{2—8}$$

将式（2—8）的两边同除以 Q_i 和（$P_f - V$）后为：

$$\frac{(Q_f - Q_i)}{Q_i} \geqslant \frac{(P_i - P_f)}{(P_f - V)} \qquad (2—9)$$

在做出式（2—5）中定义的变量替换后，式（2—9）转化为熟悉的销量门槛公式（2—4）。

决策的影响

在价格变动发生之前，考虑价格上涨或下跌时，高管们可使用销量门槛。所有在式（2—4）中定义销量门槛的变量，都可用公司内部信息进行量化。当前价格和变动成本都是高管们可从其内部会计记录中确定的数据，所提出的价格由管理层决定，其结果希望销量根据所选价格的变动产生相应的改变。如果预期的销量变动大于销量门槛预测的销量变动，那么价格变动可能是合适的；如果不是，那么价格变动将损害利润，应予以避免。

降价时，价格变动百分比％ΔP 为负数，因此，式（2—4）的右侧为正数。这意味着销量门槛％ΔQ 将为正数。或者，为使公司从价格变动中盈利，价格降低时，需要提高销量门槛。如果降价导致的预期销量增加超过了销量门槛，那么预计降价将提高盈利能力；如果情况不是这样，则预计降价会损害盈利能力。

考虑提价时，也可运用销量门槛的概念。对于价格上涨，价格变动百分比％ΔP 为正数，因此，式（2—4）的右侧将为负数。在这种情况下，不等式将使得销量变动％ΔQ 为负数，也就是说，销量会减少，但只会减少到一定程度。预期的销量减少必须比销量门槛（为提高利润所进行的提价）确定的销量减少要小。若由于价格上涨导致预期销量下跌少于销量门槛，那么价格上涨可提升盈利能力，否则会损害盈利能力。

销量门槛取决于考虑中的价格变动大小。较大的价格变动需要满足更大的销量门槛，较小的销量门槛则与较小的价格变动有关。

销量门槛也取决于边际贡献的大小，因此，间接取决于变动成本。在这种情况下，较大的边际贡献产生的销量门槛较低，较小的边际贡献会产生较高的销量门槛。

请注意，在确定销量门槛时，固定成本没有起作用，这可能会让许多高管吃惊，但固定成本是与边际价格变动决策无关的。尽管公司必须覆盖固定成本以维持经营，但固定成本并不影响最优价格。固定成本会影响进入、保持或退出某项业务的投资决策，但它对定价并无影响。如果一家公司确定最优价格不足以覆盖固定成本，高管们可能希望脱离该产业、寻找方法来降低固定成本，或采取行动来提高顾客的支付意愿。从利润最大化的角度来说，提高价格以弥补固定成本是根本没有道理的。

笼统地讲，公司的固定成本是公司的问题，不是顾客的问题。顾客不对公司的成本结构负责，但他们负责确定从产品中得到的价值大于他们支付的价格。价格定义了价值在公司与顾客之间共享的方式。利润敏感性分析侧重于价格变动对顾客行为和公司利润的影响。通过它我们可以看到，当优化价格来提高利润时，固定成本是无关的。

销量门槛对于提高公司盈利能力的定价行为是一个必要条件，但不是充分条件。每次考虑价格变动时，销量门槛应为首先进行分析的对象。如果不太可能实现销量门槛，则不应采取变动价格行为。然而，有些时候即使高管们预计能达到销量门槛，他们也可能会放弃变动价格行为。也就是说，即使高管们预计变动价格行为可使销量比销量门槛更高，由于其他战略因素，为了实现最佳利益，他们也必须避免做出价格变动。销量门槛为定价决策提供了重要的检查，但并不是一锤定音。

在思考定价行为时，许多战略因素将引导高管们考虑更多因素，而不只是销量门槛。销量门槛并未考虑顾客需求的长期变动，而这种需求可能受到定价行为的影响。例如，降价可在短期内刺激需求，一旦新鲜感消失，需求又会反弹到以前的水平。同样地，销量门槛忽视了价格变动带来的一些重要影响，这些影响可能会使得高管们对于价格变动更加谨慎（相对于仅用销量门槛来决定价格变动）。影响之一就是暂时性的降价可能改变顾客期望，使得促销期结束之后价格很难恢复。另一个影响来自于竞争对手，他们会对降价采取因应措施，这样就降低了价格促销提升销量的能力，并降低该行业的整体价格水平。这些影响和其他更为微妙的影响在本书的后面章节中将会提到，此处只是为了提醒大家，销量门槛只是价格变动应分析的第一项因素，但对于是否应变动价格行为，并不一定能提供充分的理由。

对于战术决策而言，销量门槛可用于评估短期价格促销和折扣的恰当性。对于战略决策来说，销量门槛可用于考虑降价和涨价。对于以较低的价格进入一个较大的市场，降价可能是必需的。如果企业充分确定在较低的价格点能保证销量，进入这个市场便可获益。价格上涨可能与进入新市场或分销渠道有关。当变动成本的增加已蔓延至全行业且竞争对手都能感觉到提价压力时，涨价也是有可能的。如果公司认为顾客会接受涨价且不会对销量产生过于负面的影响，那么公司预计将从涨价中获益。

降价有害

对于不同类型的业务，降价所需的最小销量可用销量门槛很容易地确定。我们从零售商、制造商和经纪人的角度分别假设了一种情形，来说明降价的合理性是很难证明的。

考虑某零售商将其产品价格上涨 100％。每次销售该零售商可赚取 50％的边际贡献（$CM_i = 50\%$）。可使用常见的 20％降价促销来驱动客流量、推销商品（$\%\Delta P = -20\%$）。在这种情况下，要想提高盈利能力，暂时性降价 20％将需要将销售量提高 67％（$\%\Delta Q \geqslant 67\%$）。也就是说，为了证明 20％降价促销的合理性，需要增加 2/3 的销售量。

类似地，考虑某制造商在每件出售的商品上赚取了丰厚的 25％边际贡献（$CM_i = 25\%$）。若给予特定顾客 5％折扣，则对该顾客的销售增加量需要超过 25％才可提高盈利能力（$\%\Delta P = -5\%$，$\%\Delta Q \geqslant 25\%$）。也就是说，为了证明给予该顾客 5％的折扣是合理的，需要额外增加 1/4 的销售量。

最后，考虑某经纪人赚取了微薄的 1.5％边际贡献（$CM_i = 1.5\%$）。在这种情况下，10 个基点的佣金下调将需要多售出 7.1％的销量，才能证明经纪人佣金的"破冰价"的合理性（$\%\Delta P = -0.10\%$，$\%\Delta Q \geqslant 7.1\%$）。

仅仅通过降价是很难实现这些销量增加的。此外，对于采取降价，销量门槛仅仅是一个必要条件。在执行降价之前，还应考虑其他因素。由于很难证明降价的合理性，如果高管们寻找其他方式来增加销量，他们通常能获得更丰厚的报酬。

价格上涨很有挑战性

价格上涨产生的对销量的影响也可通过销量门槛确定。我们再次从零售商、制造商和经纪人的角度做出假设。赚取 50％边际贡献的零售商若考虑将价格上涨 20％，则可能会失去多达 29％的业务，但仍然能够增加利润（$CM_i = 50\%$，$\%\Delta P = +20\%$，$\%\Delta Q \geqslant -29\%$）。赚取 25％边际贡献的制造商若考虑将价格上涨 5％，则其销量会损失 17％，但仍然能够从价格上涨中获利（$CM_i = 25\%$，$\%\Delta P = +5\%$，$\%\Delta Q \geqslant -17\%$）。最后，赚取 1.5％边际贡献的经纪人若将佣金增加 10 个基点，则最多会失去 6.3％的销售量（$CM_i = 1.5\%$，$\%\Delta P = +0.10\%$，$\%\Delta Q \geqslant -6.3\%$）。

有些时候价格上涨对销量产生的影响可忽略不计。然而，在大多数市场中，顾客都会充分利用竞争企业之间的产品价差，这样，价格上涨可能会流失许多销量，因此执行起来是很有挑战性的。

价格变动具有不对称的影响

仔细检查这些分析，我们发现价格变动的影响是不对称的。例如，考虑 5％降价或涨价的制造商分别需要销量至少增加 25％，或允许销量至多降低 17％。使用简单的图形我们就可看到价格变动的不对称影响。

图 2—2 由上述制造商的角度将销量门槛绘制成了价格变动的函数。我们使用经济学家的惯例做法：纵轴为价格，横轴为销量。图中曲线为销量门槛。如果价格变动引起的销量改变位于曲线右侧，则会提高利润。如果

价格变动引起的销量改变位于曲线左侧，则会损害利润。

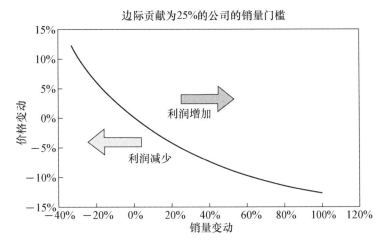

边际贡献为25%的公司的销量门槛

图 2—2　销量门槛（对于边际贡献为 25％的公司而言，
销量门槛是价格变动的函数）

销量门槛作为价格的函数，不对称性也可用其曲线表示。价格变动为负数时，销量门槛上升的速度将超过价格变动为正数时销量门槛下跌的速度。这些结果都是很常见的。对于所有公司而言，与价格上涨有关的销量门槛比与价格下跌有关的销量门槛要低得多。

2.2　需求弹性

尽管利润敏感性分析表明，定价行为必须满足销量门槛，但并未指出销量该是多少。从过去经验中得到的管理直觉可能会让高管们猜想销量门槛能被满足，但准确的测量需要更可靠的预测因子。

需求弹性测量的是由价格变动引起的销量变动。确切地讲，它被定义为销量变动百分比与价格变动百分比的比例：

$$\varepsilon \equiv \frac{\%\Delta Q}{\%\Delta P} \tag{2—10}$$

依照经济惯例，我们使用 ε 表示需求弹性。从数值角度来说，普通市场的需求弹性为负数，意味着较少的商品是以较高的价格出售的，较多的商品是以较低的价格出售的。按照惯例，谈到需求弹性时，经济学家倾向于将正负号去掉。这样，较大的需求弹性则有较大的绝对值，只是实际上为负数，较小的需求弹性则有较小的绝对值，但实际上仍为负数。

高管们可使用需求弹性测量值来预测由价格变动产生的预期销量变动。对于小幅的价格变动，需求弹性可近似为一个常数。这样，价格变动百分比与需求弹性的简单乘积，就可预测出高管们从价格变动中预估出的销量变动。

$$\%\Delta Q = \varepsilon \cdot \%\Delta P \tag{2—11}$$

再加上销量门槛，这个简单的指标就成为一个非常强大的证据，足以做出定价决策。通过比较销量门槛和从式（2—11）的需求弹性预测得出的销量变动，高管们可以很容易区分可提高利润的价格变动以及无法提高利润的价格变动。

弹性市场

当小幅的价格变动对销量大有影响时，则该市场为弹性市场。从定量角度说，弹性市场被定义为需求弹性大于 1（$|\varepsilon| > 1$）的市场。大多数公司都面临着弹性需求曲线，这意味着小幅的价格变动即可驱动需求的较大变动，这是竞争的直接结果。在竞争激烈的市场中，当价格变动改变了竞争对手之间报价的差距时，顾客就会更换供应商。

从短期来看，弹性市场倾向于降价来提高盈利能力。需求弹性较高意味着小幅的降价即可产生足够大的销量增加，以克服销量门槛。通过从需求弹性预测得出的销量变动（图 2—3 中的点状曲线）与销量门槛（图 2—3 中的黑色曲线）的比较，我们可以看出这一点。从图 2—3 中我们看到，对于大幅的潜在降价，所预测的销量变动大于销量门槛，然而，对于任何价格上涨来说，所预测的销量变动皆大于所允许的销量门槛，因此，弹性市场偏好降价。

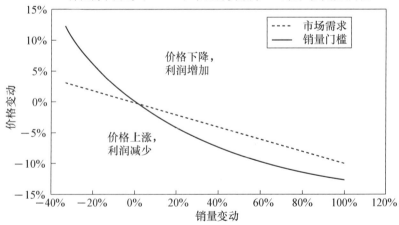

图 2—3　弹性市场的销量门槛和需求曲线（弹性需求曲线（ε＝－10）绘制为点状曲线，边际贡献为 25% 的公司的销量门槛绘制为黑色曲线）

非弹性市场

当大幅的价格变动对销量仅有较小的影响时，该市场为非弹性市场。从定量角度来说，非弹性市场被定义为需求弹性小于 1（$|\varepsilon| < 1$）的市场。许多行业面临着非弹性需求曲线，这意味着在行业层面，当整个市场的价格变动很大时，需求仅改变一点点。然而，如先前所暗示的那样，只有少数公司面临着非弹性需求曲线。

非弹性市场倾向于通过价格上涨来提高盈利能力。需求弹性较小意味着，较大的价格上涨预计将产生小到可以忽略不计的销量降低，这样，它就使需求维持在所允许的销量门槛以上。

在图 2—4 中，将需求弹性预测得出的销量变动与销量门槛比较，我们可以再次比较预测值和需求值。在这种情况下，我们看到，对于大范围的潜在价格上涨，所预测的销量变动小于所允许的销量门槛，然而，对于任何降价来说，所预测的销量变动皆小于销量门槛，因此，非弹性市场倾向于涨价。

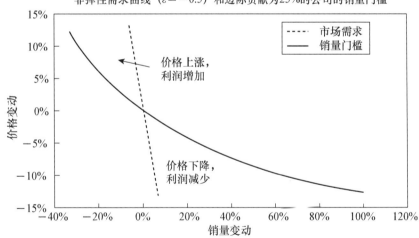

图 2—4　**非弹性市场的销量门槛和需求曲线**（非弹性需求曲线（$\varepsilon = -0.5$）绘制为点状曲线，边际贡献为 25% 的公司的销量门槛绘制为黑色曲线）

需求弹性测量

在许多成熟市场中，需求弹性可以定期测量并用来决定定价决策。通常地，对于偏向商品导向的产品[①]来说，其需求弹性的历史性指标比品牌商品[②]的需

[①]　commodity-oriented products，指无法进行差异化的产品。——译者注
[②]　branded products，指能进行品牌化、差异化的产品。——译者注

求弹性的历史性指标能够进行更好的量化。当产品变得不那么商品导向，且供应商在同类产品之间提供了较大的差异，则在需求弹性的测量上会出现更大的不确定性。

量化需求弹性涉及细致的统计分析。通常来说，它比进行销量变动和价格变动的简单线性回归分析要难得多。除了价格之外，许多因素也会影响需求。市场环境因素，如季节性因素、市场的增长、收入的变化以及商业周期，都是对需求产生重大影响的因素。同样地，决定竞争强度、分布密度、促销力度和产品演进的行业行为也会影响需求。从价格和销量之间的关系理清市场环境因素和行业管理的影响，需要我们从多个来源仔细收集相关数据，使用足够的数据点努力将它们结合成单个数据集来提供有意义的见解，并在不同假设下反复运行多变量回归分析，直到市场被准确理解。

从表2—1中我们可以发现多个市场的短期需求弹性。表中品牌选择一栏的值体现了公司层面的需求弹性，主要需求一栏的值则体现了品类层面的需求弹性。

表 2—1 　　　　　　　　　测量的需求弹性[3]

品类	品牌选择	主要需求
培根	−1.25	−0.32
人造黄油	−2.22	−0.12
黄油	−1.24	−0.74
冰淇淋	−1.89	−0.68
纸巾	−4.00	−0.74
糖	−4.03	−0.57
洗涤液	−3.95	−1.70
咖啡	−1.65	−1.42
软饮料	−2.66	−0.42
湿纸巾	−3.85	−0.80
薯片	−2.50	−0.88
烘干机柔软剂	−4.08	−1.19
酸奶	−1.57	−0.35

请注意在所有情况下，公司层面的需求弹性大于或等于品类层面的需求弹性，这反映了顾客行为。当个别品牌的价格上升时，顾客很容易更换品牌，选择价格更低的替代品。然而，当这一类别的所有品牌价格都上升时，为了省钱，顾客必须减少他们的购买量。品类层面的转换比品牌层面的转换要困难得多，因此，品类层面的需求弹性要小于品牌层面的需求

弹性。

短期需求弹性往往低于长期需求弹性。从短期来看，顾客往往锁定在一个特定的购买模式。然而，从长期来看，顾客可能会寻找替代品或改变他们的生活方式，以减少他们对该产品的需求。例如，2000—2008 年间，美国的油价从每加仑 1.27 美元涨到了 4.11 美元，但需求改变很少，测量得出的需求弹性小于－0.04。消费者会抱怨价格上涨，但他们的消费模式不能立即改变，因为他们仍然需要汽油去上班、购物或满足其他交通需求。然而，在过去这些年里，一些消费者买了自行车，增加了乘坐公共交通工具，且改用更省油的汽车，以应对价格变动。这样，长期需求弹性估计略高，也许在－0.06 左右。

必要，但不充分

在审视需求弹性时，我们还注意到，公司层面的需求往往是弹性的，而品类层面的需求则是非弹性的。高管们应注意到这项观察结果。这一结果直接来自于竞争的本质。在完全竞争市场中，无论整个行业的需求弹性是怎样的，个别公司面临着无限弹性的需求。对于定价决策，这有着非常强烈的暗示。管理人员应谨慎对待可能降低整个行业层面价格的定价行为。

品牌层面的需求弹性高于品类层面的需求弹性这一事实，显示出为什么销量门槛是评估价格变动的必要条件而不是判断定价行为是否明智的充分条件的一个关键原因。

例如，考虑一下仅由销量门槛引导的降价导致的事件的潜在顺序，以及根据需求弹性做出的销量预测。高管们可能预测到降价将增加利润，因此相信这符合他们的最佳利益。然而，由于没有考虑到竞争反应，该决定可能被误导。如果与降价有关的销量增加是以竞争对手的损失为代价的，公司应预料到竞争对手会做出反应。如果竞争对手的反应是做出同样的降价，销量带来的所有临时收益将会消失，该公司及其竞争对手将以较低的价格点来对自己的产品进行定价，其结果是降低了整个行业层面的价格，从而损害了行业利润。

与成为不健康行业的领先公司相比，成为健康行业的中等公司将为大多数公司带来更大的利润，因此，许多公司提高价格或至少保持目前的价格来促进整个行业的健康，而不是降低价格来获得更大份额却损害整个行业的利益，通过这种方式，它们自己也得到了更好的发展。

我们看到的证据表明，这些类型的事件序列不仅是可能的，而且在需求弹性的测量方面也是可能的。如先前所注意到的那样，弹性市场倾向于降价，且根据观察，大多数品牌面临着弹性市场，因此，个别公司的高管具有降低价格的强烈动机。然而，我们也应该研究行业层面的价格变动的价值。如先前所注意到的那样，非弹性市场倾向于涨价，且根据观察，许多行业面临着非弹性市场。因此，总体来说，如果行业层面的价格上涨，大多数企业的高管将会更开心。这些见解可以很容易地通过个别公司的行为来加以解释，这些公司已经降低价格，想要借此获取市场份额，但是发现它们遭到竞争对手的反击，最后整个行业变得一塌糊涂。

我们知道由价格弹性和销量门槛可以得出销量预测，但是用这个销量预测来指导定价决策是很不充分的，其中一个很重要的原因就是降价很可能引起竞争者反击以及破坏整个行业的利润。价格弹性和销量门槛这两种定量方法都忽略了竞争反应，它们也未能考虑消费者行为长期变化和短期可预测性之间的差异。高管们需要预估销量门槛，使其作为潜在降价方案必须满足的首要条件，但他们不能止步于此，还应进行更多的分析，更进一步的考量应纳入他们的分析中。通常来说，下一步将减少具体定量分析，而增加较多的定性分析，定价不是一个简单的工程挑战，它是一个战略性的挑战。

2.3　经济价格优化

从利润敏感性分析中我们可以得出，通过提高边际贡献，提涨价格可增加利润；通过对需求的调节作用，提涨价格可间接降低利润。这些见解意味着存在某些价格，这些价格能平衡那些对立的影响，以及使利润最大化。经济价格优化就是用来找出那些使利润得以最大化的价格的方法。任何高于最优价格的价格会损害利润，因为该价格会通过压制需求来摧毁提高边际利润所创造的收益。任何低于最优价格的价格也会损害利润，因为该价格所减少的边际利润超过了提高销量所赚取的收益。

我们已经能够根据公司利润公式来量化价格变动所需的销量门槛，以提高利润。我们也已经能够从需求弹性角度来量化预期的与价格变动有关的销量变化。经济价格优化根据这些方法来进一步确定能提供最大化利润的最优价格。

对于普通商品来说，其需求随着价格的上涨而降低。如果我们根据对总体需求和弹性需求的理解，绘制给定价格的需求曲线，我们将发现一个向下倾斜的曲线，类似于图2—5中的曲线。因为价格通过需求弹性预测销量，我们也可确定在任一销量水平下所赚取的利润。如图2—5所示，当根据销量绘制时，利润表现出典型的抛物线形状，在此抛物线的最高点，利润最大。

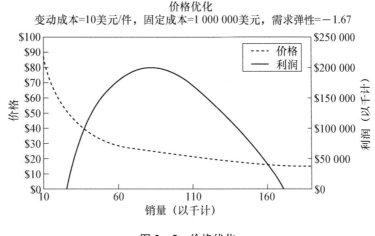

图 2—5　价格优化

图 2—5 描绘了与某公司某一特定销量有关的价格和利润。我们将该公司的固定成本设定为每季度 100 万美元，变动成本为每件 10 美元。为了模拟需求，我们使用一个需求弹性常量，为−1.67（许多行业、许多企业的代表值），且设定整体需求为每季度 368 000 件（如果该产品的价格设定在边际成本水平）。（一般来说，需求模型需要确定某一特定价格的需求，以及那一价格附近的需求弹性。）根据这些数字，该产品的最优价格为 25 美元。在该最优价格水平，该公司每季度可销售 8 万件产品，赚取 20 万美元（详见表 1—1）。

为从某一特定价格的需求弹性和已知需求得出最优价格，需要一点微积分计算。有兴趣的读者可按照附录 2B 的步骤自行推导。假定需求弹性为正在考虑中的价格范围的常数，我们可将价格和销量之间的关系表达为：

$$Q = AP^\varepsilon \qquad (2—12)$$

将上式代入公司利润公式中的销量，并求价格对利润函数的导数，使利润最大化，我们就能找到最优价格。

$$\hat{P} = \frac{V\varepsilon}{(1+\varepsilon)} \qquad (2—13)$$

在得出经济最优价格的公式后，人们也许会说"瞧，这就是我们进行定价的方式"，但是请注意，经济价格优化会产生准确的错觉。尽管根据需求弹性、边际成本和其他独立验证的数量等历史性指标，得到一个精确的价格有很强的吸引力，但是价格应避免以这种方式设定，因为这种充满定量之美的方式不仅对所谓的合适价格勾勒得过度精确，而且该价格可能是完全错误的。

在找出相关的需求弹性和变动成本以用于计算价格时，经济价格优化也遭遇了挑战，这些挑战都无法用历史指标适当地克服，而且当用于经济价格优化时，需求弹性与变动成本均导致极不准确的价格预测。

经济价格优化的主要挑战是确定相关的需求弹性。即使经济学家已在公司层面和行业层面对需求弹性进行了精确的量化，高管们可能还不确定应如何进行。正如前文所述，大多数公司销售的产品都面临着弹性需求。单独使用需求弹性进行的价格优化将鼓励大多数公司降低它们的价格。这样做无疑将使公司的价格低于行业标准，从而鼓励其竞争对手纷纷以类似的价格进行效仿，以挽回失去的销量，其结果是，整个行业都将萎缩。与此相反，许多行业则面临着非弹性需求，在行业层面的经济价格优化将鼓励许多公司提高价格。如果某家公司根据整体的行业层面的需求弹性调高价格，但其他公司并未这样做，消费者将迅速更换品牌，则该公司将处于不利状况。因此，在寻找最优价格时，这两种需求弹性都不是有效的。

经济价格优化的第二个挑战是发现相关的边际成本。相关边际成本取决于所考虑的时间框架。狭义上讲，短期边际成本可能比原料成本更多一点，因为产能必须从这一秒维持到下一秒。从中期来看，边际成本将扩大，包括其他因素，如劳动力、设施和设备。从长远来看，生产能力和营销活动的投资决策取决于预期的销售数量，因此时间因素可影响边际成本的含义。

通过纯粹的经济论证进行的价格优化存在着固有的挑战，高管们最好不要使用这种方法。只有在少数理想情况下，价格才可单独通过需求弹性的历史指标和成本会计对变动成本的诠释来进行优化。几乎对所有公司而言，这都是一个高度存疑的做法。

接受这些挑战以后，高管们可利用经济价格优化来确定潜在价格的范围。从行业层面的价格弹性来讲，他们也许能够确定一个较高的将改善公司和整个行业利润的价格。从公司层面的价格弹性来讲，如果其他所有竞争行为都受到阻挠，且顾客表现一致，他们也可识别出最低价格。

2.4　不断变动的成本结构下的利润敏感性分析

到目前为止，我们考虑的分析都是抛开成本变动进行的纯价格变动分析。在许多情况下，高管们都面临这一问题：根据产品变动做出价格变动。以质量为本的制造商往往对产品进行改进，期待价值更高的产品能够以更高的价格进行出售。同样地，以成本为导向的制造商可能会削减成本，因为它们相信更低的价格点会有更大的市场。在任何一种情况下，成本变动往往都会带来价格变动。跟纯价格变动情况下所使用的方法类似，我们还可以考察利润对成本和价格同时变动的敏感性。

在允许价格和变动成本发生改变的宽松限制下，我们可定义一项产品的销量门槛。使用同一个通用利润公式，但这次允许变动成本发生变动，我们找到了新销量门槛：

$$\%\Delta Q \geqslant \frac{-\Delta CM}{\Delta CM + CM_i} \qquad (2\text{—}14)$$

V_i 代表初始变动成本，V_f 代表最终变动成本，可以定义以下公式：

$$\Delta CM \equiv (P_f - V_f) - (P_i - V_i) \qquad (2\text{—}15a)$$

$$CM_i \equiv (P_i - V_i) \qquad (2\text{—}15b)$$

不断变化的变动成本之下的销量门槛如式（2—14）所示，高度依赖于边际贡献变动的影响。我们可以在图 2—6 中看到这一点。在图 2—6 中，又回到了我们假想的公司，其初始边际贡献为 15 美元。

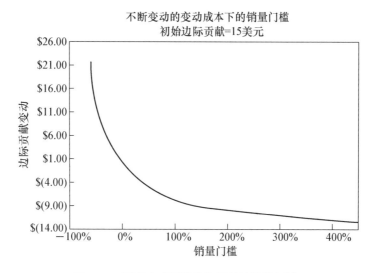

图 2—6　不断变动下的边际贡献的销量门槛

当价格增加幅度小于相应的变动成本的增加幅度，或者变动成本的下降幅度小于价格的下降幅度，那么这两种情况均可能产生边际贡献的负向变化。如果边际贡献变动为负数，则销量门槛为正数。假设在未提高价格的情况下，销量门槛代表的意义是，为证明产品改善合理性所需增加的销量。

边际贡献的负向变化预计将损害利润。例如，考虑一下，产品改善耗费的成本比价格的增加还多。在这种情况下，即使价格再高，边际贡献也将受到挤压。一般来说，在价格更高时，公司预计将销售更少的产品，而不是更多，除非竞争压力或其他因素已经重新对价格进行了定义来量化与顾客的交易。这样一来，在大多数情况下，小于变动成本增加量的价格上涨将同时降低利润和销量，共同损害利润。

当价格增加幅度大于相应的变动成本的增加幅度，或者变动成本的下降幅度大于价格的下降幅度，那么这两种情况均可能产生边际贡献的正向变化。如果边际贡献变动为正数，则销量门槛为负数。在这种情况下，销量门槛所代表的意义是，当价格与边际成本同时增加，它所允许的下跌销量，而这种销量的减少是能够提高利润的。

边际贡献的正向变化预计将提高利润。例如，考虑一下，一项产品改善压低了各项成本且以更低的价格点销售，但总体边际贡献增加了。在这种情况下，即使价格较低，边际贡献可能更高。一般来说，在更低的价格点，公司预计将销售更多产品。这样一来，在大多数情况下，这项战略行动将同时提高边际贡献和销量，从而共同提高利润。

正如我们已经对不断变化的变动成本进行了利润敏感性分析，我们也可以对不断变化的固定成本进行利润敏感性分析。当扩展到一个新市场、提高生产、改变分销方式或做出其他运营变化以响应战略机遇时，公司可能面临固定成本变动。在这种情况下，我们发现：

$$\% \Delta Q \geqslant \frac{\Delta F}{CM \cdot Q_i} \tag{2—16}$$

F_f 为最终固定成本，F_i 为初始固定成本，$\Delta F = F_f - F_i$。所需的销量增加等于增加的固定成本与现有的边际利润之比。

小结

● 预测顾客对价格变动的反应，使得高管们能够分析利润对价格变动的敏感性，并提高价格。

● 在利润敏感性分析中，我们确定了销量门槛。对于纯价格降低来说，销量门槛为正数，并确定降价所需的最小销量增加，以提高利润。对于纯价格上涨，销量门槛为负数，并确定涨价所允许的销量减少，以提高利润。

● 对于价格变动，利润敏感性呈现不对称性。降价会形成较高的销量门槛，而幅度相当的涨价所形成的销量门槛（可允许的销量减少）较低。

● 在执行降价（降价形式有折扣、优惠券或其他形式的销售促进）之前，高管们应进行利润敏感性分析来找出降价行为的必要条件，以提高盈利能力。即使预计能够达到销量门槛，公司也应明智地避免降价，因为潜在的竞争反应或消费者行为变化将摧毁降价的任何预期收益。

● 在与价格变动有关的成本变动情况下，也可开展利润敏感性分析。正如纯价格变动一样，对于同时发生的价格变动和成本变动，应厘清销量门槛才能增加利润。

- 需求弹性衡量的是消费者对价格变动的反应。

- 弹性市场的需求弹性大于 1。在弹性市场中，小幅的价格变动即可带来大幅的销量变动。弹性市场通常倾向于降价。

- 非弹性市场的需求弹性小于 1。在非弹性市场中，大幅的价格变动只可带来小幅的销量变动。非弹性市场通常倾向于涨价。

- 品牌层面的需求弹性通常高于行业层面的需求弹性。

- 通过基本经济模型进行的价格优化只取决于需求弹性和生产的变动成本。

- 低于最优价格的降价将导致销量上涨带来的收益不足以弥补边际贡献降低带来的更大损失。高于最优价格的涨价将导致边际贡献增加的收益不足以弥补销量降低带来的更大损失。最优价格平衡这些收益和损失，以提供最高的潜在利润。

- 尽管有诱人之处，经济价格优化却通常给出错误的价格。经济价格优化的首要挑战来自于确定定价决策的相关需求弹性。第二个挑战来自于确定相关的变动成本。对于某些定价问题，经济价格优化可能是有用的，但一般来说它是一个非常值得存疑的定价方法。

 练习

1. 设想一个零售商欲将原价为 54 美元的搅拌机以 33% 的折扣出售。搅拌机进价为 29 美元。

a. 初始边际贡献是多少？

b. 每件商品建议出售价格和价格变动百分比是多少？

c. 通过降价销售搅拌机而提高盈利的情况下，销量门槛必须要达到多少？

d. 假设不以该价格出售，一位年轻的价格专家建议销售价格提升至 59 美元。若零售商盈利增加了，那么此时允许的销量损失为多少？

2. 来自斯堪的纳维亚的一个风力涡轮机厂商想要了解涡轮价格波动对盈利的影响。目前，对发电机来说，1.5 兆瓦（MW）的风力涡轮机的总价为 170 万美元，但边际成本只有 130 万美元，斯堪的纳维亚风力涡轮机厂占有的市场份额为 35%。

a. 初始边际贡献是多少？

b. 如果风力涡轮机厂商考虑降价 3%，新的价格是多少？为了提高盈利，要突破的销量门槛是多少？

c. 如果风力涡轮机厂商考虑提价 3%，新的价格是多少？为了提高盈利，所允许的销量损失为多少？

d. 讨论问题：一美国竞争对手以 1 675 000 美元的价格销售同性能的风力涡轮机，其市场份额为 25%。知道该信息后，斯堪的纳维亚风力涡轮机厂应该提价还是降价 3%？你的理由是什么？

3. 设想一家公司目前的边际贡献为 30%。

a. 降价 1% 时对应的销量门槛为多少？涨价 1% 时对应的允许销量损失为多少？

b. 降价 5% 时对应的销量门槛为多少？涨价 5% 时对应的允许销量损失为

多少？

c. 降价 10％时对应的销量门槛为多少？涨价 10％时对应的允许销量损失为多少？

d. 降价 20％时对应的销量门槛为多少？涨价 20％时对应的允许销量损失为多少？

4. 对于一家目前边际贡献为 50％的公司，画出销量门槛随价格降低 40％到价格升高 40％的曲线。盈利对涨价更敏感还是对降价更敏感？

5. 某一商品，生产商建议的零售价格（MSRP）为 49 美元，生产商给零售商的进价为 25 美元，每件商品生产商边际成本为 15 美元。

a. 对零售商来说，该产品的边际贡献是多少？对生产商来说，该产品的边际贡献是多少？对于目前的价值链来说，边际贡献是多少？

b. 如果零售商降价 15％，对于整个价值链仍可增加盈利，那么销量门槛应为多少？

c. 如果零售商想和生产商一起分担降价成本，商品降价 15％，商品进价成本降低 7.5％，这种情况下，零售商和生产商的销量门槛分别是多少？

d. 如果零售价格降低 15％，生产商给零售商降价多少才能使得生产商和零售商的销量门槛相同？

6. 某一商品的 MSRP 为 19 美元。生产商卖给零售商的价格为 12.50 美元。每件商品生产商的边际成本为 8.50 美元。

a. 如果价格定为 MSRP，零售商的边际贡献是多少？生产商的边际贡献是多少？价值链的边际成本是多少？

b. 降价 2％时，若整个价值链仍可增加盈利，销量门槛是多少？

c. 假设零售商要将销售负担转嫁给生产商，促销价格为每件下降 2 美元，因而零售商付给生产商的价格每件也下降 2 美元。这种情况下，零售商和生产商的销量门槛是多少？

d. 如果零售价格每件下降 2 美元，生产商给零售商降价多少，才能使生产商和零售商的销量门槛相同？

7. 某种消费品的短期需求弹性由 NPD 数据测得为 $\varepsilon = -2.9$。

a. 当价格降低 10％，预期单位销量增加多少？

b. 如果价值链的边际贡献为 60％，价格下降 10％的销量门槛是多少？

c. 当销量下降 10％，价值链可以盈利吗？

8. 鸡胸肉的短期需求弹性由国家鸡肉协会测得 $\varepsilon = -0.75$。

a. 价格提升 10％时，单位销量下降多少？

b. 如果价值链的边际贡献为 30％，价格提升 10％时允许的销量损失为多少？

c. 当鸡胸肉价格提升 10％时，会不会提升盈利？

9. 某电脑制造商考虑改进产品。目前，其台式电脑的边际成本为每台 249 美元，电脑售价为每台 289 美元。升级后的产品的边际成本为每台 289 美元，售价将为每台 359 美元。该生产商面临的销量门槛是多少？

附录2A　离散需求

很多经济学教材都假设需求是价格的连续函数，很多情况下这是不对的。在很多行业中，需求是价格的非线性函数。在某一价格时，当消费者发现该产品新的用途或可替代产品时，产品的需求可能会发生很大变化。

例如，铝制品行业[4]，在 20 世纪 30 年代，铝有 5 个主要用途：飞机机身、冶金、餐具、电缆、汽车部件。对于不同消费者来说不同的用途有不同的价值，也会有不同的替代产品。

20 世纪 30 年代，铝最有价值的用途是制造飞机。尽管此时飞机机身的市场份额只占美铝公司（Alcoa）的 10%，但其价值是非常高的。在制造商业飞机和军用飞机上，可用于替代铝的轻质高强度产品非常少，而且飞机机身用铝质材料是整个航空运输业的需求，因此它是高度非弹性的。

铝在冶金行业主要用于钣金产品，在 20 世纪 30 年代占美铝公司的份额为 8%～10%。铝在冶金市场的价格可能有些高，但也没有航空业高，而且冶金市场的需求是高度非弹性的，因为铝只是生产钣金产品所需材料的一小部分，其需求取决于更大的钢铁行业的总需求。

铝的另一个市场则是非常具有弹性的。20 世纪 40 年代用于餐具的铝的份额占 40%。尽管铝具有轻质、抗碎、易清洗的特点，但顾客很容易找到可以替代大部分铝制餐具的产品。20 世纪 40 年代，电缆用铝的份额占 10%～15%。铝电缆比铜电缆的导电性差，但质量较轻，

而且有特殊用途。为了增加销量，用于电缆的铝常折价出售。20 世纪 30 年代，用于汽车部件的铝的份额占美铝公司的 17%，主要用于机械部件。汽车市场也是具有高度弹性的，因为汽车的很多部件可以用钢来代替铝。

如果铝以同样的价格出售给所有行业，而且价格设为航空业愿意购买的价格，那么只有飞机制造商愿意购买，在冶金和其他方面几乎不会有需求。除非铝的价格变得跟其替代品的价格相近时，冶金行业才会买，这时整体需求才会迅速增加。因此，铝的累积需求曲线会有很多折点，这些折点对应的是对特定行业具有竞争力的铝价。价格与需求的定性关系如图 2—7 所示。

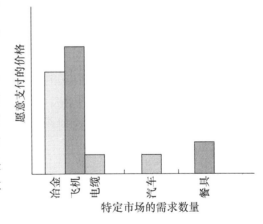

图 2—7　铝的需求（1930—1950）

为了分离这些市场和制定每个市场愿意支付的价格，美铝公司将不同质量的铸铝出售给不同的行业，这就使得美铝公司能根据用途把铝以不同的价格出售。美铝公司的定价策略在 1937 后才发生改变，那时美国司法部提交了《谢尔

曼法》民事诉讼。[5]

当一种产品有不同用途，各个用途对于消费者有不同的价值时，以同一价格出售给所有消费者时，需求可以被认为是价格的离散函数而不是价格的连续函数，也就是说，任一价格的累积需求是该价格所有市场的总和。一旦价格变得比其替代产品有竞争性，新的市场应用将变得可行，需求也会迅速增加。

高管们考虑将某产品重新定价以服务一个新的市场时，应当考虑该市场愿意支付的价格以及潜在需求量。如同连续需求曲线一样，利润敏感性分析将给出产品重新定价以投入新的市场时正确的需求量。

将同一产品在两个不同市场制定两个不同价格时，可能会触犯法律，如美铝公司。如果不受法律约束，企业会从一个市场买入产品再卖给另一个高价市场，从中赚取差价，这通常称作灰色市场。很多行业已经学会如何操纵灰色市场，但是灰色市场总让人提心吊胆。一种减小法律和灰色市场风险的方法是，重新设计该产品，让其在不同市场有本质的区别，这样，高管们就可为不同市场进行不同的价格优化。

附录2B　经济价格优化的推导

式（2—13）中，根据变动成本和需求弹性，我们给出了经济最优价格。式（2—13）的推导是需求弹性定义和公司利润公式的直接结果。[6]

最优价格是利润最大时的价格。利润最大时，利润曲线对价格的导数为0。利用微积分，通过设置利润公式的一次偏导数为0，我们可以得到该价格。从公司利润公式（2—1），可以得到利润关于价格的一次偏导数为：

$$\frac{\partial \pi}{\partial P}=\frac{\partial Q}{\partial P}(P-V)+Q \qquad (2—17)$$

其中，我们假设需求（Q）取决于价格，变动成本（V）和固定成本（F）是不随价格变化的定值。

最优价格为利润关于价格一次偏导数为0的那个点。因此，将式（2—17）中利润的一次偏导数设置为0，我们可以发现最优价格满足：

$$0=\frac{\partial Q}{\partial P}(\hat{P}-V)+Q \qquad (2—18)$$

式（2—18）中要理解销售数量关于价格的偏导数（$\partial Q/\partial P$）的含义。需求随价格的变动定义为需求弹性的连续偏导数形式：

$$\varepsilon \equiv \frac{\%\Delta Q}{\%\Delta P}=\frac{\Delta Q/Q}{\Delta P/P} \Rightarrow \varepsilon=\frac{\partial Q/Q}{\partial P/P}$$
$$(2—19)$$

因此，我们对销量关于价格的偏导数（$\partial Q/\partial P$）进行如下替换：

$$\frac{\partial Q}{\partial P}=\varepsilon \frac{Q}{P} \qquad (2—20)$$

用式（2—20）替代式（2—18）中需求对价格的偏导数，我们得出弹性市场（$\varepsilon > 1$）时的最优价格是：

$$0=\varepsilon \frac{Q}{\hat{P}}(\hat{P}-V)+Q \qquad (2—21a)$$

可简化为：

$$\hat{P}=\frac{V\varepsilon}{(1+\varepsilon)} \qquad (2—21b)$$

式（2—21b）和式（2—13）的最优价格是一样的。

需求弹性指的是价格与销量之间的关系。从需求弹性定义可得需求曲线。式（2—19）可重新写为：

$$\varepsilon=\frac{\partial \ln Q}{\partial \ln P} \qquad (2—22)$$

在弹性需求为常量的假设前提下，我们可以对式（2—22）积分，得出给定价格时的销量，结果为：

$$\ln Q=\alpha+\varepsilon \ln P \qquad (2—23)$$

在式（2—23）两边使用 $e^{\ln X}=X$，我们可以得出在任一给定价格时的销售数量：

$$Q=AP^{\varepsilon} \qquad (2—24)$$

其中，常数 A 定义为常数 $\exp(\alpha)$。我们可以通过将最优价格（式（2—21b））替代到销量（式（2—24））和公司利润公式（式（2—1））中得到最优利润。

注释

[1]Economists use the term Giffen good to describe a good that violates the law of demand…. Giffen goods are inferior goods for which the income effect dominates the substitution effect. Therefore, they have demand curves that slope upward. Have any actual Giffen goods ever been observed? Some historians suggest that potatoes were a Giffen good during the Irish potato famine of the 19th century. Potatoes were such a large part of people's diet that when the price of potatoes rose, it had a large income effect. People responded to their reduced living standard by cutting back on the luxury of meat and buying more of the staple food of potatoes. Thus, it is argued that a higher price of potatoes actually raised the quantity of potatoes demanded. N. Gregory Mankiw, "The Theory of Consumer Choice," *Principles of Economics*, Sixth Edition (Mason, OH, Cengage Learning, 2012): 453–454.

[2]For a similar examination of a profit sensitivity analysis, see Thomas T. Nagle and Reed K. Holden, "Financial Analysis: Pricing for Profit," *The Strategy and Tactics of Pricing: A Guide to Profitable Decision Making*, 3rd ed. (Upper Saddle River, NJ: Prentice Hall, 2002): 37–39. See also Robert J. Dolan and Hermann Simon, "Price, Costs, and Profit: Economic Underpinnings of Pricing," *Power Pricing: How Managing Price Transforms the Bottom Line* (New York: Free Press, 1996): 17–41.

[3]David R. Bell, Jeongwen Chiang, and V. Padmanabhan, "The Decomposition of Promotional Response: An Empirical Generalization," *Marketing Science* 18, No. 4 (Autumn 1999): 504–26.

[4]Martin K. Perry, "Forward Integration by Alcoa: 1888–1930," *Journal of Industrial Economics* 29, No. 1 (September 1980): 37–53.

[5]Robert W. Crandall and Clifford Winston, "Does Antitrust Policy Improve Consumer Welfare? Assessing the Evidence," *Journal of Economic Perspectives* 17, No. 4 (Autumn 2003): 3–2t

[6]For a similar examination of economic price optimization, see Robert L. Phillips, Basic Price Optimization," *Pricing and Revenue Optimization* (Stanford, CA: Stanford Business Press, 2005): 49–55.

第3章

顾客感知驱动的定价

- 如何利用顾客感知制定价格？
- 如何把无形价值进行量化并用于定价？
- 什么是联合分析，它是如何利用顾客感知传达价格的？
- 如何比较联合分析和其他定价方法？
- 哪种定价方法最有用且对应哪种定价问题？
- 延伸问题：品牌在垄断竞争中的价值如何？

对于我们此前定义的这些工具，高管们可能会感到沮丧，因为他们无法使用基本定量方法来确定一个合理的价格。一方面，交换价值模型提供的定价指导虽然正确，但也许太宽泛；另一方面，经济价格优化提供的定价指导具有较高的精准度，但往往有误导性。为了定价，高管需要一种既正确又精准的方法。直接使用顾客感知是一种经过实践证明的既正确又精准的定价指导方法。

在许多行业中，顾客感知驱动的定价已成为定价的主流方法。通过市场调研得以直接或间接地确认顾客支付意愿。最常用的使用顾客感知定价的方法是联合分析法。[1]联合分析在市场上有不同的商业名称且形式也不一样，但是所有这些形式和商业名称有一个共同的基础。联合分析揭示了顾客在做购买决策时的权衡，因此它可以确定既能鼓励顾客购买又可盈利的最好价格。此外，联合分析可扩展使用，从特定商品的定价问题到更复杂的问题，即揭示顾客想购买某产品的替代品的意愿。

联合分析因其正确性和精确性，主导了进化中市场的定价问题。如前所述，交换价值模型可以给出一个好的价格范围，但是这个范围可能非常大，这就使得高管们要进一步明确这个结果。通过联合分析，高管们可以更精确地确定最可能优化利润的特定价格。经济价格优化可使高管们非常精确地确定最好的价格，但不能保证这个价格是准确的，因为它存在确定相关需求弹性的问题。联合分析克服了这个问题，而且在很多情况下，能在竞争中确定某一产品的最好价格。

这一章我们提供了联合分析在执行层面的做法，而且完成了对理性定价方法的探索。关于联合分析的细节问题可以在专门描述市场研究和统计分析的书中找到，我们将专注于该方法在执行层面的应用。每一个负责定价的高管都应当从管理层面理解联合分析，并能评估该方法用于特定的定价决策的优势。

尽管联合分析方法很优越，它并不是适合所有定价问题的最好方法。交换价值模型、联合分析和经济价格优化在定价决策指导中都占有一席之地，因此，我们也将针对如何选择这三种指导定价的方法，提供管理权衡的分析。

3.1　将定价方法与市场阶段相匹配

交换价值模型、经济价格优化和联合分析是定价的三种主导方法。使用这三种方法中的任何一个，高管们都可以解决绝大多数的定价难题。每种方法都已经用于商业和消费者市场、服务和有形商品市场、耐用品和消耗品市场。在正确性和精确性上，每种方法都各有优缺点。幸运的是，这些方法对于解决特定定价问题的适用性上有明显区别。[2]根据一些简单的权衡，高管们或许就能够选择出适合他们的特定定价问题的方法。

在选择定价方法时，一个关键的问题是市场的成熟度。在革命性的市场中，当产品正在定义一个新的产品类别时，不存在直接的竞争对手，交换价值模型更倾向于主导定价问题。在另一个极端情况下，在高度成熟的市场中，竞争产品之间的差异可以忽略不计，经济价格优化将主导定价问题。这两个极端之间，对于已成型的市场（亦称为进化中的市场），产品是不断发展的，新的价值点不断增加，并不断找到降低成本的新方法，此时联合分析为主导定价的方法。

革命性市场

在革命性市场中，高管和顾客都缺乏最常用定价方法的关键信息。革命性市场比较少而且很独特，它是向一个新的市场引入第一件产品，例如第一辆电动汽车、第一台个人电脑、第一条铁路线路或第一个移动电话网络。真正的创新产品是重新定义现状的突破性创造，以一种从未被想到的方式，带给消费者完全不同或全新的利益。与其他方法相比，在革命性市场中，交换价值模型可能是最好的定价方法。

革命性新产品将创造出全新的市场。革命性市场是历史上第一次出现的，人们甚至希望通过经济手段来定义需求弹性，因此经济价格优化完全没用。

此外，在革命性市场中顾客对这一类产品没有任何经验。对顾客来说，产品品类的经验是必需的，这使他们能了解产品属性以及不同产品规格的期望价值。如果缺乏这方面的经验，顾客可能不能对产品进行评估并做出可靠的权衡。由于联合分析本质上是依靠顾客基于他们的选择而做出决定，在革命性市场中行不通。克服这个问题的方法是为顾客或研究被试提供大量关于产品价值方面的数据。在这一点上，很多公司仅简单地使用交换价值模型来定价就能做得很好，将它们有限的营销资源花在向顾客销售产品上，而不是先对顾客进行调研。

进化中的市场

进化中的市场很常见，它们是目前产品存在、人们购买、产品不断进化的市场。产品进化表现在产品特性的微小变化上，例如，在冰激凌中加入巧克力棒，为叉车添加动力传动装置，为银行添加快速顾客服务。与其他方式相比，在进化中的市场，联合分析基本上是最好的定价方法。[3]

经过测定，进化中的产品占市面上新产品的98%还多。进化指的是在目前状态下进行改进的产品，而不是扰乱进化的产品。产品进化通常是为现有产品添加新的特性，而在革命性市场中新产品是以一种全新的方式来满足顾客的需求。

在进化中的市场，顾客对产品品类是有经验的，通过他们的经验，顾客知道现有的产品及其同类竞争产品，他们可能也会对产品的不同性能有深入的洞察，并预测它们的优点。因此，在进化中的市场，顾客掌握足够多的信息，这些重要的信息使得他们能够基于他们的偏好给出具体陈述，因而高管们可以很有效地使用联合分析方法。由于进化产品的改进比革命性产品的创造更加常见，大多数营销管理者都相当倚重联合分析方法。

联合分析对品牌管理人员来说尤其有用。在进化中的市场中，顾客不仅对不同特性、产品、产品类别非常了解，他们也会对现有品牌有所了解。品牌营销高管可以根据顾客对品牌的熟知度，基于不同竞争品牌的认同感、联合品牌的管理和新品牌导入等方面来进行定价，如此，他们能对进化市场中的新产品选择最佳的品牌联想。

与交换价值模型相比，对现存的大多数进化中的市场，联合分析更加精确。在进化中的市场，关于顾客会赋予一个产品多少价值（相对于竞争产品），顾客比高管更了解这方面信息。相反，关于某革命性产品相对于其替代产品的价值，产品经理比顾客更了解这方面的信息。如此，在进化中的市场，联合分析基本上可以给出更深入且更准确的合适价格，但交换价值模型在革命性市场中仍是最主要使用的方法。

这一原则的特例存在于小市场中，顾客较少的市场（也就是顾客数量在 10～100 人的市场）在很多行业中较为常见，如飞机、核电、造纸机都是小市场的例子。因为联合分析要依赖市场调研，市场调研本身依靠从相关顾客样本中收集数据，所以联合分析在小市场中可能站不住脚。

与经济价格优化相比，联合分析不但准确，而且与进化中的市场的相关性更强。高管们管理产品时，对其特殊产品组合的最优价格比对产品品类更感兴趣。需求弹性是经济价格优化必要的输入变量，它的最准确的测量通常是在行业层面上。行业层面的需求弹性将所有产品的特性、优点、品牌融为一体，这就阻碍了产品经理去确定哪个特性能为产品增加价值，哪个特性可以省去以提高利润。

成熟市场

对于高度成熟的市场，经济价格优化通常用于指导定价。市场中产品的差异非常小，因此交换价值模型对制定价格上的差异仅有很小的指导作用。同样地，顾客可能很难区分不同竞争产品之间的差异，因此联合分析很难揭示出重要的信息。如此，经济价格优化是商品定价的主导方法，且产品逐渐以透明化的价格出售。

3.2　联合分析

在联合分析中，研究人员衡量的是产品之间的顾客喜好。[4]产品被视为属性、特征和利益的组合。在联合分析研究中，价格可视为那些特征之一。通过衡量顾客的喜好，研究人员可检测到顾客是如何做出权衡的，并通过这些权衡将产品估值分解为顾客分配给特定属性、特征和利益的价值的总和。通过这种方式，高管们就可确定顾客是如何看待特定的产品组成，并对产品定价进行量化。

在识别顾客分配给特定属性、特征和利益的价值中，联合分析创建了一个部分价值效用函数。由于具体的产品是一套属性、特征和利益的集合，该产品对于某位顾客的价值，或对顾客的净效用，就是产品各部分价值效用的总和。

通过将产品价值分解为部分价值效用，高管们可询问"假使……将会……"之类的问题。他们可以判断产品构成的替代变化，每一个替代方案都有自己的成本结构，能够确定哪种产品构成可定最高价或最低价，捕获某一给定价格的最大边际贡献或最高销量。即使目前尚不存在的产品构成也可通过联合分析进行估值，得出产品的部分价值效用总和。这些成果的丰富性使得高管们能够发掘新产品组合和潜在价格，以识别在特定价格水平上哪种特定产品构成很可能提供最高的利润。

联合分析是一种市场研究方法，正因如此，它对价值的量化是直接从顾客的角度进行的，这非常重要。回想一下，在合理价格范围的探索中，捕捉更好价格的关键因素之一是了解顾客如何看待一个产品的。公司的产品价格越接近于顾客对该产品的估值，则该公司能捕捉到更高的价格。交换价值模型使得公司可预估顾客对某项产品的价值，联合分析则可测量这一价值。

顾客估值因不同顾客而异，联合分析将揭示这些变化。估值分布使得我们能够理解某一给定价格水平的预期需求（甚至在该产品尚未上市之前）。从这种预期的需求曲线中，高管们可使用经济价格优化中所探讨的一些方法，来识别最可能提供最高利润的价格，而且正确性和相关性也提高了很多。

如果在特定的特征估值中消费者分布可聚集成意义不同的小组，联合分析则可形成极具价值的市场细分的基础。估值的分布情况可能源于对某种产品有多种用途的顾客，或者源于满足比预期更大的需求。通过产品设计的市场细分，需要理解某些细分顾客偏爱某种产品成分，而其他细分顾客则更喜欢另外一种成分。高管们可使用这些结果来确定哪些产品构成作为某一类别的入门级产品是有吸引力的，哪些产品可充当高附加值产品来满足更苛刻的顾客。

正如任何市场调研方法一样，联合分析仅显示了顾客欲望的很小一部分。在研究设计中可能尚未考虑到的新产品概念可极大地改变产品估值，同样地，景气的改变也可改变支付意愿。在快速发展的市场中，联合分析的结果可能在产品还未到达市场之前就已过时。对于发展较慢的市场，市场环境的变化可通过联合分析研究的结果来进行管理。

联合分析可通过多种形式来完成，而且该方法的市场名称因形式而异，例如离散选择、权衡分析、外部分析或联合分析。不同形式的基本原则和数学方法类似。就目的而言，每种形式都试图揭示顾客喜好的结构，而这些喜好已归结到不同属性水平上。

使用顾客偏好来揭示部分价值效用

在联合分析研究中，研究人员要求被试（目标市场的代表者）确定他们对不同产品的偏好。顾客可以选择的产品本身即是特定特征、属性和利益的结合体。顾客做出选择以后，可使用统计方法对反应做出分析（市售的现成软件可用于自动进行研究设计和数据分析），这一分析的结果即为顾客的部分价值效用函数。

为了演示联合分析是如何揭示顾客的部分价值效用函数的，我们将使用芒果汁的一个简单例子。这一例子将使用假设的属性和测量方法，以阐明联合分析过程。[5]

鲜榨芒果汁在热带地区很常见，但在纬度更北的地方则很难找到。随着全球人口的流动性越来越大，住在北方的人对芒果汁也比较熟悉了，要么是在国外旅行时接触到的，要么是移居到热带地区。饮料制造商越来越意识到北方气候对芒果汁的潜在需求，且正在生产产品以满足不断增长的需求。然而，芒果汁的生产及其对北方地区的运输和分销是比较昂贵的，对此，不少生产商都选择提供芒果汁混合饮料而不是纯芒果汁。在芒果汁混合饮料中，大多掺入非芒果汁制成，如葡萄汁、橘子汁和苹果汁，但含有一些芒果汁或添加剂，以使其具有芒果口味。

具体来说，假设有一个 32 盎司的盛芒果汁的容器，生产者可提供纯芒果汁或芒果汁混合饮料，产品可以以全国性知名品牌销售或以一个新的优质小众品牌进行销售。高管们想知道在不同品牌下销售的不同配方的芒果汁的潜在价格。

在这个假设的例子中，我们调查三种属性：成分、品牌和价格。对于这个简单的例子，每种属性都将在两个不同的水平进行调查，在更现实的调查中，应探讨更多属性和水平。两种成分为纯芒果汁和芒果汁混合饮料。两种品牌是全国性知名品牌和优质小众品牌。所考虑的两种价格水平为 4 美元和 7 美元。详见表 3—1，它描述了八种不同的潜在产品属性和水平的 2×4 矩阵。

表 3—1　　　　　　　　　　　　　　芒果汁属性

	价格			
	成分		成分	
品牌	纯芒果汁 优质小众品牌 7 美元	芒果汁混合饮料 优质小众品牌 7 美元	纯芒果汁 优质小众品牌 4 美元	芒果汁混合饮料 优质小众品牌 4 美元
	纯芒果汁 全国性知名品牌 7 美元	芒果汁混合饮料 全国性知名品牌 7 美元	纯芒果汁 全国性知名品牌 4 美元	芒果汁混合饮料 全国性知名品牌 4 美元

在联合分析研究中，被试应按照偏好顺序对潜在产品进行排名。针对我们的例子，考虑一下：某位被试最喜欢全国性知名品牌下价格为 4 美元的纯芒果汁和最不喜欢优质小众品牌下价格为 7 美元的芒果汁混合饮料。继续对这些产品进行排名，从 1（最喜欢）至 8（最不喜欢），直到被试完成对潜在产品成分的所有排名。详见表 3—2 中该特定产品的排名。

表 3—2　　　　　　　　　　　　　　芒果汁排名

品牌	价格			
	成分		成分	
	纯芒果汁 优质小众品牌 7 美元	芒果汁混合饮料 优质小众品牌 7 美元	纯芒果汁 优质小众品牌 4 美元	芒果汁混合饮料 优质小众品牌 4 美元
	排名＝6	排名＝8	排名＝2	排名＝4
	纯芒果汁 全国性知名品牌 7 美元	芒果汁混合饮料 全国性知名品牌 7 美元	纯芒果汁 全国性知名品牌 4 美元	芒果汁混合饮料 全国性知名品牌 4 美元
	排名＝5	排名＝7	排名＝1	排名＝3

被试对潜在产品的排名衡量了其对每种特定产品成分所赋予的效用。拥有最高效用的产品排名第一，拥有最低效用的产品排名最后。研究人员可根据排名来打分评估，打分为 0～7 分，其中最低分对应最低效用，最高分对应最高效用。详见表 3—3 研究人员的评分情况。

表 3—3　　　　　　　　　　　　　　芒果汁得分

品牌	价格			
	成分		成分	
	纯芒果汁 优质小众品牌 7 美元	芒果汁混合饮料 优质小众品牌 7 美元	纯芒果汁 优质小众品牌 4 美元	芒果汁混合饮料 优质小众品牌 4 美元
	评分＝2	评分＝0	评分＝6	评分＝4
	纯芒果汁 全国性知名品牌 7 美元	芒果汁混合饮料 全国性知名品牌 7 美元	纯芒果汁 全国性知名品牌 4 美元	芒果汁混合饮料 全国性知名品牌 4 美元
	评分＝3	评分＝1	评分＝7	评分＝5

这些产品的分数可用于评价被试的部分价值效用函数。通过计算这些分数的平均分，可以得到特定属性水平的部分价值效用。为简洁起见，我们将用一种称为 util 的度量来测量部分价值效用，这是一位经济学家所采用的效用单位（详见表 3—4）。

表 3—4　　　　　　　　　　　　　芒果汁部分价值效用

属性	水平	平均分	部分价值效用（util）
成分	纯芒果汁 芒果汁混合饮料	(2＋3＋6＋7)/4 (0＋1＋4＋5)/4	4.5 2.5
品牌	优质小众品牌 全国性知名品牌	(2＋0＋6＋4)/4 (3＋1＋7＋5)/4	3.0 4.0
价格	7 美元 4 美元	(2＋0＋3＋1)/4 (6＋4＋7＋5)/4	1.5 5.5

　　为找到被试对特定产品成分的效用，我们只添加与特定属性水平有关的部分价值效用。我们可以看到，来自部分价值效用之和的效用估值再次产生了同样的排名，如被试在调查中所汇报的那样（详见表 3—5）。

表 3—5　　　　　　　　　　　　　　芒果汁效用

产品	效用（util）	排名
纯芒果汁，优质小众品牌，7 美元	4.5＋3.0＋1.5＝9.0	6
芒果汁混合饮料，优质小众品牌，7 美元	2.5＋3.0＋1.5＝7.0	8
纯芒果汁，优质小众品牌，4 美元	4.5＋3.0＋5.5＝13.0	2
芒果汁混合饮料，优质小众品牌，4 美元	2.5＋3.0＋5.5＝11.0	4
纯芒果汁，全国性知名品牌，7 美元	4.5＋4.0＋1.5＝10.0	5
芒果汁混合饮料，全国性知名品牌，7 美元	2.5＋4.0＋1.5＝8.0	7
纯芒果汁，全国性知名品牌，4 美元	4.5＋4.0＋5.5＝14.0	1
芒果汁混合饮料，全国性知名品牌，4 美元	2.5＋4.0＋5.5＝12.0	3

　　由于价格是联合分析中的测量属性之一，我们可以对 util 的单位加上一个货币价值。具体来说，本研究设计中价格分散程度与两种价格点之间的 util 分散程度之比表示每 util 的美元价值。由于价格范围为 4～7 美元，部分价值效用范围为 1.5～5.5 util，我们发现估值为 0.75 美元/util。详见式（3—1）。

$$0.75 \text{ 美元/util} = \frac{7 \text{ 美元} - 4 \text{ 美元}}{5.5 \text{ util} - 1.5 \text{ util}} \qquad (3—1)$$

　　有了这些信息，我们就能够计算被试赋予不同属性水平的偏好值。例如，表 3—4 显示了全国性知名品牌和优质小众品牌的效用差异为 1 util 或 0.75 美元，对这位被试来说，优质小众品牌减损了全国性知名品牌下的产品的价值。同样地，表 3—4 显示了纯芒果汁和芒果汁混合饮料的效用差异为 2 util 或 1.5 美元，对该被试来说，芒果汁的纯度增添了价值。

　　我们也可使用属性水平的估值来比较所制造的不同产品。例如，推广优质小众品牌纯芒果汁的市场新入者跟一家成熟的全国性知名品牌的定价为 4 美元的芒果汁混合饮料竞争，前者的价格至少应设定为 4.75 美元才可吸引到这项研究的被试。通过添加优质小众品牌和全国性知名品牌之间的部分价值效用之差（−1.0 util）以及纯芒果汁和芒果汁混合饮料之间的部分价值效用之差（2.0 util），就可发现该产品的估值为 1 util。对于每 util 该被试赋予 0.75 美元的价值，因此，如果定价为 4.75 美元或以下水平时，该新型产品就可将被试从已有品牌的 4 美元吸引过来。

不同的顾客将有不同的排名，因而导致不同的部分价值效用函数。整个市场对于特定属性的部分价值效用为每个个体被试的部分价值效用的平均值。联合分析最有用的地方不在于寻找某一产品构成的整个市场的效用，而是确定每个研究被试对于每个不同产品构成的支付意愿，用以创造特定产品构成的潜在需求曲线。如果市场研究被试的效用排名之间出现了有意义的差异，研究人员还可将市场细分，并发掘不同细分市场对不同产品成分愿意支付的价格。

研究设计

很明显，正如前面的例子所展示的那样，联合分析是一种强大的工具，可使我们更好地洞察顾客偏好。联合分析对于高管来说有很大的价值，能帮助理解市场、评估产品并确定价格，自其从 1964 年引入以来，已成为市场研究人员用来评估市场、产品和价格的常规方法。一路走来，联合分析研究的设计已经形成了自己的系统。[6]

从本质上说，联合分析有五个基本步骤：（1）定义属性和属性水平；（2）呈现刺激；（3）测量反应；（4）设定评价标准；（5）分析数据。每个步骤都将在下文中讨论。

定义属性

联合分析的关键价值之一是确定顾客赋予不同属性的价值的能力。为完成这一任务，研究人员需要清楚定义所调查的属性和待调查属性的水平。联合分析不能确定未清楚阐明的属性和水平的效用，因此属性和水平清单需要完整、相关且可执行。

在芒果汁的例子中，所考虑的属性包括成分、品牌和价格。再考虑一个例子——通勤自行车。通勤自行车可以描述为物理属性、性能利益和心理定位的结合体。物理属性指的是有形的特征，例如框架重量，或硬件特性，如轮胎宽度和制动系统。性能利益是指通勤自行车提供的利益，例如湿滑条件下的停车距离，或框架重量和轮胎宽度对骑车速度的影响，或在街道上的坑坑洼洼处的耐久性。心理定位指的是产品能够引起的感觉，例如某品牌可能与兰斯·阿姆斯特朗具有情感联系，或者在交通拥挤处能够保证快速刹车，或通过骑自行车上班来改善个人健康。

　　属性选择包括两种：应调查哪些属性以及这些属性的不同水平。例如，在通勤自行车的例子中，轮胎可用三种水平的宽度进行评估——窄、中等、宽，或者通过添加额外的宽度和额外的窄度将选择扩展到涵盖五个水平。同样地，制动系统有盘式类型或枢轴类型，可在这两个水平进行评估，或者可扩展到涵盖标准盘式、高性能盘式、标准枢轴或高性能枢轴，使得制动系统这个单一属性具有四个不同属性水平。结合起来，是使用两种属性的有限水平和扩展的水平调查 6 种（3×2）不同产品成分与 20 种（5×4）不同产品成分。对于大多数定价问题，研究人员都有一个更冗长的属性表，而且待调查的潜在水平范围较广。

呈现刺激

　　产品能以多种方式呈现给研究被试，联合分析的结果也部分取决于产品呈现的方式。调研发展本身就是一项艺术，而预调研常用于考察调查问题是否反映管理决策所需的事实或未能解释的结果。呈现刺激通常的方式包括文字描述、段落描述或图形表征。

　　产品的文字描述仅列出属性及其水平。继续我们假想的芒果汁研究，品牌属性描述为全国性知名品牌或优质小众品牌。文字描述的一些关键优点是执行简单、收集数据高效，以及属性和水平数目的多样性，它们都可在单一研究中进行考虑。

　　一些研究人员使用段落描述来提供更现实和更完整的产品描述，这将使测量结果更为可靠。段落描述的明显缺点是：描述的总数目限制在很小的范围，可能导致对需求复杂性不能准确地进行了解。

　　即便有了文字描述和段落描述，在准备刺激时还应小心，以确保高管们能准确诠释结果。例如，让我们继续通勤自行车的例子并考虑制动系统的水平。制动水平可描述为枢轴制动或盘式制动。枢轴制动常见于大多数赛车和山地车。盘式制动则不那么常见，但有时会给人们带来意外的惊喜，因为它们在湿滑条件下的制动距离更短。这样一来，制动水平可换成另一种说法：在湿滑条件下具有正常的制动性能，或在湿滑条件下具有更快的制动性能。在这两种产品描述中做选择时，研究人员评估的是物理属性和性能利益。理解了目标市场后，就能对这一选择进行引导。例如，新自行车购买者可能不理解枢轴制动和盘式制动的区别，但能够区分这两种性能描述的价值。

　　在获取被试的反应时，图形表征使用各种视觉道具或三维模型。相对于文字描述，图形表征具有几个优点：刺激可以更现实；更容易准确传达不同属性水平的意义；在审视多个特性列表时，被试较不易产生信息过载；任务本身更有趣，更不容易让人产生疲劳感。图形表征的主要缺点是准备和呈现刺激的成本较昂贵。

测量反应

在芒果汁的例子中需要被试对他们的喜好做出排名，喜好也可以用许多其他方式进行测量。喜好的测量可使用非度量方法，例如排名顺序或配对比较，也可使用度量方法，例如评分量表或比例尺度。每种方法都可用多种变量进行调查。

在排名顺序研究中，被试一般都会有一堆卡片，每张卡片都有产品描述或刺激呈现。被试应要求将这些卡片分成两堆，首选的和非首选的，然后对首选的一半重复这一步骤，直到排名完成。

在配对比较法中，两种产品同时呈现，被试应要求说出其喜好，详见图 3—1。相对于排名顺序而言，它的好处是结果可靠性增加了。然而，它也需要更多的时间来完成任务。n 个产品的配对比较需要 $n(n-1)/2$ 个不同的选择。对于仅有 5 个属性两种水平的有限调查而言，配对比较需要每位被试做出 45 项选择——这并不是确保选择正确性的最简单方式。设计一个具有较大配对比较数目的研究调查需要非常小心。有时，一种称为正交设计的方法可极大地减少配对比较的数目，同时还能提供相似的正确性。

灰色		黑色
盘式制动器		枢轴制动器
700×38C 街道轮胎	或者	26 英寸×1.95 英寸坚固耐用的轮胎
中国制造		美国制造
知名品牌		不知名品牌
价格比普通自行车贵几美元		普通价位

图 3—1　配对比较：你喜欢哪种通勤自行车

评分量表已得到一些研究人员的应用，因为它非常易于管理。有了评分量表，被试就可按要求评定他们对某个产品的感兴趣程度（详见图 3—2）。量表可以是连续的，也可以是离散的，例如对某项产品进行 1～100 之间的全数字评级。在功能上，研究人员表明，在许多情况下，评分量表和排名顺序可产生类似的结果。

通勤自行车：
- 自行车是灰色的。
- 自行车具有盘式制动器。
- 该自行车比普通自行车更好。
- 该自行车比普通自行车多花费几美元。
- 该自行车在中国制造。
- 自行车上的标签是一个知名品牌。

基于以上信息，你购买这种通勤自行车的可能性有多大？

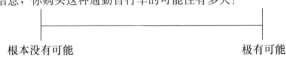

根本没有可能　　　　　　　　　　　极有可能

图 3—2　评分量表

设定评价标准

联合分析研究中的一个更微妙的问题是标准问题，被试按要求使用标准来证明自己的喜好。两种最常用的评价标准分别是整体偏好陈述和购买意向。

所使用的评价标准可能会使研究结果产生偏差。例如，考虑一下两种潜在的通勤自行车：（1）Schwinn World GS，盘式制动器，售价 499 美元；（2）Trek District，双合金—枢轴制动器，售价 929 美元。在某种意义上，研究被试可能更喜欢 Trek，但由于缺少资金，他们更有可能购买 Schwinn。

在实践中，偏好和购买可能性都用作评价标准。购买意向评价标准特别适合于消费者目前尚未购买的新产品类别和服务。这些研究帮助研究人员预估这些商品的潜在市场大小。当研究更为成熟的市场时，偏好评价标准在预估市场份额方面作用更大。

分析数据

数据分析类型取决于先前反应类型的选择。如果使用了排名顺序，那么应该认识到我们无从得知一个方案比另一个方案好多少。我们只能通过技术来分析偏好的排名，例如单调方差分析（MONANOVA）、PREF-MAP 或 LINMAP。如果使用配对比较（被试按照要求说出他们选择的可能性），LOGIT 和 PROBIT 则可用于分析这种情况：概率介于 0～1 之间。如果使用评分的方式，则可通过回归分析得出部分价值效用系数，例如普通最小平方法（ordinary least squares，OLS）或绝对误差之和最小法（minimum sum of absolute errors，MSAE）。

每种方法都会产生被试的部分价值效用函数的估计值。有兴趣的读者可参考市场研究教材，更详细地了解这些数据分析方法的本质，本书不过多地描述那些具体方法，以便适合那些负责进行产品定价的高管研读。

小结

· 顾客感知驱动的定价已成为许多行业进行定价的主流方法。测量顾客价值感知最流行且学术上最可靠的方法是联合分析。

· 联合分析、交换价值模型和经济价格优化是设定价格的三种主要方法。使用这三种方法，高管们可解决绝大多数的定价问题。每种方法都可用于企业和消费者市场、服务和有形商品市场，以及耐用商品和消费商品市场。

· 选择定价方法的关键问题之一是市场成熟度问题。交换价值模型往往用来解决革命性产品的价格制定问题。联合分析倾向于解决与差异化市场和不断发展的进化市场有关的价格设定问题。经济价格优化倾向于解决成熟市场中产品的定价问题。

- 在联合分析中，研究人员衡量的是顾客对不同产品的偏好。产品本身是多种属性、特征和利益的结合体。通过衡量这些偏好，研究人员可测量出顾客是如何进行权衡的，并对不同属性、特征和利益的价值进行量化。

- 在联合分析中，部分价值效用函数得到了确定。每种特定属性、特征或利益都有一个部分价值效用。产品的总体效用为各部分价值效用之和。

- 顾客赋予不同属性的部分价值效用函数之间的分散度可用于确定细分市场，预估服务于这些细分市场的产品的市场份额。

- 联合分析研究分为五个步骤：（1）定义属性；（2）呈现刺激；（3）测量反应；（4）设定评价标准；（5）分析数据。

- 属性包括物理属性、性能利益和心理定位。

- 产品可以以多种方式呈现给被试。呈现刺激比较通行的方式包括文字描述、段落描述或图形表征。

- 偏好的测量可使用非度量方法，例如排名顺序或配对比较，也可使用度量方法，如评分量表或比例尺度。

- 通常要求的两个评估标准是整体偏好陈述和购买意向。

- 联合研究数据可通过多种统计方法进行分析，以找出部分价值效用函数。

1. 考虑下面的物品，对它们进行定价的挑战是什么？如果在交换价值模型、经济价格优化或联合分析中选，哪种方法最恰当，为什么？

　　a. 煤

　　b. iPad 的一个新应用程序

　　c. 海洋喷雾洗涤剂

　　d. 汽车行业的一种新紧固件

　　e. 有关痴呆病人治疗的培训研讨会

　　f. 带有自动传动装置的铲车

　　g. 卖给饭店的无骨鸡胸肉

　　h. 通过食品店卖给消费者的品牌无骨鸡胸肉

2. 使用联合分析对某商品进行研究，一名被试给出了该产品的不同特性 A，B，C，D 的部分价值效用。它的一个竞争商品目前售价为 600 美元。与其竞争商品相比，该产品的感知价值是多少？

特征	部分价值效用
A	+200 美元
B	+25 美元
C	−75 美元
D	+130 美元

3. "芝加哥花园"热狗有维也纳牛肉、罂粟籽面包卷、甜泡菜、芥末、洋葱、番茄块、黄瓜片、辣椒、食盐。"纽约 Dirty Water"热狗有天然肠衣，所有牛肉都包裹在白色面包卷里，且有泡菜、芥末、洋葱和番茄调味料。研究人员想调查"芝加哥花园"热狗和"纽约 Dirty

Water"热狗的定价。关于热狗的不同属性所感知到的价值，研究人员收集到以下排名顺序信息，其中 1 为最喜爱，8 为最不喜爱。

热狗：维也纳牛肉或天然肠衣

配料："芝加哥花园"（罂粟籽面包

卷、甜泡菜、芥末、洋葱、番茄块、黄瓜片、辣椒、食盐）或"纽约 Dirty Water"（牛肉白面包卷、泡菜、芥末、洋葱和番茄调味料）

价格：2.50 美元或 3.50 美元

	价格			
	成分		成分	
	"芝加哥花园" 维也纳牛肉 2.50 美元	"纽约 Dirty Water" 维也纳牛肉 2.50 美元	"芝加哥花园" 维也纳牛肉 3.50 美元	"纽约 Dirty Water" 维也纳牛肉 3.50 美元
热狗	排名＝2	排名＝6	排名＝4	排名＝8
	"芝加哥花园" 天然肠衣 2.50 美元	"纽约 Dirty Water" 天然肠衣 2.50 美元	"芝加哥花园" 天然肠衣 3.50 美元	"纽约 Dirty Water" 天然肠衣 3.50 美元
	排名＝1	排名＝2	排名＝3	排名＝4

a. 给热狗打分，从 0 分到 7 分，0 分表示效用最低，7 分表示效用最高。

b. 计算各属性的部分价值效用。

c. 对于每种热狗、配料和价格的组合，以 util 为单位，其效用值为多少？

d. 计算每个 util 对应的美元价值。

e. "芝加哥花园"与"纽约 Dirty Water"热狗的效用差别是多少（以 util 为单位）？

f. 维也纳牛肉热狗和天然肠衣热狗的效用差别是多少（以 util 为单位）？

g. 如果附近开了家新店，这家店里"芝加哥花园"热狗卖 3 美元，那么带有"芝加哥花园"品牌的天然肠衣热狗的合适定价是多少？带有"纽约 Dirty Water"品牌的天然肠衣热狗价格是多少？带有"纽约 Dirty Water"品牌的维也纳牛肉热狗价格是多少？

4. 对咖啡机进行联合分析定价时，说出 3 个属性和每个属性可以用到的至少两个不同水平。

5. 什么样的刺激呈现对于评价一个产品的技术特征是最好的？例如卡车耗油少。

6. 在测量反应时，为什么采用排名顺序而不是其他方法？什么时候可能会采取配对比较？

7. 下面的联合分析研究中应使用哪些评价标准？

a. Hellmann 香辣蛋黄酱

b. 3D 游戏机

c. 太阳能汽车

d. 沃尔沃重型卡车

8. 用两名受访者研究叉车的联合分析。受访者 A 对自动传动卡车的估价为 18 000 欧元，受访者 B 对自动传动卡车的估价为 21 500 欧元。

a. 如果公司以 21 500 欧元售卖自动传动卡车，能占据的市场比例可能是多少？

b. 如果公司以 18 500 欧元售卖自动传动卡车，能占据的市场比例可能是多少？

c. 画出两名受访者对自动传动卡车的需求曲线，假设整个市场是由受访者 A 和受访者 B 组成的。

注释

[1] Paul E. Green, Abba M. Krieger, and Yorum (Jerry) Wind, "Thirty Years of Conjoint Analysis: Reflections and Prospects," *Marketing Engineering* 31, No. 3 (May–June 2001): S56–S73.

[2] Kent B. Monroe and Albert J. Della Bitta, "Models for Pricing Decisions," *Journal of Marketing Research* 15 (August 1978): 413–28.

[3] Philippe Cattin and Richard Wittink, "Commercial Use of Conjoint Analysis: A Survey," *Journal of Marketing* 46, No. 3 (Summer 1982): 44–53. Dick R. Wittink and Philippe Cattin, "Commercial Use of Conjoint Analysis: An Update," *Journal of Marketing* 53, No. 3 (July 1989): 91–96.

[4] Paul E. Green and Vithala R. Rao, "Conjoint Measurement for Quantifying Judgmental Data," *Journal of Marketing Research* 8, No. 3 (August 1971): 355–63.

[5] A similar type of example and illustration of conjoint analysis can be found in C. Scott Greene and Japhet Nkonge, "Gaining a Competitive Edge through Conjoint Analysis," *Business* (Atlanta) 39 (April–June 1989): 14–18.

[6] Paul E. Green and V. Srinivasan, "Conjoint Analysis in Consumer Research: Issues and Outlook," *Journal of Consumer Research* 5, No. 2 (September 1978): 103–23.

第4章 价格与价值

学习目标

- 当我们根据价格或价值识别产品时，应期待找到哪些东西？
- 根据价值定价意味着什么？价值过剩？价值不足？
- 渗透定价和撇脂定价是推出新产品的唯一定价策略吗？
- 当推出新产品时，哪些竞争对手最可能受到威胁？
- 延伸问题：当考虑使用价格还是价值来抢占市场份额时，哪种方法更能站得住脚？

对于我们所考虑的每种定价方法，价值问题是不得不考虑的。回顾议价练习我们可以发现，能够以更接近于保留价值的价格进行交易的一方将谈到更好的价格。在交换价值模型中，我们展示了预估消费者赋予某项产品的价值的可能性，并主张将价格定在所确定的交换价值水平或略低于这一水平。使用联合分析进行定价同样需要测量消费者的偏好，以便计算他们对产品的估值，并相应地进行产品定价。即使在经济价格优化中，从顾客角度考虑价值问题也很重要。某个价格是否合适可以通过顾客的数量反映，这个数量反映出有多少顾客认为这个产品值这个价，或者物超所值。这样一来，从顾客角度来看，价值就成了定价的关键。

考虑价值进行定价是如此重要，以至于在许多市场中，价值和价格的关系是呈线性相关的。价值更高的产品往往以更高的价格出售，价值更低的产品则以更低的价格出售。

从广义的角度来看，我们可以在轿车行业看到这种关系。以2008年价格粗略估值，轿车的定价范围很大，从2 500美元的Tata Nano，28 000美元的雪佛兰迈锐宝，到170 000美元的宾利飞驰，最低价格轿车和最高价格轿车之间相差近 70 倍。什么能够支持这种巨大的价差？答案很简单：以利益形式展现的价值。虽然 Tata Nano 和宾利飞驰都能够将四口之家从 A 地运送到 B 地，但就其提供的利益而言，我们几乎看不到有人会将这两种轿车进行对比，宾利飞驰所提供的价值是 Tata Nano 做梦都想实现的。

基于价值的定价，不仅仅是本章所考虑的定价方法的基础，也是我们将在以后章节讨论的所有价格优化的起点。在许多战略和战术的定价行为中，基于价值的定价都是一项指导原则。当推出一项新产品、重新定位现有产品，或进行技巧性的产品打折以迎合特定的细分市场时，从顾客角度出发的价值能够提供指导，用以评估定价行为的盈利能力。此外，正如我们将在第 5 章中所看到的那样，公司对于顾客的感知价值有一定的影响力，因此，对于价格也有一定的影响力。

在本章中，我们将使用价格—利益示意图来探索根据价值定价的问题。在该示意图中，我们将展示根据价值定价的重要性、可替代的价格、当利益或价格不明显时所产生的挑战，以及在拥挤的竞争市场推出新产品的机遇。

4.1　价格—利益示意图

在价格—利益示意图中，产品是根据它们在竖轴上的感知价格和在横轴上的感知利益进行定位的。[1]这是一种顾客如何感知价值的可视化表达方式。

价格—利益示意图与交换价值模型和联合分析直接有关。在构建交换价值模型的过程中，与相关竞争性替代品进行比较后，高管们就开始预估产品的差异化价值。根据交换价值模型设定的价格只是识别价格的一个简单练习，该价格接近于管理层确定的交换价值。同样地，使用联合分析时，高管们可检测出现有产品成分和潜在新产品成分的差异化价值。此外，联合分析可揭示顾客是如何感知不同属性、特征和利益的价值的。使用联合分析进行价格设定是一种练习，即识别顾客感知价格。这两种方法都可鼓励公司根据产品所能提供的利益来定价。通过为高管提供有关他们的产品地位的战略制高点（与所有相关竞争者相比），价格—利益示意图也有助于用其他定价方法进行定价。

我们可以轿车市场为例展示价格—利益示意图。在 Tata Nano 的设计和定位过程中，Tata 汽车的高管们试图特意向市场推出一款只能当做基本交通工具的轿车。顾客可能会认为 Tata Nano 是市场上提供利益最少但价格最低的轿车。相比之下，宾利公司的高管们则有意努力提供市场上最豪华的轿车，即宾利飞驰。他们一直在努力给飞驰汽车提供优越的性能、操控性、舒适性、声音和自动化等方面的利益。宾利飞驰的顾客甚至认为这款车因为有无与伦比的特性，所以提高了他们的社会地位。可以预见，顾客会认为宾利飞驰不仅是商业市场上售价最高的轿车之一，也是能够提供最高级别的利益的市售轿车。在这两种极端情况中间，还有其他几款轿车，例如雪佛兰迈锐宝、雷克萨斯 LS 和宝马 7 系，就安全性、性能、奢华和地位而言，这些轿车都能提供不同级别的利益。如果我们要衡量这些汽车的利益（顾客所感知到的），并与所感知到的价格以绘图表示，结果很可能类似于图 4—1。

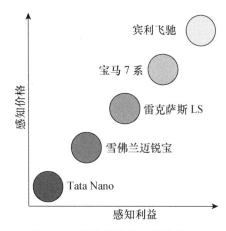

图 4—1　轿车的价格—利益草图

价值等值线

在轿车市场感知价格与感知利益的草图中，产品是沿着一条线进行定位的，该线称为价值等值线（详见图 4—2）。

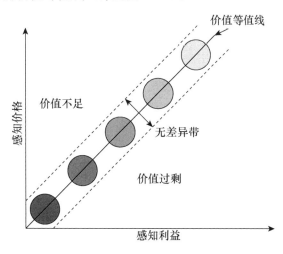

图 4—2　价格—利益区域

对于沿着价值等值线进行定位的产品，该产品提供的利益根据价格成比例增加。提供更大利益的商品定价更高，而提供更少利益的商品价格则较低。对于市场上的竞争产品而言，价值等值线表明了感知利益和感知价格之间的相关性。

该价值等值线呈 45°角，但这并不是必需的，该角度取决于利益的度量。此外，对于不同级别的利益，其对应价值是根据市场的不同而变化的。即使在同一个市场中，不同的细分也会赋予利益不同的价值，使价值等值线的斜率在细分市场中各不相同。

更有趣的是，价值等值线角度的绝对值也根据价值等值线斜率的改变而改变。价值等值线斜率的变化表明顾客需求的变化。市场进化（新产品上市并提供一组不同的利益）可能影响感知价格和感知利益之间的权衡。当这些市场进化驱动价值等值线的斜率发生变化时，现有产品的高管将面临重新定位其产品的挑战，同时这也是一次发掘所需的新利益的机遇，以便提供满足顾客需求的产品。

在最简单的方法中，在价格—利益示意图的构建中，高管们可使用观察到的市场价格和特定的产品属性来定义利益的度量。[2] 然而，通常情况下，需要更多努力来构建价格—利益示意图。在通常情况下（如高管们试图解决当前的定价挑战），研究人员建议使用市场研究来确定利益的度量，该度量与平均销售价格或感知价格最相关。在不太常见的情况下（如高管们寻求顾客口味的微小变化），研究人员发现，使用从产品评论中收集的专家意见对于识别利益很有用。随着时间的推移，这些利益占据了价格变化的最大比例以及利益变化的最大比例。[3] 最合适绘制价格—利益示意图的技术取决于待解决的战略问题和数据的可获得性。不管用于识别感知利益度量的技术是哪种，定性概念都是相似的，价格往往和利益有高度关联。

无差异带

围绕价值等值线的感知价格或感知利益的细微变化对销量产生的影响往往可以忽略，因此，价值等值线附近有一个无差异带。在价值等值线上方的产品价格可能轻微上涨，而且对销量不会产生显著影响。对有些公司而言，这是一种提高盈利能力的省钱方式。

由于产品无法穷尽价值等值线，而且顾客购买决策中存在着挑战，因此就会出现无差异带。在购买过程中，顾客会考虑相同利益群组的产品或者相同价格群组的产品。因此，当替代品离消费者的考虑群组较远，处于价格—利益示意图的另一边时，这些利益或价格群组可防止消费者轻易更换产品。

如果顾客需要特定的利益（由市场上的产品子集提供），就会产生利益群组。当顾客需要产品类别中最低水平的利益以保证购买时，利益的下限就产生了。例如，顾客可能相信会计核算软件必定能够产生损益报告，或认为它相对于 Excel 电子表格没有提供多少价值。当顾客未能使用某些产品功能时，利益的上限也会出现。例如，一些顾客可能会觉得他们的会计核算软件中的折现现金流量分析是不需要的。

产生价格群组相关的例子为预算限制或信誉问题。预算限制可能会迫使顾客购买低于一定价格水平的物品，即使他们同意如果他们购买价格更高的产品，他们将获得更大的利益。受到预算限制的顾客可能被迫"凑合着"使用低于特定价格点的最好的可用产品。产品也可能会遭遇信誉挑战。低价产品可能会被认为信誉价值很低，不能保证它们提供合适的产品利益，而高价格的产品可能会被认为无法提供足够的可信利益来保证产品值这个价，因此，它们也被放弃。对于许多购买情况来说，可用信誉地带（zone of credibility）来评价产品。

如果下一个最接近的竞争对手在提供的利益方面比正在考虑当中的产品高得多或低得多，或者如果下一个最接近的竞争对手在价格方面比正在考虑当中的产品高得多或低得多，那么该产品的价格在某种程度上可以有所改变，使该产品处于不同的利益群组，因而不会造成许多顾客投向竞争者的怀抱。

不是所有市场中的所有产品都会落入无差异带。在无差异带之外还存在价值过剩地带和价值不足地带。与顾客感知利益的相应水平相比，落入价值过剩地带或价值不足地带的产品要么定价过高，要么定价过低。

价值过剩

能够提供远远超过其价格更多利益的产品属于价值过剩的产品。当公司选择积极定价，提供比预期的给定价格更多的利益时，或当产品得到改善，添加了功能与利益但价格未变时，价值过剩的产品就产生了。在任意一种情况下，在价格—利益示意图中的价值过剩地带进行产品定位，就意味着与价格相比，该产品可提供预期的超额价值。

有时，研究人员将在价值过剩地带进行定位的产品称为未收获价值（unharvested value）的定价。这些研究人员认为，在价值过剩地带定位产品意味着公司本可以将其产品的价格定得更高。这样，高管们就无法收获他们提供的价值，并可能犯下定价错误，这将无法使利润最大化。未收获价值的例子可在戏剧表演中找到，如前排座位的票价低于顾客愿意在二级市场支付的价格。

另外，有时进行价值过剩的产品定位是故意而为的，以抢占市场份额。在某一给定价格，通过提供比竞争产品更多的利益，将会使顾客产生购买动力，从而选择该产品。

尽管价值过剩的产品定位具有提高销量和市场份额的潜力，但在执行这一战略之前，高管们应认真反思将产品进行价值过剩定位所带来的后果，刻意将一项产品进行价值过剩定位会带来一些负面影响。

当竞争对手识别出某项产品为价值过剩的产品时，他们很可能以不同的方式作出反应。一种反应可能是推出一款类似的产品，其提供的利益也处于类似水平，以抵消与价值过剩的产品的价格—利益差异。幸运的是，由于产品开发周期的存在，将一款产品推向市场需要时间，这样一来，准备推出一款以利益为导向的新产品以应对挑战的竞争对手可能就不会那么来势汹汹，不会造成那么大的威胁。竞争对手更为常见的反应是对现有产品进行简单的降价，这可能会引发一场全面的价格战。价格战不仅会损害个别企业的利润，还会在长时间内损害整个行业的健康发展。

在技术驱动的市场中，某些产品类别可能会涉及利益连续改善的情况，这种模式称为过度竞争（hypercompetition）。[4]例如，每次当新的光刻技术出现时，每千字节的 DRAM 内存成本就会下降。液晶电视、计算机处理器、软件和纳米技术产品都以类似的轨迹发展。过度竞争的市场就像一个残酷的争斗，公司会对比传统技术提供更多显著成本优势的新技术进行定价，那是这些市场的共同特征。在推出改善产品时，表现出色的高管们会特别关注产品推出的速度，而推出速度往往取决于模仿者的学习曲线，从中获得可操作的战略空间。

一般来说，公司都不应将它们的产品定位为价值过剩的产品，除非它们具有同步成本优势或它们认为该行为将在未来以规模经济、范畴经济或学习经济的形式提供成本优势。当公司对其竞争对手具有成本优势时，它可能能够承受价格战，因为其发展状况比行业内竞争对手的平均水平要好，使其能够摆脱暂时的价格冲突，站在一个更有利的位置。即使高管们认为公司具有成本优势，他们也应采取行动来减少价格冲突，详见第 15 章的讨论。

价值不足

相对于所能提供的利益而言定价较高的产品是价值不足的。当公司将功能和利益很多的产品定位于高价产品，而顾客却认为这些新属性价值不大时，价值不足的产品就产生了。当竞争格局发生改变，导致一项产品的价格和利益出现偏差时，价值不足的定位就产生了。定位于价值不足地带的产品通常都会失去其市场份额。

研究人员有时把价值不足的产品称为错失的机遇。他们认为，将产品定位于价值不足，意味着如果公司产品的价格与市场的期望更一致本可以售出更多产品。这样，高管们就会错过获得市场关注的机会，并可能犯下定价错误，导致利润无法最大化。错失机遇的例子可在媒体销售情况下出现，如广告版面未售出，因为对于潜在的广告顾客来说，它的价格与其价值相比太高。

另外，由于市场细分策略，产品也可故意定位成价值不足的产品。一些细分市场可能更喜欢特定利益的结合，而这些利益不是由他人赋予价值的。通过提供具有那些利益的产品，并将其价格定位于细分市场认为值得购买的水平，公司可能抢占那一细分市场从而获利。例如，宾利飞驰和保时捷 911 GT2 定价都相对较高，分别约为 170 000 美元和 194 000 美元，对于轿车顾客而言，保时捷是价值不足的，而对于跑车顾客而言，宾利飞驰则是价值不足的。当市场可根据不同利益类别进行细分时，最好是对独立的细分市场产生特定的价格—利益示意图，而不是对整体市场只生成一张价格—利益示意图，这样才可更好地进行产品定位。

4.2 顾客感知

因为是顾客购买产品，所以最好从顾客的角度考虑产品定位。如果顾客认为一项产品物有所值，那么其销量就与愿意支付该价格以得到相应利益的顾客数有关。如果顾客认为这项产品价值过剩或价值不足，那么该产品就很可能获得市场关注或在市场上慢慢消失。顾客的看法很重要。

对于产品定位，不同的顾客可能会有不同的看法。这种分散性可能来自于市场细分，但它往往产生于定位一项产品所面临的挑战。定位不佳的产品可能无法抢占预期的细分市场，使得已购买的顾客不满意，也不愿意再次购买，也抓不住对该产品一直非常满意且在未来会一直忠于该品牌的顾客。感知价格的分散性和感知利益的分散性是这种失败（未能管理好顾客的看法）的直接结果。遇到这种情况时，高管们可能有机会解决这种挑战，并因此提高公司的盈利能力。

感知价格的分散性

当不同的顾客对于某项产品的价格持有反差很大的看法时，感知价格存在着一定程度的分散性（详见图 4—3）。由于战略决策或战术决策的需要，价格变化可能是故意而为的，或者无法准确传达价格。当实际价格高于预期价格时，顾客可能会推迟购买，由于价格较高，销量则较少。当实际价格低于感知价格时，高管们希望实现的销量可能无法实现。使感知价格与实际价格保持一致往往会提高利润。

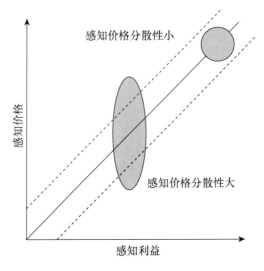

图4—3　感知价格的分散性

从结构上看，一项产品的价格在不同顾客眼里的差别很大。例如，电话资费结构通常旨在从高用量顾客获得更高的价格，而不是低用量顾客。同样地，分销渠道和购买地点可能也会导致通常购买的产品的价格差异，例如碳酸饮料。支持细分战略的结构性价格变化将带动感知价格的分散性，这种价格分散性通常会导致利润上升而不是带来定位挑战。

从战术上讲，产品价格也会有所不同。促销价格和折扣政策是通过战术手段进行市场细分的方式。以标价购买产品的顾客将比那些以折扣价购买的顾客支付更高的价格。支持市场细分工作的战术性的价格变化也可能会导致利润上升。如果过度使用，这些战术性的价格变化也会导致定位出现问题。

更持久的价格定位挑战是由购买机会之间的时间延迟导致的。不经常购买某一类别产品的顾客可能会对该类别的产品价格持有不恰当的看法。当某一类别的产品快速更新时，就很难将顾客的预期价格与现实价格保持一致。产品成本处于高通胀时期或急剧变化时期时，会导致与市场现实错位的预期价格。

感知利益的分散性

当不同顾客对于同一产品的利益持有不同的看法时，感知利益存在着分散性（详见图4—4）。感知利益的分散性可能是由市场内的结构性变化导致的或由沟通失败导致的。当提供的实际利益大于感知利益时，顾客对产品可能就估值不足，并选择一个竞争替代品。当实际利益比感知利益要少时，公司可能会伺机抓住一些销售机会，但在未来的销售中，会发现顾客已快速转向选择竞争对手的产品了。

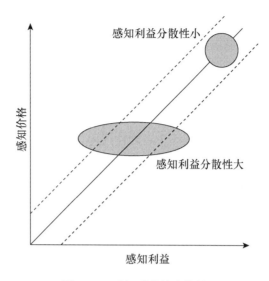

图 4—4　感知利益的分散性

某项产品的利益可能是基于功能、过程或关系。**功能性利益**（functional benefits）来源于产品本身的物理性质或性能特性，例如房屋的面积、宝石的净度和大小，或财务软件包创建自定义发票的能力。**过程利益**（process benefits）来源于交易成本的减少（使顾客随时随地都能找到该产品）或搜索成本的减少（确定产品）。**关系利益**（relationship benefits）来自于与卖家保持互惠关系的顾客，可通过与该品牌或销售代表的情感联系、顾客忠诚度计划，或提供信息来创建关系利益。

不同的顾客可能会从同一产品类别中寻求不同的利益，他们也可能会认为产品本身具有不同的整体利益水平。例如，规避风险的顾客可能会寻求保证，因而对新产品所宣称的利益大打折扣。然而，风险规避意识不那么强的顾客可能会重视新产品带来的利益，因为它们能够带来变化。风险规避的变化在技术市场中也有很多例子，并可导致一个随时间变化的细分策略。同样地，高层管理人员和中层管理人员对风险的态度也各不相同。高层管理人员往往寻求生产力的显著提高，而中层管理人员则倾向于寻求稳定性和稳定的职业晋升。

由于较差的营销沟通方式，感知利益也可能因顾客而异。当不同的营销沟通工作宣传各自的利益时，顾客可能很难对某一产品提供的利益产生一致的理解。当感知利益的较大差异反映了顾客的混乱意识时，高管们需要理清自己的营销方式，并增加沟通程度以推动销量，提高利润。

与搜索商品相比，体验商品和信任商品有着更加分散性的感知利益。**搜索商品**（search goods）是在购物体验中允许与竞争产品进行功能对比的产品。例如，在购买汽车之前，顾客可比较大小、轮胎、音响系统、制动系统和其他功能，以预测汽车能带来的利益。自行车、家电和一些软件产品都是搜索商品的例子。通过功能说明和宣传语，顾客可在购买搜索产品之前进行产品间的比较。**体验商品**（experience goods）是那些只能从已有经验才能完全了解其利益的商品。例如，对于报纸，很难辨认其内容的价值，只有读完后才能辨识，只有通过对该产品的体验，顾客才能对报纸的价值形成有意义的期望。娱乐和其他形式的媒体，以及一些饮品和品牌服装，都是体验商品的例子。**信任商品**（credence goods）是那些利益未知而且可能永远都不得而知的商品。例如，购买保险是期待灾难发生之后会有补偿，然而，购买保险产品的顾客很少会希望灾难发生，大多数都会尝试避免灾难的发生。如果被投保的灾难永远不会到来，保单将会失效且未使用，买家也永远不会真正知道该保险是否值得购买。其他信任商品包括预购的殡葬服务（在顾客死后很难评价该服务带来的利益）、前列腺癌保险（很难确定发展缓慢的前列腺癌是否会杀死病人或其他一些疾病会先到来）以及产品保证。人们购买信任商品是相信公司能够给他们提供实际所能提供的利益，即使顾客自己无法验证这一点。

感知价格和感知利益的同时分散性

一些产品在价格和利益两方面的感知上都有较大的分散性（详见图4—5）。当顾客不确定产品的定位时，市场就会比较混乱。寻求高层次利益且愿意为它们支付较高价格的顾客，可能会错误地购买了低价商品。在这种情况下，不仅公司将错失销售高价产品的机会，顾客也会产生不满。另外，满意低价格产品所提供的低层次利益的顾客，可能会错误地认为市场没有提供合适的产品，因而拒绝购买任何产品。这两种类型中期望和现实的偏差表明，感知利益和感知价格的较大分散性可导致销量减少、顾客忠诚度降低以及最终的利润减少。

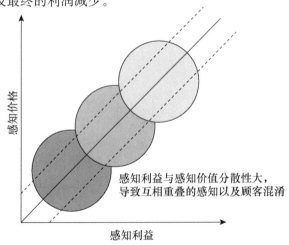

图4—5　多种产品的不确定价值主张

4.3 新产品定位

高管们可使用价格—利益示意图来确定在现有市场中推出一项新产品的时机。[5]可考虑价格—利益示意图中的潜在位置。在每个位置，价格—利益示意图将向高管揭示可定址的顾客视角（customer-addressable horizon）。可定址的顾客视角是新产品的顾客来源。一些新顾客先前可能在某个更高的价格—利益位置购买了产品，其他顾客可能在某个更低的价格—利益位置购买了产品。识别出可定址的顾客视角可帮助预估新产品的市场份额和成交量。

揭示可定址的顾客视角也可帮助预估竞争者的反应。任何带走竞争产品销量的新产品都可引起竞争反应。通过考虑一些竞争者的做法，例如适应竞争策略、对竞争行为作出反应，或从市场退出，高管们可做好准备应对竞争对手。

有八种要素可用来衡量竞争对手对新产品出现竞争反应的可能性。[6]（1）由于其产品的丰厚利润被新进入市场的产品威胁，与那些寻找退路的该行业的竞争者相比，意欲留在市场的竞争者很可能会捍卫自己的地位。（2）近期已在该行业内做出投资的竞争者也同样可能回应对其价格—利益位置的侵犯。（3）相比之下，由于成本因素或无法与新产品的利益竞争，反应选择范围有所限制的竞争对手可能不会做出回应。（4）资金雄厚的公司可能会认为它们有耐心等待一段时间，等观察到新进入产品的真正效果后再做出反应也不迟。（5）一般来说，竞争对手认为新产品的威胁越大，所作出的反应就会越激烈。新进入的产品对其附近位置的产品会造成更大威胁（与示意图上较远位置的产品相比）。（6）现有竞争对手的整个市场地位也会影响它们的反应决策。与处于价值过剩状况下的竞争对手相比，处于价值不足状况下的竞争对手更迫切地需要做出反应。其他可表明竞争反应的可能性以及类型的因素包括行业成熟度和传统。（7）更成熟的竞争对手已经经历了多个商业周期，预计其回应将更恰当。（8）行业传统可以揭示竞争行为的模式，如创新或避免价格战或积极捍卫自己的市场份额等倾向，这类模式预计是可重复的。

从战略上来说，相对于其他产品，新产品也可以以中立价格推出，或者以非中立的价格推出，如渗透定价或撇脂价格战略。每种方法都有其优点和缺点，正如我们将在本章余下部分所探讨的那样。[7]

中立价格定位

当新产品定位于无差异带时，公司就采取了价格中立的位置。在价格中立位置，公司已经放弃使用价格作为抢占市场份额手段的可能性。当定位为价格中立时，为抓住顾客，高管们会将压力放在其他营销因素上，如促销或分销。

当价格—利益示意图上存在开口时，中立定价是一种强有力的竞争举措。无差异带中间部分的开口可能意味着一个机会，能比现有产品更好地服务市场。当先前认为高不可攀的新利益成为可能时，或当市场扩大到足以保证进一步细分时，无差异带顶部的开口也可能存在。例如，自20世纪60年代以来，在40多年里，罗伯特·蒙达维酒庄（Robert Mondavi Winery）已经掌握美国市场的消费者对葡萄酒日渐浓厚的兴趣，赚取了越来越多的利润，它持续专注于改善葡萄酒的质量，并且将其产品恰当地定位于葡萄酒市场的高端产品。另外，当顾客开始寻求更简单的购买方式时，无差异带的底部也是可能出现开口的，如美国消费者在2008—2009年的大萧条之后所表现的那样。

将新产品定位于价格中立通常是最安全的方法，可避免负面的竞争反应。当竞争反应是针对某项价格中立的产品时，它最可能来自于与新进入市场的产品定位最接近的竞争对手（详见图4—6）。将某项产品定位于无差异带底部或中部会增加竞争反应发生的可能性，反应形式为现有产品的降价。竞争对手也会为了维持边际贡献而降低价格反应的可能性，而不仅仅为了销量。对于进入定位于无差异带顶部的产品类别，通常公司会有一些余地，因为不太会出现提供相似利益的产品，所以这种情况的竞争反应较缓和。

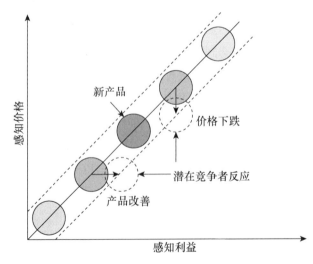

图4—6　中立定价

渗透定价

如果与提供的利益相比，在现有市场推出的新产品价格较低，那么公司正在执行渗透定价策略（详见图 4—7）。渗透定价旨在快速获得市场份额。在很多情况下，这都是有风险的，因为很难防止现有竞争对手也降价来阻止新进入者站稳脚跟。当推出一款新产品时，选择践行渗透定价方法的高管们往往是明智的，他们将它当做一种战术性的价格促销，以引入新产品，而不是战略性的重新定价。

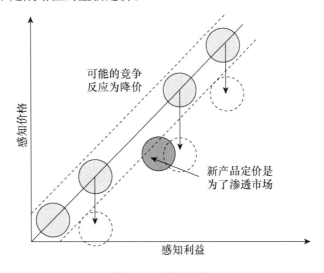

图 4—7　渗透定价

通常情况下，在快速发展的高新技术产业中，渗透定价起因于增加利益水平，同时价格保持不变。由于采用新生产技术后获得了成本优势，利益也得到了改善，这是可能出现的。如果在几个新产品发布周期内，高管们都能维持比其竞争对手更高的改善率，渗透定价就可以使得公司获得急剧增加的市场份额。

从宣传的角度来说，渗透定价明显激发了顾客的兴趣。然而，这一定价方法对公司可能是有害的，不仅会导致无法抓住潜在的边际贡献，而且会大力鼓励竞争反应。竞争对手最有可能的反应是降价，将所有产品带回价格—利益权衡的均价状态中。

撇脂定价

如果与提供的利益相比，在现有市场推出的新产品价格较高，那么公司正在执行撇脂定价策略（详见图 4—8）。撇脂定价是为了从早期顾客身上获取利润，这些顾客期望该产品在未来会降价。它不太可能引起任何竞争反应，因为新进入者是相对温和的。然而，这样的定位通常是错误定价的结果，会导致较低的销量且损失利润。

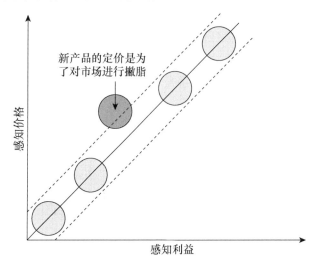

图4—8　撇脂定价

以撇脂定价战略推出新产品无法给大多数顾客提供充足的购买动机，因为有替代品的存在，所以新产品可能无法获得市场关注。公司可使用撇脂价格战略性地探索市场，但很少有高管期待这种初探能够有显著成效。

 小结

● 价格—利益示意图绘制了竞争产品的感知价格和感知利益的位置。

● 感知价格随感知利益的增加而增加的产品位于价值等值线上。在价值等值线周围可能存在一个无差异带，在该地带中，价格的细微变化对需求产生的影响可以忽略不计。

● 与其价格相比，提供过多价值的产品为价值过剩的产品。价值过剩的定位通常是为了抢占市场份额，但它也代表有些价值未收获。

● 与其价格相比，只能提供不充分利益的产品为价值不足的产品。价值不足的定位通常是以错失机遇和市场份额减少为代价的。

● 感知价格的分散性可能是由战略性和战术性的价格变化或价格误解造成的。

● 感知利益的分散性可能是由不同的市场细分（不同的利益被赋予不同的重要性）或利益误解造成的。

● 感知价格、感知利益或两者均有较大的分散性，会导致顾客的购买不是那么满意，因而会错失利润机会且导致顾客不满意。

● 在无差异带推出一项新产品即假定其处于价格中立位置。价格中立定位向其余营销手段，如促销和分销，施加了一定压力。

● 与其提供的利益相比，以较低的价格推出一项新产品即为渗透定价。渗透定价往往使用价格作为一种获取市场份额的手段。

- 与其提供的利益相比，以较高的　价格推出一项新产品即为撇脂定价。

1. 考虑以下由 Grainger 公司提供的 Dayton 220V 危险场所排气扇。使用立方英尺每分钟（CFM）作为利益度量，找到产品在价格—利益示意图中的位置。

a. 哪个排气扇在价值等值线上？

b. 有没有排气扇是价值过剩的或价值不足的？

c. 你怎么解释排气扇之间的价格差异？

项目	立方英尺每分钟	叶片	价格（美元）
Dayton 3GPA3	1 217	铸铝	999
Dayton 3GPA5	3 247	硬化钢	1 127
Dayton 3GPA6	4 438	硬化钢	1 368
Dayton 3GPA8	6 267	硬化钢	1 558

2. 考虑由 Yvette Kaiser Smith 公司提供的以下壁挂式雕塑。以英尺为单位计算雕塑的大小。使用英尺作为价值单位，找到雕塑在价格—利益示意图中的位置。

a. 哪些雕塑正位于价值等值线上？

b. 有没有雕塑是价值过剩的或价值不足的？

c. 你怎么解释雕塑之间价格的不同？

雕塑	高度（英尺）	宽度（英尺）	价格（美元）
Clique	43	49	1 500
White	50	51	2 000
Porphyrin Ring	55	31	3 000
Immurement	75	96	6 000
Weave	116	92	8 500
Blue Line	107	131	11 000
Pi	61	283	11 000
Construct 10	103	157	13 000

3. 在第 3 章中，我们评估了芒果汁的部分价值效用，如果向这个品牌添加一部分价值效用，我们可以找出提供芒果汁的部分效用。同样，我们可以评估与价值 4 美元全国性知名品牌芒果汁相关的联合分析价格。参见如下表格。

a. 完成表格内的部分效用。

b. 指出芒果汁与联合分析价格相关的部分效用。

c. 联合分析价格处在感知价格的哪

一位置，在等价值线上、价值过剩地带， 还是价值不足地带？

组成	原料部分价值效用	品牌部分价值效用	部分效用	联合分析价格（美元）
纯芒果汁，全国性知名品牌	4.5	4.0	8.5	5.50
纯芒果汁，优质小众品牌	4.5	3.0		4.75
芒果汁混合饮料，全国性知名品牌	2.5	4.0		4.00
芒果汁混合饮料，优质小众品牌	2.5	3.0		3.25

4. 在第 3 章练习中，我们评估了不同热狗的部分价值效用和最佳价格。计算了维也纳牛肉"芝加哥花园"热狗、维也纳牛肉"纽约 Dirty Water"热狗、天然肠衣"芝加哥花园"热狗和天然肠衣"纽约 Dirty Water"热狗的部分价值效用。利用联合分析得出价格，画出价格与不同热狗配置的效用图。

5. 考虑下述 A，B，C 产品的价格—利益位置图。如果一个新产品放在"New"的位置上，回答下述问题：

a. 哪个产品最可能抢占市场份额？

b. 如果竞争对手出售其他产品，哪个产品可能受到最大影响？哪个产品可能受到最小影响？可能会出现什么反应？产品之间的反应有什么不同？

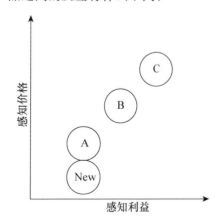

6. 2010 年苹果发布了 iPad，有些人认为它远远优于市场上同类电子阅读产品。

考虑图中 iPad，Kindle 和 Sony eReader，回答下述问题：

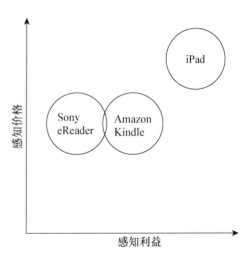

a. iPad 最可能抢占哪个商品的市场份额？

b. 索尼（Sony）应该怎么应对 iPad 产品的发布？

7. 2010 年，苹果公司发布了 iPad，有些人认为它远不如 Netbook。考虑下图中的 iPad 和 Netbook。Netbook 生产商应采取什么措施应对 iPad 的发布？

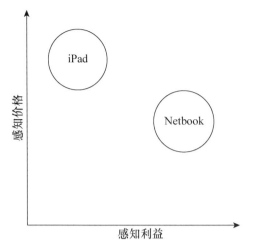

8. 某产品经理正考虑投资一项新的产品。公司目前有两种产品，具有相同单位销量，如价格—利益图中 A 和 B 所示。设计高端和低端两种产品的利润和成本是多少？如果售价是成本的两倍，产品经理应该在哪一位置发展该产品，为什么？A 和 B 的产品市场份额意味着产品经理应该投资高端产品，还是低端产品？

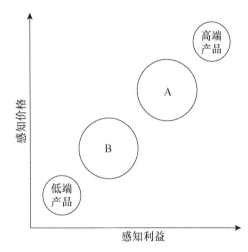

附录4A **通用汽车：2007 年夏天价格管理**

我们可以从美国汽车工业价格动态中找到价格—利益图上战略价格的示意图。作为行业惯例，为了清仓和下年新车做准备，汽车生产商会提供夏季促销活动。生产商和销售商能获得的盈利跟打折的力度和持续时间息息相关。

销售商应当更喜欢长时间、大力度的打折，这样可以增加其销量。生产商更喜欢时间和力度上都较小的打折，因为折扣成本是直接来自生产商利润。因为生产商的折扣不会成比例地影响销售商的利润，所以有一个冲突点，需要协商解决。

进入 2007 年夏天后，通用汽车（GM）就减少折扣做出了明确声明。[8]然而，减少折扣不是取消打折。GM 提供了折扣，但其夏天的折扣时间与同行相比较短。

2007 年夏天初期，GM 的一些竞争对手提供了一系列的打折活动，像丰田提供 60 个月免息贷款。然而，GM 将其夏季促销延迟到夏天结尾。通过延迟促销活动，减少其在不重要地区促销，同时在重要地区与同行保持一致。这一策略使得 GM 将销售目标进一步定在其忠诚顾客身上。

从概念上来讲，图 4—9 给出了这一动态过程。让我们假设汽车生产商，如 GM、丰田、福特和克莱斯勒在 2007 年夏天将它们的产品定价到等价值线上某一位置。一旦 GM 的竞争对手推出了它们的夏季促销，它们将会把价格定在等价值线之下。然而，不是所有的消费者都会同时注意到所有的汽车都在价格—利益图上的位置发生了变化。较为警觉的顾客会注意到GM将价格定得高于其竞争对手，而不太警觉的顾客可能注意不到。夏季促销的初始结果是扩大了临时无差异带，因为有些顾客察觉到了价格上的变动，而有些没有。这种临时的无差异带的扩大为GM的夏季促销提供了一些余地。

最终，所有顾客都会发现GM根本没有提供任何夏季促销。一旦人们意识到这一事实，GM将会将价格定在无差异带之上。从这一点来讲，除了提供夏季促销，GM没有太多办法让自己可以与对手竞争。一旦GM这么做了，它的位置又会回到新的无差异带。

从战略角度来看，GM延迟夏季促销对公司长远的经济健康是有帮助的。注意到GM没有降价的顾客很可能是那些专门要买GM车的，而非那些购买意向不明确的顾客。这些顾客可以说是对GM车更忠诚，因此他们对GM公司更有价值。即使他们是忠诚的顾客且愿意等到GM促销，他们的忍耐程度也是有限的。通过延迟促销，GM能够把促销计划锁定到这批更忠诚的顾客上，他们延缓了购买计划以等待夏季促销。

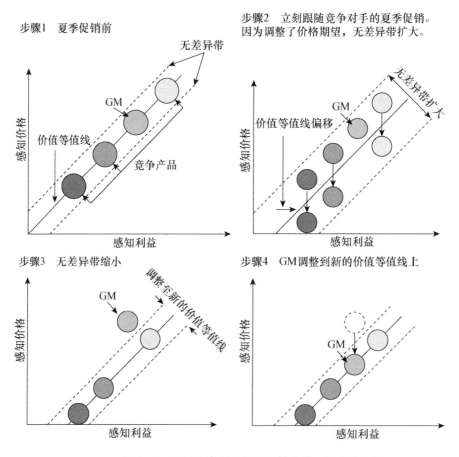

图4—9　美国汽车行业夏季促销价格—利益动态图

注释

[1] Price-to-benefits maps can be found in most strategic pricing texts. Michael V. Marn, Eric V. Roegner, and Craig C. Zawada, "Product/Market Strategy," *The Price Advantage* (Hoboken, NJ: John Wiley & Sons, Inc., 2004): 74–82. Thomas T. Nagle and Reed K. Holden, "Pricing Strategy," *The Strategy and Tactics of Pricing: A Guide to Profitable Decision Making*. 3rd ed. (Upper Saddle River, NJ: Prentice Hall, 2002): 152–56. Robert J. Dolan and Hermann Simon, "Pricing and Competitive Strategy," *Power Pricing: How Managing Price Transforms the Bottom Line* (New York: Free Press, 1996): 83–90.

[2] Benson P. Shapiro and Barbara B. Jackson, "Industrial Pricing to Meet Customer Needs," *Harvard Business Review* 56, no. 6 (November–December 1978): 119–27.

[3] Richard A. D'Aveni, "Mapping Your Competitive Position," *Harvard Business Review* 85, no. 11 (November 2007): 110–20.

[4] Richard A. D'Aveni, "How Firms Outmaneuver Competitors with Cost-Quality Advantages," *Hypercompetition: Managing the Dynamics of Strategic Maneuvering* (New York: Free Press, 1994): 39–70.

[5] Gregory S. Carpenter, and Kent Nakamoto, "Competitive Strategies for Late Entry into a Market with a Dominant Brand," *Management Science* 36, no. 10 (October 1990): 1268–78.

[6] William T. Robinson, "Marketing Mix Reactions to Entry," *Marketing Science* 7, no. 4 (Autumn 1988): 368–85.

[7] Neither price-neutral, penetration-pricing, nor price-skimming strategies can be considered with respect to revolutionary products because revolutionary markets lack any competing products to which to position against.

[8] The GM case study developed from a series of articles published in the *Wall Street Journal* and a telephone interview conducted in August of 2007 with John M. McDonald, GM Communications for Sales Reporting, Pricing, Incentives, and Market Trends. Neal E. Boudette, "GM Is Increasing Prices on About 35% of its 2007 Models," *The Wall Street Journal* (November 9, 2006, D5). Mike Spector and John D. Stoll, "Weak Sales, Mixed Outlook Cloud Detroit's Path: Big Three's Share Slips Below 50%, a First; Toyota, Honda Also Hit," *The Wall Street Journal* (August 2, 2007, A3). John D. Stoll, "GM Reverses Tough Stance on Incentives; Rival's Aggressive Deals, Higher Inventories Spur 0% Financing on Pickups," *The Wall Street Journal* (July 31, 2007, A2).

第5章

心理对价格敏感性的影响

- 为什么很多价格都以 9 结尾？
- 既然私人交易是那么私密化，为什么顾客会关心别人付了多少钱？
- 顾客是如何看待价格和产品的？
- 存在着影响价值和价格感知的内在偏见吗？
- 公司能够影响顾客对价值的感知吗？
- 延伸问题：最好的价格永远是准确反映价值的价格吗？

在很多方面，价值都是一个主观的问题。价值感知本质上依赖于顾客如何理解某项产品、其能提供的利益以及其替代品。价值感知以及某种程度上的价格感知都受到很多心理因素影响。理解这些影响的高管们可以更好地了解他们定价能力的限制以及顾客对价格的反应。此外，他们也许能够找出影响顾客对价值和价格感知的手段，从而提高自己的定价能力。

我们探索过的每个定价方法都建立在价值的基础之上。价格应根据顾客对某项产品感知到的交付价值成比例设定。然而，这些方法并不能完全解释顾客是如何感知价值的。

以交换价值模型作为一个例子。交换价值模型能基于某项产品可量化的利益，告诉高管们这项产品的潜在价值。当产品提供的利益不完整时，高管们会认为他们必须收取更低的价格；当市场并不觉得产品所提供的利益有用时，高管们对产品的定价高于市场所能承受的价格。确定哪些利益应予以量化，以及确定量化特定利益的价值的最好方式都可通过理解顾客需求而得到改善，但在某种程度上这是一个主观的决定。此外，一旦交换价值模型确定了合理价格的范围，高管们接下来面临的挑战就是通过其他方式来说服顾客该产品的价值接近交换价值模型所决定的价格。说服顾客相信物有所值是把定价的挑战从单纯的设定价格转到了沟通价值上。为了完成交易（这个交易的价格由交换价值模型决定），市场营销人员和销售人员必定会面临某些顾客的决策偏见，他们通过了解心理对价格敏感性的影响来更好地解决顾客的决策偏差，同时或许能够鼓励顾客提高他们对价值的感知。

同样地，联合分析可以揭示当前产品的感知价值，但是它还不能够完全说明为什么消费者会以这种方式来感知产品，也不知如何调整顾客的观念。消费者能否接受一款产品的价格，乃是由消费者所知、所想和他们所持有的态度决定的。所有这些问题都可以通过企业所采取的营销活动来影响。

定价只是一个公司可控的营销杠杆之一。高管们还得管理其他的营销变量，如品牌定位、广告强度、分销和产品定义。这些其他的营销变量本身也会影响最优定价策略。

举例来说，产品品牌化的主要目的之一是减少对价格的敏感度。降低价格敏感度和降低需求弹性一样，即当消费者对价格不怎么敏感时比对价格高度敏感时，价格变动对销量产生的影响较小。我们已经知道，当面对较低的需求弹性时可以激涨产品价格以提高盈利能力。因此，良好的品牌可以带来更好的价格。

相对地，增加对价格的敏感度与提高需求弹性一样。我们也知道，面对弹性需求的企业不得不降低价格以增加盈利，这种行为往往被认为会导致竞争者之间的价格战，这会降低行业整体的盈利，很少有企业可以在这种不健康的市场里盈利。因此，管理者应该认识到影响增强价格敏感度的因素和避免采取让这些因素变得更重要的行为。

很多因素会影响消费者对价值和价格的感知。[1]虽然这些因素更多地被认为是经济性因素，但是也有许多源于更深层次的心理的影响，甚至源于人类发展和人类行为中所呈现的生物进化力量。

管理者可以对这些心理影响有更深的了解以便加以利用来减小自己和消费者的决策偏差。在某些情况下，专业定价人员可以利用在购买行为中的决策偏差的概念来阐释其定价能力的极限和揭示新的定价方法，从而降低顾客心理的不平衡，提高定价的市场接受度。

心理因素对价格敏感性的影响可能是大脑思维活动的结果，如同考虑经济福祉时，理性因素造成的结果一样。最新研究探讨了大脑在面临经济决策时的活动，这些神经经济学的研究了解消费者如何做购买决定。[2]一些研究表明这些心理影响不单是消费者对经济产品的错误理解，也来自于进化生物学的作用。[3]

在购买决策的心理模型中，大脑被看作预测的机器，不断地产生在某个环境下有什么期望的预测。这些连续的预测非常迅速，同时也取决于新输入事物和储存在记忆中最相近相熟事物的相似之处。例如，如果你看到一把从未见过的椅子，你仍然可以判断出它是什么、它的功能、大概重量、预期价格和其他新的特点。为了快速获得这些预期，我们依靠令人惊讶的微量信息。神经回路可以实现这种重要的心理技能，将信息转换成印象、偏好、判断和预测。[4]

许多对价格敏感度产生作用的心理影响源自人们想当认知吝啬者（cognitive misers）的倾向。认知吝啬者用捷径来加速决策。认知吝啬者试图储存尽可能少的信息，用尽可能少的信息做出决策。为了花最小的努力来提高决策的正确性，他们发展捷思方法，采用决策捷径并想尽可能使决策准确，但有的时候他们的决策是完全不准确的。

虽然这些心理模型非常有趣，而且对理解购买行为提供了很好的素材，但是我们对这些影响的认识仍处于萌芽阶段。此外，比起那些由纯粹神经经济学提供的理论，高管们需要更精练性的描述。随着我们对这些作用有了更深的了解，我们可以预期价格定位可以变得更细致，心理影响对价格决策变得更加有迹可循。

本章我们将研究心理影响和消费者行为对价格感知的作用，其中一些因素会增强价格敏感度，另一些则会降低价格敏感度。有些因素可能因企业行为受影响，另一些则不会。所有这些都将帮助管理者了解他们的定价能力，从而有助于指导价格决策。

虽然一些研究者试图汇集所有的影响于一个统一的理论中，但这些方法都没有达到足够的广度来获取足够广度的影响。作为替代方案，我们把这些影响分成与真正的经济成本相关的、与感知挑战相关的、存在于展望理论中的或者与展望理论有关的。虽然我们承认这个分组很可能不完美，但是相信它能够使我们对这个议题有更好的理解。

5.1　真正的经济成本

有几种效应常在人类心理学的范畴讨论，这些效应能适当地应用于理性决策者做出经济决策的情境。我们将会看到，这些效应源于以机会成本或隐藏成本为形式的隐性经济成本。

共享成本效应

当消费者使用他人的钱来支付产品时，共享成本效应有助于价格敏感度的降低。例如，商旅人士经常向他们所在的公司报销全额差旅费。航空公司的忠诚度计划使得航空公司略微提高价格，因为费用是由企业来支付而航空公司却是由旅客选择的。从较小的程度上说，回扣会降低价格敏感度，因为部分产品货款会以回扣的形式退回。

有一种关于共享成本的描述是人们花钱的四种方式[5]：（1）人们将自己的钱花费在自己身上。当他们这样做时，他们高度关注获得产品的效用，使得支出的每一块钱获得最大的效用。（2）人们将自己的钱花在别人身上。当他们这样做时，他们寻求使得收礼者得到最大的效用，并且借由送礼使自己获得的效用最大化。（3）人们将别人的钱花在自己身上。这种情况下，和对自己或让别人花自己的钱相比，消费者会更以利益为导向但对价格敏感度降低。（4）人们将别人的钱花在别人身上，如替公司购买产品。在缺乏决策者的监督和适当激励的情况下人们既不对价格非常敏感，也不对利益很敏感。

转换成本

当消费者更换品牌或者采用新技术时，他们将承担转换成本。转换成本产生于买家做出的特定产品的投资。[6]转换成本可以是心理上的，例如消费者对一个信赖的品牌仍然忠诚时所赋予其的价值。更确切地说，转换成本在本质上和财务息息相关。例如，消费者可以购买配套产品来提升核心产品的利益，那么转换到一个新品牌将使消费者重新投资新的配套产品。另外，企业可能需要重新调整流程，以便从新技术中获利。同样地，消费者必须投资学习新技术，而花在学习上的时间更进一步提高了转换成本。

增加转换成本的企业发现，它们的顾客对价格敏感度较低。企业降低竞争对手的顾客的转换成本，也从中发现市场对它们的产品也降低了价格敏感度。转换成本可以分解成交换价值模型以及联合分析的市场细分研究，以便更好地了解现有顾客的支付意愿，同时和潜在顾客的支付意愿互相对比。

支出效应

一些研究人员认为消费者对于较高的价格更具价格敏感度，这是出于想要省钱的经济诱因。[7]例如，人们对高价品比对低价品总是看得更多、比得更多。这种支出效应来自机会成本。购物、比较商品以及制定决策需要投入时间和精力，这些时间和精力都可以用来做别的事情。这些投入的时间和精力都是机会成本的一种形式。对高价商品，购物的机会成本只是总购买成本的一小部分，而对低价商品，购物的机会成本是总购买成本的大部分。因此，一个有经济头脑的理性消费者应该在购置昂贵商品时比购置便宜商品时花费更多的时间。

在消费者市场，研究人员认为，作为家庭收入和支出的一部分，支出额度是价格敏感度的有力指标。收入较低的家庭对大型支出项目的价格敏感度比高收入家庭要高。在企业市场，研究人员认为，支出效应的大小受到两个因素的调节：一是购买的规模；二是这项支出对企业战略方向的重要性。与公司的战略发展方向相关的产品比起一般的商业投入，通常公司会进行更多的替代品搜寻和价格比较。同样地，需要较高的绝对支出的产品要受到较严格的管理监督，因此也有更高水平的价格敏感度。

然而，顾客是否会一致地对高价商品比低价商品有更高的价格敏感度目前仍不确定。一些研究发现支出效应受到省钱这个因素的调节。例如，比较购买低价商品如 39.99 美元的微波炉与购买高价商品如 499.99 美元的平板电视均可以省 5 美元的反应，告诉消费者在 2 英里之外可买到同样的微波炉且价格能便宜 5 美元，比告诉消费者在 2 英里之外可买到同样的平板电视便宜 5 美元更能驱使消费者前去购买。这种与支出效应相反的结果在某种程度上可以通过展望理论来解释。

对比困难效应

与购物有关的机会成本也可能产生对比困难效应。有时，企业可以借由提高顾客比较价格和比较利益的难度来改变他们对竞争产品的感知。[8] 对比困难效应主要在三个领域出现：传统运营商与新兴竞争者；品牌与大众化；尺寸变化。

传统运营商与新兴竞争者

作为防御新竞争者抢占市场份额的一种手段，对比困难效应经常用于传统模式的竞争。这个策略对传统模式比较有利，有两个原因：首先，由于对比困难，顾客对潜在产品转换的信息收集需求增加了。通过增加顾客的信息收集成本，顾客有经济诱因仍使用目前的品牌。其次，由于对比困难，营销人员增加了顾客的不确定性。顾客无法确定转换产品带来的净利益，因此他们趋向于仍然使用现有值得信赖的品牌，而不是去选择一个他们不熟悉的新品牌。这两个原因可以解释为何传统运营商会模糊它们产品的价格和利益，与之相反，新兴竞争者趋向于将价格尽可能地明确，以促进理性决策和品牌转换。

2002—2009 年 Vonage 和 AT&T 之间的竞争使我们看到传统运营商

使用对比困难战略但被新兴竞争者抨击。AT＆T 的基本住宅电话服务价格低，但是任何增加的服务（如长途电话、呼叫等待、呼叫转移、来电显示）以及三方通话必须额外付费。消费者在基本价格的基础上选择呼叫计划，预期的费用很难计算，这笔费用由 AT ＆T 众多因素决定。某种程度上，AT ＆T 的价格结构可能是故意这样设计的，使得与其他服务供应商的价格很难比较。通过运用对比困难，那些不愿意转换品牌的消费者被鼓励继续与 AT＆T 合作，而不是冒险采用不知名的网络电话运营商——不确定通话质量但可能有更高昂的电话费。2009 年，Vonage 通过广告宣传全国家庭电话的固定费用是 24.99 美元，其中包括许多 AT ＆T 附加合同中的内容。在广告宣传中，Vonage 明确指出它比 AT＆T 操作简单、价格合理，同时它还吹嘘自己的 VOIP 服务质量。Vonage 公司为促进品牌转换，尽可能地使价格和利益明确。

品牌与大众化

有的时候，一个全国性的品牌产品和通用的或者零售店品牌产品相比可能除了名称和标签不一样外，其他的物理性能方面是一样的。比如，两片止痛药的有效成分在化学术语上一样但名称不同，同样地，盐可以以品牌形式和非品牌形式出售，但根本上是相同的东西。在许多情况下，消费者倾向于购买有品牌的产品，而且愿意付更多的钱，尽管他们理性上知道这两种产品实质是相同的。

品牌用信誉包装产品。正因为信誉，许多消费者不愿意背弃一个品牌而选用大众普通产品。尽管一般普通产品能以更低的价格提供相同的效用，但是无法向众多顾客提供安全感，它们有可能被认为是风险较高的选择，因此，品牌本身就能使产品之间有对比困难。

近来折扣店和改进的一般产品减少了许多品牌的价值。随着消费者越来越信任大众产品，对比困难影响使得品牌产品定价高于普通产品的情况将减少。

尺寸变化

使用对比困难效应的第三种方法是通过改变商品的尺寸来混淆价值关系。例如，在布拉格的酒吧，顾客根据酒杯大小点啤酒而不是根据品牌，因为大多数的酒吧只出售一个品牌的啤酒。2006 年典型的价格是大杯啤酒20 捷克克朗，小杯啤酒 14 捷克克朗。看起来好像小杯啤酒更便宜一些，然而，大杯啤酒是 0.5 升，也就是每升 40 捷克克朗，而小杯啤酒只有 0.3升，也就是每升 47 捷克克朗。以每升价格计算，大杯啤酒比小杯啤酒便宜。在这种情况下，对比困难效应使得供应商能够以较高的单位价格和较低的感知价格出售产品。

5.2　感知挑战

顾客接受价格的影响有些来自更纯粹的心理议题，如遵守社会规范或决策规则的误用。

以 9 结尾的价格

最好理解的对定价的影响之一是价格倾向于以数字 9 结尾。如果价格的尾数是随机定的，那么可以预期价格以各个数字结尾的可能性都是10%，但是观察表明事实并非如此。关于 0～9 结尾的零售价的频率分析表明，绝大多数的价格趋向于以 9 结尾，较少以 0 结尾（见图 5—1）。[9] 研究人员发现很多心理影响解释了为什么企业能够受益于这一趋势。

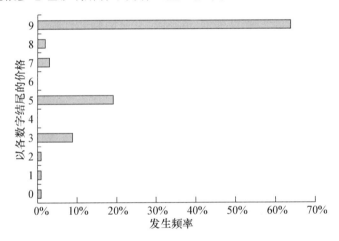

图 5—1　价格尾数的频率（1965 年 1 月 D. W. Twedt 对 70 个城市 1 865 家超市的 30 878 种产品的价格尾数的研究）

导致价格尾数偏见趋势的心理影响如此强烈，这种心理效果甚至不止影响尾数。例如，想象一下消费者市场对价格小数点的反应，如把一件产品的价格定为 24.99 美元、28.59 美元和 29.99 美元的区别。通过向下倾斜的需求曲线可以预计，最低价格 24.99 美元将比另外两个较高的价格卖得好。在许多消费市场上可以观察到，除了在文化上更易接受的 29.99 美元的价格之外，还有一些中间价如 28.59 美元，虽然该价格略低，但标价 29.99 美元的产品通常比标价 28.59 美元的产品卖得好。需求曲线的这个弯曲与标准经济理论产生了矛盾，但可以用心理影响来很好地解释。

关于用数字 9 作为价格尾数的原因，常见但不足信的一种说法是：奇数定价和收银台的因素。该说法认为顾客购买偶数定价的商品时通常会支付刚好数额的现金，用奇数定价的话，收银员不得不用收银机找零，从而使购物者和收银员能够明显看到来自顾客的收入存放过程。然而，如果这个习惯只是一种记账的倾向，那么所有奇数价格尾数将比以 0 这个价格尾数更常见。我们可以从数据中明显地看到，价格的设定远远比这个因素复杂。

价格以 9 结尾的倾向可能会受到认知可及性和比价购物之间关系的影响。0 和 5，由于其熟悉度，容易存储和检索，以 0 和 5 结尾的价格更容易被感知和记忆，并在比价时容易回想起来，因此，以 0 和 5 结尾的数字可能有利于价格比较，而奇数 9 会妨碍价格比较。当顾客在店铺之间比较价格时，他们回忆价格的能力的提高会增加他们的价格敏感性。为了降低价格敏感性，店主可能直观地了解到价格尾数的价值，从而选择用 9 来作为价格尾数。

鼓励价格以 9 结尾的另一个原因可能是它所传递的折扣的感知。人们通常认为以 9 结尾的价格存在一个小小的折扣，这个折扣意味着效用产生小幅度的增加，由于更深层次的心理原因，它可以温和地鼓励消费。

价格尾数传递的意义问题与这些见解有关。[10] 以 9 结尾的价格往往意味着一个相对较低的价格或折扣价，从而刺激需求。不幸的是，以 9 结尾的价格也可能会传递一个有关质量不好的印象，因为顾客会推断出较低价或折扣价意味着低质量，相反，零售店往往用以 0 结尾的价格来暗示质量更上乘。这一观察部分解释了为什么海报往往标示以 9 为尾数的价格，而艺术画廊的画作用整数来标价。

关于价格定为 9.99 美元而不是 10 美元所引起的低估效应的讨论有很多。[11] 低估效应可以用数字如何编码和人类的认知吝啬者的倾向来解释。在阿拉伯数字系统中，人们从左到右编码数字，最重要的数字通常在左边。同时，顾客是认知吝啬者，试图花费尽可能少的努力处理尽可能多的信息。时间紧迫或认知忙碌的顾客试图对有关价值、替代品和交易做出决定，他们会启用捷思法或决策捷径来加快他们的购买决策。捷思法的一种情况可能是只读取最重要的最左边的数字而忽略其他数字，这会导致一个低价的错觉，认为以 9 结尾的价格比最接近的那个整数价格要便宜很多。

可以推断，许多这种价格尾数产生的心理影响与文化有关。在大多数西方国家，价格以 9 结尾非常普遍，而一些国家倾向于用其他数字结尾。例如，在波兰价格以 5 结尾非常普遍，波兰消费者认为以 9 结尾的价格与较低的整数相比是亏损，而不认为与较高的整数相比是增益。[12] 相反，在亚洲国家，包括日本在内，可以看到很多价格是以 8 结尾的。在亚洲文化中，数字 8 意味着好运和财富，因此可能相应地赋予产品一些好运的属性。[13]

公平效应

在任何交易中，顾客都希望自己被公平对待。当顾客发现自己支付的价格和其他顾客的价格不一样时，通常会觉得受到了不公平对待。许多人在哲学立场上认为在自由市场应该不谈公平性的问题，因为自由市场允许这种行为——自由参与。

如今的经济理论是在自我利益作为任何交易的首要动力的基础上建立的。如果产品的价格高于它所带来的利益，在自由市场中，顾客有不购买的自由。同样，如果价格太低以至于公司不能盈利，那么公司也有权不出售该产品。任何在这两种水平之间的交易价格都可看作公平的。然而，这种对定价公平性的粗略看法对管理者是严重的损害，它不仅忽略了对很多经济行为的研究，还会导致企业的灾难。

脑生理学，特别是进化神经科学方面的研究结果表明，我们大脑中参与商业交易决定的那一部分是由我们的自我保护（利己）和情感（同情）神经元回路演化而来的。[14]因此，分享性的活动，如那些家庭活动或与送朋友礼物相关的活动，以及商业活动，如包含交易的活动，都依赖于相同的生理认知功能。在商业交易时，共享动机的存在可推动价格公平性的期望。

公平性影响定价的一种常见方式是：当价格符合顾客基于过去对此类产品的接触产生的预期时，顾客认为价格是公平的。[15]从供应商和生产商的立场来看，价格大幅度提升可看作"得利"，或者说是利用弱势消费者。同样，价格对于不同的顾客随机变化也属于公平效应，支付较高价格的顾客会觉得受到了歧视。2005 年，亚马逊受到了这种效应的困扰，当时顾客发现了该网站的价格实验和价格歧视。[16]

顾客不仅希望价格能代表公司和顾客之间剩余利益的共享，也希望价格能够公平，所有顾客都有相同的选项。当价格不符合这些预期时，顾客可以认为是犯规。违反公平不仅会抑制即时买卖，也会引起顾客的愤怒，从而引发公共关系危机。在这种情况下，必须采用营销传播和公共关系来管理那些被视为不公平的价格差异，定价策略也可能需要进行调整。

公平性问题并不适用于所有的产品。与非必需消费品相比，公平性在生活必需品中发挥了更大的作用。此外，公平问题与文化有关，并且会成为伦理和法律挑战的基础。

对未来行为掌控的过度自信

顾客在购买许多产品时，都期望通过使用产品来调整自己的行为。遗憾的是，人类经常高估自己改善自己行为的能力。关于坊间证据，考虑一下像 eBay 和 Craigslist 这样的网站上销售的几乎没用过的健身器材的数量就知道了。

从一项对健身房顾客的研究中可以得到预期行为修正和实际行为之间不一致的重要启示。研究人员在三家美国健身俱乐部查看了 7 000 多份成交单，顾客可以选择会员级别。[17]结果发现，那些选择了 70 美元月卡的会员平均每月来健身 4.3 次，相当于每次 17 美元，这些会员本可以选择每次 10 元的门票。此外，那些购买月卡的顾客第二年再续费的可能性比购买年卡的顾客要高 17%。这是令人惊讶的，因为购买月卡的顾客为解除合同要支付更高的费用。表现行为不符合预期行为的原因可以归结为顾客对未来自我控制和未来经济效益的过度自信。

小饼偏见

有关价格谈判的调查已经证明，个体会产生小饼偏见（small-pie bias）。[18]谈判者会低估议价区的范围，也就是说，他们会认为自己是在一个很小的价格范围内谈判，而不是在整个可能的范围内。似乎顾客认为公司的成本占了价格的很大部分，而公司认为产品的价值和边际成本非常接近，因此，顾客和公司都高估了他们在交易中的盈余，因而无法达到最优的盈余。

这个效应称作小饼偏见，即交易双方认为他们是在决定从一个小馅饼上能切多大一块的问题，而不是理解成这个馅饼可能会很大，使得双方有更好的交易。

为了克服小饼偏见，研究人员建议，卖方应该对买方的保留价格进行预期，然后通过谈判对话寻找未验证的信息来更新他们对于买方保留价格的看法。通过提出超出他们对买方保留价格预期的最初报价，可以引出那些未验证的信息。换句话说，先用大大超出卖方预期买方会接受的价格开价，然后借由谈判再把价格带回到交易范围。

之前建议对顾客积极地发起价格谈判再勉强让步，其背后的原因之一是克服小饼偏见。当价格谈判不是提出最初报价的唯一目的时，这种做法应该有所保留，比如说当买家根据最初报价来筛选卖家时。

促销影响

市场促销通过宣传来直接影响价格敏感性，还通过那些对促销有所回应的顾客来间接影响价格敏感性。[19]换句话说，关于产品，公司说什么以及对谁说，都强烈地影响了它定出合适价格的能力，这种价格反映出公司传递给顾客的价值。如果一个公司无法跟顾客沟通它想传递的价值，那么公司会发现制定一个合适的价格非常困难。或者说，如果公司能对顾客沟通它想传递的价值，那么它至少有一个能定出合适价格的机会。此外，如果公司在那些认为该产品没价值或者价格敏感性高的顾客身上花费沟通资源，那么它将很难找到一个合适的价格。如果公司重点把沟通资源放在那些对价格相对不敏感的顾客身上，那么就能提高制定好价格的能力。这些说法不仅基于许多 B2B 的销售人员的经验，同时也基于对消费品的研究。

比较消费品价格导向沟通和利益导向沟通效果的影响，我们会发现销售宣传和营销传播中传递的信息对价格敏感性有很大的影响。价格导向的沟通注重产品或全国性品牌的价格。价格导向的沟通在店铺每周通告、报纸广告和互联网宣传中运用得非常普遍，通常由当地零售店和制造商提供资金。利益导向的沟通注重品牌和功能或产品的利益。利益导向的促销在全国性的广告如电视广告和杂志广告中运用得非常普遍，通常是由制造商单独出资。价格导向的促销活动旨在在某个特定的商店传达产品的可用性，其对价格的强调会导致价格敏感性提高。相反，利益导向的促销活动往往会引起利益变化敏感性的提高，同时价格敏感性降低。

促销对价格敏感性的第二个影响来自于广告增加定址市场（addressable market）规模的能力。在消费市场，受到广告吸引的顾客在跟价格相关的行为表现上，与没怎么受到广告影响的顾客很不一样。具体来说，对广告敏感的顾客通常对价格更加敏感。广告借由把新顾客带入市场（这些新顾客比起总体市场有更高的价格敏感性），对提高市场整体的价格敏感性产生间接影响。

5.3　展望理论

卡哈纳曼和特沃斯基（Khanamen and Tversky）在 1979 年的一篇开创性论文中，把很多心理影响整合成一个统一理论，这导致了展望理论的发展。[20]本章后面将探讨的许多心理影响都可以用展望理论来描述。锚定效应、比较组效应、禀赋效应、终端利益效应、顺序偏见和参考价格效应都至少在某种程度上与展望理论有关，因此，展望理论是理解许多心理对价格感知影响的重要框架。

展望理论探讨人们如何在有风险结果的潜在产品之间做选择。由于每一次的购买决策都涉及风险，展望理论对顾客行为和价格管理提供了有见地的解释。

损失重于收益

展望理论阐明的重要见解之一是，在决策时损失重于收益。产品的支付本身就代表了损失，其他形式的损失可能包括支付比预期更高的价格或获得比预期少的利益。同样地，通过产品传递的利益代表了收益。其他形式的收益可能包括支付比预期低的价格或获得比预期更多的利益。

在做购买决定时，顾客对交易的潜在亏损的害怕程度，往往大于交易潜在收益带来的快乐程度。通俗地说，我们可以说，从一个人那里拿走 10 美元引起的痛苦程度大于给同一个人 10 美元引起的快乐。由此可以推测，在人们的心目中，支付 10 美元重于获得 10 美元。有些研究甚至发现在决策时，损失的重要性是收益的 2.5 倍，也就是说，在支付中每 1 美元的损失，可能需要提供大约 2.50 美元的利益才能平复顾客情绪。

在人们的心目中损失比收益更重要这一效应意味着，促销宣传应大力强调产品的利益而不是价格。通过强调利益，销售宣传和营销传播可以帮助顾客更加了解该交易获得的潜在收益。此外，这些宣传必须足以让顾客不仅在经济上获益，而且其权衡成本效益的计算方式也更好。这些促销信息的目的是让顾客在心理上产生净正值。

参考点的转折

在作出任何购买前，顾客会根据参考点进行比价。这个参考点可能是他们目前对产品和财富禀赋的满意度水平、最近在市场上见到的价格，或者他们发现某个产品需要更换之前的最近状态。参考点可以被看作感知到的现状。

在决策时损失比收益更重要的事实意味着对参考点之外的状态改变会进行不同的评估。远离参考点的损失会被强烈地避免，同时，高于参考点的收益水平会被大大忽视。这些效应结合起来会导致现状偏见，或使顾客倾向于再次购买先前的产品来避免新产品和新服务带来的风险。

递减的敏感性

当远离参考点的收益或亏损增加时，人们对这些收益或损失的绝对值的敏感性降低。也就是说，5 美元的收益和 10 美元的收益之间的差异感觉比 490 美元和 495 美元之间的差异更加强烈，尽管在这两种情况下差异的绝对值都是 5 美元。亏损的感知也存在类似的差异。一般情况下，人们表现出对损失和收益的敏感性递减。

积极框架下规避风险，消极框架下寻求风险

展望理论阐明的另一个观点是在积极框架下规避风险和在消极框架下

追求风险。积极框架下的方案意指一个人在某种意义上会从交易中获利。消极框架下的方案意味着一个人在某种意义上将从交易中受损失。

积极框架下设定的两种方案，可能是50％的概率获得5 000美元，或者确定获得2 000美元。当处在积极框架下，很多人会选择风险较小的2 000美元确定收益，即使50％的概率获得5 000美元有一个更大的净期望值。

在消极框架下设定的两种方案，可能是2 000元的确定损失或50％的概率损失5 000美元。处在消极框架下，选择5 000美元损失的人的比例大于选择2 000美元的确定损失的人。与50％的概率损失5 000美元的情况相比，2 000美元的确定损失已经好很多了。

展望理论的效用函数

许多关于顾客心理账户的观点导致了另一种描述购买决策的效用函数的发展。在假定收益与损失不同等重要的情况下，展望理论的效用函数结合了人们面对选择方案时的决策偏差。在图5—2中，横轴表示一个方案的实际损失或收益，而纵轴代表一个人对该收益或亏损的感知价值。效用函数绘出了损失和收益是如何被感知的。

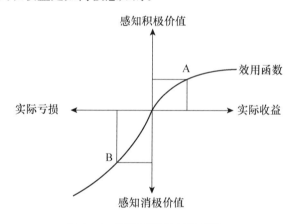

图5—2　展望理论的效用函数

图5—2描绘出损失比收益重要这一事实。A点和B点分别表示相等幅度的实际收益或亏损（横轴）。在感知价值上（纵轴），A点比B点更靠近原点。因此，效用函数表明，在决策时相等幅度的收益的重要性比损失的重要性小。此外，效用函数显示出当收益或损失增加时，敏感性递减，在参考点处有一个拐点。

诀窍

高管可以在定价时采用展望理论的观点。虽然展望理论影响深远，但三个简短的例子足以证明展望理论提供良好定价方法的能力。

　　展望理论的第一个诀窍是分拆收益和捆绑损失。如前所述，损失比收益更重要，而且远离参考点时，顾客对损失和收益的敏感性递减。因此，把收益分成多个较小的收益，鼓励顾客感知一个更大的收益。相比之下，把所有损失捆绑成单一的事件，也就是支付产品价格，将减少交易中感知到的痛苦。在交易中，分拆收益和捆绑损失，既把痛苦捆绑在单一的总价中，又逐项列举所有利益，以增加收益的感知。

　　展望理论的第二个诀窍是避免附加费并提供折扣。附加费被视为一种惩罚性的损失，而折扣被视为收益。为了鼓励顾客支付更高的价格，更高的价格不应该作为一个附加费，而是"正规"的价格。任何折扣都被视为在获得的产品之上的附加收益。因此，信用卡公司强烈希望，商家提高价格并给采用信用卡支付的顾客提供 3% 的折扣。在财务方面，这两个方案都可以给顾客同等利益，但附加费比现金折扣更容易阻止顾客使用信用卡。

　　展望理论的第三个诀窍是把痛苦从直接的支付价格转移到间接的机会成本上。许多人在直接可观察到的价格支付上感知的痛苦要大于在损失的时间和便利性上感知的痛苦。通过让顾客驾驶更远的路程、忍受更长的排队或自己组装产品，把成本从企业转移到顾客身上，鼓励消费，并减少交易中感知到的痛苦。这第三个诀窍可以解释许多大型超市的成功经验，如沃尔玛、乐购、家乐福、家具零售商宜家，以及折扣航空公司如瑞安航空，其成功都离不开这第三个诀窍。

5.4　与展望理论有关的效应

　　展望理论整合了顾客对价格和方案感知的许多影响。这些影响很多是在展望理论创立前确定的。对这些影响的研究比展望理论所能直接描述的要更加详细。接下来是一些与展望理论相关，同时更好理解的效应。

参考价格效应

　　展望理论指出人们对于参考点有高度敏感性，一个直接后果就是参考价格效应。在许多市场上，顾客根据上一次的购买价格形成下次购买时所愿意支付的价格预期。这种过去价格影响当前价格感知的行为称为参考价格效应。[21]

　　顾客的参考价格是根据他们当前在产品上看到的价格和他们上一次在产品上看到的价格形成的。在数学上，我们可以这样表示：

$$\text{参考价}=\alpha(\text{上次看到的价格})+(1-\alpha)(\text{这次看到的价格}) \quad (5—1)$$

其中的调节因子 α 代表以往看到的价格对目前的参考价格的影响程度。一个大的 α 意味着过去的价格在很大程度上决定了消费者对产品的参考价，而一个小的 α 暗示了目前看到的价格在很大程度上决定了消费者的参考价格。[22]

在牛排市场上可以找到参考价格效应的例子。2008 年，玉米的价格在一年内翻了一番，导致牛肉价格上涨（因为牛以玉米为饲料）。很少去餐厅的顾客看到牛排价格比他们最后一次在市场看到的价格高出很多，往往会很震惊。这可以看作参考价格效应的一种形式，也是锚定效应的一种类型。顾客有一个预期价格，适应新价格会比较困难，结果就是抑制需求。

关于价格如何影响购买者的购买行为，传统的假设是，买方知道他们考虑购买的产品和服务的价格。然而，在过去 40 年中的实证研究一再显示，买者通常无法记住他们最近购买的物品的价格。尽管消费者没有对过去看到的价格的完美回忆，但他们的记忆确实会影响他们的支付意愿或参考价格。

当目前的价格比以往价格高，参考价格效应导致抑制需求，因为目前的价格高于许多消费者的支付意愿。由通货膨胀或其他经济因素导致的价格提高是常见的。参考价格效应预测，由于顾客需要根据新的较高的价格来调整预期价格，随着价格的上涨，需求将不成比例地下降。

由参考价格效应引起的对定价人员更艰难、更常见的挑战来自于促销价格和折扣的使用。在价格促销期间，价格比过去低，导致参考价格会比看到的价格要高，因此，降价促销期间，销售会不成比例地增加。然而在降价促销之后，价格比上次交易过程中看到的要高。这导致在非促销期间的参考价格比促销时看到的价格较高，从而不成比例地抑制了销售。因此，在降价促销期间，销售额将大幅增加，在正价时段，销售额将直线下降。这些变动可能会导致高管认为必须降低价格来提高利润，而实际上，这只是显示他们已经过度地依靠降价促销来吸引顾客。定价专业人士在管理价格时必须跳脱纯粹定量分析的窠臼，而参考价格效应只是他们必须这么做的众多原因之一。

禀赋效应

禀赋效应是一个很有趣的心理作用，它可以降低价格敏感度。[23]根据禀赋效应，与本可以拥有的东西相比，人们会对已经拥有的东西赋予更多的价值。禀赋效应与展望理论参考点周围发现的高敏感性密切相关。

我们在许多实验中都能看到禀赋效应。学生被随机给予咖啡杯或巧克力棒，然后让其进行交易以优化他们的礼物。在没有任何转换成本的情况下，我们可以预计，约有一半的学生会交换产品，因为有一半拥有咖啡杯的学生会比较偏好巧克力棒，反之亦然，这将使得近一半的学生会交换礼物。然而实验结果一再显示交换比例远低于 50%。研究人员询问学生为何不交换，他们回答确实喜欢所得到的礼物。这种对随机分配礼物的偏爱被解释为禀赋效应。

禀赋效应被许多企业用于销售。例如，在集贸市场，卖主会很快把产品放到顾客的手中，以降低他们对价格的敏感度。同样地，汽车经销商会鼓励顾客进行试驾以增加购买的可能性。通过鼓励顾客适用新产品，企业可以受惠于禀赋效应。

锚定

有关决策的重要研究已经证明，人们根据在决策过程的早期阶段收集到的信息建立期望。一旦一个人根据最初的一组信息建立了一个期望，那么要改变这个期望将会变得很困难，因为它涉及重新学习或发现新的证据来证明把前面所形成的期望应用于目前的状况是荒谬的。早期的期望设定和慢慢地改变它们的过程称为锚定。锚定不仅影响对价格高低的感知，也影响对必要或多余利益的感知。

锚定的例子在不常购买的高价值产品的企业市场中很常见。在购买决策过程中早期的价格可能会为后期的价格设置期望。顾客不仅会对产品的价格进行锚定，而且对他们购买该类别产品所期望的特性、优点和价值进行锚定。由于锚定会影响购买决策，许多企业积极抓住在购买决策过程早期的顾客，甚至可能选择忽略晚来的销售机会。

锚定的另一个例子可以在谈判中找到。那些经历过几次谈判的人会告诉你，人们往往根据他们听到的第一个价格来锚定价格预期，这是锚定在定价上的主要作用。顾客在购买决策过程的早期设置他们的保留价格或者支付意愿。因此，初始定价水平高的谈判通常会比初始定价水平低的谈判以更高的价格结束谈判。

与毫无准备的买家进行价格谈判时，只要买家认为产品的价值高于先前谈论的价格，卖家可以使用锚定来提高价格。一些销售文献甚至建议，在谈判过程中，销售人员应该首先征求顾客的可接受的购买价来作为揭示顾客的支付意愿的一种手段。然而，随着有越来越多的有能力的买家，买家支付意愿的锚定效应通常通过结构化的学习和经验而消散。在这种情况下，先询问顾客的购买价格，锚定了销售人员的最低要价，这实际上会损害获得高价的可能性。

锚定对企业市场的预算价格来说是一个挑战。预算价格不是实际交易价格，而是在销售过程中早期提供给顾客的价格，以确定其购买力以及影响决策的价格范围。从销售的角度来看，提供预算价格是必需的，因为在销售过程早期需要考虑顾客是否合适，这得根据顾客的购买力、购买时间和购买需求范围而定。在给予预算价格方面，很多销售指示书会告诉销售人员给出广泛的潜在价格并澄清实际价格将取决于所选择的产品，可能还建议产品的最终价格使用比预期更高的数字。该建议背后的逻辑和锚定造成的挑战有关。也就是说，降低了开更高价格的能力，以及把考虑集合外的潜在方案拉进来。要对顾客锚定较高的价格预期，那就要给顾客较高的价格，从而削弱其之后价格谈判的决心。如果在销售过程中因为考虑竞争因素而将价格置于很窄的范围内，一旦没有遇到相关的竞争者，那么公司就会变得相当被动。为了避免这种情况发生，就需要使用广泛的价格范围。

锚定可能与展望理论的有些方面相关。一旦锚定了初始信息，它就形成了一个参考点。此外，与人们改变自己观念所要付出的成本相比，他们更新信息所得的好处可能被认为太少，因此，一旦锚定就很难改变。

比较组效应

正如最初出价将通过锚定影响价格预期，可比替代品的价格也将影响价格预期。[24]对于一个特定的购买机会，某产品加上正在考虑的类似替代品，形成一个比较组。当比较组内的某些产品价格较低时，顾客的价格预期将降低；当比较组中的某些产品价格较高时，顾客的价格预期将提高。

高管也许能用比较组效应来影响价格预期。如果比较组可以调整到包括价格较高的物品，那么顾客的价格敏感度就可以降低。例如，当小型车的销售瞄准的是发展中国家的首次购车者，将小型车与更大更贵的车而不是摩托车比较时，汽车制造商可能会发现，它们的销售增长了，价格也提高了，尽管小型车开发和销售的对象是那些如果没有这些廉价的汽车，可能就会购买摩托车的家庭。

比较组效应也可以用于考虑比较利益来转移公司竞争的维度。例如，当顾客在比较耐用品时，他们可能会倾向于只比较前期购置成本。提供更高质量的产品的公司，在顾客评估竞争性优点时应该鼓励他们考虑产品的耐用性、效率或生产力。通过改变比较的指标，公司可以同时开出较高的价格和获得更多的销售。与此相反，提供低价劣质产品的公司会鼓励顾客只关注最初的价格。

框架效应

方案描述的方式会影响顾客接受的意愿。在定价时，框架效应对顾客愿意支付的价格有巨大的影响。

框架效应的一个常见例子是关于海滩上一个人和去购买饮料的朋友之

间的互动行为实验。朋友问："你愿意出多少钱买饮料？我最高会付你给我的数额，如果价格比这还高，我就不买。"朋友可以使用一个框架，即"我要去崭新的饭店的酒吧买"。朋友还可用另一个框架，即"我去的是一间破旧的便利店"。如果是去饭店的酒吧，而不是去便利店买，人们经常会表达较高的支付意愿，即使饮料完全一样，所获得的利益也完全一样。根据所提出的框架（崭新饭店的酒吧与破旧的便利店），海滩上的人会改变他的支付意愿。

框架效应与展望理论的许多方面有关。例如，积极框架下的方案自然比消极框架下的相同方案更有吸引力。因此，企业通常最好突出产品的利益和从产品当中得到的价值，而不是突出价格和使用产品的相关成本。此外，当产品的所有积极因素都进行了分类和列举，而不是把所有积极因素都纳入一个共同框架时，顾客通常更愿意购买该产品。

顺序偏见

定价的研究表明，价格呈现的顺序会影响顾客的产品选择和可接受的价格。[25]研究人员比较了价格呈现顺序对平均成交价格的影响。一般来说，与产品价格呈上升顺序时（即从最低到最高）相比，当产品价格呈下降顺序时（即从最高到最低），顾客选择的报价较高。实验已经证明在快速消费品中存在顺序偏见，但在更昂贵的物品和耐用品中尚无定论。

顺序偏见可以看作最初方案的锚定和损失规避再加上未能充分调整参考框架的结果。当顾客查看一张列有利益和价格两方面的产品清单时，他们可能会对第一个产品的可接受价格和利益进行期望锚定。当这个产品带来很多利益且售价较高时，他们可能不愿为了节省一点钱而放弃利益去购买价格较低的产品，因此，他们会倾向于购买价格较高的产品。相反地，当第一个产品的售价非常低，并提供较少的利益，他们可能不愿意支付较高的价格来获得一些利益，因而会倾向于购买价格较低的产品。

顺序偏见会影响更优价格的决定，从而影响销售和营销传播的效果。当呈现一批同一类别的产品时，高管会先呈现最高价位的产品，然后按价格依次呈现。在卖汽车、床垫和其他耐用消费品时，通常的做法是从最昂贵的产品开始，然后逐渐下降。同样，在设计网站时，许多高管会先显示最昂贵的产品，然后是价格便宜的。

最终利益效应

顾客购买产品不是因为产品的内在属性，而是因为他们相信该产品将帮助他们完成目标。有时，这些目标和产品的特定属性只有一点点关系。比起仅能提供些许最终利益的产品，顾客对于能提供很多最终利益的产品通常会有较低的价格敏感性。若帮助顾客按他们真正想要的最终利益给产品设定框架，高管们会发现这些顾客的价格敏感性有所降低。[26]

举例来说，家庭倾向于购买游乐园或博物馆的门票，不是因为可以坐过山车或者看一个独特的展览，而是因为他们希望在活动中与家人团聚。因此，游乐园和博物馆的高管往往把自己的产品定位成创造难忘的家庭体验，从而降低价格敏感性以及增加客流量。

同样地，成功的减肥食品制造商把自己的产品重新定位于瘦身管理系统中。很多这些公司的宣传材料的内容已经比仅宣传减肥更进一步，它们的产品不仅可以成功减肥，也可以达到更高层次的理想目标，例如，更好看、更健康或在社交功能上追求好形象。当企业促进其核心产品和顾客的理想目标之间相联系，它们可以减少价格敏感度。

最终利益效应不仅影响价格，而且影响促销信息。在推广产品时，高管应强调顾客目标和自己产品之间的关系，而不是单纯着眼于产品的功能和属性。在这个意义上，最终利益效应是对展望理论强调收益和减小损失的直接扩展。利用框架把产品塑造为最终利益的主要贡献者能够降低顾客的价格敏感度。

 小结

- 许多影响价值观念的心理作用产生于神经系统功能、决策偏见和行为影响。价格管理需要对影响感知价值的心理作用有一个很好的理解。

- 与花自己的钱相比，顾客花别人的钱时，对价格的敏感性较低。

- 转换成本，无论是受品牌忠诚的心理驱动，还是受配套产品投资、业务流程或学习产生的财务因素影响，都可以鼓励顾客避免改变现状。

- 高支出的产品类别可能有更大的价格敏感性，因为顾客更倾向于比较价格和效益。

- 通过使比较价格困难，企业可以降低价格敏感度。对比困难效应可用于厂商阻止新产品进入市场，品牌商品阻止仿制产品，以及零售商鼓励顾客购买看似便宜，但实际上更昂贵的物品。

- 价格以 9 结尾符合人们只注意最左边的数字的习惯。使用感知可及性的决策捷思法，可以减少价格比较。价格尾数也传达一种信息，如价格便宜或者好运，这取决于文化的影响。

- 人们期待公平交易，当他们的公平概念被破坏时，可能采取报复行动。公平效应可以抑制企业提高产品价格，尤其是生活必需品的价格。

- 顾客通常对未来的行为过度自信。过于雄心勃勃的行为期望可以解释顾客购买大于他们需求的产品的倾向。

- 买卖双方通常有期望偏差，小饼偏见导致销售情况出现接受更低优惠的倾向。

- 用来促销产品的信息影响产品的

感知价值。价格导向的促销活动增加对价格的敏感度，而利益导向的促销活动增加利益的敏感性，从而支持更高的价格。

● 展望理论试图结合许多对价值感知的心理影响。从展望理论中我们可以看到，损失比收益更重要，参考点强烈地影响对方案的感知；损失或收益增加时，敏感性减弱，而且人们往往是在积极框架下规避风险，而在消极框架下追求风险。高管们可以从展望理论中找出一些方法，如分拆收益和捆绑痛苦，避免附加费而提供折扣，把痛苦的直接来源转移到间接的不太明显的痛苦上。

● 参考价格是由目前观察到的价格和最后的观察价格确定的。价格上涨将导致价格高于参考价格，从而加剧需求下降。价格下跌将导致价格低于参考价格，从而进一步刺激需求的增长。

● 禀赋效应是指人倾向于把更多的价值赋予自己已经拥有的东西，而不是本可以有的东西。禀赋效应解释了让顾客在做决策时拿着产品可以降低价格敏

感度，提高购买率。

● 人们倾向于依靠决策过程早期获得的信息进行锚定。在销售情境中，锚定能用于鼓励顾客期待一个比最终价格更高的价格，也可以由销售人员在谈判过程中寻求未验证的信息来克服锚定。

● 顾客根据所考虑的替代方案或者比较组制定价格预期。价格较低的替代品往往会提高价格敏感度，高价位的替代品往往会降低价格敏感度。

● 顾客评估报价的框架会影响他们的支付意愿。提供期待更高价的理由会导致较低的价格敏感度。提供期待较低价格的理由会导致更高的价格敏感度。

● 方案的顺序可能会影响成交均价。按从最高价到最低价的顺序呈现产品会让选择产生偏差，偏向选择较高价格的产品。同样地，按从最低价到最高价的顺序呈现产品也会导致偏差，选择较低价格的产品。

● 一个产品越有助于实现顾客寻求的最终利益，顾客对该产品的价格敏感度会比较低。

 练习

1. 一项研究表明某商品的最优价格是 32.45 美元。市场上大多数商品卖价为 29.99 美元。你建议零售商以什么价格出售该商品，为什么？

2. 一家高级料理餐厅开业了，店主问你如何定价。你建议将开胃菜定为 6.99 美元还是 7 美元，为什么？

3. 高级料理餐厅有很多开胃菜的价格在 6～12 美元，主菜在 15～30 美元。

厨师又开发了一道素菜，想把它放到菜单中。这道菜的成本比较低，老板认为应该卖 12 美元，即使这道菜可以作为晚餐的主食。你建议把这道菜放在菜单的哪个位置，为什么？

4. 考虑一个杂货商提供双重优惠，你正想用 0.25 美元的优惠券来购买燕麦。现在考虑一个家具店在餐厅设备上提供 0.50 美元的优惠。你可能去哪家店

领取优惠券？你认为你的反应合理吗？请解释。

5. 一个销售人员与公司代表互动，他想让她明白顾客想解决的问题，提供的解决方案报价为 20 000 美元。几天后，公司代表开始讨论这个项目的其他方面，并要求递交解决方案。这个销售人员用的定价策略的本质是什么？公司代表如何做可以阻止这个报价？

6. IAR 系统为工程师提供 60 天免费使用软件向嵌入式系统编写微 C 程序。考虑这一销售过程与禀赋效应和转换成本的关系，这是个明智的营销举措吗？或者是 IAR 系统放弃盈利？

7. 考虑如下场景。你在北京的丝绸之路商场闲逛，看到一个非常好的皮包想买下来。你发现风格和做工相似的皮包在德国要卖到 150 欧元。这个包正是你想要的。你决定跟这个商贩讲价，最终把价格定在 30 欧元左右。情况 A：之后你把它给一个朋友看，她用了 50 欧元在同一个商贩手里买了个类似的包。情况 B：之后你把它给一个朋友看，她用 20 欧元在同一个商贩的手里买了个类似的包。

a. 哪种情况下你可能明天回去再买一个包？

b. 什么效应可以最好地描述这一行为？

8. 考虑以下的假设。情况 A：你在一个药店里注意到一副太阳镜，价格为 24.99 美元。你喜欢这副太阳镜，但认为对于这样的产品价格可能偏高了。情况 B：你在高端时尚店里注意到一副太阳镜，价格为 24.99 美元。你喜欢这副太阳镜，但认为对于这样的产品价格可能偏高了。

a. 哪种情况下你更可能去买这副太阳镜？

b. 什么效应可以最好地描述这一行为？

9. 考虑以下的假设。情况 A：你去电影院看电影，到电影院之后发现丢了 12 美元，你仍然可以花 12 美元买票进去看电影。情况 B：你去电影院之前已经在网上买了票，但是你忘了带票且电影院查不到你的购票信息。你仍然可以花 12 美元买票进去看电影。

a. 哪种情况下你可能再买第二次票？

b. 什么效应可以最好地描述这一行为？

10. 商学院喜欢将 MBA 学生花的学费与学生未来的收入做比较。找出影响学生攻读 MBA 的主要心理因素，并解释为什么这样能提高招生量。

11. 当设计一门课程时，教授为学生选书，教授在选课本时会考虑价格敏感性吗？为什么？

12. 下面这些心理因素是如何与展望理论相关联的？

a. 锚定

b. 比较组效应

c. 禀赋效应

d. 最终利益效应

e. 公平效应

f. 顺序偏见

g. 参考价格效应

h. 转换成本

注释

[1] Kent B. Monroe, "Buyers' Subjective Perceptions of Price," *Journal of Marketing Research* 10, No. 1 (February 1973): 70–80.

[2] Colin F. Camerer, George Loewenstein, and Drazen Prelec, "Neuroeconomics: Why Economics Needs Brains," *Scandinavian Journal of Economics* 106, No. 3 (September 2004): 555–79. "Do Economists Need Brains?" *The Economist* (July 26, 2008): 13.

[3] "Science and Technology: The Triumph of Unreason?; Neuroeconomics," *The Economist* (January 13, 2007): 73. "Science and Technology: Money Isn't Everything; Neuroeconomics," *The Economist* (July 7, 2007): 86.

[4] Moshe Bar and Maital Neta, "The Proactive Brain: Using Rudimentary Information to Make Predictive Judgments," *Journal of Consumer Behavior* 7, No. 4/5 (July–October 2008): 319–30.

[5] Milton Friedman and Rose Friedman, "Cradle to Grave," *Free to Choose: A Personal Statement* (New York: Harcourt Brace, 1980): 116–17.

[6] Switching costs is largely discussed with respect to high-tech markets. Carl Shapiro and Hall R. Varian, "Recognizing Lock-In," *Information Rules: A Strategic Guide to the Network Economy* (Boston: Harvard Business School Press, 1999); 103–33. Geoffrey A. Moore, "High-Tech Marketing Enlightenment," *Crossing the Chasm* (New York: HarperCollins, 1991): 51.

[7] Thomas T. Nagle and Reed K. Holden, "Customers: Understanding and Influencing the Purchase Decision," in *The Strategy and Tactics of Pricing: A Guide to Profitable Decision Making*, 3rd ed. (Upper Saddle River, NJ: Prentice Hall, 2002): 93–94.

[8] Vicki G. Morwitz, Eric A. Greenleaf, and Eric J. Johnson, "Divide and Prosper: Consumers' Reactions to Partitioned Prices," *Journal of Marketing Research* 35, No. 4 (November 1998): 453–63. J. Edward Russo, "The Value of Unit Price Information." *Journal of Marketing Research* 14, No. 2 (May 1977): 193–201. Robert G. Docters, "Price Strategy: Time to Chose Your Weapons," *The Journal of Business Strategy 18*, No 5 (September/October 1997): 11–15.

[9] Dick Warren Twedt, "Does the '9 Fixation' in Retail Pricing Really Promote Sales?" *Journal of Marketing* 29 (October 1965): 54–55. Robert M. Schindler, "Consumer Recognition of Increases in Odd and Even Prices," *Advances in Consumer Research* 11, No. 1 (January 1984): 459–62.

[10] Robert M. Schindler, "Symbolic Meanings of a Price Ending," *Advances in Consumer Research* 18, No. 1 (January 1991): 794–801. Robert M. Schindler and Thomas M. Kibarian, "Image Communicated by the Use of 99 Endings in Advertised Prices," *Journal of Advertising 30*, No. 4 (Winter 2001): 95–99. Also studied with respect to restaurants in H. G. Parsa and Sandra Naipaul, "Price-Ending Strategies and Managerial Perspectives: A Reciprocal Phenomenon—Part I," Journal of Services Research 7, No. 2 (October 2007): 7–26.

[11] Keith S. Coulter, "Odd-ending Price Underestimation: An Experimental Examination of Left-to-Right Processing Effects," *The Journal of Product and Brand Management* 10, No. 4/5 (2001): 276–92.

[12] Adam Nguyen, Roger M. Heeler, and Zinaida Taran. "High-Low Context Cultures and Price-Ending Practices," *The Journal of Product and Brand Management* 16, No. 3 (April 2007): 206–14.

[13] Lee C. Simmons and Robert M. Schindler, "Cultural Superstitions and the Price Endings Used in Chinese Advertising," *Journal of International Marketing* 11, No. 2 (June 2003): 101–11.

[14] Gerald A. Cory Jr, "A Behavioral Model of the Dual Motive Approach to Behavioral Economics and Social Exchange," *Journal of Socio-Economics* 35, No. 4 (August 2006): 592–612.

[15] Margaret C. Campbell, "Perceptions of Price Unfairness: Antecedents and Consequences," *Journal of Marketing Research* 36, No. 2 (May 1999): 187–99. Lisa E. Bolton, Luk Warlop, and Joseph W. Alba, "Consumer Perceptions of Price (Un)Fairness," *Journal of Consumer Research* 29, No. 4 (March 2003): 474–91.

[16] Fred M. Feinberg, Aradhna Krishna, and Z. John Zang, "Do We Care What Others Get? A Behaviorist Approach to Targeted Promotions," *Journal of Marketing Research* 39, No. 3 (August 2002): 277–91.

Anita Ramasastry, "Web Sites Change Prices Based on Customer Habits," *CNN.com* (June 24, 2005). http://www.cnn.com/2005/LAW/06/24/ramasastry.website.prices/ (accessed on January 19, 2009).

[17] Stefano Della Vigna and Ulrike Malmendier, "Paying Not to Go to the Gym," *American Economic Review* 96, No. 3 (June 2006): 694–719.

[18] Richard P. Larrick and George Wu, "Claiming a Large Slice of a Small Pie: Asymmetric Disconfirmation in Negotiation," *Journal of Personality & Social Psychology* 93, No. 2 (August 2007): 212–33.

[19] The influence of promotions on pricing is a closely studied issue. Lakshman Krishnamurthi and S. P. Raj, "The Effect of Advertising on Consumer Price Sensitivity," *Journal of Marketing Research* 22, No. 2 (May 1985): 119–29. Vinay Kanetkar, Charles B. Weinberg, and Doyle L Weiss, "Price Sensitivity and Television Advertising Exposures: Some Empirical Findings," *Marketing Science* 11, No. 4 (Fall 1992): 359–71. Anil Kaul and Dick R. Wittink, "Empirical Generalizations about the Impact of Advertising on Price Sensitivity and Price," *Marketing Science, Part 2* 14, No. 3 (July 1995): G151–G160. Sara Campo and María J. Yagüe, "Effects of Price Promotions on the Perceived Price," *International Journal of Service Industry Management* 18, No. 3 (2007): 269–86.

[20] Daniel Kahneman and Amos Tversky, "Prospect Theory: An Analysis of Decision Under Risk," *Econometrica* 47, No. 2 (March 1979): 263–91. Richard Thaler, "Mental Accounting and Consumer Choice," *Marketing Science* 4 No. 3 (Summer 1985): 199–214.

[21] Reference price effects are discussed in Richard A. Briesch, Lakshman Krishnamurthi, Tridib Mazumdar, and S. P. Raj, "A Comparative Analysis of Reference Price Models," *Journal of Consumer Research* 24, No. 2 (September 1997): 202–14. See also Kent B. Monroe and Angela Y. Lee. "Remembering Versus Knowing: Issues in Buyers' Processing of Price Information," *Academy of Marketing Science* 27, No. 2 (Spring 1999): 207–25.

[22] The moderator factor alpha in the exponential smoothing model of customer reference prices has been measured for some product categories. Greenleaf measured alpha (α) for peanut butter to be quite high, at 0.925 (1995), implying that customers strongly expect current prices to be similar to those last observed. Hardie measured alpha for orange juice at a similarly high level, at 0.83. See Eric A. Greenleaf, "The Impact of Reference Price Effects on the Profitability of Price Promotions," *Marketing Science* 14, No. 1 (Winter 1995): 82–104. Bruce G. S. Hardie, Eric J. Johnson, and Peter S. Fader, "Modeling Loss Aversion and Reference Dependence Effects on Brand Choice," *Marketing Science* 12, No. 4 (Fall 1993): 378–94.

[23] The endowment effect has been documented in a number of studies. Jack L. Knetsch, "The Endowment Effect and Evidence of Nonreversible Indifference Curves," *American Economic Review* 79, No. 5 (December 1989): 1277–84. John A. List, "Does Market Experience Eliminate Market Anomalies?" *Quarterly Journal of Economics* 118, No. 1 (February 2003): 41–71. Daniel Kahneman, Jack L. Knetsch, and Richard H. Thaler, "Experimental Tests of the Endowment Effect and the Coase Theorem," *Journal of Political Economy* 98, No. 6 (December 1990): 1325–48. Daniel Kahneman, Jack L. Knetsch, and Richard H. Thaler, "Anomalies: The Endowment Effect, Loss Aversion, and Status Quo Bias," *Journal of Economic Perspectives* 5, No. 1 (Winter 1991): 193–206.

[24] Nagle and Holden, "Customers: Understanding and Influencing the Purchase Decision," 112.

[25] Paula Bennett, Mike Brennan, and Zane Kearns, "Psychological Aspects of Price: An Empirical Test of Order and Range Effects," *Marketing Bulletin* 14 (January 2003): 1–8.

[26] Nagle and Holden, "Customers: Understanding and Influencing the Purchase Decision," 94–95.

第 Ⅱ 篇　管理价格变动

第6章 价格分割

学习目标

- 什么是价格分割？
- 价格分割什么时候开始起作用？
- 价格分割有利还是有弊？
- 分割措施如何使一家公司分割市场价格？
- 高管应该如何设计价格分割策略？
- 延伸问题：如果一家公司分割了市场价格，不同价格段的最优价格和市场份额分别是什么？

最好的定价技术在引导高管根据价值制定价格的同时，也在分享一个机遇，因为情人眼里出西施，不同的人会给予同一个产品不同的价值。为了抓住这一机遇，公司将会对市场进行价格分割。价格分割指的是对相同或相似的产品根据不同的顾客群体进行不同定价。

在任何市场，不同的顾客对产品的价值估计是不一样的，因此他们愿意为同一产品付出不同数额的钱。在集体市场，个体顾客的多样性是一种异质性的形式。市场异质性可以从品牌亲和力、利益要求和支付意愿这些方面体现。当我们在描述个体支付意愿的差异时，我们其实是在描述需求的异质性。

一个简单的思维实验证明，几乎每一个可以想象的市场都表现出需求的异质性。让我们想象一个市场，在这个市场中每一个顾客都只购买一个单位的产品。[1]在任一价位，表达的需求指的是愿意付出相应价格的顾客的数量。假设市场是均匀的，所有顾客的支付意愿也完全相同，那么除非达到临界价格，否则需求弹性将是零。也就是说，售出的数量相对于价格的变化是恒定的，直到达到临界价格。处于临界价格时，需求将降为零，需求弹性将趋于无穷大。在达到一个临界价格前是平坦的，之后下降到零，这样的整体市场需求曲线到目前为止还没有在任何市场出现。因此，我们可以得出结论，对市场来说，需求的异质性是普遍存在的情况。

驱动需求异质性的因素是多方面的。相比于要求较低的顾客，有些顾客可能从产品获得更大的好处，因此他们愿意花更多的钱。有些顾客可能有更高的收入，这使他们能够花费更多。有些顾客可能有更多的时间比较价格，因为他们对价格更敏感。我们会发现，有更多的因素会驱动需求异质性，关键就是，需求是异质性的，这种需求的异质性为实施价格分割创造了机会。[2]

价格分割在经济学中也称为价格歧视，指的是对于相同或相似的产品，针对不同的顾客收取不同的价格。企业可以根据需求异质性调整价格来实施价格分割，从市场以利润的形式提取更大部分的消费者剩余。驱动（或破坏）顾客价值的因素可以用来创建价格分割，因为在某时某地产品提供更多（或更少）效用时，企业会自动收取更高（或更低）的价格。另外，企业可以根据成本调整价格来实施价格分割，以阻碍破坏利润的行为。当卖方存在可预见的更高的增量成本时，成本驱动因素可以用来自动提高价格。在这两种情况下，价格分割能使企业增加利润。

对价格分割的最大阻碍是售后市场转移的潜在可能。由价格分割策略定价的产品需要有**有限的可转让性**（limited transferability），即一旦卖给某个顾客，该顾客很难再将该产品卖给另外一个顾客。如果产品很容易转移，那么顾客可以在低价格段购买该产品，然后在高价格段转卖，这样该顾客自己受益而非企业受益，这种价格分割将无法改善供应商的利润。如果没有有限的可转让性，价格分割将会导致出现售后市场交易，或者叫做平行市场或灰色市场。售后市场交易是许多产品的一个显著挑战。从有形的香烟和酒到无形的软件和数字娱乐产品，这些可替代产品在消费者中均存在售后市场交易。

在讨论价格分割时很难不提到道德问题和潜在的法律问题。[3]定价人员如果要有效地工作，必须要能冷静地探索这一领域。价格分割是推动利润的一个强大工具。在许多市场、地区和文化背景下都实施价格分割，既没有引起民愤也没有诉诸法律。事实上，政府本身也通常存在价格歧视。[4]实际上，价格分割使得一个产品能够出售给那些本来认为该产品可望而不可即的顾客，在这种情况下，价格分割其实对消费者是有益的。我们将在第17章考察定价的道德和法律问题，现在我们将采取更加务实的观点，关注为何使用与如何使用价格分割的问题。

6.1　价格分割的价值

增加利润和顾客

价格分割使一个行业有两个关键的发展：第一，它可以提高企业利润；第二，它可以通过对一些顾客降低市场进入价格来增加顾客的数量。我们可以用一个简单的图来证明这些说法（见附录 6A 对这些说法的数学证明）。

若没有价格分割，企业根据市场需求曲线设立一个最优价格。愿意支付高于该单一价格的顾客将会购买，而那些愿意支付低于该价格的顾客不会购买。该公司将按以最优价格和可变成本的差价乘以愿意以该价购买的顾客数量的比例赚取利润（见图 6—1）。

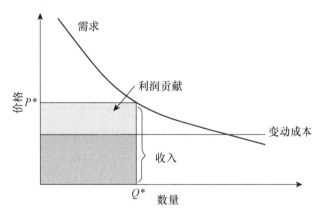

图 6—1　单一价格利润

价格分割以两段定价把市场分成两类：一类是支付较高的价格；另一类是支付较低的价格。因此，该公司将从两个来源获取利润（见图 6—2）。对于正常市场，在两段价格分割策略中较高的那个最优价格将高于单一价格策略的最优价格。因此，公司将从它的一些顾客中享受到更高的边际贡献。此外，对于正常市场，在两段价格分割策略中较低的那个最优价格将低于单一价格策略的最优价格，使公司增加销售量，扩大市场。因此，价格分割使公司不仅增加了利润，而且增加了顾客数量。

我们可以用一个定量的例子来解释这些概念。回想一下，在第 2 章中，我们探讨了一个产品的利润动态。假设该产品的变动成本为 10 美元，固定成本为 100 万美元，它的需求弹性为 -1.67，总需求量为 368 000 单位。对于该产品，我们发现以最优价格 25 美元出售时，每季度的最大利润是

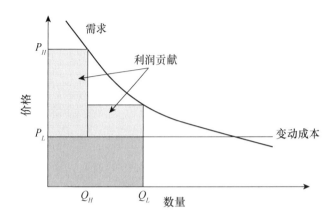

图6—2 双重价格收入和利润

20万美元，销售量为80 000单位。

如果我们对一个出售给相同市场且有相同总需求量和需求弹性但进行完美价格分割因而有两个定价的产品做类似的分析时，我们会发现最优高价格是47美元，最优低价格是19美元。[5]在完美的价格分割措施下，28 000单位的产品将以较高的价格出售给愿意支付47美元及以上的顾客，98 000单位的产品将以较低的价格出售给愿意支付19~47美元的顾客，总销售量将变为126 000单位，比单一定价的最优结果多出售46 000单位，即增加58%的销售量。这意味着当企业把市场价格分割成两段时给顾客增加了58%的购买机会，由此产生的利润将达到918 000美元，也就是说，两个价格段比单一价格增加了360%的利润。

只要有少许的创造性思维，我们就可以对在相同的完美价格分割条件下有三个、四个或更多定价的产品进行同样的分析。每次我们都会发现，市场进入价格（最低支付意愿的顾客需要支付的价格）将会降低，优质价格（最高支付意愿的顾客需要支付的价格）将会提高。在较低的市场进入价格下，产品的销售量更大，顾客或购买机会更多。重要的是，通过改进消费者感知价值和销售价格两者之间的匹配程度来增加利润。

分割措施的关键

价格分割的关键是把愿意支付更多的顾客与其他顾客区分开来的能力。要完成价格分割，企业根据支付意愿建立分割措施（segmentation hedges）来分割市场。如果分割措施是完美的，那么所有愿意支付比较高价格更高的顾客将会以较高价格购买，而那些愿意支付比较低价格高而比较高价格低的顾客将会以较低价格购买。重要的是，一个完美的分割措施能够防止任何愿意支付比较高价格更高价格的顾客以较低价格购买。

当然，除非在理想状态下，分割措施是不完美的。尽管分割措施不完美，价格分割仍能够提高公司的利润，增加顾客数量。高管很容易理解执行价格分割的价值。这是一个古老的、基本的、入门级的经济概念，是许多企业、产品和定价策略的基础。

如果分割措施非常糟糕，价格分割将会损害利润。一个无效的分割措施将会使那些愿意支付较高价格的顾客伪装成只愿意支付较低价格的顾客，因此，产品无法以较高价格出售，所有产品都将以较低价格出售。如前所述，在大多数价格分割策略中，最优较低价格实际上低于单一价格策略的最优价格，因此，在差劲的分割措施下，所有顾客，包括有高支付意愿的顾客和低支付意愿的顾客，都将以同样的低价格购买。这个价格预计低于整个市场的最优价格，公司的利润将减少。

价格分割在执行方面的挑战并不在于如何让管理层相信价格分割提高利润的能力，而是在于如何确定分割措施。任何分割措施面临的第一个挑战是找到一个令人接受的可行方法，使得公司能针对不同顾客对相同或相似产品收取不同价格。第二个挑战是确保分割措施能使那些愿意支付更多的顾客支付更多，而不是以较低的价格购买。

6.2　价格分割的分类

虽然价格分割和贸易本身一样古老，但是关于价格分割的正式研究只有一个世纪的历史。经济学出现后不久，人们一直在勇敢地尝试列出价格分割的所有形式并进行分类。给出完整的价格分割技术的清单是无法实现的，因为敢于创新的企业高管总会设计出新的方法并结合旧方法来进行价格分割，改善方法也能提高利润。价格分割有三种普遍的分类方法。

第一、第二和第三等级的价格歧视

1920 年，阿瑟·塞西尔·庇古（Arthur Cecil Pigou）发表的关于福利经济学的论文中，定义了三种类型的价格分割。[6]完美的价格歧视，或第一级价格歧视，是向每一位顾客收取与他们支付意愿相匹配的价格。在完美的价格歧视下，所有消费者剩余全由生产公司获得。在实践中，完美的价格歧视是不可能的，因为这要求卖方确切地了解每个顾客的支付意愿。

第二级价格歧视是针对不同顾客根据购买数量制定不同价格。经典的以数量为基础的第二级价格歧视意味着较大的订单（相比于小量订单）能够以较低的单价购买。不像完美价格歧视，第二级价格歧视很常见，尽管庇古本人怀疑其长期有效性。

第三级价格歧视针对不同市场或细分市场采用不同价格。经典的第三级价格歧视包括以利益为基础的价格分割。在以利益为基础的价格分割下，产品是按照不同的细分市场设计的，那些有更大利益的产品将比有较少利益的产品具有更高的价格。

完整的、直接的和间接的价格分割

定义价格分割分类的方法已经从庇古的顺序系统的基础上更新。另一种方法是根据执行时所需要的信息来对价格分割进行分类。[7]

在某一价格下每次购买时顾客的边际效益和收取的价格相等，这样的定价行为定义为完整的价格歧视。这相当于第一级价格歧视。完整的价格歧视需要所有消费者在所有情况下支付意愿的完整信息，这件事所花的成本可能比完成后所增加的利润还要多。

基于顾客的特定属性如年龄、性别或地理位置的价格差异被定义为直接分割。直接分割执行起来相对容易，是公共机构、非营利组织和营利性组织的一种常见做法。

间接分割指的是基于代替物的价格差异，代替物与基于支付意愿的顾客分割相关。代替物可以是优惠券的使用、包装大小、使用数量，或任何其他变量。这些变量促使价格敏感的顾客进行自我认同，同时阻止那些愿意支付更多的顾客以较低的价格购买。

战略性或战术性价格分割

第三种价格分割分类的方法是简单地将价格分割行为区分成战术和短期、战略和长期两种。

战术价格分割的方法是指在特定情况下用于获取边际顾客甚至是特定顾客的方法。战术价格分割技术也许能构成正常经营方法的一部分，但是批准战术价格分割的决定始终是基于具体情况的。在消费者市场，优惠券、价格促销活动和折扣都可以认为是战术价格分割的方法。在企业市场，应对竞争的定价、数量折扣和顾客特定的价格差异也是战术价格分割技术。

战略价格分割方法对价格结构本身的定义使得不同顾客能够支付不同的价格。多重关税、补充和附加定价、版本控制、捆绑销售、预订和收益率的定价是战略价格分割的各种形式。在某些情况下，即使是简单的单位定价也可以看做战略价格分割，因为它对高消费顾客收取的价格比对低消费顾客收取的价格要高。

6.3　设计分割措施

分割措施可以防止愿意支付较高价格的顾客以低价购买。如果分割措施的作用是一个筛子而不是障碍，那么它实际上会破坏利润。虽然任何实际的分割措施都能提供完美的价格分割这一论断是存在疑问的，但是高管往往能够通过改善分割措施来改进他们目前的定价策略。有效分割措施的四个要求源自与顾客感知价值的**相关性**（correlation）、执行所需**信息**（information）、**可行性**（enforceability），以及文化**可接受性**（acceptability）。

分割措施的主要要求是必须根据顾客的支付意愿有效地区分顾客或顾客群。

与顾客支付意愿高度相关的分割措施比与顾客支付意愿呈弱相关的分割措施更能提高企业价格分割策略的获利能力。通常高管会接受方便的分割措施，尽管它可能和支付意愿并没有很好的相关性。负责定价的高管如果能改善分割措施和实际顾客支付意愿的关系，分割措施将会产生重大的影响。要发现与支付意愿高度相关的顾客指标需要了解市场价值的驱动因素。

分割措施的一个相关要求是供应商为了以经济高效的方式分割市场，所需收集关于特定顾客的信息必须是极少的。在交易时每个顾客不可能提供其完整资料来确定价格。许多分割措施只需要一点点信息就能根据支付意愿将顾客分类。一些常见的分割措施能够引出显示顾客价格敏感性的特定行为，有效地使信息收集于无形之中。只有在少数情况下才会建立详细的顾客档案，大多是有关工业产品或者高价值的消费产品。

从操作角度来看，分割措施要具有可实施性，这通常需要以客观标准构建措施。管理者需要明确的指标来告知何时应该允许价格变动，何时应该保持高价，这都需要有明确、客观的定价标准。此外，基于客观标准的价格分割策略有利于防止潜在的滥用情况。不法销售人员可能滥用价格分割策略给部分顾客优惠价格，使得其他顾客以更高的价格支付，而不管其实际支付意愿。价格分割策略诱使顾客伪装成较低支付意愿的顾客，而隐藏他们的真实倾向。客观的标准既提高了定价的清晰度，也阻止了管理价格的滥用，从而使价格分割策略有更好的可实施性。

最后，从企业公民、消费者愿望和公共关系的角度来看，分割措施必须是文化上可接受的，或至少没有明显的文化排斥。我们不能忽视这样一个事实：价格分割对不同顾客区别对待，对高收入类别的消费者显得不公平、不公正和不道德（如果不是非法的）。在实践中，有些价格分割策略如果被公众和监管机构知道，将很快被撤销。有些价格分割策略被认为是文化上可接受的，即使当时的真实经济情况意味着这是不公平的定价方法。在许多情况下，价格分割策略不仅是文化上可接受的，也完全合法，甚至是顾客所希望的。要搞清这个潜在的社会、文化和法律地雷的迷宫，高管必须谨慎管理分割措施。

6.4　常见的价格分割措施

由于其提高利润的潜力，价格分割非常常见。[8]我们可以在消费者市场和企业市场以及政府提供的产品和服务中找到价格分割的例子。组织在服务和商品、有形产品和无形产品，以及耐用品和消耗品中采用价格分割。我们将在接下来的章节中更详细地探讨战术和战略价格分割，在此之前先看一些分割措施的简单例子有助于对价格分割形成一个基础的理解。

顾客人口统计特征与企业统计特征

顾客的人口统计特征，如年龄、性别和收入，通常用于制定分割措施。顾客的人口统计特征是客观且易于识别的标准，它们满足建立合理分割措施所必需的要求。有些产品的人口统计特征甚至与支付意愿相关。虽然基于人口统计特征的价格分割乍一听似乎会受到质疑，但令人吃惊的是它在文化上是可接受的。

与消费者市场使用的人口统计特征分割相似，企业统计特征价格分割已应用于企业市场。和人口统计特征分割一样，企业统计特征分割依赖客观标准，如位置、产业、就业基地、收入基础，偶尔还有公司的顾客基础。

年龄

根据设计要求，对于很多产品，年龄是一个很好的分割措施。考虑对老年人和儿童的折扣，有了对老年人和儿童的折扣，年龄可作为分割措施。

年龄是一个客观且易于识别（基于政府颁发的身份证、驾驶执照和护照等）的标准。不同年龄的人的价格敏感性的潜在驱动因素不同，老年人和有孩子的家庭比其他顾客群有更高的价格敏感度。有孩子的家庭往往有预算限制，导致他们更加节俭，有较高的价格敏感度。一些老年人也有预算限制，他们的价格敏感性的显著驱动因素是由于退休后享有充足的闲暇时间，这使得他们能够比较价格。

忽略驱动因素，在很多产品类别中，是老年人还是小孩，这与价格敏感性相关。因此，年龄满足分割措施的最关键的一个要求：它基于支付意愿鉴别顾客。

性别

"女士之夜"是世界范围内饮酒场所的常见做法，最近，美国也加入进来。[9] 在"女士之夜"促销活动时，会给女士提供打折门票和饮料以鼓励更多的女性进入娱乐场所来平衡男女比例。尽管对饮料和娱乐的支付意愿和性别的相关性是值得怀疑的，但这是很难反驳的结论。"女士之夜"被证明是许多娱乐场所吸引人流并促进饮料销售的一种有效的促销手段。在大多数国家，"女士之夜"的做法很普遍。

另一种基于性别的价格分割可以在发廊找到。想剪头发的男人和女人往往会支付不同的价格，即使是相同的短发发型。支持这种做法的理由是女士发型比男士发型需要更多技巧和时间，尽管随着都市美男的出现，这种说法越来越不靠谱。一般来说，女性仍比男性为美丽有更高的支付意愿。

将性别与设计标准进行对照，我们发现，性别是客观的，大多数情况下容易识别，某些类别下与支付意愿有一点相关，文化上不一定可接受，因此，它可以作为一个分割措施。

收入

许多非营利机构在财政援助的保护伞下实行基于收入的价格分割。高校设置高价学费，但它们提供财政援助来选择学生。财政收入往往是提供财政援助的决定性因素。可以推测，来自富裕家庭的学生有更多的资金资源来支付，因此具有较高的支付意愿。来自贫困家庭但学习成绩优异的学生，要求财政援助来支付学费。通过收取高学费和选择性地给予财政援助，学校实际上按学生对学校所赋予的价值收取学费。

购买时间

购买时间是一种固有的客观标准，它不需要任何特定的顾客信息，而是间接地追踪可能与支付意愿相关的顾客行为。日场价格、特价午餐、早起折扣以及季节性的价格，都是用购买时间作为分割措施的例子。

日场价格和早起折扣都是把购买时间作为闲暇时间的指标。在中午看电影或在工作日结束之前吃晚饭的顾客可能不受上班时间的限制。有了更多闲暇时间，这些顾客可以寻找替代品并寻求最低价格，因此需要一个优惠价格来吸引他们的光顾。

午餐特价是由与日场价格和早起特价不同的消费行为驱动的。晚餐人群往往寻求在可口营养的食物以外的一些额外的好处——他们寻求一个愉快的就餐体验。晚宴场合是为了和家人及朋友娱乐放松，或给同行和同事留下好印象。相比之下，午餐人群对就餐没有什么额外的期望。对于一些人来说，他们的重点完全是在回到工作岗位前补充能量。由于晚餐人群比午餐人群寻求得到更多的利益，可以预期，晚餐人群比午餐人群有更高的支付意愿。价格分割的午餐特价形式利用的是价格敏感度和购买时间之间的部分相关性。

季节性因素也可以用于价格分割。比如，度假者的价格敏感度往往较低，因为他们的购物时间会干扰他们的其他度假活动，因此，夏季度假地会在夏季提高价格来赚游客的钱，在淡季降价来吸引顾客。同样地，送礼的时节并非价格敏感度最高的时候，但在这些时候顾客确实比其他时候有更高的价格敏感度，我们可以从圣诞节前较淡的销售及更多的节后促销中看出这一点。

此外，许多基于时间分割的措施利用供应商的机会把价格敏感的顾客时移至非高峰时期。时移的顾客既增加了高峰时期（价格敏感度较低顾客到来时）的供货可得性，也提高了非高峰时期的产能效用。

日场价格、午餐特价和早起折扣都被塑造为一个较高的"正规"价格的折扣。在这些价格段设定折扣使得顾客把它们当作收益的新来源，而不是把正规价格当作多余、更高价的，因此，它们往往在文化上被接受。

在收益管理和其他动态定价机制中可以找到把购买时间作为分割措施的另一种形式。尽管收益管理也用于宾馆、集装箱船以及其他产品中，但最常出现在航空公司机票价格中。有了收益管理，价格随着购买时间与使用时间的关系而提高。当购买时间接近使用时间时，价格提高。在这种情况下，购买时间更接近使用时间的顾客通常被认为有更大的紧迫性来使用该产品，因此，有较高的支付意愿。

购买地点

根据不同的购买地点，相同的产品可以按不同的水平定价。虽然一些价格差异可以由成本与服务因素来解释，但不同购买地点之间的大部分价格差异是由纯粹的顾客支付意愿的异质性驱动的。

例如，在海边购买饮料。如果早先在杂货店购买了饮料，那么顾客可以从家里带饮料去海边。顾客也可以在去海边的途中经过的便利店购买饮料，或者顾客可以选一个全套服务的海边餐厅，由服务员给他们送饮料。每种情况中，即使实际购买的饮料是一样的，顾客在不同购买地点所期望支付的价格差异也很大。许多这种价格差异与服务成本相关，杂货店的服务成本最低，有服务员的用餐区服务成本最高。然而，部分价格差异与支付意愿和利益追求相关。顾客从服务员那里点饮料是在寻求一大套利益（服务加上饮料），并显示了比从家里带饮料的顾客更高的支付意愿。

基于购买地点的价格差异纯粹是由支付意愿的异质性驱动的。例如，杂货店可能会根据竞争因素和消费者行为给相同或相似的商品在不同地点设置不同的价格。[10] 中等收入社区通常有很多杂货商店，而且交通便利，这使得他们可以在不同商店之间进行比价。高收入社区的顾客更加注重他们的闲暇时间，他们很少进行比价，因此他们的支付意愿有所提高。低收入社区的顾客往往交通不便，竞争少，使得杂货店在低收入社区的产品定价比高收入社区的略高。因此，跟贫困社区或富裕社区的杂货店相比，通常中等收入社区的杂货店的价格最低。在高收入社区定较高的价格不会引起顾客的激烈反应，但在低收入社区定较高的价格却充满了潜在的挑战。[11]

买方的自我认同

价格分割策略也可能与买方对支付意愿的自我认同有关。促销销售、买方俱乐部、优惠券和回扣，这些都是基于买方自我认同的价格分割的形式。

对顾客来说，寻找减价销售、剪优惠券和邮寄回扣，这些都是消耗时间的活动。那些愿意在这些活动上花时间的顾客显示出他们愿意寻找更多的选择，从中找出最低的价格。那些放弃优惠券和类似活动的顾客显示出他们愿意支付全价来节省机会成本。通过有针对性地给价格敏感顾客提供较低价格，同时使大多数顾客以正价购买，这样可以提高企业的盈利能力。

同样，买方俱乐部也建立了一个有效的价格分割技术，因为它们需要加入会员的顾客直接说明其价格敏感度。买方俱乐部需要入会的消费者支付一定的费用，以换取他们在那家店购物时享有的折扣。会费的多少是这样设置的，偶然光顾的消费者不能从买方俱乐部获得任何经济利益，但是大批量购买的消费者能够因会员身份享受明显的优惠。这些优惠是为了鼓励会员更加忠诚，同样它们也预示了价格敏感度。买方俱乐部被证明是市场上非常有利的分割战略。在买方俱乐部中，高购买力的顾客会产生不成比例的利润，顾客忠诚度是顾客盈利能力的重要驱动因素。

按产品设计

分割措施往往是根据产品设计的，某些产品比其他产品提供更大的利益，同一类别中的每种产品的价格不同以体现其附加价值。根据产品设计的价格分割依赖特定功能的加减来定义分割措施。对某一特定类别中的产品寻求更大效用的顾客会发现价格较低的替代品没有特定功能和属性，这鼓励他们购买该类别内价格较高的产品或捆绑产品，同时，对效用要求很小且支付意愿较低的顾客可以以较低的价格购买没有相应功能的产品。

有了根据产品设计的价格分割策略，追求利润的公司往往在高价产品中获取比低价产品更大的利润。除非能够在价格上获得比投入成本多的利润或者相应的销量增加，没有一个追求利润的公司会愿意增加丝毫的边际成本。

高效益产品应该有更大的边际贡献，这一说法背后的逻辑相当简单。高效益产品通常需要更多的生产成本。随着每一次成本的微小上升，企业至少应该把产品价格提高到高于或等于增加的成本，否则就是改进了产品却降低了利润。在一个较高的价格下，在向下倾斜的需求曲线中，多功能产品吸引的顾客预计会少于没有相应功能的产品所吸引的顾客。这些因素结合起来意味着价格较高的产品很可能增加了边际生产成本，并减弱了顾客需求。为了弥补这些综合因素，公司应设法在价格较高的产品中获取比价格较低产品更多的利润。

有时候，产品改进所增加的边际成本和边际价格的略微增加是相匹配的。竞争力可以驱动一家公司增加功能，尽管这会引起潜在的价格上升。有些产品的改进并没有引起边际成本的增加。有些产品需要改进以吸引更大的市场，尤其是那些较新的产品类别。在这些情况下，减少的边际贡献应该用销售量的增加来弥补。

构建按产品设计的分割措施的主要挑战是确定顾客愿意为哪些功能和好处支付更多的钱，哪些功能是所有顾客都需要的。在一类产品中，那些所有顾客都需要的功能必须包含在价格较低的产品中，那些只有部分市场重视的功能则成为产品差异化和产品设计分割战略的重要元素。

附加定价策略、版本控制和捆绑销售都是产品设计价格分割的形式，有形特征的加减构成了分割措施。品牌也可以看作一种产品设计价格分割的形式。品牌产品比一般的或自有品牌的产品的价格更高，即使可能两者是由同一生产商生产的。

购买数量

无论是在单一交易或多项交易中，购买数量都是一种常见的价格分割措施。像其他的价格分割方法一样，购买数量是客观且易于识别的信息。除了几个极其特殊的业务市场之外，根据购买数量调整价格的做法是广为接受的。[12]

订单大小

与购买数量较少的顾客相比，购买量大的顾客通常可以享受到折扣价。例如，在包装中使用的泡沫包装可以在包裹快递网点出售给个人，也可以直接由制造商出售给大型组织。通常个体顾客支付的价格比大型组织的价格要高出很多。这不仅仅是因为购买地点的不同，也是由于两者一次性购买量不一样。购买量大的顾客倾向于比较价格，从而降低了其支付意愿。购买量少的顾客不太可能比较价格，因而有更高的支付意愿。在这些情况下，购买数量和支付意愿密切相关，使得基于数量的分割措施有效。

频繁购买

像购买数量一样，购买频率可以用作价格分割的方法。当顾客消费一件产品时，他们对同一产品再来一件的欲望会以可预测的方式下降，和他们购买第一件产品时的意愿相比，他们此时的购买意愿更低。基于购买频率的价格分割试图利用特定顾客的需求异质性来提高盈利能力。

顾客使用

基于产品使用的价格分割依赖于顾客根据自己的使用方式所给予产品价值的异质性。例如，公共交通便利的城市居民往往很少开车，比起那些郊区家庭，他们对汽车的日常需要较少。同样，招待商业客户或约会同伴的人往往比那些单纯寻求上班交通工具的人更看重一辆汽车的价值。如果汽车价格能够按照生活方式定价，汽车制造商可能根据驾驶距离和行程目的来给汽车定价，从而找到新的利润来源。当然，汽车制造商不能直接按照生活方式给汽车定价。在郊区市场购买的汽车可以很容易地转移到城市，娱乐型的汽车也可以用作与工作有关的交通工具，汽车制造商优化了不同的型号以适用于不同的购买需求。然而，有一些公司实行基于实际消费者使用方式的类似定价策略。

搭售和两部定价

基于使用进行定价的一种方式是把产品分成两个组成部分，耐用部分和易耗部分，然后分开进行定价。在定价连续带上，这一端的定价效果叫做搭售，而另一端的定价效果称为两部定价。在这两种情况下，易耗部分的购买跟耐用部分的购买是相关的（第 9 章会专门探讨搭售和两部定价）。

例如，如果顾客有刀片，那么剃须刀架对他们来说是有价值的。剃须刀架是耐用的，而刀片是易耗的，在使用大约一个月后就会变钝。此外，剃须刀架通常设计成只能装单一厂商生产的刀片，使刀片不可互换。公司可以给剃须刀架和刀片定不同的价。从某种意义上来说，购买剃须刀架使顾客购买相应的刀片，因为没有剃须刀架的话刀片几乎没有价值。因此，刀片的价格能够反映产品的使用，剃须刀架的价格能够反映顾客参与刀片市场的意愿。

对刀片和剃须刀架分开定价的方法在其他市场也存在。曾经有复印机制造商要求所有的顾客只能从它那里购买纸张。在美国这种搭售定价已经被宣布为非法。然而，这表现了公司对一件产品的耐用部分和易耗部分进行分开定价的潜在可能。公用事业公司，如提供天然气和电力的公司，会向顾客收取连接费（也称为计量费或服务费），再加上根据服务量收取的消耗费用。与剃须刀架和刀片一样，耐用部分和易耗部分收费不同。同样，游戏厂商将耐用性质的游戏机价格定在某个水平，而将易耗性质的游戏软件单独定价。

在搭售市场，易耗部分和耐用部分的价格根据不同的目的设定。由于耐用部分可以长期使用，而且顾客通常在第一次购买新产品时对价格比较敏感，耐用部分的价格往往设定得较低以吸引顾客。同时，在搭售市场，易耗部分定价高，构成全部或者大部分利润的来源。顾客往往对所购买的易耗部分的价格不敏感，因为他们已经买了耐用部分，如果换别的产品就会面临转换成本。

能够转移到产品耗材部分的利润受反倾销法规和顾客终身价值模型计算出的预期消费者行为的限制。顾客终身价值取决于重复购买频率和顾客忠诚的持续时间。我们可以在移动电话运营商中看到这些影响。手机运营商往往会补贴耐用手机来鼓励顾客选择它们的服务，同时，从连接时间和数据传输方面赚取利润。少数市场规定禁止把手机和移动电话运营商锁定在一起，如捷克共和国和斯洛伐克，只有在这些市场中，手机没有来自电话和数据传输所赚取利润的资金补贴。

相反地，在两部定价市场，易耗部分的价格定得很低，为了获取利润，耐用部分的价格定得很高。两部定价市场的顾客的需求和搭售市场顾客的需求非常不同。具体来说，顾客对易耗部分产品的价格敏感度比对耐用部分的价格敏感度要高。住宅用户的水电费往往是按照两部定价来设定的。

企业软件复杂性收费

和其他产品一样，企业软件的价格试图向顾客反映该软件的价值。软件的使用方式会影响该软件对某个特定顾客的价值。使用方式本身可能依赖于顾客规模、行业以及该特定顾客的策略。虽然企业软件的价值与使用情况密切相关，但软件生产商经常会发现揭露其价格计算方式没什么好处。一种混淆定价公式的方法是使用"复杂性收费"。

例如，一家计费软件公司采用了能反映软件将会产生的票据数量和类型的定价公式。商业和工业的水电费远比住宅水电费计费复杂，因此，该软件对于那些有较高比例商业和工业顾客的水电公司比对那些有较大比例居民用户的水电公司更为有用。为了抓住这些价值差异，计费软件公司增加了一个"复杂性收费"来反映其来自商业和工业顾客的顾客收入基数的比例。

谈判

最后，价格分割可以通过简单的谈判来执行。世界范围内都存在消费产品的讨价还价现象。在企业市场，对最终价格的谈判是销售过程中的标准步骤。在消费市场，很多国家的城市，从首屈一指的城市，比如迪拜，到发展中国家的城市如墨西哥城，甚至是经济较落后的城市如尼日利亚的阿布贾，顾客与供应商之间都会为了几乎所有的商品进行讨价还价。

谈判可能是揭示特定顾客支付意愿最直接的方式，因此这样的努力形成了价格分割，但它缺乏准确性。从买方和卖方的立场来看，谈判充满了偏见。谈判的结果极大地取决于谈判个人的准备情况，几乎与买方的价格敏感度一样重要。因此，谈判只能揭示一部分的价格敏感度。由于其不完美，谈判只是一种稍微有点儿价值的价格分割方法。

6.5 价格分割的例子

银行费用

银行长期设定价格来阻止破坏利润的行为。[13] 和由顾客支付意愿异质性驱动的价格分割不一样，成本驱动的价格分割是由顾客的服务成本异质性驱动的。与透支和资金不足相关的银行费用是为了阻止顾客提取超过可用范围的资金。呼叫中心的顾客支持费、水电费的逾期付款费用、信用卡的预借现金手续费和最近的航空公司行李费用，都可以看出类似阻止破坏利润行为的价格激励措施。

那些旨在阻止不好的顾客行为最终却成为盈利核心来源的价格分割战略必须引起管理者的关注。那些发现自己不断有处罚费用的顾客将会越来越不喜欢该公司，当有替代物时更可能改变供应商。如果这些支付惩罚费用的顾客是无利可图的，那么失去他们的业务可能是一个好结果，然而，如果他们是主要的利润来源，公司将是在有效地鼓励其最有利可图的顾客离开，使公司在竞争中变得更脆弱。

为了阻止破坏利润的行为所定的价格在许多产业中很常见。例如，工业企业为了减少废弃物，对起先免费的产品进行收费，这种做法越来越常见。另外，牛奶厂商可能会为了鼓励回收，对瓶子收取使用费。

酒馆喝酒

社区小酒馆会针对较高支付意愿和较低支付意愿的顾客对酒进行不同

定价。例如，出售单麦芽糖苏格兰威士忌和散装啤酒的社区小酒馆。许多地区对酒类销售有限制，这可以有效地使那些少数有许可证的场所对其顾客有定价权利。在这些小酒馆，苏格兰威士忌和啤酒只是定价的一小部分因素，顾客支付意愿是最重要的定价因素。喝单麦芽糖苏格兰威士忌的顾客倾向于比喝普通散装啤酒的顾客有更高的支付意愿，因此，出售单麦芽糖苏格兰威士忌和普通散装啤酒的酒吧能够吸引更大的顾客群，并从单麦芽糖苏格兰威士忌的销售中获取比销售散装啤酒更大的利润。这个酒馆的例子使用同一地点，吸引有不同利益追求和支付意愿的顾客并从中获益。

饮酒场所可能是实施价格分割策略的领头羊，但它们并不孤单。零售网点也实行基于需求的价格分割。芝加哥的美国玩偶广场向众多顾客出售娃娃。[14]然而，追求更多体验和更广泛利益的顾客可以通过餐饮、娃娃修理，甚至是娃娃美容店，来扩大他们与美国玩偶广场的关系（有一段时间美国玩偶广场也提供儿童女演员与人偶互动的短剧作品）。正如卖苏格兰威士忌和啤酒的酒馆，美国玩偶广场把许多顾客聚集到一个位置，让他们自我分类到不同的购买群体，从而使那些有较高支付意愿的顾客愿意为产品和体验买单。

航空公司

很少有其他行业使用的分割措施和航空公司一样多。航空公司根据支付意愿把顾客分成三大类：头等舱、商务舱和经济舱顾客。三类顾客都能享受到快速交通的基本利益，但进一步的设施和服务按经济舱、商务舱和头等舱分类，这是产品设计分割措施的一个例子。

即使是同一天、同一个城市、同一个航班中，航空公司也会实行进一步的价格分割，如周六晚过夜要求、提前通知要求和收益管理实践（第14章将会具体讨论收益管理）。

周六晚过夜要求把周末旅行旅客与商务旅客分割开。假设周末旅客是为了寻求旅行的乐趣，航空公司将面临更大的挑战，如航班取消或延误。与此同时，商务旅客的时间更紧迫，在日程安排上几乎没有任何弹性。

提前通知的要求也试图把休闲旅客与时间紧迫的旅客分割开。那些提早买票的旅客花费更多的时间来考虑选择，因此与那些接近旅行时间才买票的旅客相比，这些旅客对价格更加敏感，也可能更需要乘坐该航班。

时间和季节性的问题也会影响航空旅行的价格。想象一下，一个早上坐飞机的人在目的地有个午会，乘坐晚上的航班回家以避免住宾馆。早上和晚上航班的价格和白天航班的价格不一样。相比之下，跨大西洋的航班在早春时的价格比在盛夏度假时节或冬季假期的价格便宜。价格的季节性变化是为了针对那些日程灵活性少的旅客，如有孩子的家长，并从他们的限制中获利。

工业市场

销售工业产品或投入其他企业的产品的公司将会把不同的价格分割战略结合起来。许多价格分割战略，如企业统计特征、复杂性收费、使用模式、购买频率和订单大小，我们已经讨论过了，更多其他的价格分割措施如表6—1所示。

表6—1　　　　　　　　　　　　工业市场分割措施

购买总量	库存选择	顾客发展/关注
产品结构	库存水平	经销商发展
订货量	零售价	质量保证/顾客理赔服务
订购时间和频率	竞争对手	退换货服务
货运模式	促销行为	分销商/经销商的规模和集中程度
付款行为	顾客应用支持/服务	作为采购集团或合作的分销商

小结

● 价格分割是针对不同的顾客或顾客群收取不同的价格。

● 支付意愿随个体顾客而变化。这种支付意愿的异质性通过价格分割给企业提高盈利能力创造了机会。除了支付意愿异质性之外，价格分割策略要求出售给某一细分市场的产品有有限的转移性。价格分割通过使公司对那些把产品价值看得更高的顾客收取更高的价格，对那些支付意愿较低的顾客收取较低的价格来增加销量，从而提高利润。

● 对价格分割已经研究了很多年，在早期研究中，根据它的经济效益，价格分割被分成第一级、第二级和第三级价格歧视。后来，其他研究者根据所需要的信息把它分成完全、直接、间接价格歧视。第三种分类方法就是简单地把那些用于战术定价的技术和用于战略定价的技术分割开来。

● 分割措施用于把那些愿意付更多钱的顾客与付较少钱的顾客分开。好的价格分割措施应该与顾客的价值感知紧密联系起来，只需要很少的顾客信息，在客观标准下有可实施性，文化上也可以接受。

● 当客观事实与支付意愿相关时，价格分割措施可以根据顾客的人口统计特征或企业统计特征来设计。

● 购买时间可以揭示支付意愿，从而产生了日场价格、特价午餐和早起折扣。

● 从杂货店、便利店和餐厅的饮料价格的不同可以看出，购买地点可以揭示支付意愿。

● 临时促销销售、优惠券、折扣和买方俱乐部都是价格分割的形式。买方通过自身行为来自我认同其价格敏感性及较低的支付意愿。

● 根据产品设计的价格分割采用了特定功能、属性和利益的增减来形成价格分割措施。比起那些只需要基本功能且支付意愿较低的顾客，有较高支付意愿且对产品功能敏感的顾客将会被鼓励购买更高价格的产品。

● 购买数量也可以作为价格分割措施。购买数量可以从单一订单或重复购买的频率看出。

● 当顾客使用模式与感知利益相关时，企业可以根据使用目的定价。两部定价和搭售是基于顾客使用情况的价格分割的一种形式。

练习

1. 麦当劳开心乐园餐售价低至 2.50 美元，超值套餐高达 5.50 美元。你如何描述这个定价策略？使用了什么分割变量？

2. 许多公司提供"买 4 送 1"卡，以鼓励顾客忠诚。

a. 提供这种优惠的价格分割概念是什么？

b. 从以下哪种类型的公司最有可能找到买 4 送 1 优惠措施，为什么？礼品卡商店、咖啡店、美发沙龙、五金商店。

3. 百思买和戴尔都提供个人电脑的纪念日销售活动。哪个公司可以用纪念日活动吸引到更多顾客，你为什么这样说？

4. 喜力啤酒价格为：12 瓶装 13 美元，24 瓶装 25 美元，5 升桶装 21 美元。假设每罐啤酒有 0.335 升。

a. 以每升啤酒花费计算，哪个价格最划算？

b. 以每升啤酒售价为基础比较 24 瓶装和 12 瓶装的啤酒，它们使用了哪种价格分割策略？

c. 以每升啤酒售价为基础比较 24 瓶装和 5 升桶装的啤酒，它们使用了哪种价格分割策略？

d. 哪种心理影响可能会促使顾客购买 5 升桶装啤酒？

5. 一家公司只提供统一的价格标准，销售团队要求公司对一部分顾客提供优惠。在设立优惠政策时，定价经理决定对标准价格进行变更。标准价格应保持不变、降低还是提高？

6. 每日低价（EDLP）已经成为一种普遍的超市定价形式。与此相反，一些超市一直坚守高低定价，对其中特定产品在高价和低价折扣之间进行震荡定价。

a. 基于价格分割与完美的分割比较，哪种超市定价形式最赚钱？

b. 很多情况下，每日低价比高低定价更盈利。这对于特殊价格折扣在价格分割中意味着什么？

7. 一个公司只提供一种产品。产品管理团队正考虑开发一种高性能、高售价的产品。

a. 新的高价产品会不会抢占现有产品的市场份额？

b. 如果是的话，公司为什么要推出高性能、高售价的产品？

8. 一个公司只提供一种产品。产品管理团队正考虑开发一种低性能、低售价的产品。

a. 新的低价产品会不会抢占现有产品的市场份额？

b. 如果是的话，公司为什么要推出低性能、低售价的产品？

9. 在阅读附录 6A 后，考虑公司正为一个需求曲线（参见式（6—1））向下倾斜的市场服务。假设最大需求量是 10 000 件，每个顾客从产品获得的最大效用是 100 美元。此外，假设每件产品的可变成本是 5 美元，公司固定成本是 100 000 美元。

a. 没有价格分割的最优价格是多少？

b. 没有价格分割时，以最优价格出售时的销量是多少？

c. 公司的最大利润是多少？

d. 使用两个价格分割和完美分割的最优低价是多少？

e. 使用两个价格分割和完美分割的最优高价是多少？

f. 使用两个价格分割和完美价格分割时，最优高价和最优低价之间的差价是多少（以百分比表示）？

g. 使用两个价格分割和完美价格分割时，以任一价格出售时总销售数量是多少？

h. 使用两个价格分割和完美价格分割时，以高价出售时销售数量是多少？

i. 使用两个价格分割和完美价格分割时，以低价出售时销售数量是多少？

j. 使用两个价格分割和完美价格分割时，低价出售和高价出售所占份额是多少？

k. 使用两个价格分割和完美价格分割时，公司的最优利润是多少？

l. 使用两个价格分割和完美价格分割时，公司的最优利润比使用单一定价及不使用价格分割时多多少？

m. 使用两个价格分割和完美价格分割时，顾客消费量比使用单一定价及不使用价格分割时多多少（以百分比表示）？

10. 以下面的条件重复问题 9：最大需求量是 10 000 单位，顾客从产品中可获得的最大效用是 100 美元，每个产品的可变成本是 35 美元，公司固定成本是 100 000 美元。除了问题 9 外，请回答下列问题：

a. 在低边际成本和高边际成本条件下，什么时候价格分割对利润产生较大影响？

附录6A 单位价格及价格分割的经济模型

一个简单的经济模型就可以说明价格分割增加利润和顾客数量的能力。为了演示，考虑一个向下倾斜的需求曲线，并确定最优价格、相关的销售数量及在公司标准利润公式中使用单一价格和两个价格时对应的利润。这一过程与附录 2B 中的过程类似，其不同之处仅在需求曲线的形式和考虑价格的数量上。

让需求曲线线性下斜，定义如下：

$$Q = Q_{max} \cdot \left(1 - \frac{P}{S}\right) \qquad (6-1)$$

S 是任何一个顾客可以从产品中获得的最大效用，因此也是能被收取的最高价格。当价格等于最大效用（$P = S$）时，销量为 0。同样，Q_{max} 为市场能够购买的最大数量，价格为 0（$P=0$）时，需求量达到最大（$Q=Q_{max}$）。参见图 6—3。

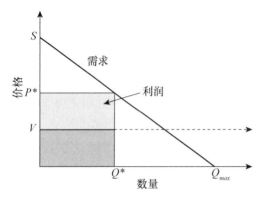

图 6—3　单一价格优化

单一价格时，我们可以使用熟悉的公司利润公式：

$$\pi_1 = Q \cdot (P-V) \qquad (6—2)$$

式中，π 为利润；Q 为销售数量；P 为价格；V 为可变成本。为了使这个例子简单且又不失一般性，我们将固定成本设为 0。为了找到最优价格，我们将利润对价格的一次偏导数设为 0。从公司利润公式（式（6—2））得，利润对价格的一次偏导数为：

$$\frac{\pi_1}{P} = \frac{Q}{P} \cdot (P-V) + Q \qquad (6—3)$$

我们从需求曲线（式（6—1））中发现：

$$\frac{Q}{P} = -\frac{Q_{max}}{S} \qquad (6—4)$$

将式（6—4）代入式（6—3）中，利润对价格求一次偏导数并设为 0。我们发现最优价格是任何一个顾客最大效用和公司可变成本的平均值：

$$\hat{P} = \frac{1}{2} \cdot (S+V) \qquad (6—5)$$

在这个价位上，该公司销售数量为：

$$\hat{Q} = \frac{Q_{max}}{2S} \cdot (S-V) \qquad (6—6)$$

能够获得的利润是：

$$\hat{\pi}_1 = \frac{Q_{max}}{4S} \cdot (S-V)^2 \qquad (6—7)$$

式（6—5）到式（6—7）定义了所有产品以同一价格出售时的最优价格、销量和利润。

使用两个价格分割和完美价格分割时，公司会从两个来源获利：（1）利润将从以高价购买商品的顾客中获得；（2）利润将从以低价购买商品的顾客中获得。这种情况下，我们必须同时优化这两个价格。参见图 6—4。

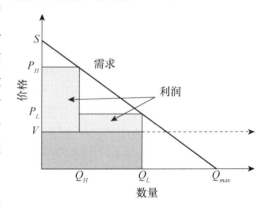

图 6—4　双重价格优化

这种情况下，我们修改常用的公司利润公式如下：

$$\pi_2 = Q_H \cdot (P_H-V) + (Q_L-Q_H) \cdot (P_L-V) \qquad (6—8)$$

Q_H 是以高价 P_H 出售时的销售数量；Q_L 是没有价格分割时以低价出售时的销售数量。因此，Q_L-Q_H 是使用两个价格分割和完美价格分割时，以低价出售时的销售数量。可变成本（V）假设在以两个价格或一个价格销售时保持不变。

假设需求曲线不是简单地随价格分割（式（6—1））变化而改变，我们进一步发现：

$$Q_L = Q_{\max} \cdot \left(1 - \frac{P_L}{S}\right) \quad (6—9a)$$

$$Q_H = Q_{\max} \cdot \left(1 - \frac{P_H}{S}\right) \quad (6—9b)$$

为了找出价格分割下的最优价格，我们定义一个新变量，定义 R 如下：

$$R \equiv P_H - \frac{P_L}{2} \quad (6—10)$$

使用变量 R 中的 P_H 项及式（6—9）中的需求，我们发现使用价格分割的公司的利润公式可以表达如下：

$$\pi_{w2} = \frac{Q_{\max}}{2} \cdot \left[-\left(R - \frac{S}{2}\right)^2 \right.$$
$$\left. -\frac{3}{4}\left(P_L - \frac{1}{3}(S+2V)\right)^2 \right.$$
$$\left. +\frac{1}{3}(S-V)^2 \right] \quad (6—11)$$

从式（6—11），我们能够用 R 和 P_L 对利润进行优化。对式（6—11）分别求关于 R 和 P_L 的偏导数，将每个偏导数都设为 0。我们发现：

$$\hat{R} = \frac{S}{2} \quad (6—12)$$

$$\hat{P}_L = \frac{1}{3}(S+2V) \quad (6—13)$$

将式（6—12）和式（6—13）代入式（6—10），我们得到：

$$\hat{P}_H = \frac{1}{3}(2S+V) \quad (6—14)$$

式（6—13）和式（6—14）定义了两个价格分割策略下的最优价格。为了

找出公司销售量，我们在需求公式（式（6—9a，b））中使用最优价格公式（式（6—13）和式（6—14））得到：

$$\hat{Q}_L = \frac{2Q_{\max}}{3S} \cdot (S-V) \quad (6—15)$$

$$\hat{Q}_H = \frac{Q_{\max}}{3S} \cdot (S-V) \quad (6—16)$$

以该价格和该销量，公司的利润是：

$$\hat{\pi}_2 = \frac{Q_{\max}}{3S} \cdot (S-V)^2 \quad (6—17)$$

式（6—13）到式（6—17）定义了最优价格、单位销量、使用两个价格分割和完美价格分割时的利润。

非常有趣的是，我们能比较在单一价格和双重价格下的销量。用双价格时，总销量为 Q_L 时，公司在高价时销量为 Q_H，低价是时销量为 $Q_L - Q_H$。比较双重价格下的最优销量（式（6—15）中的 Q_L^*）与单价格下的最优销量（式（6—6）中的 Q^*），我们发现：

$$\hat{Q}_L = \frac{4}{3}Q^* \quad (6—18)$$

当价格用向下倾斜线性需求曲线最优化时，公司双重价格的销量比单价格的销量多 1/3，因此，最优价格分割会使产品的销量增加。

同样地，我们可以比较使用单价格和双价格下公司的利润。比较式（6—7）到式（6—17），我们发现：

$$\hat{\pi}_2 = \frac{4}{3}\pi_1^* \quad (6—19)$$

当价格用向下倾斜线性需求曲线最优化时，同样地，公司的利润以双重价格销售时比单价格销售时多 1/3。因此，与单价格相比，多重价格最优价格分割

会使公司利润增加。

对于价格来说，使用完美分割时销售单位产品的平均价格与用向下倾斜线性需求曲线最优价格相等。价格分割并不需要增加总的价格来增加利润和服务顾客的数量，只需要将愿意支付和不愿意支付的顾客分割开。

 注释

[1] Modeling market dynamics with the restriction that every customer purchases only one unit is a simplifying assumption. It has little results on the conclusion of the thought experiment, but it makes the discussion easier.

[2] For an exposition on variance in willingness to pay and demanded benefits, see Rafi Mohammed, "Differential Pricing," in *The Art of Pricing: How to Find the Hidden Profits to Grow Your Business* (New York: Crown Business, 2005): 123–43.

[3] For a particularly pointed argument in favor of price discrimination, see Ronald J. Baker, "The Consumer Surplus and Price Discrimination," in *Pricing on Purpose: Creating and Capturing Value* (Hoboken, NJ: John Wiley & Sons, Inc., 2006): 175–96.

[4] In 2001, Anssi Vanjoki was assessed a $103,600 fine for speeding in Finland. The inordinately large size of the fine was determined according to Mr. Vanjoki's income in accordance with Finland's state practice. The approach to fining different violators in proportion to their income can be reframed as charging different road users different fees according to their willingness to pay—in effect, price discrimination. Steven Landsburg, "Highway Robbery," *Wall Street Journal Eastern Edition* (February 11, 2002): A.22.

[5] Optimizing two prices with a perfect segmentation hedge can be done with a spreadsheet analysis that jointly examines the profits earned at an array of prices.

[6] Arthur Cecil Pigou, "Discriminating Monopoly," in *The Economics of Welfare* (London: Macmillan, 1920).

[7] Ivan Png and Dale Lehman, "Pricing," *Managerial Economics* (Malden, MA.: Blackwell Publishing, 1998): 225–58.

[8] An examination of price discrimination practices is a standard component of any economics course. See for example N. Gregory Mankiw, "Monopoly," *Principles of Economics*, Sixth Edition (Mason, OH, Cengage Learning, 2012).

[9] Ladies' Nights in the United States are on their way to becoming virtual history since a recent slew of lawsuits. See Brittany Bacon, "Ladies' Night: Lawsuits on the Rocks? The Age-Old Tradition Is Threatened by Lawsuits Nationwide," ABC News (July 25, 2007). http://abcnews.go.com/TheLaw/Story?id=3412561&page=1 (accessed January 24, 2009). John E. H. Sherry, "Sex-Based Price Discrimination: Does It Violate Civil-Rights Laws?" *Cornell Hotel and Restaurant Administration Quarterly* 35, No. 2 (April 1994): 16–17.

[10] Price disparity related to neighborhood income was noted by John Kane, "The Supermarket Shuffle," *Mother Jones* 9 (1984): 7.

[11] The claim of "supermarket redlining" is often raised. See Elizabeth Eisenhauer, "In Poor Health: Supermarket Redlining and Urban Nutrition," *GeoJournal* 53, No. 2 (February 2001): 125–33.

[12] The Robinson-Patman Act restricts price segmentation in some business markets under specific circumstances. We will return to this issue in Chapter 17.

[13] For a discussion on pricing and influence of customer behavior, see Michael V. Marn, Eric V. Roegner, and Craig C. Zawada, "Pricing Architecture." in *The Price Advantage* (Hoboken, NJ: John Wiley & Sons, Inc., 2004) 193–206.

[14] Nina Diamond, John F. Sherry, Jr. Albert M. Muñiz, Jr. Mary Ann McGrath, Robert V. Kozinets, & Stefania Borghini, "American Girl and the Brand Gestalt: Closing the Loop on Sociocultural Branding Research," Journal of Marketing 73, No. 3 (May 2009): 118–34.

第7章 价格促销

学习目标

- 价格促销如何提高盈利能力？
- 价格促销主要是扩大市场还是在现有市场中扩大份额？
- 价格促销是价格分割的一种好方法吗？
- 哪些消费者行为和心理受到价格促销的影响？这些对公司有益吗？
- 应该如何设计价格促销？
- 价格促销有哪些常见的例子？
- 高管应该如何评估价格促销的经济效益？
- 延伸问题：哪些价格促销太多了？

　　顾客在价格设定以后立即要求打折，高管面临着通过打折和降价促销来做出价格让步的挑战。价格促销是价格差异的主要来源，也是不按价格设定过程决定的价格点来定价，因此价格促销是高管面临的最常见的挑战。此外，降价促销能提高利润，但也可能会损害利润，增加价格管理挑战的复杂性。[1] 由于价格促销的频率和复杂性，专业人士在管理价格促销上花费的时间要比其他任何问题都多。

　　降价促销有许多形式。在最个别的形式中，为了确保顾客购买，会给予他们价格折扣。从广义上来说，优惠券、试用品、贸易协议、促销活动、促销打折、促销捆绑、回扣以及特殊标记的包装都可以视为降价促销。

　　如果设计得好，价格促销将能够凭借价格分割市场的能力来提高盈利能力。价格促销不顾那些愿意支付全价的顾客，而是抓住支付意愿较低的顾客。如果设计不当，降价促销将损害盈利能力。作为价格分割的一种形式，降价促销往往是有缺陷的，因为有较高支付意愿的顾客能够从价格促销中受益，即使实际上并不需要价格让步来使他们成交。任其发展的话，设计不当的降价促销不能很好地扮演区分市场的角色，并最终导致提供了不必要的、破坏利润的价格让步。

由于价格促销有提高利润的能力，价格促销已经变得非常普遍。在写这本书时，企业促销活动的支出已经远远超过了广告支出。例如，1990年，分发了超过 900 亿张的优惠券。互联网出现以后，网上优惠券和降价促销一直成倍增加。

为了做出更好的决策，管理者需要了解降价促销中的权衡。和价格的其他方面一样，价格促销有定量和定性两个方面。高管应该要按捺住对销量以及利润敏感分析结果的强烈渴望，好好了解价格促销的能力，来更好地区分市场。若价格促销无法很好地区分市场，那么就应该放弃并用一个更有针对性的方式来取代它。

在比较一些普遍的促销方式之前，我们先来看看价格促销的一些积极方面和消极方面。

7.1　价格促销的积极影响

价格促销对希望提高收益的高管有很多有吸引力的属性。价格促销能使价格分割有效地发挥作用，增加可获得的市场，并有可能使定价整体上升，从而对那些有较高支付意愿的顾客收取更高的价格。价格促销通过鼓励新顾客购买产品，鼓励顾客尝试推广品牌从而可能重新调整顾客忠诚度，这些都对销量有直接影响。

价格分割

在利用价格分割来区分市场的背景下定位价格促销有助于我们揭示价格促销的许多积极方面和改善降价促销的方法。[2] 我们已经看到，价格分割通过使企业向那些有较高支付意愿的顾客收取更高的价格来提高盈利能力，以及通过对那些有较低支付意愿的顾客收取较低的价格来增加销量。因此，作为区分市场的工具，价格促销的效率主要取决于如何根据支付意愿进行市场细分。

通过和其他分割市场方式一样的机制，使用针对性很强的价格促销的定价政策能提高盈利能力。首先也是最直接的一点是，降价促销最擅长捕捉边缘顾客并鼓励他们购买，从而增加销售量（尽管是以较低的价格）。第二点是通过间接的影响，价格促销实际上可以使公司提高"正常"的价格，也就是在非促销时的价格。

即使只是暂时性的或只在小部分市场使用，较低的促销价使那些低支付意愿的顾客能够以较低的价格购买，一旦他们购买了，其余的市场将会看到有较高支付意愿的顾客越来越多，因此，公司能够按照剩余顾客平均支付意愿的边际增加比例稍微提高产品价格。

如果降价促销只是价格分割的一种形式，好奇的读者可能会问：为什么与临时价格活动有关的价格分割几乎总是以"折扣"的形式出现。毕竟，很多降价促销的作用是在两个不同的价格之间切换价格水平，一个是"正常价格"，而另一个是"折扣价"。为什么不把较低的价格叫做"正常"价格，把较高价格的叫做"溢价"（或其他一些可接受的名称）？

展望理论提供了一个简单的解释。回想一下展望理论，人们感受到的损失的痛苦程度比他们感受到的收益的喜悦程度要深。无论是附加费或临时涨价，顾客会认为是基于早期较低的价格的损失。价格下跌，无论是通过折扣或促销，总是被视为基于较早较高价格的收益。因此，与"溢价"和"正常价"之间的价格切换相比，"正常价"与"折扣"价之间的价格切换在高价期间对需求的抑制作用较小。即使实际价格水平相同，框架效应也意味着用于描述低价和高价水平的名称仍会影响顾客反应。

市场规模和份额

价格促销期间，销售额会大幅增加。对于制造商来说，销售增加来自两个不同的来源：市场规模的增加和品牌转换。[3]对于零售商来说，销售额增加不仅来自那些促销的产品，也来自商店的其他产品，尤其是配套产品。

因为价格促销可能会降低参与市场所需的价格，所以会引起市场规模的增大，或某类产品消费的增加。[4]较低的价格会吸引原本不会购买此类产品的边缘顾客进入市场。以这样的方式，价格促销可以增大市场的规模。

当促销的特定产品改善了与同类产品竞争的价值定位，会出现品牌转换。虽然降价促销降低了购买成本，但不会降低采购所得的好处，甚至可能会增加好处，因为折扣被认为是一个增益效果。对竞争产品仅有些许忠诚度的顾客会计算品牌转换，购买促销产品能获得更高的整体效用。这在促销过程中便能引起顾客的品牌转换、对竞争产品的试用，甚至能获得新产品的新忠诚顾客。当价格促销获得了新的品牌忠诚顾客，它对总体市场份额与盈利能力就有很大的影响。[5]

我们已经从需求弹性的讨论中看到有证据表明价格促销既增加同类别产品的购买，又鼓励品牌转换。回想一下，定期观察发现产品类别层面的需求弹性低于品牌层面的需求弹性。这个差异是由于类别层面的需求弹性反映某个定价行为增加市场规模的能力，而品牌层面的需求弹性反映某个定价行为既可以增加市场规模又能诱导品牌转换的能力。对于大多数降价促销来说，这个差异意味着销售增长主要来自于品牌转换，其次来自于市场规模的增加。

7.2　价格促销的消极影响

然而，价格促销的很多积极影响可能会产生误导。例如，短期的销售数据可能表明价格促销提高了盈利能力，但长期销售和收入数据可能会反驳这一点。为了理解这个矛盾，我们来看看价格促销的一些消极影响。

不完美的市场分割

价格促销充其量是一个不完美的市场分割工具。虽然它可以诱使一些原本不会购买的顾客购买，但也会向那些忠诚的顾客提供不必要的价格优惠。[6]我们会在接下来的章节中看到，促销设计对价格促销辨别较高支付意愿的顾客和较低支付意愿的顾客的能力有重要影响。

在降价促销期间，销售增长的一个潜在来源是那些无论如何都会购买的顾客购买量的增加。[7]如果顾客购买过量，价格促销将导致市场整体增长，从而提高利润，但是如果顾客利用价格促销囤货，那么价格促销期间的销售将来自今后非价格促销期间的销售，这是价格促销实际上减少正价时段需求的途径之一。

顾客流失

如前所述，价格促销可以鼓励品牌转换。鼓励品牌试用将提高价格促销期间的销售，价格促销的长期成功的关键指标之一是产品在正价期间抓住品牌忠诚顾客的能力。如果消费者在公司价格促销以后换回竞争对手的产品，或在竞争对手的产品价格促销期间换回对手产品，那么大部分从价格促销获取的潜在收益将很快消失。受到众多而频繁的价格促销困扰的行业，也会使自己的顾客流失，鼓励顾客在促销品牌之间进行转换，无法促进任何长期的品牌承诺。顾客流失有它自己的一套损害利润的后果。

价格促销对相互竞争的公司之间的盈利能力有非对称的效果，那些能够产生更强品牌忠诚度的产品具有战略优势。对于拥有较高品牌忠诚度的公司来说，价格促销对提升盈利能力有很好的效果，这种非对称的效果是鼓励品牌商品的营销经理在应对一般或零售商自有品牌产品的侵犯时，采用价格促销的因素之一。

产品之间的需求交叉弹性是价格促销获取和保持市场份额的能力的一个战略指标。需求交叉弹性衡量了一个特定产品从竞争产品中获取市场份额的能力。一个产品的需求交叉弹性越高，该产品比其他产品更强。如果价格促销从一个品牌忠诚度低的产品中获得了市场份额，那么长期来看它可提高市场份额，但是如果价格促销从具有很强品牌忠诚度的产品中获得市场份额，那么顾客对促销产品的试用不太可能转化为对产品的品牌忠诚。

参考价格效应

作为价格分割策略的一部分，尽管价格促销可以导致非促销期间更高的"正常"价格，许多营销高管发现在价格促销后提高价格非常困难。[8] 如有关参考价格效应所讨论的，一个有关顾客如何看待价格的模型显示价格预期呈现指数平滑的趋势。在这个模型中，顾客期望支付的当前价格是从之前观察到的价格得知的。在价格促销之后，价格回归到正常水平，然而，在这个正常价格，顾客可能会认为它太高，因为它超过了他们之前所支付的价格。

价格预期的指数平滑度是由价格促销的深度和频率加强的。频繁的价格促销加强了较低价格的预期，从而鼓励顾客期望更低的价格。[9] 同样，价格促销的深度很可能在顾客心目中有更大的显著性，也导致较低的价格预期。

价格可信度损失

关于价格促销对正常价格的负面影响的说法之一是价格可信度的损失。当价格在促销水平和常规水平之间波动很大，并且顾客开始注意到这个较大的差异时，他们可能会停止购买全价产品。全价作为一个可以接受的购买价格变得不可信。除非紧急情况，所有顾客会开始寻找另一家商店或下一个促销日期购买。

工业市场的许多企业已经失去了定价的可信度。从办公用品到企业软件，甚至从最小的企业都可以找到支付全价以外的方法。折扣太多了，很难避免。采购经理知道，工业产品可以以折扣价购买，而且实际上他们很多人按折扣收取回报。当"没有人支付全价"成为常识时，供应商必须得出结论：标价已经失去了可信度。

一个关于价格促销的老笑话如下："我们的正常价格是 1 000 美元，但现在它有 999 美元的折扣。"如果顾客对一个公司的定价这么认为的话，那么该公司可以确信它已经失去了价格可信度。

价格敏感度的增加

或许价格促销的最大长期挑战来自于对价格本身的关注。价格促销由于其本身的性质，把顾客的注意力吸引到价格上面，也就是说，把注意力从能获取效用的产品价值、功能和属性上转移开。研究表明，以利益为中心的促销活动可以提高产品的感知价值，而以价格为导向的促销活动则提高价格敏感度。寻求改善定价手段的企业，应在优惠券和价格促销上减少精力，转而专注于促进销售的其他方法。

7.3 模糊管理

价格促销与价格可信度、定价权的关系是模糊性的挑战。模糊性是一个从连锁悖论衍生而来的哲学问题。"sorites"从希腊字"soros"派生而来，意思是"堆"，指的是一种称为"堆"的思想难题。"堆"的思想难题如下：多少小麦才能堆成一堆？你会把一粒小麦描述为一堆吗？当然不会。你会把两粒小麦描述成一堆吗？同样不会。然而，你必须承认随着麦粒的增加迟早会变成一堆，那么多少小麦才能成为一堆？或者，让我们反过来看，如果你有一个小麦堆，拿走一粒小麦，它仍然是一堆吗？是的。如果你拿走两粒小麦，它还是一堆吗？再次，是的。你必须承认随着你拿走越来越多的麦粒，一堆迟早会消失。哪一粒小麦导致了堆和非堆之间的区别？

同样地，显然价格促销可以通过驱动对较低支付意愿的顾客的边际销售来提高利润。然而，同样明显的是，过度的价格促销会通过降低价格可信度和鼓励忠诚顾客不按价值的价格购买而对利润产生负面影响。像"多少次价格促销是过多的"和"多深的价格促销是太深的"这样的问题是有些模糊的。很难说最近一次的价格促销正是过多的那一次，但在某种程度上，确实有太多的价格促销。当有太多的价格促销时，去掉一个并不能解决问题。

要确定是否应该使用某个特定的价格促销，高管第一步通常是进行利润敏感性分析。在一个特定的价格促销中，伴随着赎回率和其他与推广方式有关的成本因素，可以预测到销量的增加。然后，经过对销量门槛的定量分析，高管确定某个特定的价格促销是否可能提高利润。参阅第 2 章来具体了解。

尽管这种方法可以防止管理者在价格促销时犯严重的错误，但它根本上没能解决"多少是太多"的微妙挑战。要区分那些增加利润和市场份额的价格促销和那些损害价格可信度以及原本没有促销也会达成交易的过度价格促销，便需要更进一步的模型。通常情况下，一个更完整的量化模型需要更多的管理精力和只能通过市场调研收集而来的事实。由于价格促销较高的普及度和频繁性，以及执行价格促销所需的工作，许多高管认为，对具体的价格促销进行比利润敏感性分析还详细的定量分析是没有经济效率的。相反地，他们采取的是对整体促销策略进行定期检视。没有对特定的价格促销进行具体定量分析时，许多高管发现，定性分析只要结构合理，同时考虑到价格促销策略的积极和消极影响，也是卓有成效与经济高效的。

一种用于定量评价价格促销的方法是由尼斯林和舒梅克（Neslin and Shoemaker）提出的，特别是用于向消费市场发放优惠券。[10]该模型考虑了制造商、零售商和顾客的行为，进而包括在价格促销之前和之后作出的决定。这种模型的细节超出了本书的范围，图 7—1 提供了优惠券促销模型中的相互作用和问题的概况。单从优惠券促销模型图我们可以判断，要管理关于多少价格促销是过多这个问题的模糊性，有许多必须要考虑的因素。

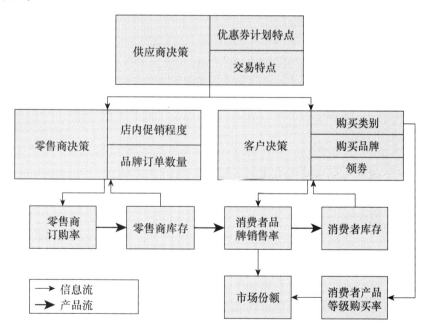

图 7—1　优惠券促销模型

7.4 价格促销设计

除了通过利润敏感性分析提供的量化指导，高管可以依靠四个一般性的定性规则：使价格促销有针对性、暂时性、特殊性以及不规律性。

有针对性

有针对性的价格促销比不着边际的价格促销在价格分割时更有效。对于作为一个强大的价格分割工具的价格促销，应该特别鼓励边缘顾客购买。边缘顾客指的是那些如果没有促销便不会购买但有购买欲望的顾客。如果没有价格促销，边缘顾客可能会购买竞争品牌的产品、推迟购买、减少他们的购买量，或者根本就不会参与市场。如果可能的话，在价格促销时应该避开那些没有价格促销时也无论如何都会购买的顾客。

针对边缘顾客进行价格促销很重要，这种重要性甚至超过了许多简单有效的价格促销衡量指标，如折价券使用率和销量的增加。如果有针对性的价格促销只选择性地吸引那些本不会购买的少数顾客，那么与不区分品牌忠诚和边缘顾客的促销相比，它可能是一种更加有效的营销工具。制定瞄准边缘顾客的促销活动可能不仅仅需要折价券使用率的数据，还需要能揭示购买者在购买前后意向的数据。

临时性

价格促销应该是临时性的且随时间变化。价格促销的积极面之一是它能马上提高销售的能力。这种定价行为本质上是一种临时性的营销努力，目的在于鼓励顾客购买。与此相反，一个长期的价格促销最终未能保持其临时性，从而会变成一个新的价格水平。

回想一下，价格促销的负面影响之一是重置参考价格或顾客预期价格的可能性，长期的降价促销会产生较大的影响，它增加了顾客记住在促销期间支付的较低价格的可能性，让顾客更容易记起较低的价格。总之，临时性的价格促销更可能停留在短期记忆中，不太可能被存储在长期记忆中。因此，为了减少价格促销重置价格预期的可能性，价格促销应该是临时性的。

特殊性

如果可能的话，价格促销应定位于特殊情况，比如涉及一个独特的事件，或奖励给特定的顾客群。使一个价格促销变得特别，降低顾客把它当作新的正常价格的可能性，这强化了人们认为价格促销是一种独特的、单一的事件，并不反映未来的价格。

不是所有的价格促销都是特别的。许多制造商发出的优惠券的有效期为发出后一年内。虽然有些价格促销既不是暂时的，也不特殊，但是如果它们满足高度针对性的要求，那么它们仍然具有良好价格促销策略的特质。

不规律性

为了配合避免重置对价格的预期，一些厂家纷纷转向采用不规律的价格促销活动。不规律可以从时间上体现，如在不同的时间分别把产品定价为 2 美元、2.20 美元和 2.40 美元，但每次促销之间的时间间隔是不规律的。不规律也可以体现在深度上，如使用连续的价格促销，如 2 美元加 3 美分的随机倍数。有研究表明，这种不规律性可减少价格促销对价格预期的影响。[11]

7.5　价格促销的常见形式

优惠券

制造商的优惠券或许是价格促销的最普遍的形式，但并不是所有的优惠券对公司都同样宝贵。制造商的优惠券可以出现在产品包装上，在直邮品、报纸、网站和电子邮件中。零售商自行提供直邮券、重复购买优惠券、收据优惠券和店内优惠券，而优惠券的样式每天都在变化。根据优惠券的形式，不同的优惠券对价格分割市场的有效性也不同，在增加促销期间的销售效益上也不同。

为了说明一些包含使用优惠券的价格促销的决策权衡，让我们来特别考虑制造商的优惠券。制造商的优惠券可以在相应的市场推广活动中对具体零售商进行分发，也可以由厂商直接分发给消费者。每个选择代表一个权衡。

当厂商优惠券分发给零售商时，其效果是一把双刃剑。积极的一面是，与零售商合作极大地提高了优惠券增加销量的效果，而且可能使制造商争取更有利的货架空间和店内展示。消极的一面是，与零售商合作的促销活动会使原本不使用优惠券也会购买却使用优惠券购买的顾客比例增加，从而降低价格分割市场的经济效率。

为了减少提供给有支付意愿的顾客不必要的价格优惠带来的消极利润影响，制造商和零售商的价格促销必须是高度临时性的。那些正在寻找折扣的顾客只能在有限的地点、在有限的时间内找到它，迫使顾客只有在某一特定时刻和地点购买才能够获得折扣。有较高的支付意愿和有其他要事的顾客可能会觉得不方便，而有较低支付意愿的边缘顾客可能会觉得优惠价格足以鼓励购买。

放置在包装内的制造商的优惠券将吸引较大比例的回头客，因此，可能有一种不同的有益影响。如果这些回头客正在加快有优惠券的产品消费，那么优惠券将有小幅增加销量的有益作用。另外，如果在包装内的优惠券降低了顾客转换到竞争对手的可能性，那么制造商可以预计优惠券策略将提高品牌忠诚度。

另外，直邮、网络、报纸、杂志中的优惠券具有能够接触到更广泛受众的优点。虽然分配成本通常会更昂贵，但是通过这些沟通渠道接触到更广泛的受众意味着有更高的可能性会接触到那些原本不会与该品牌产生联系的潜在顾客。如果通过这些更广泛的沟通方式分发的优惠券诱导更高比例的新转换品牌的顾客购买，那么制造商可能会发现虽然优惠券赎回率较低但是更有效率。

一般情况下，优惠券尽管不完美，但仍是一个很好的价格分割工具。使用优惠券的顾客通过识别、收集、兑换优惠券的行为表明他们较低的支付意愿，同时，时间的机会成本较高或具有较高支付意愿的顾客可能会发现使用优惠券的过程非常浪费时间。

试用优惠

试用优惠是卖方为了诱导试用其产品采用的简单的价格促销。试用优惠采用的形式是免费样品、按显著较低的价格标价的小包装产品，或租赁服务和服务软件，使其与正价相比大大降低。

在一些形式中，试用优惠清楚标明试用价是按正常价格折算的，其他的形式包括缩小包装尺寸、自动缩减功能，或者干脆只提供部分功能。由于这些试用优惠显然不适合经常使用，也不能代表正常价格，因此它们减轻了一些把参考价格设置过低的问题。

当针对新顾客时，新顾客能够有效地采取行动，使整体市场增大，更具体地说，增加了对制造商品牌的试用。买家的第一次购买不只是增加了卖方收入，它也是告知买方对于产品价值的第一次机会。产品的体验和使用让顾客了解到无法通过其他过程完全了解产品的好处，因此产品试用有助于市场渗透。

作为把产品介绍给频繁需要购买该产品的新顾客的一种手段，试用优惠的增量生产成本低，并在试用后具有不言自明的好处。

回扣

像价格促销的其他形式一样，回扣为购买提供了一个货币刺激。对向谁赎回回扣和给谁回扣有高度针对性，这是这种价格促销的优势。

当给回扣时，赎回率可能较低。即使赎回率低，回扣对盈利能力也可能有积极影响。许多顾客发现回扣在购买时富有吸引力，因而回扣可以鼓励购买。然而，顾客往往不能成功地赎回回扣。没有赎回可以归因于许多因素，它们代表顾客的机会成本，如需要时间来填写返利表格、附上发票并邮寄。在返利过期之前有任何一步没有做到的顾客都显示他有较高的支付意愿。从这个意义上说，回扣优惠能有效区分有较高支付意愿的顾客。

回扣不必扩大到所有顾客。回扣可以作为针对回头客培育品牌忠诚度的一种手段，或者作为鼓励新顾客试用产品的一种手段。在某些情况下，回扣将专门针对买了竞争对手产品的顾客，尽管这些促销活动的经济盈利能力高度依赖于未来的购买和顾客的终身价值。从这个意义上说，回扣应该是为了达到特定的战略营销目标。

促销捆绑

公司可以使用促销捆绑变相进行价格促销。一般情况下，促销捆绑是在一个单一的交易中以一个单一的价格出售两个或两个以上不同的产品。两个或多个产品的捆绑价格比总价格低。不同于战略捆绑，促销捆绑只是临时性的，与具体的战术营销努力有关。

研究发现，促销捆绑在鼓励边缘顾客进行品牌转换方面比在鼓励新顾客购买产品方面更加有效。进一步的研究探讨了购买促销捆绑的顾客是否把自己的节省看作与单个或促销捆绑中占主导地位的物品相关联，或与整个促销捆绑有关。没有哪个具体产品被看作价格减少的主要原因。令人鼓舞的是，促销捆绑主要被看作由于整个促销捆绑导致减价，而不是某个单一产品减价。因此，与其他形式的价格促销相比，促销捆绑对任何个别产品的价格期望影响都较小。[12]

7.6　常见价格促销之间的权衡

有一些常见的折扣方式。当高管在不同的价格促销之间进行选择时，应权衡考虑。价格促销的形式可以根据按支付意愿分割顾客的能力，以及对整体价格促销设计建议的适合度进行评估。比如，我们比较报纸与店内优惠券、邮寄与即时回扣，以及每日低价（EDLP）与高低定价形式。

报纸与店内优惠券

在兑换率和改善销量的引导下，许多营销经理可能会认为，店内优惠券比报纸、直接邮寄或以其他方式分发给顾客的优惠券更有效率。像其他直邮方式的低转换率，寄给个人的优惠券通常兑换率也较低。直邮方式中1%～2%的转换率是很常见的，这使直邮成为企业昂贵的促销方式。相反地，店内优惠券有较高的兑换率，因为店内优惠券更接近购买点。如果兑换率作为选择的唯一指标，那么许多营销人员会相信店内优惠券比通过报纸或者其他渠道分发的优惠券更有效率。然而，兑换率不是唯一指标，营销人员还应该考虑针对特定市场的成效和相关成本。

许多兑换店内优惠券的顾客正是那些本来会以全价购买的顾客。与此相反，那些兑换报纸、直邮、网络或电子邮件发送的优惠券的顾客更有可能是有较低支付意愿的边缘顾客，如果没有诱因本不会购买。店内优惠券针对特定目标市场的效率低下，与其他分发给更广泛顾客的优惠券相比，它对制造商来说可能经济效率更低。

优惠券总是与成本有关。不仅是兑换优惠券的面值会使销售价格降低，而且包括打印、分发和制作优惠券的成本。低兑换率和高分销成本会大幅度增加优惠券的成本。高兑换率和低分销成本可以使优惠券的使用更有效。

把针对特定目标市场的效率和总优惠券成本这两者的影响整合起来，可以计算每次兑换的单位销售收支平衡增量。[13] 每次兑换的单位销售增量是由优惠券引起的销售增量除以优惠券兑换数。每次兑换的单位销售收支平衡增量可以确定要达到增加的销量、所需优惠券的兑换比率，或者没有优惠券就不会发生的销量有多少。

在表7—1中，我们展示了一个例子，说明单位销售收支平衡增量如何计算。有一个有良好品牌的制造商分发0.5美元的优惠券，考虑通过报纸和店内展示来分发。每张优惠券加工成本为0.09美元。假设产品对零售商的价格是3美元，制造商有40%的边际利润。

表7—1　　　　　　　　优惠券兑换的单位销售收支平衡增量

优惠券面值		0.50美元
加工费用		0.09美元
价格		3美元
边际利润率		40%
	报纸	店内
分发的优惠券	1 000 000	62 500

续前表

成本/分发 1 000 份	10 美元	100 美元
分发成本 分发的优惠券×成本/分发 1 000 份	10 000 美元	6 250 美元
兑换率	5%	80%
兑换的优惠券 分发的优惠券×兑换率	50 000	50 000
兑换成本 兑换的优惠券×（面值＋加工费用）	29 500 美元	29 500 美元
总活动成本 分发成本＋兑换成本	39 500 美元	35 750 美元
每位买家成本 总成本/兑换的优惠券	0.790 美元	0.715 美元
总活动利润 兑换的优惠券×价格×利润率	60 000 美元	60 000 美元
ROI （增量利润－总成本）/总成本	52%	68%
优惠券兑换的单位销售收支平衡增量 活动成本/活动利润	66%	60%

　　如果通过报纸分发，我们可以预期分发 100 万张优惠券，每千张优惠券的分销成本为 10 美元，兑换率为 5%，总共产生 50 000 张优惠券的兑换，分销成本为 10 000 美元。相比之下，同样的制造商可以用每千张 100 美元的成本分发 62 500 张店内优惠券，兑换率为 80%，产生相同的 50 000 张优惠券的兑换，只需要 6 250 美元的分销成本。

　　这两种方法都有相同的兑换成本，或与兑换和加工相关的成本。每张优惠券兑换需要 0.59 美元（0.50 美元优惠券＋0.09 美元加工费），50 000 张优惠券将需要 29 500 美元的兑换成本。如果再加上分销成本来计算优惠券活动的总成本，我们会发现与报纸发行相关的总费用是 39 500 美元，与店内发放相关的总费用是 35 750 美元。将总成本除以优惠券兑换数量，我们发现每个买家按报纸计算的成本为 0.79 美元，按店内优惠券计算的成本为 0.715 美元。如果仅考虑成本，我们可能会得出这样的结论：在店内发放优惠券更加高效。然而，得出这样的结论还为时尚早。

　　我们还可以计算优惠券活动所产生的利润以确定其投资回报。假设两种情况下都有 50 000 张优惠券被兑换，该产品的售价为 3 美元，有 40% 的利润，任何一种活动的利润都为 60 000 美元。投资回报是活动所产生的利润减去成本，再除以成本。对于报纸发放优惠券的投资回报率是 52%，店内发放优惠券的投资回报率是 68%。再次，仅看投资回报率，我们可能会得出结论：在店内发放优惠券更有效，但是得出这样的结论仍为时尚早。

　　成本不是评估优惠券时需要考虑的唯一因素，优惠券的效率应根据其产生新销量的能力来评估，这些销量在没有优惠券的情况下本不会产生。从根本上说，我们希望活动利润中归结为销售增量的部分大于活动成本（见式（7—1））。

$$活动利润 \times 增量销售百分比 > 活动成本 \qquad (7—1)$$

我们可以对式（7—1）进行整理，得出每次兑换的单位销售收支平衡增量：

$$每次兑换的单位销售收支平衡增量 = \frac{活动成本}{活动利润} \qquad (7—2)$$

对于通过报纸分发的优惠券，我们发现每次兑换的单位销售收支平衡增量是66％，这意味着66％的与优惠券相关的销售来自如果没有优惠券本不会购买的顾客。如果研究表明，70％的报纸优惠券用户产生了增量销售，制造商可以得出结论，报纸优惠券发放是有效的方法。

同时，我们发现店内优惠券每次兑换的单位销售收支平衡增量是60％。与在报纸上的优惠券相比，店内优惠券较低的盈亏平衡点是其较高兑换率的直接结果。如果研究表明，只有30％的店内优惠券的用户产生销售增量，那么制造商可以得出结论，店内优惠券分发是一个低效率的做法。

显然，计算每次兑换的单位销售收支平衡增量对决策有用，这也增大了选择优惠券分发渠道的重要性。这不仅根据优惠券兑换的有效成本，而且根据优惠券吸引新的销售的成效。企业经常认为超过收支平衡点时就能达到销售增量，但很多研究对此表示严重质疑。

顾客进行购买决策的地点（在家或在店内）直接影响他们对直邮或店内优惠券的选择。对于那些根据事前需要决定购买的产品的顾客，以及到店时就已列好购物清单的顾客，使用直邮或其他广泛分发优惠券的方式更能获得显著且持续的利润增长。店内优惠券提供显著且持续利润增长的条件是：店内优惠券的位置要靠近产品、主要用来推广产品试用与品牌转换，以及购买决策多半是在销售点做出的。

邮寄回扣和即时回扣

与直邮和店内优惠券类似，邮寄回扣和即时回扣在兑换率和针对特定市场的效率上大相径庭。即时回扣分割市场的效果比邮寄回扣要差，因为它同时扩展到有较高和较低支付意愿的顾客。邮寄回扣需要填写表格、附上收据、邮寄回扣请求，是分割较低支付意愿顾客的更好工具。经验表明，邮寄回扣兑换率在5％～50％之间，这取决于回扣的幅度，而店内回扣经常达到100％的兑换率。

与邮寄回扣相比，由于即时回扣的分割效率较低，故即时回扣的价值应比邮寄回扣（在调整其较低的兑换率后）更低（见式（7—3））。

$$即时回扣价值<邮寄回扣价值\times邮寄回扣兑换率 \qquad (7—3)$$

正如优惠券一样，决定使用较低价值的即时回扣还是邮寄回扣的关键在于消费者是否于店内在竞争产品间做出选择还是在家就已列好购物清单。

高低定价和每日低价

高低价购物模式和每日低价购物模式吸引了不同类型的消费者。高低价模式经常使用优惠券和价格促销来促进销售，它倾向于对特定商品在正常价格水平和促销价格水平之间循环。每日低价模式避开价格促销，通常把价格定在较低水平。有一些零售商鼓吹高低价，有一些零售商则以每日低价策略宣传（尽管有时也有一些不那么频繁的、幅度小的高低价促销）。有时候制造商也会采用每日低价的策略。

每日低价零售商不成比例地吸引大量较低支付意愿的顾客，全方位服务的零售商往往会同时吸引较低和较高支付意愿的顾客。[14]每日低价的模式往往能吸引更多的边缘顾客，很多厂家发现，给予这些渠道价格优惠是提高盈利的有效手段，而且不会影响其他渠道对有较高支付意愿的顾客的销售。此外，由于每日低价渠道定位为折扣零售商以吸引对价格敏感的顾客，每日低价渠道的价格行为在某种程度上会与其他渠道的价格行为有所区隔。

如前所述，高低价和每日低价零售商也在其他方面吸引不同类型的顾客。例如，与高低价模式相比，每日低价模式倾向于吸引一次性购物种类较多、购买量较大的顾客。其他的差异则与参考价格和服务要求的影响有关。

关于参考价格效应，每日低价消费者通常比高低价消费者对价格有更强的期待，可能是因为他们经常看到一样的价格。然而奇怪的是，每日低价消费者通常比高低价消费者对短期折扣（正是那些与价格促销有关的价格变化）的敏感性更低。

这些矛盾的说法可能是由于每日低价的模式减弱了顾客对低价的期望，从而鼓励他们不再去别处寻找折扣。[15]

如果一个每日低价零售商有一个固定的价格，一个高低价零售商有一个在高低价之间波动的价格，那么哪个模式倾向于有较低的平均价格？在临时性的基础上，某个特定的高低价比每日低价的价格低，这是有经济效益的，然而平均而言，高低定价的价格通常比每日低价的价格要高一些。[16]

每日低价渠道往往需要厂商为其持续提供最低价格，这会给厂商管理其他渠道时造成负担。减轻这种利益冲突的战略是给每日低价和高低价零售渠道提供不同版本的产品。通过尺寸、包装，甚至是功能的变化，每日低价和高低价渠道可以分销不同的产品。由于高低价渠道能抓住更多有较高支付意愿的顾客，可以进一步认为，每日低价渠道应接收功能少或包装大的过时产品来进行市场的有效分割。

在零售层面，每日低价的模式往往放弃了其他商店的很多销售和顾客支持活动，往往是低接触渠道。通过提供较少的店内销售支持，每日低价商店可以减少成本，以较低的价格获得利润。

有些产品应避免每日低价渠道，应寻求高接触渠道。零售商的销售人员不必只是文员和理货员，他们可以是营销过程中的战略组成部分。例如，复杂的产品（它的功能和属性不能用一个简单的宣传语概括）要求销售人员与顾客进行沟通并解释产品的好处。同样，很难在购买前预测好处或者好处不直观的产品，通过销售人员与顾客之间的互动，可以使销售有所改善。此外，销售人员与顾客的互动有利于需要顾客学习的产品的销售。

小结

● 价格促销是价格分割的一种形式，其中，对有较低支付意愿的顾客收取较低的价格，对有较高支付意愿的顾客收取常规价格。

● 价格促销主要通过鼓励品牌转换和增加市场规模来促进销售。

● 从展望理论来看，我们可以理解价格促销的一部分作用是促进对那些把产品的价格降低看作一种收益的顾客的销售。

● 价格促销对竞争公司之间的盈利能力有非对称效应，促销产品能够产生更强的品牌忠诚度，是一种战略优势。

● 参考价格效应是指顾客的价格预期是基于之前看到的价格，它能够在价格促销期间带动销售，也会减弱之后生产商提价的能力。

● 深层而频繁的价格促销会降低价格可信度，导致顾客不再认为全价是合适的支付价格。

● 由于价格促销专注于顾客对价格的关注，它也会增加价格敏感度。

● 虽然揭示销量门槛的利润敏感性分析能够避免有关价格促销的严重管理失误，但是它不能确定更微妙的挑战，如"多少才算太多"、"多深才算太深"这些问题受困于常见的哲学挑战——模糊性。在某些时候，高管知道自己违反了限制，但是很难确定哪次促销超过了限制。为了应对这一挑战，高管应对整体的价格促销策略用更深入的定性和定量分析技术进行定期检视。

● 总体上，价格促销应该致力于瞄准边缘顾客。价格促销的其他设计标准包括临时性、特殊性和不规律性。

● 价格促销有很多形式，包括特殊标记的包装、优惠券、试用优惠、贸易折扣、促销、折扣、促销捆绑和回扣。

价格促销的每种形式在瞄准特定类型的顾客和实现不同营销目标方面都有各自的优点和缺点。

- 与在高低价格之间摆动的高低价商店模式相比，一些零售商采用的是每日低价模式，每天都采用低价。每日低价模式吸引了较高比例的低支付意愿的顾客购买，部分原因是整体服务水平较低抑制了有较高支付意愿的顾客光顾。为了管理高低价和每日低价零售渠道，制造商通常给每日低价渠道提供功能单一的或者较大包装的产品，给高低价渠道提供全功能的正常大小的产品。

1. 考虑两种不同产品的促销活动：一个手持式的视频通信器（对于全世界来说是第一次出现的产品），含有全天然成分的牙膏（类别中的新产品）。哪种情况下，你认为促销会增大市场规模和市场份额？

2. 考虑两种不同类型纸尿裤的促销活动：目前正在销售的好奇纸尿裤和新的改进型的好奇纸尿裤。

a. 哪种情况下，价格促销最有可能诱导新顾客试用，为什么？

b. 哪种情况下，价格促销最有可能影响感知参考价格，为什么？

c. 哪种情况下，价格促销最有可能降低价格可信度，为什么？

d. 哪种情况下，价格促销最有可能增加市场的价格敏感性，为什么？

3. 对一个现有的、众所周知的、顾客经常购买的、有品牌的产品，请从针对特定顾客群效果的角度考虑下列价格促销的形式，对它们进行评级。评级的选项为：针对性差、针对忠诚顾客、针对新顾客。

a. 报纸

b. 与当地零售商店合作的直邮活动

c. 生产商在线发布优惠券

d. 店内优惠券传单

e. 适用于下次购买的在产品包装上的优惠券

f. 马上就可以用的在产品包装上的优惠券

g. 可以用邮寄兑换的在产品包装上的优惠券

4. 通用汽车（GM）定期给美国买家提供夏季折扣优惠，考虑针对性、暂时性、特殊性、不规律性等促销活动指标，夏季打折对于 GM 来说是不是一个好的促销形式？为什么？如果夏季折扣是一个很好的促销形式，那么在决定之前你想知道什么？

5. 桂格燕麦通常把优惠券放在包装内，于下一次购买桂格燕麦时使用。这些优惠券提供折扣不仅对所购买的产品适用，也对其他桂格燕麦产品适用。考虑针对性、暂时性、特殊性、不规律性等促销活动指标。对于桂格燕麦来说，包装袋内放优惠券是不是一个好的促销活动形式？为什么？如果这是一个好的促销形式，那么在决定之前你想知道什么？

6. 一个品牌的咖啡生产商正考虑用报纸的形式在全国范围内开展优惠券活

动。完成下表，以评估活动的有效性。

　　a. 分销成本

　　b. 优惠券兑换

　　c. 兑换成本

　　d. 活动总成本

　　e. 每个买家的成本

　　f. 活动总利润

　　g. ROI

　　h. 每次兑换的单位销售收支平衡增量

　　i. 你认为这次活动有效吗？为什么？

优惠券面值	0.40 美元
加工费用	0.07 美元
价格	2.40 美元
利润率	30％
优惠券发放数量	30 000 000
每 1 000 份发放成本	10 美元
分销成本	
兑换率	7％
兑换的优惠券	
兑换成本	
活动总成本	
每个买家的成本	
活动总利润	
ROI	
每次兑换单位销售收支平衡增量	

7. 某个兽医院正在考虑推广直接邮寄本地优惠券活动。在购买当地居民列表并剔除现有顾客后，兽医院提供 30 美元的优惠券。完成下表，以评估这次活动的效果。

　　a. 分销成本

　　b. 优惠券兑换

　　c. 兑换成本

　　d. 活动总成本

　　e. 每个买家的成本

　　f. 活动总利润

　　g. ROI

　　h. 每次兑换单位销售收支平衡增量

　　i. 你认为这次活动有效吗？为什么？

优惠券面值	30 美元
加工费用	0 美元
价格	97 美元
利润率	90％
优惠券发放数量	1 700
每 1 000 份发放成本	882.35 美元
分销成本	
兑换率	2％
兑换的优惠券	
兑换成本	
活动总成本	
每个买家的成本	
活动总利润	
ROI	
每次兑换单位销售收支平衡增量	

8. 百思买已决定不派发邮寄回扣，但想做即时回扣。Adobe 公司通常对 Creative Suite 软件采用 200 美元的邮寄回扣作为促销活动。只有 60％的符合资格并收到优惠券的顾客进行了兑换。关于即时回扣，Adobe 对百思买能提出的最好方案为何？如果 Adobe 想超越这个价值，请举出三个 Adobe 可能实现的优惠方案。

9. 在进行价格促销之前，某知名品牌的高管们决定对每次兑换单位销售收支平衡增量进行分析，分析后他们确定该价格促销极有可能超过销量门槛。有什么原因使得他们还是决定不进行这个价格促销？

注释

[1] For a detailed examination of the effect of price promotions on profitability, see Shuba Srinivasan, Koen Pauwels, Dominique M. Hanssens, and Marnik G. Dekimpe, "Do Promotions Benefit Manufacturers, Retailers, or Both?" *Management Science* 50, No. 5 (May 2004): 617–29.

[2] Chakravarthi Narasimhan, "A Price Discrimination Theory of Coupons," *Marketing Science* 3, No. 2 (Spring 1984): 128–47.

[3] For an overview of the effectiveness of price promotions to drive volume, see Robert C. Blattberg, Richard Briesch, and Edward J. Fox, "How Promotions Work," *Marketing Science, Part 2 of 2: Special Issue on Empirical Generalizations in Marketing* 14, No. 3 (1995): G122–G132.

[4] Promotional effects of national brands competing against generic brands were examined in Ram C. Rao, "Pricing and Promotions in Asymmetric Duopolies," *Marketing Science* 10, No. 2 (Spring 1991): 131–44. Rajiv Lal, "Price Promotions: Limiting Competitive Encroachment," *Marketing Science* 9, No. 3 (Summer 1990): 247–62.

[5] J. Morgan Jones and Fred S. Zufryden, "Relating Deal Purchases and Consumer Characteristics to Repeat Purchase Probability," *Journal of the Marketing Research Society* 23, No. 2 (1981): 84–99.

[6] Alfred A. Kuehn and Albert C. Rohloff, "Consumer Response to Promotions," in *Promotional Decisions Using Mathematical Models*, ed. Patrick J. Robinson (Boston: Allyn and Bacon, 1967): 71.

[7] Hi-Lo pricing practiced to shift inventory was discussed by Robert C. Blattberg, Gary D. Eppen, and Joshua Lieberman, "A Theoretical and Empirical Evaluation of Price Deals for Consumer Nondurables," *Journal of Marketing* 45 (Winter 1981): 116–29.

[8] Kamel Jedidi, Carl F. Mela, and Sunil Gupta, "Managing Advertising and Promotion for Long-Run Profitability," *Marketing Science* 18, No. 1 (1999): 1–22.

[9] João L. Assuncão, and Robert J. Meyer. "The Rational Effect of Price Promotions on Sales and Consumption," *Management Science* 39, No. 5 (May 1993): 517–35.

[10] The model shown in Exhibit 7-1 is from Scott A. Neslin and Robert W. Shoemaker, "A Model for Evaluating the Profitability of Coupon Promotions," *Marketing Science* 2, No. 4 (Autumn 1983): 361–88. An alternative model can be found in Praveen K. Kopalle, Carl F. Mela, and Lawrence Marsh, "The Dynamic Effect of Discounting on Sales: Empirical Analysis and Normative Pricing Implications," *Marketing Science* 18, No. 3, Special Issue on Managerial Decision Making (1999): 317–32.

[11] Eric A. Greenleaf, "The Impact of Reference Price Effects on the Profitability of Price Promotions," *Marketing Science* 14, No. 1 (1995): 82–104.

[12] Bundled promotions were examined in Bram Foubert and Els Gijsbrechts, "Shopper Response to Bundle Promotions for Packaged Goods," *Journal of Marketing Research*. 44, No. 4 (Nov 2007): 647–62.

[13] This model is very similar to that found in Scott A. Neslin, "A Market Response Model for Coupon Promotions," *Marketing Science* 9, No. 2 (1990): 125–45.

[14] Research into the ranking of competitive, demographic, and retail store format on discount sensitivity has been undertaken by Peter Boatwright, Sanjay Dhar, and Peter E. Rossi, "The Role of Retail Competition, Demographics, and Account Retail Strategy as Drivers of Promotional Sensitivity," *Quantitative Marketing and Economics* 2, No. 2 (June 2004): 169–90.

[15] For an analytical examination of reference price effects in Hi-Lo vs. EDLP channels, see Prafeen V. Kopalle, Ambar G. Rao, João L. Assuncão, "Asymmetric Reference Price Effects and Dynamic Pricing Policies," *Marketing Science* 15, No. 1 (Winter 1996): 60–85.

[16] Field studies demonstrated the profit-enhancing capability of Hi-Lo pricing over EDLP pricing in a number of products. See Stephen J. Hoch, Xavier Drèze, and Mary E. Purk, "EDLP, Hi-Lo, and Margin Arithmetic," *Journal of Marketing*, 58, No. 4 (October 1994): 16–27.

第8章 折扣管理

学习目标

- 如何管理折扣决策？
- 为什么有些管理人员愿意采用更多的折扣，而另一些则不愿意？
- 当进行折扣决策时，连接隐性知识和显性知识的最佳方法是什么？
- 高级管理人员在一定的高度上如何监控和管理成千上万的折扣决策？
- 能够用来鼓励更好的折扣决策的胡萝卜和大棒是什么？
- 延伸问题：每一个折扣决策是否都应通过例行的定量分析和清单检查？

人们常说折扣管理是一种改进的游戏，以提供更好的市场绩效。许多看似很小的决策尽管对公司绩效产生增量很小的影响，但是这些决策的总和可能带来压倒性的强劲影响。因为折扣的决策要么提高利润，要么损害利润，折扣出现频繁且变化多端，折扣决策往往处在多少折扣为过多的困境，所以企业往往会投入巨大的资源对折扣决策进行管理。

当你要确定应如何管理折扣决策以及谁来作出折扣决策时，一个公司层面上的挑战出现了。由于高管们的目标和信念不同，折扣管理是任何组织内都存在的冲突来源。为了便于做出折扣决策，公司已经开发了用于监测折扣、管理决策以及调整组织激励机制的技术。本章中，在将目光转向研究一些组织和高管已经开发出来的管理折扣决策的技术之前，我们首先探讨有关组织冲突的根源。

8.1　折扣管理政策中的挑战

折扣决策对组织凝聚力和设计的挑战已经有几十年的历史了。组织所面临的最常见的一种折扣管理挑战是现场管理人员和中央的管理人员在激励机制和知识方面的分歧。

现场管理人员追求更多折扣

在现场的销售人员和营销沟通管理人员被鼓励去追求更高的市场份额。他们的激励机制包括奖金红利、升职以及同行的认可，往往与他们提升销量及实现目标的能力紧密联系。事实上，在一段时期内，将现场管理人员的奖金与其销售量成正比设置的做法很普遍，该做法仍在一些企业延续至今。有了这些激励措施，现场管理人员能够快速设定折扣来实现销量目标的情况十分常见。

为了实现高难度的销售目标，现场管理人员往往面临一些令人难以接受的选择。他们承担的艰巨任务可能包括开发更多的销售机会，将产品价值传达给潜在顾客以增加销量，同时还要取得更有利的价格。大多数公司聘请现场管理人员来精确地实现这些目标。折扣可作为一种更快捷和更简单的方法来获得销售量，或者至少实现一部分目标。此外，现场管理人员承担的这些高难度销售目标在不打折时有时是不切实际的。

如果销售需要经销商，现场管理人员还必须增加经销商的数量以及提高这些经销商支持产品的意愿，以完成他们的销量目标。由制造商资助的降价促销和折扣是帮助他们实现更多销量和更强大的分销支持的两大工具。在许多情况下，这些工具不仅是价格优惠，还有获得渠道支持和提高盈利能力的必要技术。

特别是在高价值单一销售的情况下，现场管理人员的需求和企业的需求可能由于风险承受力的不同而不一致。当销售人员面临失去某个宝贵销售机会的可能性时，其承受的失去该特定销售机会的风险远大于由公司承担的风险。公司在同一时间内管理着多重的销售机会。在某一时间，企业可以通过追求多个高价值的单一销售机会来分散其销售风险，然而对公司的销售人员来说，能这么做的少之又少。因此，面对某一特定销售机会，销售人员比企业承担更多的风险。为了提高单一销售机会成功的概率，销售人员在为顾客提供价格优惠时感觉比公司的压力还大是自然的。

鉴于上述激励措施，企业如果将所有折扣特权仅仅赋予现场管理人员的话，则将面临一个灾难性的局面。即使在现场管理人员的目标和组织目标更一致的企业中，仍有必要管理好折扣政策，以避免价格优惠被滥用。

高层主管追求更高价格

在公司总部，产品经理和其他高管通常关心获取尽可能高的价格，同时希望能轻松完成销量。对这些高层主管的激励（通常包括补偿、升职以及同行的尊重），往往与他们在高价下创造顾客对产品的强烈需求的能力相关。毕竟，更高的价格和更高的市场预测是高级管理人员和投资者倾向于支持的策略。人们对低价产品和低市场渗透的做法通常兴趣不大。鉴于决策覆盖了产品设计和定价等战略问题，高管有可能会专注于营销高价值的产品，同时对现场管理人员从其顾客中获取高价格抱有期望。因此，折扣往往违背了在交易中从市场取得高价的基本决策思维。

无论是经济价值模型、以顾客感知为基础的研究，抑或是计量经济学价格最优化方法，管理人员都将确定一般情况下的价格是否恰当。在某些情况下，价格会比特定顾客的支付意愿更高。确定市场支付意愿的这些方法往往将整个市场（或至少整个细分市场）混为一个同一的群体。然而，价格促销和折扣可以允许更精细的市场细分，这种市场细分不太容易经由过于总体的分析预测得到，这种细分同时也能说明市场个别顾客的支付意愿存在差距。总部的高管们往往缺乏做出正确折扣决策的市场必备知识。

差异无处不在

现场管理人员和高层管理人员在激励机制和知识领域的差距导致他们在折扣方面的分歧。现场管理人员通常要求更大的折扣，而高层管理人员主张在折扣不为零的情况下给出更少的折扣。正如我们所看到的，没有哪个决策在任何情况下都是最优的。

如果折扣决策只由现场管理人员作出，则公司将会发现标价和实际销售价格之间存在一个越来越大的差距，而如果所有的折扣决策都由高层管理人员作出，则公司可能会错过提高利润的价格分割机会。高级管理人员必须缩小这两个结果之间的差距以提高利润，但是缩小这一差距的路径需要开发新的组织能力。

高管们的反应

通过取消折扣能够终止潜在的恶性循环，故一些管理人员下意识地作出反应并停止所有折扣。此举动不仅是破坏性的，也是无利可图的。正如前面讨论的，打折是价格分割的一种形式，如果执行得当，价格分割将提高利润。一个追求利润最大化的公司没有必要停止所有的折扣，相反地，它应该寻求确保折扣能够满足价格细分市场的设计要求且提高盈利能力。

一些高管试图将所有折扣决策权从现场管理人员手中收回并进行集中管理，遗憾的是，该做法在许多公司都被发现是站不住脚的。将决策权重新分配给那些现场管理人员（他们拥有大部分的第一线信息）所改善的生产力是显著的。在一个每天有成百上千销售人员与多个渠道合作伙伴或顾客互动的大型组织内，高级管理人员无法对每天必须进行的成百上千个折扣决策投入相应的心力。即使他们能够对每一个折扣决策投入足够的时间，他们也缺乏必要的隐性知识来做出最优决策——该隐性知识为现场管理人员所拥有，这是由现场管理人员与顾客和渠道合作伙伴的直接互动得来的。雇用现场管理人员的一个原因就是制定现场决策，包括折扣决策。

由于组织的不同层次对决策制定挑战的见解不同，因此折扣政策很自然地分散在一个组织的多重层级上。中央高层管理人员对折扣决策的贡献在于将多重来源的数据整合到一块儿，形成对信息的完整理解。与此同时，各地的现场管理人员则通过揭示有关某特定决策的特定事实和信息要点对折扣决策的制定做出贡献。在制定折扣政策时，其中一个目标就是将不同来源的决策见解（亦即总部的意见以及现场收集的事实）结合在一起，形成更好的决策。

有人可能会将此描述为连接显性知识和隐性知识的挑战。显性知识可以编码并从一个人转移到另一个人，它很明确且易于共享。隐性或内隐知识为认识者所拥有，很难追溯其本源。就隐性知识而言，认识者往往并不知道他拥有这些知识或者不知道如何使之对其他人也产生价值。传递隐性知识需要大量的沟通。隐性知识是不能编码的，它可以通过培训传送或通过亲身体验获得，但通过其他任何方式则不容易获取。隐性知识的转移涉及学习和技术，但不能被有效地记录下来。

通过直接与顾客或渠道合作伙伴互动，现场管理人员拥有了一些隐性知识，这些隐性知识在作出有关折扣的决策时很有价值。与此同时，中央的管理人员则通过显性知识进行决策以及支持现场管理人员的行动。为了将现场管理人员的隐性知识和中央管理人员的显性知识相结合，许多企业都采用了一套常用的惯例、分析和激励机制，以确保现场管理人员和中央管理人员朝着一个共同的目标努力。

8.2 识别折扣管理机会

常用来衡量、理解和管理折扣的三大关键分析工具分别是净价区间、取得的净价和市场变量之间的关系以及价格瀑布。净价区间能够使管理人员快速掌握公司内的折扣水平。取得的净价和市场变量之间的关系使管理人员发现折扣的潜在驱动力，其中一些关系可能反映竞争压力，而另一些可能反映改善管理的机会。价格瀑布能够使管理人员识别特定类型折扣的影响范围，而且潜在地揭示一种重塑折扣的手段，以提高他们对利润的影响。这三种折扣分析工具结合起来，为公司折扣实践提供了一个高水平的整合蓝图，能够对价格折扣进行快速的审视，同时提升获利的潜力。

鉴于顾客交易的独特性质以及行业内的折扣幅度，净价区间、市场变量净价和价格瀑布三大折扣分析工具已经在大多数工业市场中得到开发利用。然而，为了阐述这些工具对折扣决策的影响，我们将假设某个在消费市场中运行的公司，这是因为相对于工业市场，大多数读者更加了解消费市场的具体情况。SoftCo 为一家软件产品公司，通过零售渠道销售其产品。尽管本例中具体描述的是软件公司，但在这里描述的整体方法能够在任何市场中使用。消费市场和企业市场、有形产品和无形产品，从普通商品到差异化的利基产品均能从这三大分析工具的应用中获益。

净价区间

理解折扣的基本分析工具之一是确定净价和绘制净价区间。[1]净价是在计算所有形式的折扣后（包括发票折扣和发票外折扣）顾客支付的实际价格。公司采用净价格而不是平均售价，这是因为某些折扣形式将价格写在发票上，从而明显让顾客感受到有所折扣，而一些其他形式的折扣却不一定将价格标注在发票上。发票外折扣对实际的交易价格产生影响，但鉴于各种原因在销售时没有标注在发票上。例如，渠道回扣可能会降低未来发票的总额，但不会反映在当下的销售上。其他与将成本从买方转移到卖方相关的项目也可以概念化为折扣，从而降低了顾客支付的净价格。表 8—1列举了一些折扣形式，它们有的在发票上，有的在发票外。

表 8—1　　　　　　　　　　　　价格折扣和优惠

典型的发票内项目
- 标准的经销商/分销商折扣：为特定渠道安排的行业标准贸易条款
- 订单大小折扣：根据订单大小或订单量
- 多个单品（SKU）折扣：提供给含有多种类商品的渠道合作伙伴的某种商品的折扣
- 竞争性折扣：在竞争对手没有折扣的情况下，为赢得业务专门提供的折扣
- 额外折扣：专门提供给顾客或渠道合作伙伴的其他形式折扣

典型的发票外项目
- 合作性广告：支付给渠道合作伙伴的津贴，以支持某制造商品牌的本地广告
- 货位津贴：支付给零售商的津贴，以获得一定数量的货架空间和产品位置
- 市场开发基金：在特定细分市场上促销的折扣
- 返券：赎回制造商优惠券的补偿基金

续前表

- 发票外促销：一种营销激励，例如，在特定的促销时段内能够为零售商提供额外的单位销售回扣
- 托运成本：供应商提供给零售商或批发商托运存货时的资金成本
- 库存折让：支付给批发商或零售商的折扣，以使其大量采购库存。通常只在需求的季节性增长前出现
- 用户返利：在一定折扣水平上支付给零售商的回扣，以使其将产品销售给某特定顾客（通常是一个大顾客或全国性顾客）
- 季度量红利：当实现预设的采购量指标时，支付给渠道合作伙伴的季末红利
- 应收账款持有成本：从发票寄出时间至收到付款时的资金成本
- 现金折扣：付款迅速，如在 15 日内付款，则从发票价格中扣除一定数额
- 运费：将货物运送到顾客的供应商成本
- 网上订单折扣：提供给网络订购顾客的折扣
- 绩效折扣：如果卖方实现绩效目标，如质量水平或交货时间，则卖方同意给买方提供的折让

净价区间图的战略信息价值在于揭示价格异质性，并识别无利可图的交易。净价的一些差异可能是由市场异质性的一种潜在形式导致的，又或者是顾客支付意愿的差异带来的。在这种情况下，一个净价区间图能够告知高级管理人员某些潜在的机会，包括确定哪些顾客群体更加有利可图、让较无利可图的顾客产生行为改变，或者重新引导长期无利可图的顾客的潜在需求。对于由净价区间识别出的无利可图的交易，必须做出消除或减少此类交易的决定。

例如，SoftCo 公司的一种消费类产品的制造商的建议零售价（MSRP）为 39.99 美元。通过各种零售渠道销售，SoftCo 公司提供了多种多样的折扣形式，其中最大的折扣等同于零售商的边际利润。即使实现了零售商的边际利润，SoftCo 公司获得的净价在各交易间也不尽相同。为了展示净价的变化，我们构造了一个净价区间——一个显示某特定价格区间内单位销量的柱状图（见图 8—1）。

根据净价区间，SoftCo 公司发现了市场内折扣幅度存在显著差异。该差异的一部分可以归因于捕捉边缘顾客和提高边际利润的价格分割技术，而其他部分差异可能是由于不恰当的折扣实践所导致的。在我们发现价格差异的驱动因素之前，让我们先检验净价区间是如何单独影响折扣决策的。

不同交易间的净价差异并不少见，事实上，它们是常态，从净价中观察到的差异往往是相当广泛的。例如，在消费类产品中，观测到某照明设备制造商的净价差异为 60%，而另一家电脑辅助设备供应商的净价差异则为 70%。在企业产品中，观察到某特殊化学品公司净价差异为 200%，以及某紧固件供应商的净价差异为 500%。

支付净价差异的部分原因是市场中顾客或市场细分之间存在差异，使得取得高价的可能性不尽相同。例如，企业经常承担低利润的业务，因为满足大批量的顾客能够提高产能利用率，同时企业还会服务许多在高净价

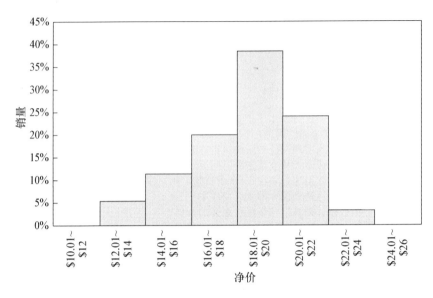

图 8—1 净价区间

下购买的小批量顾客。通过市场变量检验净价可以发现哪些顾客群是真正有利可图的，哪些不是。

如果 SoftCo 公司生产产品的可变成本为 14 美元，那么 SoftCo 公司将从净价区间中快速识别出大约有 5% 的销售量实际上无利可图。在这种情况下，SoftCo 公司将立即采取措施消除这些交易，要么是修正不佳的折扣政策，要么是要求顾客支付更高的价格。

一个宽阔的净价区间通常代表有改善的机会。在最低净价上缩减一些销售量，在最高净价上增加一些销售量能够显著提高盈利能力。要做到这一点，企业要想办法将顾客推动到更合适的、更加有利可图的折扣水平上，同时还要争取赢得一些最有可能付出更高价格购买商品的新顾客。

市场变量净价

如果净价区间较宽，高管们将得出这样的结论：有足够的改进空间。他们下一步通常是检查特定细分市场的支付净价，这就是市场变量净价。这种方法使管理人员能够快速确定销售管理是否懈怠，是否在公司内部存在改善折扣实践的潜在可能，或者细分市场之间是否真的存在差异。

支付净价的差异往往是由市场内一些潜在的细分变量所导致的。[2]通过不同的市场分割变量审视净价可能会发现价格变动的驱动因素，或者通过销售区域审视支付净价可以识别特定的销售人员，这些销售人员在涉及折扣方面可能需要更多的培训和监督，或者通过销售区域审视支付净价还可能揭示出销售较不理想的区域转为销售领先区域最佳做法的可能性，从而使企业取得更高的价格。

回到 SoftCo 公司的例子，高级管理人员怀疑价格差异可能与数量折扣相关。为了检验这一怀疑，他们绘出了卖给不同渠道的销量净价图（见图8—2）。如果净价与销量相关，则散点图将表明整体的一个下降趋势，更高的销量与更低的价格相关。对于 SoftCo 公司而言，我们在图 8—2 中观察不到这种趋势。更高层次的统计分析可以揭示销售量和净价格之间的关系，该图只能说明公司价格差异的来源可能是其他原因。

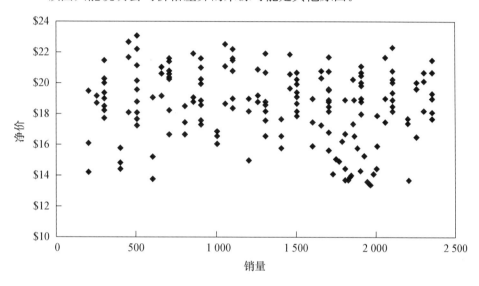

图 8—2　销量净价

价格差异的另一个可能推动因素是所服务的区域。为了检验这一因素，根据市场区域绘制净价图，见图 8—3。菱形代表各区域的平均净价，而直线代表了某区域的价格范围。根据这个图，管理人员能够快速确定东北地区正面临着比其他地区更大的折扣挑战，因此对它更加关注。

同净价与销量、净价与市场区域的图类似，管理人员也可以检验价格差异和市场异质性的其他潜在来源。例如，若运输是一个典型的谈判点或成本问题，管理人员可能会发现检验净价和运输距离的关系很有价值，它类似于净价与销量的关系，揭示了问题的严重性。又或者，如果竞争、销售区域、渠道类型，或其他问题被视为价格差异的驱动因素，那么类似于净价与市场区域的图可以用来识别这些问题是否影响价格差异。管理人员可能会发现有必要在识别与净价相关的特定问题前，对一些不同的变量进行检验，统计分析将有助于这一过程。

价格瀑布

整合有关折扣数据便于高管检验的第三种手段是价格瀑布。如上所述，净价区间识别了改善折扣实践的机会大小。一旦发现有机会，则改善折扣

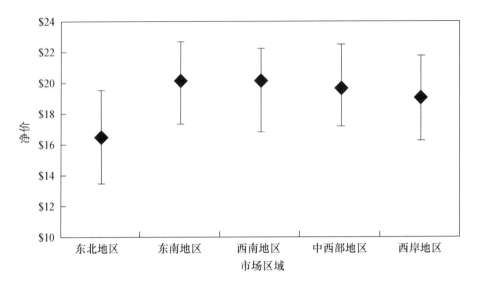

图 8—3　市场区域净价

政策的战略方向将会锁定在识别适合不同折扣活动的市场细分变量。这些细分变量可以用来引导市场的开发投资以及能够在更有利可图的市场上取得更多的销售量。市场变量的净价分析在这方面十分有用。第三种方法——价格瀑布——以一种更精细的方法来提高净价格。价格瀑布能够使高管觉察到价格折扣形式与顾客价格敏感度之间的关系。

价格瀑布识别了所提供的折扣以及这些折扣对内部参考价和净价间差异的影响。内部参考价格可能是建议零售价、定价或者所有包含折扣的其他价格形式。价格瀑布绘制了折扣类型、折扣时机和折扣大小的关系，包括发票内和发票外的折扣类型，并且提供了折扣影响和不同折扣类型的一个全面看法。以 SoftCo 公司为例，见图 8—4。

价格瀑布分析有用的原因有两个：首先，它强调了公司提供的折扣类型以及这些折扣类型对实际净价的影响，进而也包括盈利能力。其次，它构建了一个模型用于探索在不影响利润的情况下减少折扣以及可能提高净销量的潜在手段。

举例来说，在零售市场经营的品牌制造商往往提供贸易补贴和推广津贴，可能以合作广告或店内展示的形式出现。品牌制造商可能会发现，零售层面的销量对店内展示的花费比对合作广告的花费更加敏感，因此，管理人员可以确定从合作广告预算中转移折扣花费以及增加店内展示津贴能够使其达到最佳利益，其效果是形成了价格瀑布。

形成价格瀑布是一门技术，旨在将价格折扣转移到能够产生更大销量的地方以及减少对销售影响较小的折扣类型。公司经常发现不同顾客或不同渠道的销量对不同类型的折扣很敏感。价格瀑布使得高级管理人员能够

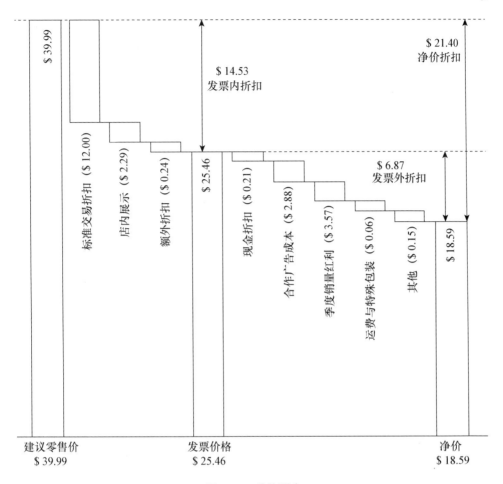

图 8—4　价格瀑布

快速审视他们所提供的折扣及其有效性，并测试关于折扣结构的不同假设，从而识别出利润最丰厚的折扣政策。

　　价格瀑布中识别出的每一个折扣代表了改进的一种潜在机会。市场可能对某种折扣形式比其他折扣形式更敏感，因此，公司通过去除市场不太敏感的折扣形式，转而将折扣用于能产生更大影响的地方获利。公司可能会发现，它比起竞争对手在或大或小的程度上提供了某些形式的折扣。另外，当这样的区域被确定时，管理人员可以确定其折扣形式的影响以及使折扣政策更贴近行业标准或在行业平均水平上改进其折扣政策的必要性。

8.3　折扣决策管理

　　为了管理特定的折扣决策，公司越来越依赖于两大关键方法，以确保决策符合公司的最佳核心利益，这两个方法是决策制定权的限制和协调奖励。

我们已经探索了折扣、折扣分析手段以及改进折扣政策方法的价值，此外，企业仍然必须面对一个事实，即折扣决策是由组织内的人来制定的。鉴于组织效率和由现场管理人员拥有的隐性知识具有价值等原因，高级管理人员意识到许多折扣决策必须在现场做出。

在定价的某个区域，没有任何特定问题会比与折扣相关的问题更可能带来紧张的部门关系，以及需要更多的后续管理。虽然这种紧张关系无法消除（事实上，一些研究表明这种紧张关系对一个健康和营利的组织来说是必要的），但它确实需要管理。[3]

许多用于管理折扣决策的工具前面已经讨论过。有关折扣决策的基本面分析需要销量门槛。从利润敏感性分析中识别的销量门槛可用来评估折扣和由其创造的边际销售量是改善利润还是损害利润。当折扣带来的销售量增加不能满足销量门槛时，大多数管理人员将同意在该点上结束争论。为了进一步分析，企业可以检验风险情况下与销售价值相关的折扣，以及价格差异能达到那些销量的可能性。

正如已经讨论过的，折扣主要针对价格敏感型顾客，并且使得价格分割能够提高利润。一般情况下，当折扣对特定目标的影响更大，满足特定目标的价值更高时，折扣对公司来说更有价值。有些情况下，这个规则甚至会适用利润敏感性分析没有察觉出的折扣限制条件。

这些有关折扣和其他形式价格差异的准则在决策制定时是有用的，但仅靠这些准则并不能确保每个管理人员都能做好折扣决策。正如讨论过的，折扣决策自然地分散在组织内。许多独立的管理人员每天都要做出折扣决策。企业需要的不仅仅是管理这些独立决策的准则，它们需要决策管理系统。

为了改善有关折扣的独立决策，公司使用了一个管理框架。两大关键方法已用来改善决策的管理框架：一是在公司内限制决策权，分配给最有见解的管理人员决策责任；二是协调奖励，以鼓励现场管理人员将折扣决策与组织目标能协调得更好。

决策权

作为抵御滥用折扣的第一道防线，组织将在组织内部限制决策权。个别销售人员可能被授予折扣方面的有限决策权。当折扣要求高于个别高管被授予的权力时，则将折扣决策提交给高级管理人员批准。在这种方式下，当折扣的影响增加时，折扣决策将提交到组织高层。

例如，特定的销售人员可能被授予高达 2.5% 的综合折扣，当超出

2.5％时，该销售人员必须向其部门经理请求更大的折扣权。部门经理也可能面临决策权的一些限制因素，当折扣高达 5％或更大的净价格差异时，需要提交销售主管经理进行审核。当折扣超出 9％时，销售主管经理必须与首席执行官（CEO）协商。首席执行官保留了任何超过 9％折扣的权力。在这种方式下，随着折扣力度增大，折扣决定也被提升到组织高层。实际折扣截止点对公司而言是特定的且行业之间各不相同。

其他的折扣决策权限制形式和不断升级的折扣决策都是常见的。一些公司发现基于金额的折扣限制更加有用。小额的总金额折扣决定权留给了较低层级的管理人员，而较大的总金额折扣需要得到高级管理人员的批准。折扣决策也可以根据其类型加以限制。比如当涉及市场开发基金时允许大额折扣，而涉及现金支付、运费和其他会计或操作功能时，则只允许小额折扣。另外，折扣决策权可能与折扣目的相关：其一，与其他市场相比，特定的细分市场被视为对公司具有更大的战略重要性；其二，公司寻求与特定战略方案相关的快速追踪决策。

决策奖励措施

在组织内改善决策制定的辅助手段是提高对决策制定者的奖励与组织目标的一致性。这意味着提供给个人的财务激励结构（具体来说，即提供的补偿方案以及折扣权）用来解决某些人可能持有的特定决策偏见。

公司通常追求长期的财务健康，而现场管理人员通常因短期的财务业绩而获取回报。当单个销售人员得到短期经济回报时，他们可能会被鼓励获取更自由而不是对公司更有利的折扣权力，以满足他们的短期销售目标。许多公司已经改变了一些对销售人员的财务激励措施，以解决销售人员与整体组织追求短期和长期回报的差异。

在销售补偿方案中，经常有一些影响因素。销售人员往往挣基本工资或争取未来的盈利，以确保其财务稳定性。在此基础盈利的顶部，销售人员通常面临着高杠杆收益，即红利和佣金与绩效成比例关系。绩效奖励中的一部分可能根据行为目标来设定，如团队合作或与更广泛的企业目标相符，但大多数绩效奖励基于销售。

多年来，销售人员激励方案中的销售绩效部分已经有了许多改进，但主要方向一直都是以销量、收入或利润为基础提供绩效激励。

基于销量的绩效目标在某些行业中应用，但是它们未能提供减少折扣的任何激励。如果销售人员没有折扣权力，基于销量的绩效激励并不一定是坏事，然而，大多数企业授予销售人员一定的折扣权力。在这些行业中，基于销量的绩效激励在获取更高价格和最小化折扣方面与企业目标存在偏差。

以收入为基础的绩效奖励代表销售人员意愿和组织意愿得到更好的协调。有了以收入为基础的奖励，则某折扣降低了收入，也减少了提供给单个销售人员的货币收入，同时还降低了公司的收入。我们已经看到，价格降低30%对公司盈利的影响远远超过30%，甚至让销售完全无利可图，同时，当绩效基于收入时，价格降低30%将仅仅以30%的幅度减少销售人员的收入，如果他还赚取基本工资，则引起其收入下降的幅度将不足30%。当面临对顾客的折扣请求说"不"惹恼顾客或以顾客的名义向公司申请优惠时，由于销售人员的奖励基于收入，故其往往会选择后者。即使是基于收入的绩效奖励机制也不足以使单个销售人员的目标与公司的目标相一致。[4]

第三种方法是将绩效奖励与利润绑在一起。[5]或者，当净价超过目标价格时，基于利润的佣金、绩效激励和利润增加绑在一起；当净价低于目标价格时，则佣金、绩效奖励会降低。在最激进的形式下，基于利润的佣金实际增加或减少的销售报酬多于个人销售利润的增加或减少。式（8—1）提供了一个用于计算基于利润的佣金公式：

$$销售信用＝[目标价格－k(目标价格－实际价格)]×售出单位$$

$$（8—1）$$

式（8—1）中的k是一个因素，大于或等于1除以目标价格的边际贡献百分比。例如，如果目标价格的边际贡献是25%，则k应该是4或更高。当k为4时，一个10%的折扣率以40%而不是10%的比率降低了销售信用，这与折扣对公司盈利能力的影响相一致，因为销售人员经常以短期眼光看待公司，而管理层则不然（他们总是不断前进）。一些人建议提高k，甚至高于1除以目标价格的边际贡献，从而使激励措施更加符合企业目标。

将销售激励与利润捆绑在一起不适合胆小者。尽管以收入为基础的激励方案向以利润为基础的激励方案的转移可以结构化，从而使销售佣金结构发生变化，并且对最佳销售人员进行进一步奖励和对最差销售人员行为改变进行强烈督促而不对普通销售人员产生影响，作出这一改变的公司仍面临多个干扰因素。许多采用以利润为基础的佣金方案的高管都发现大多数销售人员接受变化、留下来并很好地发展，有一些销售人员则较为冷漠，随着时间慢慢调整，极少数销售人员跳槽到新的职位，非正式的报告称其离职率高达30%。

从积极的一面来看，改变为以利润为基础的绩效激励方案的管理人员也改变了销售人员的行为，具体地说，销售人员将对折扣的要求转化为对获取进一步营销支持的要求。这些重新焕发热情的销售人员往往在寻找进一步的证据来证明更高的价格是正当的或要求和创造其他以价值为基础的销售信息，这将把销售人员和价格经理之间的压力点转移到销售和营销沟通中或销售和产品管理中。

小结

- 折扣管理因其频率和种类需要耗费巨大的组织资源。此外，由于计算具体要打多少折扣存在根本的模糊性，使得折扣决策具有挑战性。

- 由于组织生产力的冲突源头存在，故在一个组织内，围绕着折扣管理，很自然会出现紧张状态。通过将折扣问题进一步下推给组织所带来的生产力增长价值与紧密管理的价格变动相冲突。现场管理人员掌握的隐性知识价值与高级管理人员持有的显性知识得到的一般信念相互冲突。

- 短期销售目标和长期战略目标之间的矛盾，以及现场具体负责销售的人员与负责更广泛的产品组合领域的高管之间的相互冲突状况，都加剧了折扣管理所面临的挑战。

- 对于过多折扣的本能反应，最终会导致中止所有的折扣。虽然这种本能反应可能会阻止在战略层面和在市场战术层面所实施的价格之间不断扩大差距，但它可能会损害折扣应用在价格分割中以及捕捉边际销售中所带来的盈利能力。

- 监测折扣效果的三个关键方法分别是净价区间、市场变量净价以及价格瀑布分析法。

- 净价是由顾客在打完所有形式的折扣后实际支付的价钱，包括在发票内和发票外的折扣。净价区间突出了有效支付价款的异质性和识别出潜在的可消除的无利可图的交易。支付净价异质性的高水平表明可以通过在较低的盈利能力时降低单价和在较高的盈利能力时提高单价这样的方法来提高销量。

- 市场变量净价图使得高级管理人员能够揭示驱动净价异质性的要素。这些驱动要素可以用来确定市场细分，以及识别更加有利可图的实践。

- 价格瀑布分析使高层管理人员能够揭示价格折扣的形式和顾客价格敏感度之间的关系，他们确定所使用的折扣类型和大小，以及它们对净支付价格的影响。

- 从组织角度来看，进行价格折扣管理的两个关键方法是限制决策权和改变决策激励机制。

- 在做价格折扣的决策时，最好的做法是在组织内针对不同层次分配不同深度或不同类型的折扣。超出决策权范围的折扣决策必须提交到组织的上层。

- 改进折扣决策激励的重点是将基于绩效的激励从销量转向收入，并从收入转向利润。将基于绩效的激励机制转向基于利润已经证明对许多组织来说是令人畏惧的。

练习

1. 房地产经纪人通常以纯佣金形式工作。一项研究发现，房地产经纪人倾向于持有自己的市面上的房子 10 天左右，然后以超过顾客房子 3% 的价钱卖掉。[6]

a. 折扣对谁的负面影响比较大，房主还是房地产经纪人？

b. 房地产经纪人的财务激励与房主一致吗？

2. 讨论问题：显性知识和隐性知识之间的区别是什么？是否所有折扣规则必须严格执行？企业应该如何管理例外情况？

3. 支付意愿的不对称性是如何通过净价区间体现的？

4. 硅树脂制造商开展了市场变量净价调查，发现对于服务需求小的顾客价格低，他们通常散装购买。高管们考虑了两个方案：减少以低服务需求为导向的市场份额，或创建一个新的以低需求为导向的市场。你会支持哪个方案，为什么？

5. 一个生产良好的公司发现在一个地理市场中其市场份额一直下滑。它选择对关于工业标准的价格瀑布进行一个基准测试研究，发现该地理市场中其他竞争对手给出的标准交易折扣比自己高，而竞争对手花在合作广告上的费用比自己低。你建议采取什么样的行动，为什么？

6. 卫生器具公司发现其市场份额一直在增长。它选择对关于工业标准的价格瀑布进行一个基准测试研究，发现其季度奖金比同行业的水平高，它的进场费和店内营销支持折扣比行业水平要低。你建议采取什么样的行动，为什么？

7. 考虑下面的公司和销售人员的激励机制：以设定的顾客价格挨家挨户卖刀具的公司；一个向航空公司销售喷气发动机的公司，销售价格通过很多高管审查；卖给面包师和杂货店蛋糕预拌粉的公司，交易是由个体销售人员完成的。基于销量的激励机制对哪家公司最合适？以收入为基础的激励机制对哪家公司最合适？以利润为基础的激励机制对哪家公司最合适？以利润为基础的激励机制是不是最有效的？为什么有的公司不会选择它？

注释

[1] Michael Marn has written extensively on pocket price bands and price waterfalls. Michael V. Marn and Robert L. Rosiello, "Managing Price, Gaining Profit," *Harvard Business Review* 70, No. 5 (September–October 1992): 84–94. Michael V. Marn, Eric V. Roegner, Craig C. Zawada, "The Power of Pricing," *The McKinsey Quarterly*, 1 (2003): 26–39. Michael V. Marn, Eric V. Roegner, and Craig C. Zawada, "Transaction," in *The Price Advantage* (Hoboken, NJ: John Wiley & Sons, Inc., 2004): 23–42.

[2] Jim Geisman and John Maruskin, "A Case for Discount Discipline," *Harvard Business Review* 84, No. 11 (November 2006): 30–31. Donald V. Potter, "Discovering Hidden Pricing Power," *Business Horizons* (November–December 2000): 41–48.

[3] Christian Homburg and Ove Jensen, "The Thought Worlds of Marketing and Sales: Which Differences Make a Difference?" *Journal of Marketing* 71, No. 3 (July 2007): 124–42.

[4] Steven Levitt examined some of the decision-making biases inherent in revenue-based sales incentives in a highly familiar setting of housing sales. Steven D. Levitt and Stephen J. Dubner, "How Is the Ku Klux Klan like a Group of Real-Estate Agents?" in *Freakonomics* (New York: HarperCollins., 2005): 55–88.

[5] Sales incentives have been discussed in Thomas T. Nagle and Reed K. Holden, "Value-Based Sales and Negotiation," in *The Strategy and Tactics of Pricing: A Guide to Profitable Decision-Making*, 3d ed. (Upper Saddle River, NJ: Prentice Hall, 2002): 215–17.

[6] op cit Levitt/Dubner, 72.

第 Ⅲ 篇　建立价格结构

第9章 价格结构和多重定价

学习目标

- 什么是价格结构?
- 单价真的能反映价值吗?
- 价值驱动因素如何决定定价结构?
- 什么是两部收费制?
- 什么是捆绑销售安排?
- 两部收费制和捆绑销售安排的差异如何? 它们有什么相同点?
- 多重价格结构如何在不同行业中运用?
- 延伸问题: 高管什么时候应该用两部收费制或捆绑销售?

价格结构是以公司设计的定价组合为中心的体系[1], 常用于利用价格分割市场时。与价格促销和折扣根据公司参考价格改变价格不同, 价格结构调整公司的参考价格。在本章和接下来的几章中, 将探讨一些有重大影响的价格结构。[2]

高管们更倾向选择价格促销和折扣作为改善价格和促进价格分割的手段。折扣和价格促销以销售为基础来调整价格, 这两种战术容易执行, 但是未必容易优化和管理。价格促销和折扣虽然常见, 但只是价格分割的一种方法而已。另一种利用价格来分割市场的方法是通过价格结构本身。

与价格促销和折扣相比, 价格结构是利用价格分割市场的一种战略方法。价格结构从不同的细分市场引申出价格定义, 它自动调整所有交易的发票价格, 而不只是在促销或者特定的销售情况下。高管们构造价格使得细分顾客的支付意愿与所有价格支付是匹配的。价格结构是战略性的定价策略选择。

9.1 价格结构

价格结构是定义所有确定的交易价格的方法。例如，典型的水电费账单的价格结构包括多个组成整个交易价格的项目。按月还款中的一部分项目是固定的，一部分项目随着提供的服务不同而相应变化。水电费账单的这两部分构成了多重定价（multipart pricing）。

与价格水平和促销相比，价格结构是定价策略中更加稳定的部分。一旦确立，价格结构迅速成为针对竞争品和细分市场的行业规范。改变价格结构需要重新定义商品选择的决策标准和细分市场。改变价格结构比改变个别产品价格更加困难。目录价格和促销价格都能够相对迅速地改变，但改变价格结构意味着改变行业动态。

价格结构变化是改变行业动态非常有效的战略工具，因此，价格结构是一种关键的战略武器。新进入者会探索新的价格结构，以此作为挑战行业中老牌企业的潜在方法。例如，Skype 的预付价格结构区别于电信行业后付费的价格结构；西南航空最初的单程定价区别于航空业的往返定价结构；Zipcar 的租车费用是会员费加上每小时的使用费，区别于租车行业只按租车天数定价的价格结构。以上这些公司都在谋求重新定义价格点，以吸引顾客进入市场，它们通过重新定义价格结构来实现这样的目的。

对单价的再思考

乍一看，什么是定价这个问题似乎平淡无奇。公司生产或者分销产品或服务，它们为产品或服务制定价格。高管们有效地制定单价并将其作为价格结构，出售的数量决定支付的总价。在单位定价法中，整个市场的需求曲线与边际成本的相互作用决定了最佳价格。可是应该怎样定价，这个问题却有一点复杂。

以不同的价格结构为例，思考账单在不同的行业是如何确定的。建筑业、咨询业、律师事务所都有各自按时计费的定价策略，同时正在尝试按照完整的项目进行定价。在餐饮业中，部分餐馆采取的是自助餐定价策略，有些餐馆采用全餐固定价，还有的餐馆对特定的餐点或服务进行收费，在一些餐馆甚至黄油都要收费。当公司思考一种不同于行业内其他公司的计算交易价格的方法时，就是在思考一种新的价格结构。

不同顾客有不同的支付意愿。支付意愿不一定源于产品或服务，还可能源于对产品或服务带来的利益的渴望。产品的利益取决于顾客期望达到的目标以及产品在达到目标时贡献的大小。不同的顾客有不同的目标，并在相同的产品上寻找不同的利益，因此他们对相同的产品往往会有不同的支付意愿。通过发现与顾客支付意愿异质性相关的因素，高管们可以超越简单的单位定价策略，他们可以建立价格策略使价格与支付意愿成比例变化。

价格结构的特性由规定价格的基本标准决定。最常见的方法是通过商品数量或者工时决定价格单位，其他可行的方法则是在考虑内部成本的基础上更多地坚持以顾客为中心。以顾客为中心的定价策略在很多市场上更容易获利。在以顾客为中心的价格结构中，价格与顾客从产品中获得的利益相联系，而不是与出售的数量相联系。当定价的基础由出售的数量向完成的目标转移，企业就重新建立起以顾客为中心的价格。

在规定价格结构时，有两个非常重要的问题：（1）什么驱动消费者赋予产品价值？（2）企业怎样制定价格的变化比例使其与顾客感知价值相一致？通过提出这些问题，高管能够发现超越销售量，向价值传递转变的定价标准。

需求异质性的运用

定价的基本方法是使价格与顾客赋予产品的价值成比例。通常情况下，顾客认为产品具有的价值会比他们希望产品为其带来的效用少。对于部分顾客来说，产品是达成有价值的目标的重要工具。对另一部分顾客来说，产品只是达成那些略微重要的目标的众多选择之一。顾客借由产品达成某些结果，这些结果对顾客来说具有某些价值。公司按照这些价值的比例对产品进行定价，能使公司获取更高的价值。公司面临的挑战是，找到能够发现价格与产品效用比例的方法，适当地识别测量单位，将公司的价格与顾客眼中的价值驱动因素匹配起来。

需求异质性指的是不同的顾客在不同的购买情况下愿意支付的费用不同。需求异质性源于顾客差异，或单个顾客在不同的购买状况、购买时间、购买紧急程度等条件下的差异。与需求异质性相匹配的价格结构可以提高公司利润。

在设计价格结构以使用价格分割市场时，首要的目标是制定的价格要使不同的顾客为产品支付的实际价格与他们愿意支付的价格一致（只要高于边际成本），这样就能使需求异质性反映价格异质性。需求异质性是价格结构选择的驱动因素，也是不同价格结构效果的一种限制条件。

例如，技工对无线钻孔机的估价高于家庭主妇，他们对打孔和拧螺丝的重视程度不同，对钻孔机的价值估计自然会有不同。公司可能会按照钻孔价值的比例来定价，但是来自竞争者和替代品的压力使根据钻孔价值来定价变得站不住脚。同样地，制造商是在卖钻孔的工具而不是钻孔，它们并不是只卖一种类型的工具，也不是只有一种价格。与出售家用工具相比，制造商可以以不同的价格出售商用工具，制造商至少需要部分地捕捉与每一位顾客的价值驱动因素成比例的价格。就像制造商为不同的细分市场制造不同的产品一样，重新定义衡量价格的单位是反映顾客所获得的产品效用变化差异的一种方法。

与需求异质性结合，对价格的测量单位进行重新定义有多种方法。一种方法是测量单位从产品的销售转变到使用产品的能力。租约和订阅服务重新定义了价格测量的单位，使其由产品销售量转变为消费者使用产品的协议。从租房到保险、软件，已经出现把价格测量的单位重新定义为租约或订阅服务。

另外一种重新定义价格测量单位的方法是多重定价。多重定价策略是提高公司盈利能力的有效方法。在此定价策略中，采用两种或多种衡量标准来计算交易价格。以 Zipcar 租车公司为例，它与租车者签订合同，同意其使用汽车，根据实际使用汽车的时间，按小时收费。通过这种方法，Zipcar 既对顾客接触汽车的机会进行定价，同时又对顾客使用汽车进行定价。

其他重新定义测量单位的方法更多关注改变销售的产品。附加产品、版本更新、捆绑是重新定义产品，使其传递的价值更成比例地接近顾客需求价值，也是让公司获取更大价值的方法。从软件到家用电器、汽车，附加销售、版本策略、捆绑策略在提高利润中都发挥了重要作用。回到无线钻孔机的例子，制造商制造的产品是为专业市场设计的，而不是为了家庭使用，但是仍然能够找到方法，重新定义提高利润的价格单位。在收益管理中，衡量标准由单一的产品变为产品组合以及产品购买时间。航空公司和酒店已经成功运用收益管理并使其成为有效的利润工具。

反映价值趋势的价格结构与反映可变成本的价格结构相比，获利性更强。价格结构通过对产品估价高的消费者收取更高的价格，对产品估价低的更广阔的细分市场收取相对低价，提高了企业的获利性。由于价格结构与市场细分紧密相连，高管在选择价格结构时必须仔细权衡。不同的价格结构区分不同的市场。部分价格结构在特定情况下有效，但情况变化后，就需要不同的价格结构。在下面的章节中，将关注各种形式的价格结构，深入研究价格结构，并通过经济模型论证它们的价值。

9.2　多重价格结构

两部制定价

两部制定价是超越单一定价的最常见的价格结构。两部制定价在定价过程中有两个要素。可以把第一个要素比作入场费，入场费是针对所有顾客的，忽略顾客消费水平的固定收费。第二个要素是根据每次消费水平或其他形式计量收费。计量收费由可测量的消费单位决定。用一句话概括两部制定价，入场费使顾客拥有了购买计量要素的权利。

在理想的利润最大化模型中，第一要素是为了提取顾客的所有价值，第二要素是为了回收边际成本。如果市场是同质的，这样的模型就是可能的，当所有的顾客都有相似的需求，两部制定价的理想结构是设置与顾客从消费产品中获得的价值相等的入场费，设置与边际成本等价的计量收费。同质化市场中的最优入场费将所有创造给顾客、传递给顾客的价值，都以利润的形式转换到公司身上。[3]

在实际情况中，两种要素都从顾客身上获取价值，并与其购买意愿成比例。实际上，计量费用在实现两部制定价时，是公司利润的主要来源。如果市场是异质性的，两部制定价的最优结构将要求价格结构的所有部分都要产生利润。在异质化市场中，两部制定价能够只把源自最低需求顾客的价值传递给公司。对于其他所有顾客，公司创造、传递的所有价值由顾客和公司共享。在绝大多数情况下，每一个实际市场都是异质性的，一般来说，两部制定价靠入场费和计量收费这两部分收费获取利润。

在顾客看来，两部制定价按照消费比例收取不同的价格。对低消费人群来说，两部制定价计算出的总体价格是比较低的；对于高消费人群来说，总体价格会比较高。

用两部制定价的产品通常都是不容易转售或者储存的，这样的要求源于阻止售后市场转让的需要。通常情况下，公司实施两部制定价的能力随着竞争激烈程度的增加而降低。当竞争程度提高时，公司收取入场费的能力下降，它们必须提高价格结构中计量要素的价格。

搭售协议

搭售协议与两部制定价在结构上相似。与两部制定价类似，搭售协议用两种价格销售多种共同产生作用的产品，进而向顾客传递价值。与两部制定价不同的是，搭售协议的价格结构在设计时，主要是为了通过第二件产品获利而不是第一件。

在搭售协议中，公司通过售卖共同作用的相关产品向顾客传递价值。顾客可能从独立的产品中获得价值，但是顾客获得的绝大部分价值是通过联合使用两件产品获得的。

在经典的搭售协议设计中，第一件产品往往是耐用品，第二件产品则是与第一件产品共同发挥作用的易耗品。以剃须刀架和剃须刀片为例，剃须刀通常是以包括刀架和刀片的包装形式售卖。一旦顾客购买了刀架，以后再次购买时，就必须购买与相应的刀架搭配的刀片。如果顾客想使用竞争品牌的刀片，会发现竞争品牌的刀片与已经购买的刀架不搭配。通过设计相互搭配的、区别于竞争品牌的剃须刀架和刀片，公司将初次刀架的销售与未来刀片的销售捆绑在一起。

从获利的角度看，搭售协议与两部制定价截然相反。公司在采用两部制定价时，会制定相对较高的入场费作为利润的主要来源，计量价格相对较低，只作为公司利润的一部分。在搭售协议中，第一件产品是销售中的稳定部分，价格相对较低，如果价格不低于边际成本，也只是利润的一小部分。第二件产品或者易耗品，价格相对较高，它的销售即使不是利润的全部也是主要部分。在很多搭售协议中，易耗品的销售通常用来弥补销售耐用品的损失。

竞争力是驱动公司由两部制定价向搭售协议发展的因素。[4]两部制定价在垄断和有限竞争的行业中比较常见。搭售协议则普遍存在于需要与顾客建立长期关系，通过顾客重复购买获得利润的行业。搭售协议定价策略中，对耐用品定低价，进而强化与顾客的长期稳定关系，公司能够获得更多顾客。企业一旦获得顾客，顾客会因为耐用品与他们所选择的厂商建立关系，这样企业就可以对之后销售的易耗品定高价，从而获得高利润。

顾客必须与公司保持长期的关系，搭售协议才能实现利润。利润由销售易耗品创造而不是耐用品创造。长期来看，重复购买搭售协议中易耗品的顾客是公司利润的主要来源。一次性购买搭售协议中耐用品的顾客对公司来说很可能无利可图。

在搭售协议中，购买频率、顾客与公司关系的长久性是影响利润的重要因素，因此公司在市场中运用搭售协议时经常会预测顾客终身价值。顾客终身价值能够预测公司在一段与顾客的关系中可能获利多少。如同我们将在第13章中看到的那样，顾客终身价值的计算强调在搭售协议中为了获得利润，维持与顾客关系的重要性。

换言之，耐用品的销售只能创造很少的利润，甚至有可能造成亏损，公司期望保持与顾客的关系，未来通过易耗品的销售获得利润。顾客流失或者顾客转向别的供应商购买易耗品，都会破坏搭售协议，进而影响公司利润。

为了减少顾客流失，限制顾客通过其他渠道购买搭售商品中的易耗品，公司常常会针对易耗品在市场中设置一些转换壁垒。转换壁垒可能是易耗品与耐用品之间的专利接口。例如，游戏机要使用通过认证、得到专利保护的软件。除了设置转换壁垒外，公司可以尝试使用简易合同，在销售耐用品时让顾客向制造商购买易耗品，从而实现顾客捆绑。例如，移动通信运营商为签订长期服务合同的用户提供免费的手机。[5] 在少数情况下，公司会比顾客惯性对顾客未来的购买行为产生更多的影响。例如，苹果公司提供音乐管理软件（iTunes），希望通过苹果音乐商店（iTunes store）出售音乐获利，但是顾客能用任何数字音乐格式使用 iTunes。无论使用哪种形式，高管们都在试图制造一个专有的售后市场，使顾客只向他们的公司购买易耗品。

在运用搭售协议的市场上，竞争促使耐用品的价格下降。以剃须刀架和刀片为例，这两种捆绑在一起的产品，市场竞争非常激烈。刀片和刀架的生产商为了获得顾客展开激烈的竞争。在这样的市场中，顾客有基于初次购买价格挑选产品的习惯，习惯性地低估未来销售的成本。在搭售协议中，第一件销售的耐用品是形成公司与顾客关系的基础，易耗品的价值只有在未来的购买行为中才得以实现，因此，顾客为耐用品支付的初始价格与未来可能为与之捆绑的易耗品支付的价格相比，对他们的产品选择有更大的影响。顾客进行产品选择的基础是耐用品，因此鼓励公司对耐用品制定低价，对与之捆绑的易耗品定高价，从而获利。

与搭售协议不同，公司在采用两部制定价的市场中，面临的是有限的竞争。可以思考一下那些采用两部制定价的公司。即使放松管制试图引入竞争，公共事业依旧常常自然垄断。同样地，迪士尼公司垄断了下属游乐园的品牌角色，以米老鼠这个能够创造利润的品牌角色为例，对于那些对米老鼠感兴趣的顾客来说，迪士尼没有竞争者与其竞争。

虽然搭售协议较为常见，但是也受到许多法律限制。[6] 美国法院认定施乐采取的搭售协议违反反垄断法，其他司法领域也做出了同样的裁定，因为施乐公司规定，在出售复印机时与顾客签订协议，顾客日后须按照合同，从施乐购买复印相关材料以及复印纸，法院因此认定此搭售协议不合法。在以下几种情况下，法院认为属于受法律约束的搭售协议范围：（1）包括两种分开的产品或服务；（2）购买搭售品（第一件产品）的条件是额外购买被搭售品（第二件产品）；（3）卖方在搭售品市场上有很强的竞争力；（4）在搭售品市场中各州间的贸易很活络。

与其他定价战略、战术类似，高管不能只因法律限制就把搭售协议抛在脑后，也不能毫无顾虑地采用。高管应该在不违反法律和道德的前提下，选择能够使利润最大化的价格结构。大量实践证明，搭售协议通常是合法的。

爵士酒吧与多重定价——一个示例

我们以爵士酒吧为例来说明多重价格结构是怎么运作的。爵士酒吧收取 25 美元的入场费，每杯酒水收费 7 美元。交了入场费，顾客就有权进入酒吧并消费酒水。没有交入场费，顾客就不能进入酒吧，享受酒水。所有的顾客如果想要进入酒吧，购买酒水，就必须交入场费。消费酒水的数量是计算顾客消费金额的标准，每杯酒水 7 美元是计量价格。顾客可以自主决定是否消费酒水，因此他们能够决定娱乐一晚的花费。

通过观察多重定价在爵士酒吧的作用，我们能够计算出全部花费，以及如果顾客增加消费，每杯酒水的平均价格。表 9—1 呈现了随着酒水消费数量的变化，顾客消费金额的变化情况。进入酒吧后，如果只点 1 杯酒水，则全部花费为 32 美元；如果喝了 6 杯，则花费为 67 美元。

表 9—1　　　　　　　　　　　　爵士酒吧价格结构

酒水数量	花费（美元）	有效享受时间	平均有效价格/半小时（美元）
0	25.00	0 小时 0 分钟	N/A
1	32.00	0 小时 30 分钟	32.00
2	39.00	1 小时 0 分钟	19.50
3	46.00	1 小时 30 分钟	15.33
4	53.00	2 小时 0 分钟	13.25
5	60.00	2 小时 30 分钟	12.00
6	67.00	3 小时 0 分钟	11.17

在酒吧里，味道和是否解渴不是促进顾客购买酒水的唯一因素。为了解渴，顾客可以到便利店购买矿泉水甚至可以在家喝水。如果酒吧仅仅根据是否解渴来对酒水定价，每杯酒水的价格必然很低，然而，吸引顾客到爵士酒吧消费的主要因素是爵士乐及酒吧环境。

顾客在酒吧花费的时间越久，体验到的价值就越大。酒水的一部分作用就是不会让顾客觉得无事可做，这样他们便会忽略在酒吧停留的时间。某种程度上，酒水的数量可以作为顾客在酒吧花费时间长短的标志。在消费酒水的同时，顾客从体验中受益，因此有更高的消费意愿。酒水的销售使爵士酒吧能够获取与顾客停留时间成比例的价格，或者传递给顾客的价值。

为了简化起见，假设每位顾客每半小时喝一杯酒，我们就能得到与个人酒水消费、在酒吧停留时间成比例的价格图。观察图 9—1，从这个角度我们发现，在爵士酒吧消费 3 小时期间，每过半小时，顾客的整体花费就会增加。

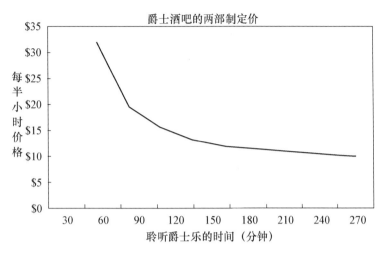

图 9—1　与酒吧消遣时间对应的每半小时花费

为什么时间不是度量标准？和许多市场一样，真正驱动顾客价值的度量标准可能很难测量，或者很难依据此度量标准计算顾客的消费。在设计价值的度量标准时，公司会识别所提供的产品或者服务与顾客获得的真正价值相关的一部分价值，即使这个度量标准与公司的成本结构不相关。

回到爵士酒吧的例子，对于绝大多数酒吧来说，酒水的成本只是酒水价格的很小一部分，真正的成本是雇用爵士歌手、服务生、房屋租金所构成的固定成本。显然，如果直接按固定成本向顾客收费，这对很多顾客来说是难以接受的。

那么，是多重价格结构中的哪部分让公司即使在有些顾客转向竞争者的情况下，还能在市场竞争中获利？从吸引和获得顾客的角度来看价格结构。商品的价格与入场费相比，如果顾客对前者更敏感，那么入场费的定价就要相对高一些，商品的定价就要相对低一些。例如，游乐园的游客对每个娱乐项目的价格比门票价格更敏感，因此一些成功的游乐园倾向于对单个娱乐项目收取很低的费用（或者不收费），但是公园的门票价格则相对较高。如果顾客对入场费更加敏感，则应该对入场费定低价，对单个产品或服务定高价。例如，游戏玩家对游戏机的价格较为敏感，因此游戏平台设计者常对游戏机定低价（在不亏损的情况下），对单个游戏定高价。

回到爵士酒吧的例子，每杯酒水 7 美元，这与相对高端的环境应该支付的价格比较一致，因此顾客觉得能够接受。类似地，25 美元的入场费低于一场演唱会的价格，因此顾客也觉得能够接受这样的价格。爵士酒吧的利润大部分来自销售的酒水，因为通常入场费的很大一部分都用于支付摇

滚歌手的出场费。

就像表9—1中计算的每半小时的花费那样，我们注意到顾客在爵士酒吧停留的时间越久，每半小时的花费就越低。如果以时间为横轴，以每半小时的花费为纵轴绘制曲线，我们发现这条曲线类似于需求曲线。通过此方法，可以认为多重价格结构能够反映市场中需求的异质性，如图9—1所示。

行业中的多重价格结构

如同我们之前看到的一样，多重价格结构能够使公司更好地获利。入场费加上计量费用，或者耐用品与易耗品搭配销售，使公司能从价格结构的不同部分中获得利润。此外，单价与顾客利益的真正驱动因素相关，而不是反映成本或者产品本身的显著利益。

部分公司也利用多重价格结构增加利润。我们可以在公用事业、企业软件、出版社、部分所有权行业、医疗保健等行业中发现多重价格结构。在每种情况下，顾客接触到产品只能获得部分效用，从实际使用产品并与产品互动中，顾客才会获得更多效用。成本和顾客赋予产品的价值，是选择计量单位以及两部制定价的基础。

公用事业

公用事业使用一种最纯粹的两部制定价方法。公用事业通常按计量收费或者收取接通费。电的计量单位是千瓦时。天然气按照千卡或者立方米计量收费。水的用量用立方英尺、公升或者其他的体积单位来衡量。通信业则根据通话时间或传输的字节收费。

所有的用户都从公共服务中获益，因为他们都享受公共服务，所以都愿意支付费用。即使是环保家庭也从当地提供的电力中受益。用户认为公共服务的价值与使用的数量成比例。例如，居民用户认为保持冰箱的低温比增加微弱的灯光更有价值。采暖可以选择使用电力或天然气。两部制定价对使用率较低的用户收取更高的单价。用电量较低的用户愿意为冰箱和照明消耗的电量支付高价，但他们不愿意为进一步消费买单。用电量高的用户愿意为了额外的照明和电力采暖花费更多。

企业软件

企业软件使用权限的价格由基础价格和单价构成。软件公司应该制定与顾客使用软件能够获得的真正价值密切相关的单价。一些软件公司对每个用户、并发用户或（许可）使用收费，其他公司更有创造性地采用与价值明显相关的定价方法。

例如，某家公司销售与食品成分、分析报告相关的交易管理平台软件，它不采用用户数，而是采用交易量作为定价标准。另一家销售计费系统与顾客照顾产品的软件公司将顾客公司管理的顾客数量作为定价的一种方法。库存管理软件按存货平均数量的比例定价，教育软件根据学生数量定价，医院软件根据医院床位定价，工业设计管理软件根据管理的设计数量定价。

一些企业软件公司甚至制定出需要解决的问题的复杂程度指标，并以此定价。假设即使软件全部可用，部分用户也只使用部分功能，那些使用全部功能的顾客就会有更高的支付意愿。

企业软件定价时，不应该只根据用户的数量，还应该探索与公司使用软件获得价值相关的计价指标。使用者可能很少与使用价值相关。对信息产品的定价也能得到同样的结论，例如对股票价格、法学期刊、汽车保养与损坏记录等信息的使用权。

部分所有权行业

多重价格结构在部分所有权行业中很常见，例如分时共享的度假屋、租用的游艇、拼车。每年的会员费与顾客使用的成本相关，并允许会员共享资源。使用费按星期、周末、天、小时收取。重度使用者平均使用价格更低，轻度使用者则更高。与其他多重价格结构相似，支付的平均价格与顾客边际消费的支付意愿相关。

医疗保健

有人会说医疗保健行业的定价是多重价格结构中最有效的一种。医疗保健行业的顾客先通过购买保险获得医保资格，每次看医生或开药需要二次付费。与其他产品或服务一样，顾客把获得服务的价值与享受服务的价值分开，使得多重定价成为一种定价机制。顾客价值源自需要时即能获得医疗保健服务。通过对使用医疗保健服务定价，即使只是名义上的费用，这种价格结构能抑制医疗服务的滥用，例如病人占用了医生时间，但病人的问题和医疗并不相关。

墨盒

惠普之类的打印机制造商有最纯粹的搭售协议形式。一般来说，低价可吸引顾客购买打印机，高价的墨盒则使公司获利。打印机是耐用品，墨盒是易耗品。惠普利用专利技术设计好墨盒与打印机接口从而实现了墨盒销售与打印机销售的捆绑。为了强化捆绑，惠普要求顾客接受只使用惠普墨盒的授权协议。

完善入场费和计量价格

高管们发现通过改变入场费或者计量价格可以增加利润，传递给顾客更大的价值。[7] 例如，重度使用者通常比轻度使用者面临更多的选择。众多的选择会抑制顾客的购买意愿。与轻度使用者相比，重度使用者愿意为了获得服务机会支付更多，在这种情况下，两部制定价按照使用程度获得价值的方式就失效了。

阶梯定价是管理重度使用者与轻度使用者支付意愿差异的一种方法。阶梯定价是指根据消费水平的差异把价格分为由高到低的若干阶梯。第一阶梯的价格高于之后的阶梯。当顾客的消费量达到下一个阶梯时，计量价格降低直至消费量达到再下一个阶梯。最后一个阶梯的价格等于或略高于长期生产的平均边际成本。

例如，电力的计量往往使用阶梯定价。如图 9—2 所示，随着消费量的增加，在某些点的消费单价下降。这种方法使公共事业对需要电力照明的轻度使用者定高价，对需要电力供暖的重度使用者制定低价（仍有利可图的边际收益）从而获利。

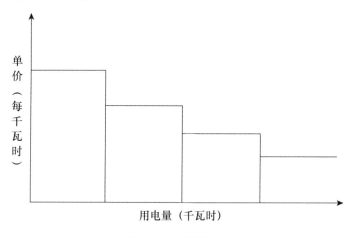

图 9—2　阶梯定价

近年来，公用事业开始不鼓励人们消费其产品。这样的改变源自人们开始意识到资源的有限性以及全球气候变暖，发电站燃烧化石燃料排放大量的二氧化碳，但环境污染的成本很少计入生产成本，各国政府对电价进行调控，使价格成为改变消费行为，倡导资源节约的一种手段。在居民用水和用电市场中，价格随着用量的增加而增加，这样的价格结构被市场调节者纳入思考范围。这样的价格结构不是为了增加利润，而是为了保证所有居民用户都有机会享受公共服务，并通过对消费量大的用户收取更高的费用，让人们逐渐形成节约资源的意识，这样就形成了倾斜定价，如图 9—3 所示。

Zipcar 租车公司设计了两种收费方案，每种方案的入场费和每小时使用费不同。[8] "临时驾驶方案"每年收费 50 美元，并以 9.25 美元作为小时计费的基础费用（每小时的具体费用由租用的车型决定）。"超值"方

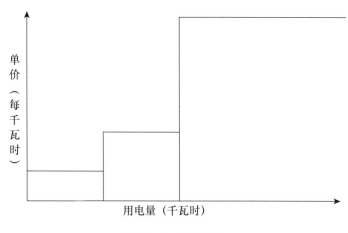

图 9—3　倾斜定价

案每月收取 50 美元，但小时计费的基础费用更低，为 8.33 美元。与阶梯定价类似，这种价格结构使 Zipcar 公司能够根据顾客的需求对顾客进行细分。与阶梯定价不同的是，在此价格结构下，入场费和计量费用都发生了改变。

● 价格结构是价格细分市场的一种战略性方法，它定义了全部交易价格的方法。价格结构一旦建立，就很难改变，改变价格结构会重新定义竞争边界。

● 建立价格结构的核心是识别定价的基本单位。依据具体有形的产品自然能够定义计价单位，在许多市场中，计价单位与顾客使用产品获得的效用相联系。高管们构建与顾客从产品中获得的效用匹配的价格，公司就能够获得更高利润和更多用户。

● 有效的价格结构能反映产品在顾客眼中的价值，因此高管们在构建价格结构时，需要理解需求异质性、与支付意愿相关的购买情况、顾客细分以及市场。

● 在两部制定价中，产品的全部价格分成两个要素：第一个要素是针对所有顾客的，不考虑消费水平的入场费；第二个要素是与消费数量相关的计量费用。在极端情况下，入场费是为了获取全部顾客价值，计量费用是为了收回边际成本。

● 在搭售协议中，销售一套配套使用的产品有两种价格。在经典的搭售协议中，第一件产品是耐用品，第二件产品是与第一件产品配合使用的易耗品。从获利的角度看，搭售协议与两部制定价相反。搭售协议中的耐用品的利润较低，易耗品的利润较高。很多时候用销售易耗品的利润来弥补销售耐用品的损失。

● 两部制定价、搭售协议都受到监管的干预以及法律的限制，但在许多情况下，这两种价格结构是允许使用的。

练习

1. 一家汽车租赁公司的高管正在考虑两种不同的价格结构：按天收费与按公里收费。哪种情况下按天收费的价格结构与顾客的支付意愿更匹配？哪种情况下按公里收费的价格结构与顾客的支付意愿更匹配？

2. 经济学家认为拥挤道路收费是高峰期缓解交通拥堵的方法。在这种收费方式中，交通拥堵时段收费高，交通畅通时段收费低。用什么方法可以让拥堵交通价格结构与需求异质性匹配？

3. 好市多和山姆会员店都为年度会员提供折扣价格。顾客会在好市多和山姆会员店中购买大批商品。像好市多和山姆会员店这样的购物俱乐部如何实施两部制定价？两部制定价只提供整批折扣吗？好市多或山姆会员店能够提供给有年度会员资格的顾客什么价值？

4. 惠普和柯达都出售打印机。惠普倾向于对打印机定低价，对墨盒定高价，柯达的定价策略与惠普正好相反。惠普用了什么价格结构？柯达呢？如果顾客对打印机的价格更加敏感，哪一种价格的获利性更强？

5. 一家塑料注塑公司销售模具和模具的塑料件。高管不确定对这两种商品是采用两部制定价还是搭售协议。如果顾客考虑长期的制造成本，哪种价格结构能够获得更多顾客？如果顾客考虑前期的设计成本，哪种价格结构能够获得更多顾客？

6. 布拉格有一个可供上班族和游客使用的强大的交通系统。单程票价格为26克朗，全天票价格为100克朗，月票价格为550克朗。

a. 哪个细分市场更愿意购买全天票？哪个细分市场更愿意购买月票？

b. 为了使全天票比单程票更合算，游客需要乘坐多少次交通工具？

c. 如果游客不确定他的交通需求，也不确定单程票的实用性，但是想顺利通行，他更愿意购买哪种票，单程票还是全天票？

d. 为什么一些人认为全天票的价格是根据安心的价值设定的？

7. 阅读附录9A，思考一个为同质化市场提供服务的公司，面临像式（9—1）描述的向下倾斜的需求曲线。假设有1 000个顾客，每个顾客的最大需求是10个单位产品，顾客从产品中获得的效用价值为100美元，每个产品的边际成本是20美元，固定成本是0美元。如果公司采用两部制定价，回答下面的问题：

a. 最优计量价格 P_M 是多少？

b. 最优入场费 P_E 是多少？

c. 公司从单个顾客身上获利多少？

d. 每个顾客消费多少单位产品？

e. 从市场上可以获利多少？

f. 公司向市场出售多少单位产品？

8. 阅读附录6A和附录9A并完成练习7，思考一个为同质化市场提供服务的公司，面临像式（9—1）描述的向下倾斜的需求曲线。假设有1 000个顾客，每个顾客的最大需求是10个单位产品，顾客从产品中获得的效用价值100美元，每个产品的边际成本是20美元，固定成本是 0 美元。如果公司采用单位定价，回答下面的问题：

　　a. 最优单价是多少？

　　b. 从市场上可以获利多少？

　　c. 公司向市场出售多少单位产品？

　　d. 单位定价策略比两部制定价策略的利润少多少？

　　e. 单位定价策略比两部制定价策略的销量少多少？

　　9. 阅读附录 9A，假设公司为一个异质化市场提供服务，这个异质化市场包括两个同等规模的细分市场（$\chi = 0.5$），每个细分市场面临像式（9—10）描述的向下倾斜的需求曲线。假设有 1 000 个顾客，每个顾客需要 10 个单位产品，需求量大的顾客从产品中获得的

效用价值为 120 美元，需求量小的顾客从产品中获得的效用价值为 80 美元，每个产品的边际成本是 20 美元，固定成本是 0 美元。如果公司采用两部制定价，回答下面的问题：

　　a. 最优计量价格 P_M 是多少？

　　b. 最优入场费 P_E 是多少？

　　c. 公司向需求量大的细分市场出售多少单位产品？

　　d. 公司向需求量小的细分市场出售多少单位产品？

　　e. 公司向整个市场出售多少单位产品？

　　f. 从市场上可以获利多少？

　　g. 完成练习 7 后，比较异质化市场比同质化市场的利润少多少？

附录9A　两部制定价经济模型

同质化市场

两部制定价是经济发展中最早考虑价格、需求和供给关系的价格结构之一。[9]在这个最简单的模型中，假设的前提是市场完全同质化，所有的顾客对增加的产品或服务有着相同的支付意愿，并在市场上获得完全相同的消费者剩余。在完全同质需求条件下，两部制定价能够获取消费者从产品中获得的全部价值，并转化为公司利润。虽然论证两部制定价模型给公司带来的价值非常有用，但在实践中只根据同质化需求量的近似值定价是值得质疑的。

为了更好地论证，我们估计采用两部制定价能让公司制定最优的价格并获得最大的利润。两部制定价要求有两种价格。假设 P_E 为入场费，P_M 为计量价

格或单个产品的价格。在两部制定价中，支付入场费后才可支付计量费用。

用向下倾斜的需求曲线表示单个顾客的需求：

$$q = q_{max} \cdot \left(1 - \frac{P_M}{S}\right) \qquad (9—1)$$

S 表示顾客从产品中获得的最大效用，依据 S 计算出的就是最高价格。当计量价格与最大效用相等，即 $P_M = S$ 时，没有任何单位产品可以售出。类似地，q_{max} 表示顾客购买的最大单位。当计量价格为 0，即 $P_M = 0$ 时，需求量最大，即 $q = q_{max}$，参见图 9—4。式（9—1）与式（6—1）非常相似，在附录 6A 中，只考虑整个市场的需求 Q 而不考虑个人的需求 q 和计量价格 P_M。因为假设的前提是整个市场完全同质化，所以整个市场的需

求等于单个顾客的需求与顾客数量的乘积。用 N 代表顾客的数量，我们发现：

$$Q = N \times q \qquad (9—2)$$

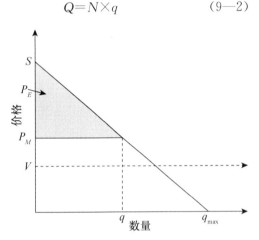

图9—4　同质化市场下的两部制定价

公司能从顾客身上获取的最高可能入场费与顾客能够从产品中获得的最大价值相关。如果用图展示，在不存在入场费的情况下，顾客获得的价值就是由需求曲线与计量的基础价格围成的三角形的面积，也就是图9—5中的阴影部分。三角形的高由进入市场获得的效用（S）与计量价格（P_M）的差值决定。三角形的底就是通过式（9—1）计算出的 q 的值。三角形的面积等于底乘高的 1/2，我们由此可以得到最优的入场费：

$$\hat{P}_E = \frac{q_{max}}{2S} \times (S - P_M)^2 \qquad (9—3)$$

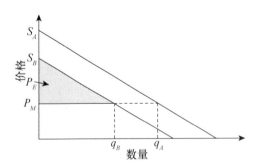

图9—5　异质化市场中的两部制定价

有了固定的入场费之后，可以得到个人顾客获得的利润：

$$\pi_i = P_E + q \times (P_M - V) \qquad (9—4)$$

式中，π_i 为从单个顾客获得的利润；V 为可变成本。为了简化，假设固定成本为零。

为了计算出最优计量价格，我们在考虑计量价格的条件下计算最大利润。入场费 P_E 与售出的数量 q 与计量价格相关，可变成本与计量价格无关，在考虑计量价格的条件下我们得到利润的一阶导数：

$$\frac{\partial \pi_i}{\partial P_M} = \frac{\partial P_E}{\partial P_M} + \frac{\partial q}{\partial P_M} \times (P_M - V) + q \qquad (9—5a)$$

根据式（9—1）得到：

$$\frac{\partial q}{\partial P_M} = \frac{-q_{max}}{S} \qquad (9—5b)$$

根据式（9—3）得到：

$$\frac{\partial P_E}{\partial P_M} = \frac{-q_{max}}{S} \times (S - P_M) \qquad (9—5c)$$

将式（9—5b）和式（9—5c）代入式（9—5a），并假设根据计量价格求出的一阶导数等于0，我们得到：

$$0 = \frac{-q_{max}}{S} \cdot (S - \hat{P}_M) - \frac{q_{max}}{S} \cdot (\hat{P}_M - V) + \frac{q_{max}}{S} \cdot (S - \hat{P}_M) \qquad (9—6)$$

化简式（9—6），可得到：

$$\hat{P}_M = V \qquad (9—7)$$

在此价格下，从单个顾客获得的利

润等于收取入场费获得的利润：

$$\hat{\pi}_i = \hat{P}_E \qquad (9—8)$$

假设市场上有 N 个顾客，公司的全部利润为：

$$\hat{\pi} = N \cdot \hat{\pi}_i = \frac{N \cdot q_{max}}{2S} \cdot (S-V)^2$$
$$(9—9)$$

在将式（9—7）代入式（9—3）后，得到简化后的式（9—9）。

可以对比两部制定价与单位定价两种定价机制计算出的最优价格。在附录 6A 中，计算最优单价和最优利润的前提是，公司只按照一种单价向整个市场提供产品。可以看到，两部制定价（见式（9—7））的最优计量价格低于单位定价（见式（6—5））的最优单价，因此当公司运用两部制定价时，顾客会比公司只运用单位定价时买得更多（比较式（6—6）与式（9—1））。在同质化市场的最优两部制价格结构中，公司所有的利润来自入场费，此时的利润明显高于只运用单位定价法时的利润。事实上，通过比较式（6—7）与式（9—9），我们发现公司运用两部制定价时的利润是只运用单位定价法时的两倍。

两部制定价能够带来更多利润激励高管们采用此定价策略。归根结底，两部制定价制定与生产成本相等的计量价格，刺激顾客尽可能多地购买产品，从而增加公司利润，同时公司能够通过入场费获得全部顾客价值，获得利润。因为在同质化市场中，两部制定价是一种最简化的完全价格歧视，所以政府限制那些可能产生垄断的公司通过使用两部制定价获得更高利润。

正如之前所说，我们运用许多假设来说明此模型。完全同质化市场这一假设在现实的经济活动中出现的概率是极低的，换言之，每个顾客对每件产品或每项服务的支付意愿不可能完全一致。

异质化市场

如果将市场异质性加入模型，两部制定价提高利润的能力将会受到很大的限制。为了论证市场异质性对两部制定价最优价格和利润的影响，我们先假设一个市场中有两个子市场。子市场 A 的需求量比子市场 B 的更大（$S_A > S_B$）。利用一个与之前顾客需求类似的模型，同时能够区分子市场 A 和子市场 B，我们得到：

$$q_A = q_{max} \cdot \frac{S_A}{S_B} \cdot \left(1 - \frac{P_M}{S_A}\right)$$
$$(9—10a)$$

$$q_B = q_{max} \cdot \left(1 - \frac{P_M}{S_B}\right) \qquad (9—10b)$$

实际上，式（9—10）表示子市场 A 和子市场 B 对每单位产品有同样的支付意愿，但子市场 A 购买的数量比子市场 B 更多。如图 9—5 所示，两条需求曲线相互平行，一条在另一条的上方。

假设整个市场中有 N 个顾客，一部分属于子市场 A，另一部分属于子市场 B。如果 χ 表示子市场 A 中顾客占整个市场的比例，$1-\chi$ 表示子市场 B 中顾客占整个市场的比例。因此，整个市场的销售量为：

$$Q = N \cdot [\chi \cdot q_A + (1-\chi) \cdot q_B]$$
$$(9—11)$$

两个子市场都面临相同的入场费和计量价格，公司不能把入场费作为获取全部消费者剩余的手段。最高的入场费只能从最低需求的顾客那里获得价值。图 9—5 中的阴影部分就代表此价值。阴影三角形的面积 $=\frac{1}{2}(S_B-P_M)\cdot q_B$，化简后可以得到最优入场费：

$$\hat{P}_E=\frac{q_{max}}{2S_B}\cdot(S_B-P_M)^2 \tag{9—12}$$

如果价格过高，子市场 B 中的顾客将不会购买而离开市场。如果价格过低，公司将无法获得最大利润。

在顾客数量平均的基础上，公司的利润公式由两部分构成：针对每个顾客收取固定的入场费，顾客购买的平均数量乘上计量价格与可变成本的差（亦即边际利润）。根据式（9—11），可以得到单个顾客购买的平均数量为 $\chi\cdot q_A+(1-\chi)\cdot q_B$，因此从每个顾客身上获得的利润为：

$$\pi_i=P_E+[\chi\cdot q_A+(1-\chi)\cdot q_B]\cdot(P_M-V) \tag{9—13}$$

再次假设固定成本为 0 以简化模型。

为了计算出最优计量价格，我们在考虑计量价格的条件下计算最大利润。入场费（P_E）和售出的数量（q_B+q_A）与计量价格相关，细分市场的顾客、可变成本与计量价格无关，在考虑计量价格的条件下我们得到利润的一阶导数：

$$\frac{\partial \pi_i}{\partial P_M}=\frac{\partial \hat{P}_E}{\partial P_M}+[\chi\cdot\frac{\partial q_A}{\partial P_M}+(1-\chi)\cdot\frac{\partial q_B}{\partial P_M}]\cdot(P_M-V)+\chi\cdot q_A+(1-\chi)\cdot q_B \tag{9—14a}$$

根据式（9—12）得到：

$$\frac{\partial \hat{P}_E}{\partial P_M}=\frac{-q_{max}}{S_B}\cdot(S_B-P_M) \tag{9—14b}$$

根据式（9—10）得到：

$$\frac{\partial q_A}{\partial P_M}=\frac{\partial q_B}{\partial P_M}=\frac{-q_{max}}{S_B} \tag{9—14c}$$

将式（9—14b）和式（9—14c）代入式（9—14a），并假设根据计量价格求出的一阶导数等于 0，我们得到：

$$0=\frac{-q_{max}}{S_B}\cdot(S_B-\hat{P}_M)+\left[\chi\cdot\frac{-q_{max}}{S_B}+(1-\chi)\cdot\frac{-q_{max}}{S_B}\right]\cdot(\hat{P}_M-V)+\chi\cdot q_{max}\cdot\frac{S_A}{S_B}\cdot(1-\frac{\hat{P}_M}{S_A})+(1-\chi)\cdot q_{max}\cdot\left(1-\frac{\hat{P}_M}{S_B}\right) \tag{9—15}$$

化简式（9—15）得到：

$$\hat{P}_M=V+\chi(S_A-S_B) \tag{9—16}$$

根据式（9—12）和式（9—16）可得：

$$\hat{P}_E=\frac{q_{max}}{2S_B}[S_B-V-\chi(S_A-S_B)]^2 \tag{9—17}$$

当市场上有 N 位顾客时，利润为：

$$\pi=\frac{Nq_{max}}{2S_B}[(S_B-V)^2+\chi^2(S_A-S_B)^2] \tag{9—18}$$

市场异质性对两部制定价有两个明显的影响：第一个影响是异质性降低了最优入场费，影响最优入场费的因素包括对产品有更高需求的顾客比例，以及两个子市场的需求差异；第二个影响是异质性提高了计量价格，计量价格受到子市场大小、子市场需求差异的影响。总体来看，提高计量费用的结果是销售量减少、入场费降低、顾客价值降低，这些都导致当市场异质性增强时，两部制定价的获利性降低。

当顾客需求同质化时，需要制定更高的入场费、接近可变成本的计量费用。当市场异质化时，则要制定更高的计量价格、更低的入场费。随着市场的异质化程度增加，最后，两部制定价就会结构性地转变为搭售协议。

注释

[1] Minet Schindehutte and Michael H. Morris, "Pricing as Entrepreneurial Behavior," *Business Horizons* 44, No. 4 (July–August 2001): 41–48.

[2] Price structures for segmenting the market, and in particular two-part tariffs, are a popular subject in pricing. For an entertaining source of examples, see Richard B. McKenzie, "Free Printers and Pricey Ink Cartridges," in *Why Popcorn Costs So Much at the Movies and Other Pricing Puzzles* (New York: Springer Science and Business, 2008): 143–58. Thomas T. Nagle and Reed K. Holden, "Segmented Pricing: Tactics for Separating Markets," in *The Strategy and Tactics of Pricing: A Guide to Profitable Decision Making,* 3d ed. (Upper Saddle River, NJ: Prentice Hall, 2002): 227–51.

[3] An extreme form of two-part tariffs can be found with buffet pricing, or so-called all you can eat pricing, where in the metered item is not priced at all, and all revenue is derived from the entrance fee. See Babu Nahata, Krzysztof Ostaszewski, and Prasanna Sahoo, "Buffet Pricing," *Journal of Business* 72, No. 2 (April 1999): 215–28.

[4] Beth Hayes, "Competition and Two-Part Tariffs," *The Journal of Business* 60, No. 1 (January 1987): 41–54.

[5] Dipak C. Jain, Eitan Muller, and Naufel J. Vilcassim, "Pricing Patterns of Cellular Phones and Phonecalls: A Segment-Level Analysis" *Management Science* 45, No. 2 (February 1999): 131–41.

[6] An examination of antitrust cases involving durable equipment makers and proprietary aftermarkets is presented in Severin Borenstein, Jeffrey K. MacKie-Mason, and Janet S. Netz, "Exercising Market Power in Proprietary Aftermarkets," *Journal of Economics and Management Strategy* 9, No. 2 (Summer 2000): 157–88. Benjamin Klein, "Market Power in Aftermarkets," *Managerial & Decision Economics* 17, No. 2 (March–April 1996): 143–164.

[7] An economic review of two-part tariffs and similar pricing mechanisms can be found in Joseph S. DeSalvo and Mobinul Huq, "Introducing Nonlinear Pricing into Consumer Choice Theory," *Journal of Economic Education* 33, No. 2 (Spring 2002): 166–79.

[8] Zipcar website. http://www.zipcar.com/chicago/check-rates (Accessed on May 7, 2009).

[9] The model of consumer choice and profit maximization with two-part tariffs presented here is a highly simplified extraction of the one presented by Walter Y. Oi, "A Disneyland Dilemma: Two-Part Tariffs for a Mickey Mouse Monopoly," *The Quarterly Journal of Economics* 85, No. 1 (February 1971): 77–96.

第 10 章

附加产品、配件产品和互补产品

- 什么是互补产品？
- 基础产品包括什么？什么产品应该作为附加产品？
- 与附加产品相比，基础产品应该如何定价？
- 需求异质性如何导致附加价格结构？
- 消费者行为如何影响路标产品和可选设备的定价？
- 网络外部性如何推动价格结构？
- 互补产品如何用来驱动锁定？
- 延伸问题：附加产品什么时候应该定高价，什么时候应该定低价？

在研究价格结构时，我们发现产品很少单独销售。为了实现使用目的，顾客购买其他能够结合使用的共同发挥作用的产品。如果一种产品的购买增加了购买另一种产品的可能性，这两种产品就是互补产品（complementary product）。附加和配件产品定价与互补产品定价相关。

许多产品是连接额外的附加模块或者可选配件的必经之路。附加产品和配件产品存在于有形商品、无形商品、耐用品、易耗品、工业品、消费品之中。例如，基座和音箱就是 iPod 和 iPhone 的配件。同样地，通用电气的洗衣机可以单独购买，或者和通用电气的烘干机搭配购买；企业购买软件时可以只购买商业功能，或者购买商业功能及其他附加模块。

当我们能够识别某个产品是购买其他产品的必经之路时，就识别出了附加定价结构或配件定价结构。在附加定价结构中，存在某些源于消费者行为的细微效应能导致定价结构发生改变，这些改变和仅根据经济权衡得出的结果是相反的。例如，通过联合分析或交换价值计算的经济权衡可能使某一产品的价值增加5美元，但是消费者行为效应以及敏感的经济效应能够使公司在销售配件产品时获得比5美元更多的价值，其他的因素能够促使基础产品和配件产品价值的差异低于5美元。明白这些影响能够使高管们改善附加产品和配件产品的定价，而不再局限于直接的价格标准，同时将促销定价锁定在那些能够带来最大利润的产品部分。

10.1　附加价格结构

附加价格是一种广泛运用的定价方法，在运用中基本上没有限制。比萨与比萨配料、汽车与可选功能、手机与配件、网球拍与网球，在这些例子中我们都可以看到附加价格结构的作用。在工业市场中，公司销售成千上万件产品，每种产品都有各自的定价，发票总价就是购买的产品数量与产品价格的乘积，发票总价由互相联系的产品价格构成。

在较高的水平上，任何与其他产品一同使用的产品都可以用附加价格结构进行定价。此外，任何产品具有以下特征便能从附加战略的角度来考虑：产品的利益和零部件能够被解构并具有可加性，以及顾客会用不同的方式来使用产品与评价产品。[1]

在附加价格结构中，不同产品的价格和销售是相互独立的。购买某种产品增加了购买互补产品的可能性，产品可能是独立的，每件产品都能独立提供利益。例如，杏草冰激凌与 Reese 牌花生酱都单独提供价值，但也能够一起购买这两种产品。此外，产品也可能与互补产品捆绑销售，基础产品决定了产品类别，互补产品的购买强化了基础产品的利益，离开基础产品，互补产品将毫无价值。例如顾客购买有意式香肠的芝士比萨，如果没有比萨，他们则很少购买意式香肠。

在附加或配件定价结构中，顾客支付的全部价格是购买的所有产品价格的总和。如果产品 A 的价格是 P_A，产品 B 的价格是 P_B，那么应支付的总价格为 $P_A + P_B$。附录 10A 将介绍一个简单的附加定价经济模型。

附加定价策略的利润结构不像独立产品的利润结构那样直接明了。独立产品的定价受到竞争产品和相似产品价值的影响。附加定价结构乍看起来好像是单位定价的延伸，但实际上附加定价策略受到更多因素的影响，包括运用附加产品作为价格分割措施的可能性，以及互补产品销售对基础产品销售的影响。

从纯粹的价格细分角度看，高管们希望互补产品比基础产品贡献更多利润。附加价格结构是一种价格区分，它将那些愿意为获得更多附加特征而有更高的支付意愿的顾客，与只对基础产品有很低的购买意愿的顾客进行区分。通过这样的方法基础产品成为产品类别的代表。纯粹的价格细分理论认为最完美的价格区分应该是，设计并生产最低利益的基础产品来满足有最低支付意愿的顾客，并制定能够吸引最大市场的价格。附加产品或互补产品能够增加基础产品的利益，能够作为从拥有更高支付意愿的顾客身上获取更高利润的一种手段。

价格细分并不是影响附加定价结构的唯一因素。对于两种互补产品，基础产品的销售会影响附加产品的销售，反之亦然。网络、广告、竞争也会影响附加价格策略。因此，基础产品和互补产品的价格制定、利润贡献受到多种因素的影响。

基础产品创造的利润较低，互补产品创造的利润较高，例如第 9 章讨论的打印机与墨盒，剃须刀架与刀片。也有另外一种情况，基础产品创造的利润较高，互补产品创造的利润较低，例如网球拍与网球。基础产品和互补产品也可能创造相同的利润，如桌子和椅子。

我们用数学公式量化利润。$\%CM_A$ 和 $\%CM_B$ 分别代表产品 A 和产品 B 的边际贡献百分比，A 表示基础产品，B 表示附加产品。在建立附加价格结构时，高管们必须了解附加价格结构的边际贡献，在 $\%CM_A < \%CM_B$ 时与搭售协议的边际贡献是否相近，在 $\%CM_A > \%CM_B$ 时与两部制定价的边际贡献是否相近，在 $\%CM_A = \%CM_B$ 时边际贡献是否稳定。

在面临定义附加价格策略的价格结构、利润结构这个挑战的同时，营销人员还面临的挑战是要定义基础产品应该包括哪些属性和特征，哪些属性和特征可以用来发展成互补产品。进入新市场的渴望、经济不景气都可能使公司减少基础产品的特征，并通过互补品提供这些特征。竞争压力、市场变动、网络效应可能促使公司减少互补品的功能，并把这些功能与基础产品相结合。

决定哪部分互补产品获得高利润，或全部互补产品获得低利润，是受许多因素影响的重大战略问题。在介绍最优附加定价和利润结构的影响因素之前，我们先弄清楚附加价格结构是如何进行价格区分的。

我们先不考虑互补产品会蚕食基础产品销售的可能性，因为这种情况只在产品互为替代品时才加以考虑，替代品的销售是负相关的，而互补品的销售是正相关的。互补品的销售会带动另一产品的销售。如果两种产品互为互补品，价格影响其中一种产品销量的同时也会对另一种产品的销量造成影响，这个价格就是最优价格。经济学中把这种现象称作需求的交叉弹性，一种产品价格的变化影响另一种产品销量的变化，互补品的需求交叉弹性为负。

10.2　附加价格结构中的价格区分

让我们以 2007 年诺基亚 6103 手机的配件为例来论证附加价格结构。购买诺基亚 6103 需要购买许多配件，这些配件包括：可以在驾驶时进行免提通话的汽车套件、能够与电脑连接的数据线、旅行充电器、音频适配器（如表 10—1 所示）。

表 10—1　　　　　　　诺基亚 6103 手机配件（2007）[2]

汽车套件 CK-10	139 欧元
数据线 CA-42	49 欧元
无线耳机 BH-200	59 欧元
旅行充电器 AC-4	19 欧元
手机充电器 DC-4	19 欧元
音频适配器 AD-46	25 欧元

每个消费者都会根据自己的需求选择具体的产品。在附加价格结构中，每个顾客都能够根据自己的需求挑选具有不同属性特征的产品。每个顾客对配件都有不同的需求。一部分顾客对某个配件的需求可能较高，而其他顾客对该配件的需求则较低。用圆圈表示对一种特征的需求，连接这些需求表示客户细分，形成的蛛网图就表示顾客的需求轮廓。不同的顾客有不同的需求轮廓。

例如，图 10—1 描绘了两个顾客对诺基亚 6103 手机配件的需求轮廓。一个旅行细分市场的顾客对旅行充电器和手机充电器有需求，但对其他的配件没有需求。一个经常因公出差的顾客可能需要许多充电器，办公室、家、公文包、出国时都需要各准备一个。购买诺基亚新款手机的回头客可能已经有了足够多各种各样的充电器，但此顾客可能需要用连接适配器把之前手机里的号码转到新手机里，或者需要能让旧的充电器在新手机上也可以使用的转换器。诺基亚 6103 手机能够满足绝大多数顾客的核心需求，但不同顾客对配件的需求会有不同。

正如顾客细分需求轮廓显示的那样，附加价格结构下可以对传递给顾

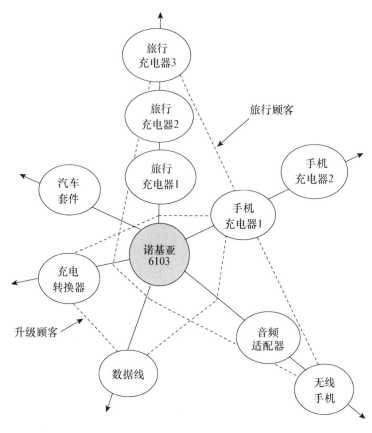

图 10—1 顾客细分需求轮廓

客的产品和利益进行更高层次的定制,这也使基础产品和配件的总价更能与高度异质化顾客的支付意愿相匹配。

如果将所有的配件打包连同基础产品一起销售,许多顾客就不得不购买那些不能给他们带来利益的产品,全部打包的价格也会高于他们的支付意愿,这就导致了一种被许多顾客形容为"镀金方案"的结果:产品具有许多没人需要的功能和一个没人愿意支付的价格。不仅公司利润会受到影响,市场也会由定价更低的、拥有更少功能的竞争者主导。

运用附加策略时,基础产品可与附加特征结合,销售给那些有异质性需求的顾客,顾客可以自行决定是否购买附件产品或者配件以满足自己的异质性需求。每一种配件或每种配件的各个部分都是一种区隔市场的措施或工具,将那些为了获得额外利益而有更高支付意愿的顾客与有较低支付意愿的顾客区别开。

附加价格结构有很强的灵活性。正如从需求轮廓中看到的那样,顾客的需求是异质的,附加价格结构能很好地发挥作用。顾客可以根据自己的喜好组合产品,很少有顾客愿意为他们不需要的功能支付费用。当所有对功能有特殊需求的顾客还不足以形成一个细分市场时,附加价格结构就成为最简单、最有效的获得顾客、满足顾客需求的一种价格结构。

10.3　附加价格结构价格水平的影响因素

在附加价格结构中，消费者行为的效应能使公司通过附加产品或基础产品获得更高的边际利润。其他的效应包括：路标效应、可选设备效应、网络外部性以及锁定效应。路标效应和可选设备效应很大程度上受到对比困难效应的驱动，关于消费者行为的对比困难效应已经在第 5 章讨论过。网络外部性和锁定效应是可测量的经济因素，能够改变附加产品和基础产品的价格水平，这两个因素可能使公司通过基础产品获得更高利润。

路标效应

路标效应讨论的是对普遍或经常购买的产品制定低价能诱发顾客购买那些不太普遍或不经常购买但是边际利润相对更高的产品。路标效应已经由食品杂货商、经销商和办公用品供应商在零售市场上进行了探索。[3]

路标效应的基本前提是某一产品的价格能够向顾客传递其他产品的价格信号，而且路标产品不一定要精确地反映其他产品的价格。公司可以通过路标效应利用广告产品或促销产品带动非广告产品或非促销产品的销售，进而提高利润。路标产品常是用来带动互补产品销售的促销产品。路标效应在零售行业中运用广泛。

路标效应产生的原因是顾客不可能掌握市场上所有同类产品的信息。虽然所有的同类竞争产品对顾客都是可见的，但顾客不可能精确地记住所有产品。对大多数顾客来说，掌握市场上所有产品的价格远远超过了他们能够从中获得的益处。人都是认知吝啬者，他们只储存、回忆那些能使他们获益的信息。顾客根据了解产品信息能够得到的效用，最小化获得信息做出的努力，这就是不完整记忆会产生的原因。

因为顾客不知道每个零售网点所有产品的价格，所以他们会根据零售店的总体价格水平，选择零售店铺进行购买。对顾客来说，某些产品的价格是该零售店其他产品价格高低的一种信号，对这些能使顾客对零售店铺形成总体价格印象的产品采用低价策略。公司通过路标效应树立起低价的印象，以此吸引顾客，并维持其他产品的高价，由此获利。

例如，一个计划购买网球拍的顾客可能会先比较网球的价格。如果网球的价格较低，顾客就可能做出网球拍价格也较低的假设。如果网球的价格较高，顾客可能会离开，到别的店铺购买更便宜的网球。

为了识别出路标产品，零售商要寻找那些顾客对产品价格有准确预期，同时能够与主要产品搭配使用的产品。路标效应依靠的是顾客有能力正确地识别与解读路标产品的价格是优惠的，从而引发顾客互动。路标产品应该是互补产品，这样才有助于促进主要产品的销售。

路标效应反映的价格信号并不一定要非常准确或有效。顾客不大可能准确掌握家具、音响设备、电脑这些不经常购买的产品的价格。公司可以对普遍或经常购买的产品定低价作为整体价格较低的信号，同时对不普遍或较少购买的产品定高价以获取更高的利润。例如，广告产品的价格较低可作为整体价格较低的信号，但非广告产品的价格可以维持在较高的水平。路标效应同时有助于广告产品和互补产品的销售。

战略路标定价在以下几种情况下有效：（1）相互竞争的店铺的类型是异质的，一些有较高的成本结构，另一些的成本结构则较低；（2）顾客对零售店铺有不同的偏好，影响偏好的因素包括位置、产品的丰富程度、环境的整洁程度和装修风格、顾客服务、距离；（3）顾客基于他们光顾某个零售店铺获得的期望效用选择购买产品的零售店铺；（4）零售店铺通过广告价格来传递整体价格形象的信号。

在这些情况下，零售店铺可以选择对部分产品做广告，提高顾客选择零售店铺时的期望效用，同时销售那些只有顾客进入门店才能发现的未做广告的其他产品。高成本的零售商可以对广告产品制定与低成本零售商相当的价格，提高客流量，通过销售高价的非广告产品获取利润。

可选设备效应

制造商可以将低利润基础产品与高利润的可选设备相结合。如果基础产品面临激烈竞争，而附加产品鲜少面临比较，对比困难效应使制造商能够通过附加可选设备获取更大利润。此外，制造商对原厂可选设备享有技术垄断，这样制造商就可以通过附加产品对市场进行有效的价格区分。制造业中的可选设备效应与零售业的路标效应类似，对顾客容易进行比价的产品定低价以吸引客流量，从而促进高利润产品的销售。

我们可以通过一个汽车行业的例子来说明可选设备效应。2007年上市的宝马Z4 2.5是一款运动型跑车，可用E85燃料，并可选择安装不同的原厂功能，如表10—2所示。可选择设备和功能包括：外用漆、座椅材质、内部装饰、车轮类型、空调、导航系统、可折叠后视镜、巡航定速。宝马Z4的全价根据顾客的选择而有所不同。

表 10—2 宝马 *Z4* 基础价与可选附加属性（2007）[4]

宝马 Z4 2.5 运动型跑车建议零售价	61 330 欧元
可选设备	
红宝石黑色金属外观	2 180 欧元
红黑双色内饰	1 530 欧元
复合星形辐条车轮	565 欧元
舒适行李箱	810 欧元
高保真的数字信号处理器	1 455 欧元
专业导航系统	2 690 欧元
电子折叠后视镜	320 欧元
挡风板	335 欧元
巡航定速	365 欧元
黑杨木内饰	320 欧元
总价	71 900 欧元

可选设备与搭售协议不同，并不要求顾客必须购买，因此企业也不必考虑反垄断的制约。

网络外部性

网络外部性使产品的价值随着使用者数量的增加而增加。[5]例如，随着阅读 PDF 文件用户的增加，Adobe 公司 PDF 软件的价值也在增加。电子邮件、手机短信、在线网络平台也得益于网络外部性，每一位使用者获得的价值依赖于网络用户的数量。网络外部性是谷歌的关键字广告及广告服务、苹果手机与苹果应用商店、Facebook，甚至 Twitter 的核心战略要素。

网络外部性最早于 20 世纪 80 年代由乔治·吉尔德（George Gilder）在传真机领域提出，在以太网的发明人之一罗伯特·梅特卡夫（Robert Metcalfe）推崇下而广为人知。梅特卡夫法则为，积极的网络外部性的网络价值以用户数量的平方的速度增长。这个论述十分直接明了。假设一个网络中有 n 个用户，网络中的每个人都能获得与 $n-1$ 成比例的价值。网络的整个价值与 $n(n-1)$ 成正比，也就是与 n^2-n 成正比。这样网络的价值就以网络用户数量的平方的速度增长。

公司若推出希望得益于积极网络效应的产品，那么它们就有极大的动机快速增加其网络上的顾客数量。为了增加网络上的顾客，产品的价格将远远低于不考虑网络效应时的价格，但是公司不可能不获利就出售产品，如果公司想要继续推广产品，就必须通过某种方式从网络中获利。

网络效应导致了免费软件的发展，或者为了发展有价值的网络而免费提供大众软件。信息产品的开发成本很高，但是复制成本很低，甚至为零。用户增加使公司的网络成本降到很低，但从创造和维持网络来获取价值却

很难，因此很多提供免费软件的公司最终通过用户获利，或从寻求使用网络的人身上获利。

　　网络外部性导致激进的定价行为，公司会对基础产品定低价，甚至免费，然后通过销售互补产品获利。例如，Adobe 的定价策略是向所有用户提供免费的 Adobe 阅读器，对生成 PDF 文件的用户收费。类似地，苹果公司免费提供音乐下载软件，对在网上商店下载音乐的用户收费。在这些相似的例子中，公司试图通过出售更高级版本的产品或附加产品获利。

　　与通过销售互补产品从用户本身获利类似，公司也会将网络使用权卖给第三方，作为一种将网络套现的方式。这种结果通常也称为双面市场（two-sided market）：一面是市场创造了网络；一面是进入网络需要支付费用。利用网络效应创造两面市场是报纸和杂志的经典战略。期刊以低于边际成本的订阅价格鼓励读者订阅，读者群可吸引广告商在期刊上投放广告，为出版社创造利润。LinkedIn 和 Facebook 这两家网络社交平台允许用户免费互动，LinkedIn 向招聘企业出售用户数据库，Facebook 出售广告位。

利用互补产品锁定顾客

　　如果公司在销售附加产品时不涉嫌垄断，提高基础产品转换成本的互补产品促使企业对基础产品定高价而对互补产品定低价。[6] 当基础产品是经常购买的产品或在一两年内会重复购买的半耐用品，企业就会采用此定价策略。为了鼓励顾客重复购买，公司会鼓励顾客购买互补产品。顾客一旦购买，互补产品就成为顾客品牌转换的障碍，这样就锁定了顾客。

　　手机制造商通过鼓励顾客购买充电器、耳机、车载免提电话等配件达到在一定程度上锁定顾客的目的。例如，诺基亚提供自己品牌的配件，同时也鼓励第三方制造兼容诺基亚手机的配件。当诺基亚发布最新款的手机时，需要保证与之前的互补产品兼容。

　　微软的 Windows 操作系统的用户需要购买在该系统下能够使用的软件。如果顾客想转换操作系统，例如转到 Linux 或者苹果的 OS X Leopard，就不得不重新购买在新操作系统中能够使用的软件。

　　锁定效应会造成一种定价策略，亦即对互补产品采取激进的定价以期获得更大的市场，而核心产品则定高价，使得顾客在重购同类产品或延长产品使用期限时，公司能获取利润。因为互补产品市场的扩大驱动了核心产品的价值，所以公司在互补产品市场上也不会涉及垄断。

- 当一种产品的销售导致另一种相　关产品的销售时，我们可以将这两种产品称为互补产品。附加产品和配件产品定价与互补产品定价相关。在附加或者配件定价结构中，系列产品的价格是单个产品的价格之和。

● 附加价格结构通过向更大的市场提供基础产品以及对产品有更高功能需求的子市场提供附加产品和配件产品实现价格细分。

● 路标效应强调在零售店对较普遍或经常购买的产品定低价，来促进较不普遍或不经常购买的产品的销售，这些产品通常定高价，以此获得相对较高的利润。

● 可选设备效应提倡对基础产品定

低价，对可选产品定高价。

● 网络外部性会影响附加价格结构。如果核心产品的价值随着产品的用户数量增加而增加，制造商就有明显的动机增加用户数量。然而，公司还需要盈利。为了实现盈利目的，公司一方面利用附加产品从顾客身上获利；另一方面创造一个两面市场，寻求从使用网络的其他顾客身上获利。

● 互补产品可以锁定顾客，促进对应的基础产品的销售。如果锁定是成功的，公司能够通过基础产品获得比附加产品或配件产品更高的利润。

练习

1. Lou Malnati 12 英寸比萨的价格为 13 美元。额外可选的配料包括：蘑菇、洋葱、青椒、黑橄榄、番茄片、蒜、辣椒、凤尾鱼、菠菜。每一种可选配料的价格为 1.7 美元。

a. 考虑一位爱吃蔬菜的顾客的需求。一个配料有菠菜、蘑菇、番茄片的比萨在 Lou Malnati 的价格是多少？

b. 考虑一位偏好地中海风味的顾客的需求。一个配料有黑橄榄、洋葱、凤尾鱼的比萨在 Lou Malnati 的价格是多少？

c. 画出选择不同配料的顾客细分需求轮廓图，找出之前提到的蔬菜风味和地中海风味的顾客。

d. 讨论：为什么附加价格结构运用普遍？

2. 运动用品商店提供种类繁多的足球鞋、足球、运动衫和手套。研究发现，与对足球和手套的价格认知相比，顾客

对足球鞋和运动衫有更准确的价格预期。

a. 哪种产品可作为路标产品？

b. 哪些路标产品的价格应该比竞争者的价格低，哪些路标产品的价格应该高？

c. 哪些非路标产品的价格应该比竞争者的价格低，哪些非路标产品的价格应该高？

d. 你建议门店高管用什么指标来评估路标价格结构的有效性？

3. 海神潜艇有限公司提供一种能够容纳 3 个人下潜 1 000 米的小型潜艇。海神公司为购买海神号或发现号潜艇的顾客推荐下列可选设备，每一种可选设备的价格包括安装设备的费用。

具有 USBL 跟踪系统的音频调制解调器	52 812 美元
机械手系统	45 800 美元
多普勒计程仪	17 250 美元
高强度放电外灯×2	13 645 美元
彩色成像声呐系统	15 000 美元

a. 顾客如何对潜艇进行比价?

b. 顾客如何对潜艇可选设备进行比价?

c. 顾客如何对设备安装费用进行比价?

d. 海神潜艇公司提供的产品和服务中,最有可能寻求边际利润高于行业平均水平的是潜艇、可选设备、安装费用中的哪一个?

4. Twitter从积极的网络外部性中获益。假设每位用户认为每次通过Twitter与另一位用户互动的价值是0.0001美元。

a. 计算当用户的数量由1000人增长至1000000人时,Twitter对每一个用户的价值。

b. 假设Twitter从网络平台上获得的价值与用户价值成比例。当用户数量为1001人,10001人,1000001人时,Twitter的平台价值分别是多少?计算当用户的数量由1001人增长至1000001人时,Twitter的平台价值。

c. 思考Twitter的两种不同的价格结构:(1)每月对每位用户收取10美元的固定费用;(2)只对重度使用者(有1000名粉丝以上的用户)按照拥有粉丝数量的比例收费。哪种价格结构更容易被用户接受?哪种更容易获利?

5. 多样化与适度定价的附加应用程序能够强化苹果手机的用户体验。任何公司都能开发应用程序,但只能通过苹果应用程序商店销售。同样,谷歌安卓系统手机多样化,适度定价的附加应用程序也能够强化用户体验,但与苹果手机应用不同,安卓手机应用程序可以在任意系统供应商处购买。

a. 在哪种方式下,系统供应商对应用程序的控制更强?

b. 哪种方式能够让手机应用程序传播更广?

c. 哪种方式更容易形成操作系统的锁定效应?

d. 苹果和谷歌安卓操作系统的战略性哪个更强?哪些因素影响苹果和谷歌的战略选择?哪家公司更容易进行战略转型?

6. 阅读附录10A,假设一个市场的需求异质性可以描述为0~1均匀分布的需求偏好参数。一个公司生产两种产品:基础产品A的可变成本$V_A = 50$美元,附加产品B的可变成本$V_B = 10$美元。假设固定成本为0。最苛刻的顾客认为基础产品价值$S_A = 100$美元,附加产品价值$S_B = 500$美元。

a. 产品A和产品B的最优价格是多少?

b. 在上述假设下,哪个细分市场更倾向于购买产品A?

c. 在上述假设下,哪个细分市场更倾向于购买产品B?

d. 如果市场中有1000万个顾客,公司的获利能力如何?

e. 利润中的哪部分来自基础产品,哪部分来自附加产品?

附录10A 附加定价经济模型[7]

附加定价结构根据不同顾客对不同利益水平的购买意愿进行市场细分。为了构造附加定价结构中价格和利润的经济模型，在研究最优价格和最大利润前，我们必须将需求的异质性包含在模型中。

构造市场异质性与顾客价值、支付意愿关系的最简单方法是定义一个变化范围在0~1的偏好参数。每一个顾客都有自己的偏好参数。整个市场中有偏好参数0~1的所有顾客。偏好参数低（接近0）的顾客对产品的估价低，通过购买附加产品获得附加利益的支付意愿较低。偏好参数高（接近1）的顾客对产品的估价高，对附加产品有更高的支付意愿。这种利用偏好参数定义市场异质性的方法非常普遍，不针对某一个特定的市场。

偏好参数可以视为衡量顾客将产品质量转化为效用的标准。部分顾客的转化值低（偏好参数低），部分顾客的转化值高（偏好参数高）。偏好参数还可以作为衡量价格敏感度和效用敏感度高低的标准。偏好参数低的顾客价格敏感度更高，偏好参数高的顾客效用敏感度更高。

为了方便论述，我们用顾客净效用函数表示顾客偏好。有 A 和 B 两个产品，产品 B 是产品 A 的附加产品，消费者对产品 A 有单独的效用函数，对产品 A 和产品 B 有另外的效用函数。假设顾客从产品 B 获得的效用是建立在从产品 A 获得的效用基础上的，如果没有产品 A，产品 B 的效用为 0。这是一个完全附加产品的举例。净效用函数是顾客从产品获得的效用与支付的价格间的差异。在这些假设下，净效用函数如下面两个公式所示：

$$U(t)=(S_A \cdot t-P_A)，如果只购买 A$$
$$(10—1a)$$

$$U(t)=(S_A \cdot t-P_A)+$$
$$(S_B \cdot t-P_B)，$$
$$如果购买 A 和 B$$
$$(10—1b)$$

式中，P_A 和 P_B 表示产品 A 和产品 B 的价格；S_A 和 S_B 表示从产品 A 和产品 B 获得的最大效用；t 表示变化范围为0~1的偏好参数。如果没有发生购买行为，我们假设顾客没有得到也没有损失效用，也就是未发生购买行为时效用函数为 0。参见图 10—2。

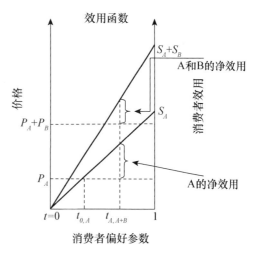

图 10—2　附加价格结构中的顾客效用函数

偏好参数 t 反映的是顾客支付意愿离散的程度或市场异质性。t 作为一个模型参数，它的变化范围是0~1（$t \in [0, 1]$），偏好参数为 0（$t=0$）的顾客对产品或附加产品没有感知效用。偏好参数为 1（$t=1$）的顾客对产品 A 的感知效用为 S_A，并愿意为该产品支付 S_A。顾客支付 P_A 购买产品意味着他们从消费该产品中获得的净效用为 S_A-P_A。同样地，偏好参数为 1（$t=1$）的顾客对产品 B 的感知效用为 S_B，并愿意为该产品支付 S_B。顾客支付 P_B 购买产品意味着他们从消费附加产品中获得的净效用为 $S_B - P_B$。偏好参数的值表明了不同顾客赋予质量差异的价值。例如，一位偏好参数 $t=0.2$ 的顾客对质量的估值是偏好参数 $t=1$ 的顾客对质量估值的 20%，一位偏好参数 $t=0.8$ 的顾客对质量的估值是偏好参数 $t=1$ 的顾客对质量估值的 80%。

经济学上有一类顾客，他们不关心是否发生购买行为。这些边际顾客可以利用偏好参数识别出来。在我们的假设中包含基础产品和附加产品，因此有两类边际顾客。

第一类边际顾客认为不购买产品和只购买产品 A 是无区别的，此类顾客的偏好参数为 $t_{0,A}$。此类顾客购买产品 A 的净效用为 0。任何偏好参数大于 $t_{0,A}$ 的顾客都会从购买产品 A 中获得净消费者剩余，并发生购买行为。任何偏好参数小于 $t_{0,A}$ 的顾客都会从购买产品 A 中获得负的净消费者剩余，因此不会发生购买行为。于是偏好参数为 $t_{0,A}$ 的顾客成为边际基础产品顾客。假设偏好参数 $t=t_{0,A}$ 的边际顾客购买基础产品具有普遍性。通过设定只购买产品 A 的顾客的净效用函数（见式（10—1a））为 0，我们得到边际顾客的偏好参数为：

$$t_{0,A} = \frac{P_A}{S_A} \qquad (10—2)$$

第二类顾客不在乎只购买产品 A 还是购买产品 A 和产品 B，此类顾客的偏好参数为 $t_{A,A+B}$。对这类顾客来说，购买基础产品与购买基础产品和附加产品的净效用差异为 0。与只购买产品 A 相比，任何偏好参数大于 $t_{A,A+B}$ 的顾客都会从购买产品 A 和产品 B 中获得更多的净效

用，于是他们购买基础产品的同时会购买附加产品。任何偏好参数小于 $t_{A,A+B}$ 的顾客购买产品 B 之后获得的净效用低于只购买基础产品 A，于是他们只购买基础产品。偏好参数为 $t_{A,A+B}$ 的顾客成为边际附加产品顾客。假设偏好参数 $t=t_{A,A+B}$ 的边际顾客购买附加产品具有普遍性。通过设定只购买产品 A 的净效用函数与购买产品 A 和产品 B 的净效用函数相等，我们得到边际附加产品顾客的偏好参数为：

$$t_{A,A+B} = \frac{P_B}{S_B} \qquad (10—3)$$

因为只购买一件产品和购买两件产品的边际顾客都购买了基础产品，我们可以得到边际顾客的偏好参数的范围（$0 \leqslant t_{0,A} \leqslant t_{A,A+B} \leqslant 1$）。如果 $0 \leqslant t < t_{0,A}$，顾客不发生任何购买行为。如果 $t_{0,A} \leqslant t < t_{A,A+B}$，顾客只购买产品 A。如果 $t_{A,A+B} \leqslant t \leqslant 1$，顾客将购买基础产品 A 和附加产品 B。

如果在顾客自由挑选商品的情况下单价是可行的，每类顾客都会倾向于购买两种产品，但是由于自我选择限制（也称为激励相容性限制（incentive compatibility constraint））的存在，每类顾客会有不同的购买行为。

我们知道边际顾客的偏好参数 $t_{0,A}$ 和 $t_{A,A+B}$ 都必须小于 1（$t<1$）。利用定义边际顾客的公式可得基础产品和附加产品的市场价格限制条件：

$$P_i < S_i \qquad (10—4)$$

式中，i 为 A 或 B。价格必须低于顾客能从各产品中获得的最大效用。

顾客选择基础产品时优先选择附加

产品的假设意味着内部自我选择限制。这种内部限制产生一种与价格有关的有趣关系。这些顾客的偏好参数 $t_{0,A} \leqslant t_{A,A+B}$。利用定义边际顾客的公式可以得到基础产品与附加产品的市场价格间的关系：

$$\frac{S_A}{P_A} \geqslant \frac{S_B}{P_B} \qquad (10\text{—}5)$$

也就是说，基础产品的性价比要比附加产品的性价比更高。

假设一种偏好参数分布的形式，可以得到基础产品和附加产品的最优价格。为了简化起见，假设顾客的偏好参数为均匀分布。10% 的顾客偏好参数小于 0.1，50% 的顾客偏好参数小于 0.5，90% 的顾客偏好参数小于 0.9。均匀分布虽然不是顾客质量差异估价的准确描述方法，但是能使分析过程比假设偏好参数为高斯分布或 β 分布更简单。

如果市场中共有 Q 位顾客，产品 A 的需求量为 $Q(t_{A,A+B} - t_{0,A})$，产品 A 和产品 B 的总需求为 $Q(1 - t_{A,A+B})$。

已经对市场和顾客选择进行过描述，下面将解决利润最大化问题。在不失普遍性的情况下，当固定成本为 0 时，公司的利润公式为：

$$\begin{aligned}\pi(P_A, P_B) = &\, Q \cdot (t_{A,A+B} - t_{0,A}) \cdot \\ &(P_A - V_A) + Q \cdot \\ &(1 - t_{A,A+B}) \cdot \\ &(P_A + P_B - V_A - V_B)\end{aligned}$$
$$(10\text{—}6)$$

式中，V_A 和 V_B 分别为基础产品 A 和附加产品 B 的可变成本。公式表示销售产品 A 能够获得的利润，以及销售产品 A 和产品 B 获得的利润。

为了得到产品 A 和产品 B 的最优价格，可以分别求出一阶导数，令一阶导数等于 0。边际偏好参数是价格的函数，可以得到：

$$\begin{aligned}\frac{\partial \pi}{\partial P_A} = 0 \Rightarrow 0 \\ = -\frac{\partial t_{0,A}}{\partial P_A}(P_A - V_A) + \\ (1 - t_{0,A})\end{aligned} \qquad (10\text{—}7a)$$

$$\begin{aligned}\frac{\partial \pi}{\partial P_B} = 0 \Rightarrow 0 \\ = -\frac{\partial t_{A,A+B}}{\partial P_B}(P_B - V_B) + \\ (1 - t_{A,A+B})\end{aligned} \qquad (10\text{—}7b)$$

根据式（10—2）和式（10—3）可以得到：

$$\frac{\partial t_{0,A}}{\partial P_A} = \frac{1}{S_A} \qquad (10\text{—}8a)$$

$$\frac{\partial t_{A,A+B}}{\partial P_B} = \frac{1}{S_B} \qquad (10\text{—}8b)$$

利用边际基础产品顾客公式和它的一阶导数（式（10—2）和式（10—8a）），得到最优基础价格。同样地，根据式（10—3）和式（10—8b）也能得到最优附加价格。化简后得：

$$P_i = \frac{S_i + V_i}{2} \qquad (10\text{—}9)$$

式中，i 表示产品 A 或产品 B。基础产品和附加产品的最优价格取决于最大消费者效用和可变成本的平均值。

为了保证价格满足产生一名顾客的需求（$t < 1$），我们得到可变成本的限制条件：

$$V_i < S_i \qquad (10\text{—}10)$$

因为除非价格高于可变成本，否则

公司不会生产产品，我们得到：

$$V_i < P_i \qquad (10\text{—}11)$$

顾客的自我选择限制和公司的利润限制形成了下列关于可变成本、价格、潜在效用的关系：

$$0 \leqslant t_i \leqslant 1 \Rightarrow 0 \leqslant V_i \leqslant P_i \leqslant S_i \qquad (10\text{—}12)$$

顾客自身的选择限制要求他们在购买产品 A 还是产品 A 和 B 中做出权衡，形成基础产品边际成本和附加产品边际成本的关系式。根据 $t_{0,A} \leqslant t_{A,A+B}$ 得到：

$$\frac{S_A}{V_A} \geqslant \frac{S_B}{V_B} \qquad (10\text{—}13)$$

产品 A 的性价比必须高于产品 B 的性价比。

在这些价格水平下，可以得到制造商的全部利润：

$$\pi(\text{add-ons})$$
$$= \frac{Q}{4} \left\{ \frac{(S_A - V_A)^2}{S_A} + \frac{(S_B - V_B)^2}{S_B} \right\} \qquad (10\text{—}14)$$

基础产品 A 和附加产品 B 的最优价格与它们分开销售时相同（比较式（10—9）与附录 6A 的式（6—5））。另外，利润也与产品独立销售时的利润相同（比较式（10—14）与附录 6A 的式（6—7））。换句话说，为了实现两种互补产品的价格效应，例如手机和充电器、网球和网球拍，我们必须变简单的经济模型为包括更多消费者行为的模型，其中一个假设就是一种产品作为附加产品销售时的需求会比单独销售时的需求大。如果 S_A 或 S_B 的增长是因为产品的互补性，那么价格和公司的利润也会增长，否则附加定价就与单位定价没有区别了。

注释

[1] Rafi Mohammed has written widely about the need to provide customers with a menu of prices. Rafi Mohammed, "Differential Pricing," *The Art of Pricing* (New York: Crown Business, 2005): 123–43.

[2] Nokia accessories prices observed online. http://www.nokia-accessories.ie/acatalog/#top (accessed on September 9, 2007). These are not the official Nokia prices, but they do provide insight into accessory pricing in an add-on pricing structure.

[3] An approachable review of signpost pricing can be found in Eric Anderson and Duncan Simester, "Mind Your Pricing Cues," *Harvard Business Review* 81, No. 9 (September 2008): 96–103. More academic discussion can be found in Duncan Simester, "Signalling Price Image Using Advertised Prices," *Marketing Science* 14, No. 2 (Spring 1995): 166–88. Eric T. Anderson and Duncan I. Simester, "The Role of Sale Signs," *Marketing Science* 17, No. 2 (January 1998): 139–55.

[4] Prices observed on the BMW website http://www.bmw.ie/ie/en/index_narrowband.html (accessed on September 9, 2007).

[5] Carl Shapiro and Hal R. Varian, "Networks and Positive Feedback," *Information Rules: A Strategic Guide to the Network Economy* (Boston: Harvard Business School Press, 1999): 183–84.

[6] Carl Shapiro and Hal R. Varian, "Recognizing Lock-in," *Information Rules: A Strategic Guide to the Network Economy* (Boston: Harvard Business School Press, 1999): 103–34.

[7] In this section, we demonstrate an economic model of add-on pricing. While this model will elucidate limited information with respect to pricing add-on products, it is necessary for the purpose of bridging the economic model used for single-item pricing with those that will be revealed in versioning and bundling.

第11章 版本管理

学习目标

- 什么是版本管理？它和捆绑定价与附加定价有何不同？
- 为什么版本管理会优于互补产品单位定价？为什么可能会比较差？
- 市场异质性对版本管理选择的影响如何超过互补产品的定价？
- 生产成本节约是不是提供不同版本而非个别产品的原因？
- 不同的心理因素如何影响版本结构的价格？
- 当公司进行版本管理时，如何进行折扣管理？
- 延伸问题：与所有个别产品属性的价格总和相比，属性更丰富的版本应该总是打折销售吗？

版本管理是除了附加产品价格结构和单位价格结构外，进行价格分割的又一方法。与附加产品定价和单位定价类似，版本定价试图根据顾客对改善的属性、特征、效用的支付意愿进行定价。版本定价与单位定价的区别在于：版本定价将顾客从购买下一个更高价值的产品中所获得的额外利益限制在同一条产品线上。

在版本管理中，相似产品的不同版本同时进行销售。部分版本提供的特征和用处较多，部分版本提供的特征和用处较少。随着特征的增加，产品价格也增加。[1]

版本管理在有形商品市场中的零售商、制造商和工业产品供应商中比较常见。零售商提供不同版本的消费品，例如 Gain 牌洗衣液（零售商自有品牌）和汰渍洗衣粉。制造商提供不同版本的相似产品，百得公司（Black & Decker）的咖啡机根据咖啡容量、外部抛光、程式化、保温玻璃瓶、以普通咖啡冲泡浓缩咖啡的功能等因素使咖啡机的版本多样化。工业产品供应商也会提供不同版本的产品，例如聚乙烯按纯度进行销售。

版本管理在信息产业中有更广泛的应用。许多软件公司都会对产品进行版本管理，例如提供财务软件 Quickbooks 产品线的 Intuit 软件公司，提供计算机安全和维护软件产品线的诺顿公司（Norton）。同样地，金融服务按照不同版本进行销售，例如美国运通公司为顾客提供绿卡、金卡和白金卡。

甚至公共设施也能通过版本策略进行市场化运营。在美国，开汽车旅行的游客可以选择用易卡通（EZPass）或现金支付高速公路的过路费，或者选择避开收费的高速公路。

如果仔细研究美国运通公司提供的产品，就会发现版本管理是如何在增加顾客利益的同时提高价格的。[2]顾客使用绿卡、金卡、白金卡都能进行非现金支付，并参加会员奖励忠诚计划，如果顾客想要得到更高水平的服务或特殊活动的参与权，就必须将卡升级为金卡或白金卡。另外，只有持白金卡才有进入航空公司机场贵宾室等旅行特权。如表 11—1 所示。

表 11—1　　　　　　　　美国运通公司卡种服务及费用（2007）

卡种	服务特点	年费
绿卡	会员资格	95 美元
金卡	会员资格	125 美元
	金色活动	
	购物保障	
	全球帮助热线	
白金卡	会员资格	450 美元
	受邀参加活动	
	购物保障	
	全球帮助热线	
	旅行特权	

我们也发现诺顿公司的计算机安全软件在价格提高的同时，提供的利益也在增加。[3]诺顿防毒软件、网络安全、360 保护都能阻止电脑病毒，但下载保护、购物保护、无线保护等服务只有通过诺顿网络安全和诺顿 360 才能实现。如果想要诺顿自动管理计算性能，就必须升级到诺顿 360，如表 11—2 所示。

表 11—2　　　　　　　　诺顿安全软件特点及价格（2008）

软件	特点	价格
诺顿防毒软件	防毒	39.99 欧元
诺顿网络安全	防毒	49.99 欧元
	下载保护	
	购物保障	
	无线保护	

续前表

软件	特点	价格
诺顿 360	防毒	59.99 欧元
	下载保护	
	购物保护	
	无线保护	
	系统设置	
	数据备份	

　　因为版本管理会限制单位定价结构下的顾客选择，所以可以预测版本策略的利润比附加价格结构带来的利润少。选择限制的存在使产品更难满足顾客的利益和支付意愿，需求与供给只能进行次优匹配，顾客会寻找其他产品。没有实施版本管理战略的竞争者可能能够更好地满足顾客的需求，通过单位定价提供更合适的产品。如此一来，提供不同版本产品的公司与采用集中单位定价策略的公司相比，被认为不具有竞争优势。

　　然而，在很多行业，版本管理都比单纯的单位定价结构获利性更好。顾客似乎也对不同版本不同定价更感兴趣。如果顾客偏好不同版本，而公司通过版本管理提高利润，版本管理的效应就超过了借由合并各个产品和价格而成的特别版本的效果。

　　版本产品比单纯个别产品结构更受公司和顾客的青睐还有其他一些原因。对公司来说，版本管理有利于节约成本，这就使公司能够比营销独立的产品制定更低的价格。与让顾客自己识别需求，寻找满足需求的配件再进行安装相比，预先安装产品的所有必要配件形成成套产品能够带给顾客更轻松的购买体验。除了这些经济因素外，版本管理引发的心理效应进一步提高了产品的可接受性，因此在版本定价结构下提高了公司的获利能力。

　　本章我们先介绍版本价格结构，再探索影响版本定价结构增加竞争优势，改进资源优化配置的因素。在此过程中，我们将发现价格和不同版本之间的关系，并与单位定价结构进行比较。特别有趣的是影响价格提高、降低或者等于与之等价的单位定价产品价格的因素。也就是说，什么时候版本产品的价格会与附加产品的加总价格不同？

11.1　版本管理的价格细分

　　版本管理战略按照"好、更优、顶级"产品级别发展。"好"产品定价最低，产品功能和能给顾客带来的利益最少，这类产品称为入门级产品。"好"产品的功能有限，提供最少的功能满足顾客需求。最极端的一种情况是高价值产品的定制版本，拥有极简的功能可以在同类产品中竞争。最好的产品定价最高，功能最丰富齐全，带给顾客的利益最多，是"顶级"产品。最好的产品是特征增强的，提供更多功能来满足更挑剔顾客的需求。一种极端情况是提供有更多花哨功能的产品满足对同类产品有更挑剔需求的顾客。介于"好"产品与"顶级"产品之间的是"更优"产品，此类产品的价格中档，功能和给顾客的利益也处于中间水平。

用价格—利益图可以容易地说明"好、更优、顶级"产品战略。就像"好、更优、顶级"产品等级发展那样，价格和效用也在逐渐增加。一些顾客的购买意愿比其他顾客更强。当购买意愿和利益需求遵循正常的钟形曲线时，我们能够画出不同版本的预期销量图形。如果一般顾客追求"更优"产品的利益，并在支付价格后获得更大的效用，我们可以预期中档的"更优"产品将是最畅销的或者经常销售的。"好"产品和"顶级"产品获得的利润水平比中档产品的利润水平低，如图 11—1 所示。

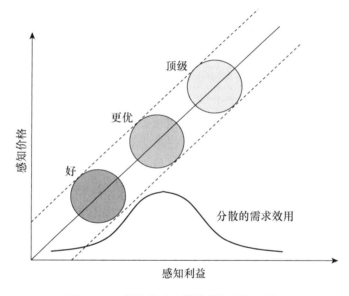

图 11—1　版本战略中的价格与顾客利益

实施"好、更优、顶级"战略需要理解需求异质性。市场营销人员必须决定哪些功能用来加强产品，哪些功能可以省去同时保证产品具有同类产品的特征。入门级产品应该提供足够的功能满足部分市场而不是全部市场的需求。功能强化的版本必须满足效用更加敏感的顾客的需求。决策的关键是决定功能强化版本和功能简化版本的功能差异。不同的版本应该传递有意义的不同功能。产品间功能和价格的差异成为区分效用敏感顾客和价格敏感顾客的工具。

信息产品市场常见的方法是设计生产具备全部功能的产品，然后删除某些功能创造价值更低的版本。事实上在软件行业就有人主张公司应该开发全功能产品的同时，可以减少某些功能以开发功能简化的产品。为了满足支付意愿较低的顾客可以从全功能产品中减少部分功能。减少的功能可能会导致公司开发简化功能产品的额外成本，但是这些成本通常是固定成本。就像其他固定成本一样，这部分成本与不同版本的定价策略没有经济上的直接关系，但是它们保持了经济决策对发展和销售不同版本的影响。

通过价格—利益图也能够看到单纯的"好、更优、顶级"版本战略的一个重要限制。"好、更优、顶级"战略假设通过单一的方式可以增加顾客利益，于是高价版本比低价版本拥有更多的特征和功能。显而易见，该战略同时也假设在寻求利益时顾客异质性是单行的，也就是说，如果在一件"好"产品中加入了 E1 功能从而得到"更优"版本的产品，在"更优"版本中加入 E2 功能得到"顶级"版本，那么绝大多数对 E2 功能感兴趣的顾客也对 E1 功能有兴趣。

在有些市场中，顾客利益需求的异质性与支付意愿相关。例如，一些顾客对信用卡的功能满意，而有些顾客希望得到更多服务并愿意为其支付费用。在有些市场中，顾客利益需求的异质性与支付意愿无关。例如，一些顾客喜欢香草冰激凌而另一些顾客喜欢巧克力冰激凌，但他们的支付意愿是相同的。要洞察特定市场的客户必须清楚价格战略中顾客利益与支付意愿的关系。在顾客利益与支付意愿无关的市场中，"好、更优、顶级"并不能作为实施版本战略的方法，而应该采用更为常见的多产品战略。

高管们总是尝试各种方法使顾客购买更高价的产品和功能更多的版本，但是高管们必须在让顾客购买更高价的产品和潜在的消极结果间做好平衡。企业并不愿意把低端市场拱手让给竞争者，因为低价、特征少的低端产品很可能成为竞争者在行业中立足的关键产品。此外，鼓动所有顾客放弃低价版本而购买高价版本可能意味着高价值版本的价格过低，这种情况下，企业就是让利润白白溜走。

11.2 影响版本策略的因素

为了弄明白版本管理的价值，我们必须先看看哪些因素对版本策略造成影响，这些因素中包括边际成本。在所有的市场中，均有一些有趣的神经经济学因素和顾客行为因素使版本策略比单位定价策略获得的利润更多。

边际成本

实施版本策略必须考虑边际成本。如果生产加强版产品的边际成本低于生产单独产品加附加功能（以此提供与加强版相同功能）的边际成本，那么版本策略的盈利性就更强。版本策略中，次加性边际成本的利润贡献有两种方式：（1）使企业在传递相同价值的条件下成本更低，因而增加了获利。基于向下倾斜的需求曲线的利润最大化理论表明，如果这些产品单独生产和销售的话，加强版产品的最优价格低于单独产品的价格之和。（2）当传递同等利益时，次加性边际利润使价格些微下降，因而增加了需求。

在信息市场上，次加性边际利润是驱动版本策略的首要因素。例如，硬盘驱动器制造商发现，生产一个有两倍存储能力的硬盘驱动器比生产两个单独的硬盘驱动器的成本低。类似地，软件制造商再生产的成本基本为 0，但边际包装成本和销售成本却不为 0，因此它们通过版本策略能够获得比附加价格策略更高的利润。

展望理论

展望理论是影响价格结构的一个重要心理因素。正如之前章节所说的，展望理论说明应将好处分开而将痛苦合并。版本策略中，顾客得到的利益是产品传递的。更高的版本传递更高的利益，而较低版本传递的利益也较低。当所有的利益都绑定在单一产品上，在购买决策中个别利益能被单独列出与强调，以鼓励顾客选择更高价值的产品。至于合并痛苦方面，版本策略让顾客支付一次费用就可获得多种利益，而不是为了获得多种利益而支付多次价格，从而合并了顾客的支付痛苦。通过这种方法，展望理论预测版本策略比产品分项定价更能鼓励顾客购买更高级的版本，因此公司通过版本策略能够获得更多利润。

通常有三种方法来强调不同版本的好处和利益。第一种方法是在营销沟通中通过对基础版本和强化版本进行对比描述，来强调增加的利益。第二种方法是通过不同的包装来强调强化版本与基础版本的不同。第三种方法是基础版本和强化版本设计不同的外形，从视觉上进行区分。这些方法组合起来，能够使企业有效地在版本策略中利用心理因素将产品的好处分开，这与分项定价策略相近，因此，如果能够进行有效管理，分项定价策略与版本定价策略能提供的好处大致相当。

在合并痛苦方面，版本定价策略比分项定价策略更有优势。在分项定价策略中，每一项额外的好处来源都与额外的痛苦（以额外的价格形式出现）相关。分项定价中价格增加的明确形式是询问顾客愿意支付 P_A 还是 $P_A + P_B$。版本策略通过升级的版本提供额外的好处，而价格是全新的。版本策略中的价格权衡形式是询问顾客更愿意支付 P_A 还是 P_{Total}，其中 $P_{Total} > P_A$。从某种意义上说，版本策略询问顾客是否愿意支付或者支付更多，而分项定价策略则询问顾客是买一个还是买两个。展望理论表明顾客通常更愿意支付一次费用而不是相加起来的两次费用，因此在费用绑定时版本定价策略比分项定价策略更有优势。

展望理论表明版本策略使强化版本的定价比各项单独产品相加的定价更高，也就是说，产品提供的整体利益比产品 A 加产品 B 提供的利益要高，展望理论预测 $P_{\text{Total}} > P_A + P_B$，调查也证明这个推断是对的。

极端规避

极端规避是版本策略中为人所熟知的一种效用，这一效用来源于展望理论，常见于顾客面对竞争版本的决策。当顾客面临"好、更优、顶级"的版本选择时，他们倾向于选择"更优"的版本，这种情况发生在中档版本对于大多数顾客是最优的。研究发现价格—利益权衡不是唯一的驱动因素，选择中档版本而不是最低或最高版本的部分原因是顾客规避购买质量最差或最好的产品。

极端规避源自损失规避。与参考点相比较，顾客更想避免因远离参考点造成损失，而非寻找好处来提高参考点，这正如展望理论讨论的那样。[4] 从中档版本转向质量较差版本所损失的利益明显高于因购买低价版本省下钱而获得的好处，因而人们在产品线中常厌恶最便宜的产品。在产品线的另一头，从中档版本转向更高版本时，因支付更多费用造成的损失会大于顾客额外获得的利益，因而人们也会对价格最高的产品产生厌恶。这样的结果就是顾客选择中档版本，或者称作极端规避。

版本定价策略中运用极端规避的一种方式体现在企业生产版本的数量上。通常情况下，因为极端规避，企业需要生产三种或者更多不同水平的产品，而不是两种或者以下。在两种或者更少的版本中，全部的版本均是极端，使顾客需要在两种产品中进行谨慎的权衡。如果有三种或者更多产品，顾客会觉得选择中间版本更加安全，因此三种及以上的版本能够加快顾客的购买决策，增加销量。

版本范围、顺序及数量效应

虽然节约成本是企业实施版本定价策略的重要原因，极端规避也能够解释实施版本策略时三种或三种以上产品为什么比一种或两种产品更优，但是这些结果产生了更多的问题，例如，多少数量的版本算过量？版本的适当范围是多少？版本应该以怎样的顺序进行展示？

从利润最大化的角度来看，我们必须意识到每种版本都会产生成本。即使生产不同版本的边际成本为 0，但不同版本的市场定义成本、开发成本和促销成本是很高的，因此，成本是版本扩展的一个限制因素。

版本的数量受到购买决策快慢程度、复杂程度、有意义与否的影响。如果版本过多，顾客很难选择满足需求的产品。顾客迟疑会导致购买延迟，并对需求产生消极影响。在线上环境中，市场人员发现一次性提供的版本减少而不是增加时，销量上升明显。如果市场需要多种不同的版本，企业必须增加销售咨询和市场沟通成本，帮助顾客完成购买决策过程并识别最符合顾客利益的产品。

有些研究得出了同样的关于企业提供的版本范围的研究结果。[5]一些研究表明，如果产品的变化范围太大，顾客可能会对产品产生质疑。顾客会认为仅通过一种高价产品就传递充分的利益是不可能的，同样，通过低价产品传递所有价值也是不可能的，这些顾客可能会对产品失望而放弃购买。

餐馆经营者运用范围效应保证最贵菜的价格不高于最便宜菜的价格的两倍。餐馆精确地运用此效应，但很多公司也提供价格范围十分广泛的产品。例如，国际航班头等舱的价格是经济舱价格的 10 倍或 20 倍。正因如此，价格的最大范围根据行业和市场的不同而不同。

当高管们认为销售下降时，需要考虑范围效应，不能提供可允许的最大价格范围。如果企业发布价格极高或极低的新版本后销售下降，这就是范围效应的作用。为了抑制这种消极结果，高管们或放弃极端产品，或改变产品的品牌名称使产品间的联系变弱。道康宁公司（Dow Corning）2009 年创立 Xiameter 品牌时，是为了进入对价格更敏感的细分市场，同时在硅树脂市场上保持道康宁品牌，针对效用和服务敏感型的顾客。

至于顺序效应，研究证实了很多销售员和市场高管的经验，当企业首先推出高价产品时，企业的获利状况良好。先推出高价产品后推出低价产品（与先推出低价产品后推出高价产品相比），更能鼓励顾客购买高价产品。也有顺序改变的情况，例如经济忽然下滑，市场需要低价产品，但是通常情况下，企业应该强调产品线中最贵的产品。

折扣、不变价差、分散价差或收敛价差

当版本产品线中的单个产品打折时，产品间的价格差异就发生了变化。版本间的价格差异改变会影响顾客的选择。因为各版本的标价是优化的，所以某一版本的不当打折会影响产品线上的所有版本。管理潜在风险的一种方法是考虑价格折扣如何影响版本间的价格差异。高管们尤其应该考虑折扣政策是否会引起不变价差、分散价差或收敛价差。

折扣的风险可以用两种版本——基础产品和加强产品——的价格瀑布图进行说明，并假设边际成本为 0。图 11—2 显示了简化的价格瀑布图的不变价差、分散价差或收敛价差。打折后价差如果不变，基础产品和加强

产品保持一致的折扣货币价值，净价差异与标价差异相同。打折后价差如果分散，基础产品的折扣应该高于加强产品，这样不同版本间的价格差异变大。打折后的价差如果是收敛的，基础产品的折扣应该低于加强产品，这样不同版本间的价格差异变小。

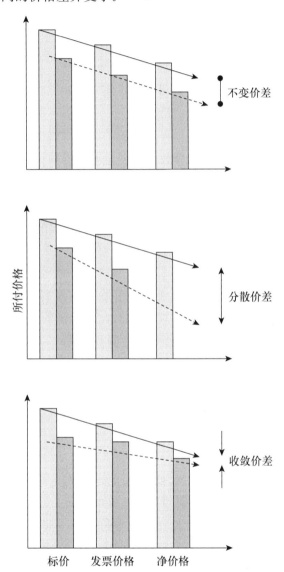

图 11—2　不变价差、分散价差与收敛价差

从标价是顾客最初权衡的优先考虑因素角度来看，任何折扣都不应该形成不变价差。价格差异是根据消费者效用设计的，设置初始价格是顾客在价格与利益间权衡的一种方法。价格的任何差异都会引起一种产品的销售蚕食另一种产品的销售。

如果价格差异变大，低价版本可以吸引顾客进入市场，但同时也会降低高价版本的销售。顾客认为购买价格便宜的产品获得的净效用高于购买高价产品，这是导致低价产品侵蚀高价产品市场的原因。

相比之下，如果价差是收敛的，价格促销就能成功地激励顾客购买价格更高的产品，但并不能扩大市场。由于不能促进整体销售，而只是将顾客在不同版本间转移，结果可能只是对一定会购买的顾客进行了不必要的价格让步。对原本就会按照标价购买高价产品的顾客的不必要价格让步，会造成严重的利润损失。

低价购买者与高价购买者的行为差异带来的启示是价格折扣后价差应该是分散的。在版本价格策略中，高价版本的目标客户通常是效用敏感型的，而低价版本的目标客户则多是价格敏感型的。对效用敏感型顾客实施价格折扣可能导致品牌转换，但是不会增加市场份额，因此高价版本打折的幅度较小。对价格敏感型顾客的折扣导致品牌转换的同时可能扩大市场，因此针对低价版本的折扣更有利于增加利润。

进一步的研究论证了效用敏感型与价格敏感型顾客在广告敏感性上的区别。价格敏感型顾客比效用敏感型顾客更关注促销，因此针对低价版本的价格促销更容易引起价格敏感型顾客的注意，对这部分顾客也更有用。针对中档价格版本和高价版本的促销不一定能够引起目标顾客的注意，并且会导致不必要的价格让步。该研究以不对称促销为例支持这一结论。高价产品促销可能会降低低价产品的销售，但反过来却不是这样。[6]

最后，说明哪些因素可能导致高管们倾向于收敛价差。例如，如果未来的销售依赖于最初的版本选择，那么顾客最初选择高价版本，未来的利润就会更高，这样高管们就有动力通过折扣吸引顾客购买高价版本。未来销售的形式可能是附加产品或订阅服务，订阅服务价格是标价的一定比例，但初次价格折扣不包括订阅服务价格。无论是哪种形式，对企业来说，引导顾客购买高价版本可以获得更高的利润。鼓励初次购买的顾客购买高价版本，高管们更可能对高价版本打折而不是低价版本，结果就导致收敛价差。收敛价差折扣政策中，那些本来升级意愿不强的顾客会受到很大的激励，从而购买高价版本，企业也可以从未来的销售中获得之前损失的利润。

不变价差、分散价差和收敛价差折扣模式的选择需要认真分析。消费者效用评估表明，单个版本应该优先选择不变价差。根据细分市场上消费者行为进行分析的结果建议不同版本采用分散价差。未来的销售与初次版本选择相关则可以采用收敛价差。以上这些决定价格折扣政策的因素都受到具体市场情况的影响。

11.3 混合版本与附加价格结构

　　将版本策略与附加价格结构结合的盈利性是很强的。回顾之前在讨论附加价格结构时所举的例子，诺基亚不只销售一种型号的手机，不同型号的手机包括不同的特征和功能，顾客还可以根据自己的需求选择配件。又如宝马生产 Z4 以外的汽车，Z4 有不同的版本，例如跑车。

　　功能加强版本的目标顾客是效用敏感型的，由于利润动机，公司采用功能限制和强化作为区分效用敏感型细分市场和价格敏感型细分市场的措施，公司应该为高档版本提供更多配件而不是低价版本。功能强化版本应包括许多在功能限制版本中的可选功能，同时还有更多进一步的强化功能。当产品朝着具有更多强化功能的版本转移时，功能的数量和类型随之增长。苹果公司在 iPod，iPhone 和 iPad 产品线中很好地运用了这一战略。iPod，iPhone 和 iPad 中价值更高的版本允许顾客购买更多应用，例如电影、游戏以及更多功能。

　　对不同的版本出售配件可以沿着无差异带概念化为蜘蛛网图，如图 11—3 所示。移动无差异带，从功能限制版本到功能强化版本就如同从"好"到"更优"到"顶级"，同时配件的数量也从"好"移动到"更优"、"顶级"。在图 11—3 的例子中，"好"版本没有任何定制的可选功能，"更优"版本允许定制的功能选择范围是 A 到 B，"顶级"版本包括功能 B，并可选择 A，C，D。

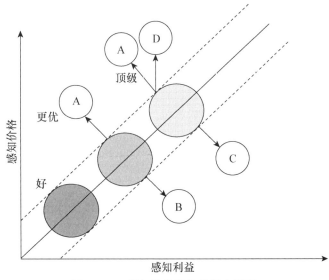

图 11—3 附加价格结构的版本管理

小结

● 在版本策略中，不同版本同时进行销售。部分版本提供更多功能和顾客利益，部分版本提供的功能和顾客利益较少。随着版本由功能限制到功能加强，价格也在增加。

● 版本策略包括"好、更优、顶级"产品系列。"好"产品的价格最低、功能最少；"顶级"产品的价格最高、功能最多；"更优"产品的价格居中、功能中档。

● 实施版本策略必须考虑边际成本。如果生产多个独立产品的边际成本之和高于生产具有相同利益的一种产品的边际成本，制造商通过版本策略能够获得比附加策略更高的利润。

● 根据展望理论，更好的做法是好处分开、痛苦合并。通过产品传递的利益是好处的来源。当鼓励顾客购买高价版本时，每项好处都应突出并独立。版本策略要求顾客只需对多项功能支付一次费用而不是对每项功能都支付费用，实现痛苦合并。通过这种方法，版本策略鼓励顾客购买功能加强的产品。企业通过版本策略能够获得更高的利润。

● 极端规避用来解释为什么顾客倾向于选择中档版本，不是因为通过中档版本能够获得与支付价格相匹配的最好效用，而是因为顾客规避购买价格最低或者价格最高的产品。

● 在进行版本数量管理时，高管们必须考虑成本和心理因素对版本数量的影响。通常情况下，企业应该突出价格最高的版本，采用价格由高到低的产品上市顺序。

● 版本价格结构中的折扣政策需要考虑某一版本打折对其他版本的影响。跨产品的侵蚀、相依市场细分对折扣的反应，以及版本选择对应的潜在销量都影响版本策略的最优折扣政策。

练习

1. WiFi 版 16GB 内存的 iPad 售价为 499 美元，32GB 内存的售价为 599 美元，64GB 内存的售价为 699 美元。

a. 在价格—内存图上识别出 iPad 各个版本。

b. 哪个是"好"版本？哪个是"更优"版本？哪个是"顶级"版本？

c. 什么因素促使苹果公司推出 16GB 的 iPad？什么因素促使苹果公司推出 64GB 的 iPad？

d. 根据极端规避理论，哪个版本的 iPad 最受消费者青睐？

2. 通用电气公司推出不同尺寸、不同程式的滚筒洗衣机。超过 26 垫圈、4.2 立方英尺容量的通用电气"能源之星"洗衣机，售价 1 299 美元；26 垫圈、4.2 立方英尺的售价 899 美元；10 垫圈、4.0 立方英尺的售价 699 美元。

a. 在价格—垫圈图上识别出通用电气洗衣机的各个版本。

b. 哪个是"好"版本？哪个是"更优"版本？哪个是"顶级"版本？

c. 根据极端规避理论，如果通用电气只向市场提供这三个版本的洗衣机，哪个版本的洗衣机最受消费者青睐？

d. 如果想销售更多的"能源之星"洗衣机，通用电气应该把产品发展的重点放在哪里？是生产更贵的洗衣机，还是生产比 10 垫圈、4.0 立方英尺洗衣机更便宜的？

e. 为了防止竞争者瓜分低端市场，通用电气应该把产品发展的重点放在哪里？是生产更贵的洗衣机，还是生产比 10 垫圈、4.0 立方英尺洗衣机更便宜的？

3. Lou Malnati 12 英寸的比萨售价为 13 美元，如果顾客自己选择菠菜、蘑菇、番茄片作为配料，每一种可选配料的价格为 1.7 美元。一个有菠菜、蘑菇、番茄片和芝士的 12 寸 "Lou" 比萨价格为 17.25 美元。

a. 从经济学角度分析，如果顾客想点有菠菜、蘑菇、番茄片和芝士的比萨，应该点 "Lou" 比萨，还是有三种配料的芝士比萨？

b. 用展望理论中的一种方法预测 "Lou" 比萨比有三种配料的芝士比萨需求量更大吗？

c. 讨论：与有三种配料的芝士比萨相比，"Lou" 比萨必须要打折吗？在哪种情况下，"Lou" 比萨的价格可能更高？

4. 在 2008—2009 年经济危机时，诺德斯特龙百货公司（Nordstrom）在产品目录中加入了低档产品，例如，Elie Tahari 职业女装比 Elie Tahari 经典款便宜 30%，牛仔品牌 "Easy Money" 的价格低于 100 美元。众多的竞争者通过折扣吸引顾客。

a. 在经济萧条时期，零售商应该预测高价版本还是低价版本的需求增加？

b. 对现有产品打折或增加新的低档产品，哪种方式更容易获利？为什么？

c. 在产品目录中加入低档产品有什么缺点？经济萧条期间在产品目录中加入低档产品有什么缺点？

5. 讨论：随着音乐下载时代的到来，"CD 将死"的言论甚嚣尘上，但是 2009 年英国消费者购买了 1.13 亿张专辑，而下载量只相当于 1 500 万张专辑。CD 与之前的几十年有了很大不同。例如，在伦敦牛津街的 HMV 店中，街头霸王乐队的《塑胶海滩》专辑售价 7.99 英镑，包括一张 DVD 和线上下载权限的体验版本价格为 17.99 英镑，包括一件 T 恤的版本售价为 19.99 英镑。2009 年，豪华版的销量占了全部 CD 销量的 27%，成为销量最大的版本。

a. 与在线下载相比，CD 有哪些好处？下载音乐和购买 CD 的听众的需求有什么不同？豪华版 CD 怎样增加价值差别？

b. 当顾客能够从网络上免费获得信息，报纸和杂志也面临与 CD 一样的挑战。纸质期刊有哪些超过电子期刊的优点？电子期刊有哪些超过纸质期刊的优点？纸质期刊与电子期刊的读者需求有什么不同？出版社怎样提高出版物的质量以增加价值差别？

6. 阅读附录 11A，假设某市场的需求异质性可以简单描述为变化范围为 0～1 的偏好参数。某公司生产两种产品：基础产品 A，A 的可变成本 $V_A = 50$ 美元，加强版的可变成本为 $V_T = 60$ 美元。同时假设固定成本为 0。对产品 A 极有需求的顾客认为其价值为 $S_A = 100$ 美元。对加强版极有需求的顾客认为其价值为 $S_T=600$ 美元。假设没有需求的顾客认为两种产品的价值为 $S_0=0$。

a. 基础产品 A、加强版产品 T 的最优价格是多少?

b. 在这些假设下,市场中的哪部分顾客会购买产品 A?

c. 在这些假设下,市场中的哪部分顾客会购买产品 T?

d. 如果市场上有 1 000 万名顾客,那么企业的盈利能力为何?

e. 以上的结论与练习题 10.6 有什么类似之处?

f. 如果对两种产品有需求的顾客愿意为了获得产品多支付 5 美元,例如对加强版极有需求的顾客认为其价值为 $S_T=605$ 美元,以上问题的结论有什么不同?

附录11A 版本价格策略的经济模型

与附加价格结构类似,版本价格策略也是根据顾客的支付意愿水平来细分市场。同样地,版本价格策略的经济模型也与附加价格结构的类似[7](参见附录 10A)。我们论证的模型不提供竞争版本定价的方法,也不包括版本价格策略的所有限制因素、公司提供的版本数量,甚至不包括某一版本如何同其他版本竞争,它将洞察成功的版本战略背后的促进因素。我们发现当低价产品的销售对高价产品的销量影响最小时,顾客对加强版本的支付意愿的异质性可以促进低价市场利润的增加。

如附录 10A,我们将市场异质性与消费者利益、支付意愿的关系用范围为 0~1 的偏好参数来表示($t \in [0, 1]$)。偏好参数很低(接近 0)的顾客对产品的估价很低,也不愿意为获得额外利益购买加强版本而支付过多。偏好参数很高(接近 1)的顾客对产品的估价较高,对加强版本有较高的支付意愿。

我们用顾客净效用函数构造顾客偏好。假设生产两种边际成本不同的质量不同的产品,这两种产品是 A 和 T,T 是 A 的加强版本,顾客对产品 A 和产品 T 的效用函数不同。净效用函数是指顾客获得的效用与支付价格间的差异。在这些假设之下,净效用函数公式如下:

$$U(t) = S_0 + S_A \cdot t - P_A,$$
$$\text{如果购买产品 A} \quad (11\text{—}1a)$$
$$U(t) = S_0 + S_T \cdot t - P_T,$$
$$\text{如果购买产品 T} \quad (11\text{—}1b)$$

P_A 和 P_T 表示产品 A 和产品 T 的价格,S_A 和 S_T 表示顾客从产品 A 和产品 T 中获得的最大效用,t 表示范围为 0~1 的偏好参数。在此模型中,假设 S_0 表示基础效用,S_0 是不考虑偏好参数的顾客价值。[8]如果不发生购买行为,我们假设不获得也不失去效用,也就是说,此时的效用函数等于 0。如图 11—4 所示。

利用与附录 10A 相似的方法,我们可以得到边际顾客的偏好参数。在低端市场,边际顾客并不关心是否购买产品 A,他们的偏好参数是 $t_{0,A}$。令式(11—1a)等于 0,得到:

$$t_{0,A} = \frac{P_A - S_0}{S_A} \quad (11\text{—}2)$$

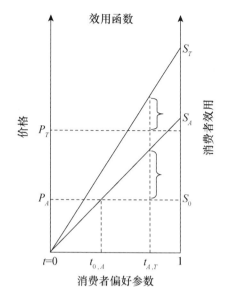

图 11—4　版本定价策略中的顾客效用函数

够从购买加强版本中获得更高效用。

购买基础版本的顾客，他们的偏好参数低于购买加强版本顾客的偏好参数。通过比较边际基础用户和边际升级用户，得到：

$$\frac{S_A}{P_A-S_0}>\frac{S_T}{P_T-S_0} \qquad (11—5)$$

式（11—5）表示基础版本应该比加强版本有更优的性价比，这也是基础版本吸引价格敏感型顾客的需要。

以上对市场和顾客选择进行了描述，下面将解决利润最大化问题。在不失普遍性的情况下，当固定成本为 0 时，版本价格结构中公司的利润公式为：

$$\pi(P_A,P_T)=Q(t_{A,T}-t_{0,A})\times \\ (P_A-V_A)+ \\ Q(1-t_{A,T})\times \\ (P_T-V_T)$$
$$(11—6)$$

式中，V_A 和 V_T 分别为基础版本 A 和加强版本 T 的可变成本。公式表示销售产品 A 能够获得的利润，以及销售产品 T 获得的利润。

直接根据式（10—6）得到最优价格有一些困难。为了使过程变得简单，我们使用变量代入法。用 Δ 表示产品 T 与产品 A 的价格差异。

$$\Delta\equiv P_T-P_A \qquad (11—7)$$

在这种情况下，利润公式为：

$$\pi(P_A,\Delta)=Q(t_{A,T}-t_{0,A})\times \\ (P_A-V_A)+ \\ Q(1-t_{A,T})\times \\ (P_A+\Delta-V_T)$$
$$(11—8)$$

在高端市场，边际顾客并不关心购买产品 A 还是产品 T，他们的偏好参数是 $t_{A,T}$。令式（11—1b）等于 0，得到：

$$t_{A,T}=\frac{P_T-P_A}{S_T-S_A} \qquad (11—3)$$

如果假设选择购买基础版本 A 或加强版本 T 的边际顾客至少会购买基础版本，就能得到边际偏好参数的范围 $0<t_{0,A}<t_{A,T}<1$。当 $0\leqslant t<t_{0,A}$ 时，顾客不购买任何产品。当 $t_{0,A}\leqslant t<t_{A,T}$ 时，顾客购买版本 A。当 $t_{A,T}\leqslant t\leqslant 1$ 时，顾客购买加强版本 T。与之前一样，假设偏好参数服从均匀分布，整个市场的全部需求为 Q。

购买加强版本的顾客的偏好参数大于 1。利用定义边际顾客的公式，得到：

$$P_T<P_A+(S_T-S_A) \qquad (11—4)$$

式（11—4）表示加强版本的价格必须低于基础版本加上经过品质落差调整后的价格（与偏好参数为 1，购买欲望强烈的顾客估价一致）。效用敏感型顾客能边际成本为：

$$t_{0,A} = \frac{P_A - S_0}{S_A} \quad (11\text{—}9a)$$

$$t_{A,T} = \frac{\Delta}{S_T - S_A} \quad (11\text{—}9b)$$

注意 $t_{0,A}$ 与 Δ 无关，$t_{A,T}$ 与 P_A 无关。

通过基础版本的价格与加强版本的价格差异可以得到最大利润，求出一阶导数，并令其为 0，得到：

$$\frac{\partial \pi}{\partial P_A} = 0$$

$$\Rightarrow 0 = -\frac{\partial t_{0,A}}{\partial P_A}(\hat{P}_A - V_A) +$$

$$(1 - t_{0,A}) \quad (11\text{—}10a)$$

$$\frac{\partial \pi}{\partial \Delta} = 0$$

$$\Rightarrow 0 = -\frac{\partial t_{A,T}}{\partial \Delta}(\hat{\Delta} - (V_T - V_A)) + (1 - t_{A,T})$$

$$(11\text{—}10b)$$

根据式（11—9）得到：

$$\frac{\partial t_{0,A}}{\partial P_A} = \frac{1}{S_A} \quad (11\text{—}11a)$$

$$\frac{\partial t_{A,T}}{\partial \Delta} = \frac{1}{S_T - S_A} \quad (11\text{—}11b)$$

利用式（11—9）和式（11—11）的结论，代入式（11—10）得到基础版本的最优价格和最优价差：

$$\hat{P}_A = \frac{S_0 + S_A + V_A}{2} \quad (11\text{—}12a)$$

$$\hat{\Delta} = \frac{(S_T + V_T) - (S_A + V_A)}{2}$$

$$(11\text{—}12b)$$

回到原始变量 P_T，

$$\hat{P}_T = \frac{S_0 + S_T + V_T}{2} \quad (11\text{—}12c)$$

最优价格（见式（11—12））是平均边际成本与偏好参数为 1 的最挑剔顾客的全部效用之和。（附录 10A 中附加价格结构中价格与成本的限制因素在版本价格结构中同样适用，我们将这个练习留给读者。）

在上述价格的条件下，公司的全部利润为：

$$\hat{\pi} = \frac{Q}{4}\left\{ \frac{(S_0 + S_A - V_A)^2}{S_A} + \frac{[(S_T - V_T) - (S_A - V_A)]^2}{S_T - S_A} \right\}$$

$$(11\text{—}13)$$

根据式（11—13）中的第一部分可以看到基础版本通过提供低价产品扩大市场，从而增加利润。公式的第二部分表明基础版本的存在使加强版本带来的利润减少，也就是基础版本侵蚀加强版本销量。因此，基础版本的价格是侵蚀加强版本销量而损失利润和通过提供核心利益的低价产品扩大市场份额获得利润的折中。

版本定价策略的价格和利润与附加价格结构中的十分类似。详细内容可以参见附录 10A 的式（10—9）和式（10—14）。明显的不同是对基础效用的包含。将产品 T 的价格与附录 10A 中产品 A、附加产品 B 的价格之和进行比较，同时比较版本定价策略下的利润与附加价格结构下的利润。为了进行同级比较，假设基础效用为 0（$S_0 = 0$）。

从成本的角度出发，生产加强版本的可变成本低于生产两种不同产品即基础产品和附加产品的可变成本。令 δV 表示单独一种产品与独立销售的相配套的产品 A 和产品 B 相比能够节约的成本。在此情况下，V_T 与附加定价结构中的 V_A 和 V_B 的关系是：

$$V_T = V_A + V_B - \delta V \qquad (11\text{—}14)$$

像展望理论中讨论的那样，消费者行为和神经经济学效应表明加强版本比销售两件独立产品（基础产品和附加产品）能够传递的价值更高。令 δS 表示单独一种产品获得的效用与独立销售的基础产品和附加产品效用的差。在此情况下，加强版本的最大潜在效用与基础产品、附加产品效用的关系是：

$$S_T = S_A + S_B + \delta S \qquad (11\text{—}15)$$

通过节约的边际成本 δV 以及增加的效用 δS，可以得到加强版本最优价格与基础产品、附加产品最优价格的关系：

$$\hat{P}_T = \hat{P}_A + \hat{P}_B + \frac{\delta S - \delta V}{2}$$

$$(11\text{—}16)$$

利用式（10—9），式（11—12c），式（11—14），式（11—15），同时令 $S_0 = 0$ 得到式（11—16）。

如果边际成本为 0（$\delta V = 0$），加强版本的最优价格将高于基础产品与附加产品价格之和。加强版本最优价格增加的部分是绑定两种产品增加的效用的 1/2。展望理论预测加强版本比单独销售的基础产品和附加产品具有更高的效用（或至少低于支付痛苦的负效用）。其他效应也表明顾客通过加强版本获得的效用更高。例如，考虑顾客对必须自己组装的桌子与组装好的桌子的支付意愿。在单独一件产品中加入某种或几种功能

可以增加效用，这就使加强版本的价格高于基础产品、附加产品价格之和成为可能，也就是说 $P_T > P_A + P_B$，这是一个有趣的结果，特别是在展望理论中的效应单独影响导致效用增加的情况下。

如果效用没有变化（$\delta S = 0$），加强版本最优价格低于基础产品、附加产品价格之和，也就是说 $P_T < P_A + P_B$。加强版本最优价格减少的部分是绑定两种产品节约的边际成本的 1/2。当版本策略中的成本降低时，就如生产双倍容量的一件产品而不是容量相等的两件产品，一部分节约的成本可以传递给顾客。

如果与附加价格结构相比，版本策略既没有效用增加，也没有边际成本的节约，或者这两种效果互相抵消，那么加强版本的最优价格将与基础产品、附加产品的价格之和相等，即 $P_T = P_A + P_B$。版本定价策略的最优价格可以高于、低于或等于附加价格结构中的基础产品、附加产品价格之和。

比较版本策略与附加价格结构下的公司利润，我们发现版本策略能够带来更大利润。将版本策略下的效用与附加价格结构下的边际成本加入利润公式，得到：

$$\hat{\pi}(\text{版本策略})$$
$$= \frac{Q}{4} \left\{ \frac{(S_A - V_A)^2}{S_A} \right.$$
$$\left. + \frac{[(S_B + \delta S) - (V_B - \delta V)]^2}{(S_B + \delta S)} \right\}$$

$$(11\text{—}17)$$

（为了使公式间的对比简化，我们假设 $S_0 = 0$。）版本策略下的利润高于附加价格结构下的利润。比较式（11—17）和式（10—14）。版本策略获得更高的利润

是通过增加单个产品的效用，同时降低　的具备与之相同特征的两个产品。
边际成本，而不是让顾客购买组合起来

注释

[1] Carl Shapiro and Hal R. Varian, "Versioning Information," in *Information Rules: A Strategic Guide to the Network Economy* (Boston: Harvard Business School Press, 1999): 53–82. Carl Shapiro and Hal R. Varian, "Versioning: The Smart Way to Sell Information," *Harvard Business Review* 76, No. 6 (November–December 1998):106–14.

[2] Prices observed on the American Express Personal Cards website, https://home.americanexpress.com/home/mt_personal.shtml?us_nu=globalbar (accessed on September 9, 2007).

[3] Prices observed on the Symantec UK website, http://www.symantec.com/en/uk/index.jsp (accessed on September 9, 2007).

[4] Itamar Simonson and Amos Tversky, "Choice in Context: Tradeoff Contrast and Extremeness Aversion," *Journal of Marketing Research* 29, No. 3 (August 1992): 281–95.

[5] Paula Bennett, Mike Brennan, and Zane Kearns, "Psychological Aspects of Price: An Empirical Test of Order and Range Effects," *Marketing Bulletin* 14 (January 2003): 1–8.

[6] Robert C. Blattberg and Kenneth J. Wisniewski, "Price-Induced Patterns of Competition," *Marketing Science* 8, No. 4 (Autumn 1989): 291–309.

[7] The model presented here is adapted from Paul Belleflamme, "Versioning in the Information Economy: Theory and Applications," *CESifo Economic Studies,* Munich 51, No. 2/3 (January 2005): 329–58. An alternative model can be found in Hemant K. Bhargava and Vidyanand Choudhary, "Information Goods and Vertical Differentiation," *Journal of Management Information Systems* 18, No. 2 (October 2001): 89–106.

[8] The assumption of a zero-point utility is necessary to show that versioning is optimal over selling only one quality of a good under the conditions of zero marginal cost. Zero marginal costs are a common assumption in information markets. The zero-point utility might better be thought of as a secondary dimension of utility that all customers value equally, while the taste parameter defines the valuation difference that customers place on the key dimension of differentiation.

第12章

捆绑定价

- 什么是捆绑定价?
- 不同细分市场的需求特性怎样决定捆绑定价策略的成功?
- 捆绑产品如何参考独立产品进行定价?
- 什么条件下捆绑定价比其他定价方式更合适?
- 什么因素对捆绑的设计产生影响?
- 捆绑产品如何定位?
- 促销捆绑产品是否比折扣更有效?
- 捆绑策略什么时候是合法的?
- 延伸问题:如何区分捆绑策略与版本策略?

　　捆绑策略运用广泛,在定价策略中,捆绑定价用于十分特殊的情境。正如在此讨论的和许多学者定义的那样,价格捆绑是将两种或者多种不同的产品以某一捆绑价格进行销售。实施捆绑策略的独特产品与附加价格结构和版本定价策略中的产品略有不同,独特产品可以单独使用也可以组合使用,也就是说,每一件独特产品都可以传递价值而不需要使用其他产品,每件捆绑策略中的独特产品都有自己的市场。在价格捆绑策略中,捆绑价格低于各产品价格之和,但是高于单独某件产品的价格。捆绑策略的这个定义使其容易与其他策略相区分。捆绑作为一种价格策略已经广泛运用于实践中,并在一定条件下能够得到最好的运用。

　　许多情况下都能发现价格捆绑。餐馆提供价格固定的包括开胃菜、主菜和甜品的套餐,套餐中的每样菜品都可以单独购买,或者购买套餐中的全部菜品。套餐的价格低于开胃菜、主菜和甜品的单价之和。麦当劳超值套餐就是一个最为人们所熟知的例子。电信公司提供固定电话、高速宽带、电视订阅、移动电话的捆绑服务，捆绑后每项服务价格低于单独购买时的价格。类似的捆绑策略被沃达丰（Vodafone）、AT&T、O2以及其他很多公司采用。软件公司将不同的办公软件进行打包，最典型的就是微软公司的办公软件。健身中心、演唱会、舞蹈培训提供季票，持票者可选择性地参加多次活动而不只是某一次活动，这也是一种捆绑的形式。

价格捆绑与特征捆绑（有时也称作产品捆绑）不同。在特征捆绑中，不同特征和利益的产品组合后，成为单一的多功能产品。通过将功能不同的产品组合，特征捆绑比单一的价格捆绑提供的附加价值更高，也就是说，特征捆绑的整体设计本身就是具有价值的。与单独购买相比，特征捆绑使顾客获得更高的价值，公司也能制定更高的价格。

拥有音乐播放器、移动电话、浏览器等功能的苹果手机就是特征捆绑的一个例子。顾客能够单独购买具备这些功能中某一功能的产品，但购买一件组合式产品能够获得更高的附加价值。特征捆绑的边际成本低于单独销售的产品成本。在苹果手机的例子中，单独的手机、移动浏览器、移动音乐播放器的生产成本高于捆绑了这些功能的一件产品的成本。

当实施特征捆绑时，一些因素会对定价和产品策略产生影响，例如特征捆绑对竞争动态的影响。对特征捆绑产品定价时，根据顾客的感知价值定价，感知价值是顾客效用集合与将效用集合在某一种产品中的价值之和。正如我们发现的那样，价格捆绑产品的最优价格是由一种不同的结构决定。

12.1　价格细分与捆绑策略

价格捆绑是一种受益于需求异质性的策略，特别是不同产品间的对比需求。需求异质性意味着不同顾客对不同产品赋予不同的价值。对比需求异质性意味着不同细分市场上的顾客对捆绑产品中某种产品的估价会截然不同。例如，假设某一价格捆绑中包括两种不同的产品，一类细分顾客对第一种产品的估价高，对第二种产品的估价低；另一类顾客则持相反的观点，对第一种产品估价低而对第二种产品估价高。可以将这种情况描述为细分顾客的需求相反。

麦当劳超值套餐能够用来说明价格捆绑如何发生作用，这是人们比较熟悉的价格捆绑。为了简化起见，假设麦当劳向两个假定的细分市场提供包括汉堡包和薯条的超值套餐（为了实现讨论目的，此处忽略饮料），汉堡包爱好者对汉堡包满意，薯条爱好者只对薯条满意。在这个例子中，汉堡包爱好者和薯条爱好者对汉堡包和薯条的需求为对比需求。通过对汉堡包和薯条进行折扣捆绑销售，可以激励汉堡包爱好者尝试薯条，也可以使薯条爱好者吃汉堡包。

不同细分市场的对比需求与价格捆绑的许多例子相关。在通信行业中，一些精明的技术倾向型顾客对移动电话和高速网络服务赋予的价值很高，但对固定电话和订阅电视服务赋予的价值较低。与之相反，一些守旧的顾客对固定电话和订阅电视服务赋予的价值较高，而对移动电话和网络服务的估价较低。类似的情况也发生在办公软件市场，财务工作者对制表软件的估价高，营销人员则对文字处理软件和演示工具的估价较高。

捆绑策略利用市场上对不同产品的对比需求，促进不同细分市场上的顾客购买更多产品。如果为了获得单个产品的最大利润而对每种产品进行单独标价，那么单个产品的最优价格只能吸引对产品赋予最高价值的某个细分市场，在这种情况下，对某种产品赋予的价值没那么高的细分市场只购买其认为价值高的产品而不购买其他产品。从某种意义上说，捆绑策略是给那些对一种产品的估计价值低于其他产品的顾客的优惠折扣。

捆绑价格应该低于各产品单价之和，以此吸引对不同产品估价不同的顾客购买一个捆绑中的全部产品，同时捆绑价格应高于捆绑中的所有产品的单价，防止市场侵蚀。

价格捆绑通过降低多个细分市场中顾客支付意愿的离散程度而提高利润。例如，假设有产品 A，B 和细分市场蓝、红。如果蓝市场对产品 A 的估价为 5 美元，对产品 B 的估价为 2 美元，红市场对产品 B 的估价为 5 美元，对产品 A 的估价为 2 美元，针对蓝、红两个市场的单个产品最优定价均为 5 美元。将两种产品捆绑定价 7 美元就可以抓住蓝、红两个细分市场。对具体细分市场给予选择性折扣使价格与顾客的预期一致，能够实现捆绑的目的。捆绑定价为 7 美元，蓝市场上的顾客在产品 B 上可获得 3 美元折扣，以此激励其购买，但红市场上的顾客购买产品 B 没有折扣。7 美元的捆绑定价同样可以使红市场上的顾客在产品 A 上获得 3 美元折扣，但蓝市场上的顾客购买产品 A 没有折扣。价格捆绑通过对不同的细分市场进行选择性价格细分，对估价较低产品采取折扣政策，从而降低了支付意愿的离散程度。

一般情况下，捆绑的产品数量越多，支付意愿的离散程度降低越多。因为顾客对赋予产品价值的不确定性对有效定价产生消极影响，所以捆绑策略能够创造高利润。

捆绑也受到展望理论中提到的心理因素的积极影响。由于捆绑价格低于产品的单价之和，相比之下捆绑被认为是一种折扣。对顾客而言，折扣是效用的另一种来源。因此，与单一的顾客效用原理相比，捆绑策略创造的利润更高。

捆绑价格似乎是两种独立产品价格之和的折扣价格，但是如果对捆绑策略的盈利性进行分析，它就不能只看成一种折扣了，也就是说，对捆绑折扣运用于某种产品或者其他产品的销量门槛的标准分析不能论证价格捆绑策略的利润创造能力。在价格捆绑中，必须创造不同的捆绑销量门槛。在构造捆绑销量门槛之前，先论证捆绑策略的战略价值（捆绑销量门槛可以参见附录 12A）。

12.2 战略捆绑

一个例子能够说明捆绑对数量、价格和利润的作用，并成为分析不同捆绑的基础模板。价格捆绑在很多行业均有广泛的运用，我们选择歌剧院出售莫扎特的《唐·乔凡尼》和德沃夏克的《水仙女》门票为例。这两部歌剧都在捷克首都布拉格进行公演，并在老城广场的埃斯特剧院定期演出。

假设剧院座位的边际成本可以忽略。观众增加不需要增加工作人员，也不需要增加演员工资。一旦剧院建好，座位的数量就固定下来，只要门票没有售完，多一个观众就不产生成本。剧院的边际成本只有设备的耗损或卫生间使用成本，而这些成本非常低。这种条件很容易被放宽，在模型中包括边际成本，但因为是首次涉足捆绑策略，所以尽可能使情况变得简单。

正如之前提到的那样，价格捆绑利用了对比需求。在歌剧院的例子中，假设某一细分市场对悲剧《水仙女》的估价高，而另一细分市场认为喜剧《唐·乔凡尼》的价值更高。进一步假设歌剧院能够同时接待两个细分市场的顾客。假定喜剧爱好者愿意为观看《唐·乔凡尼》支付 1 500 克朗，但只愿意为《水仙女》支付 700 克朗。与此同时，悲剧爱好者愿意为观看《水仙女》支付 1 500 克朗，但只愿意为《唐·乔凡尼》支付 700 克朗。表12—1 展现了两个细分市场的支付意愿。

表 12—1 两个歌剧细分市场的支付意愿

细分市场	《唐·乔凡尼》	《水仙女》
喜剧爱好者	1 500 克朗	700 克朗
悲剧爱好者	700 克朗	1 500 克朗

在这个例子中，剧院提供的座位能够满足所有潜在观众的需求，不考

虑个人细分市场的规模大小，通过提供 2 200 克朗的捆绑门票而不是提供可使单张门票利润最大化的单独门票，实现利润最大化。2 200 克朗的捆绑价格源自交叉市场对两部歌剧的最低支付意愿。在 2 200 克朗的价格下，所有细分市场的顾客都会购买门票观看歌剧。在不捆绑的情况下，如果一场歌剧的价格是 1 500 克朗，观众只购买两场歌剧中某一场的门票，剧院将失去潜在的细分市场。如果定价为 700 克朗将吸引所有细分市场，观众也会购买两场歌剧的门票，但因为价格过低，剧院将失去潜在利润。

2 200 克朗的捆绑价格是单场歌剧最高价格之和（3 000 克朗）的折扣价格，但高于单场最低价格之和（1 400 克朗）。2 200 克朗的价格对全部细分市场都有吸引力，获得了价格过高可能失去的观众以及被低价吸引的观众。与高价相比，捆绑价格提高了上座率；与低价相比，捆绑价格更高。

这两个细分市场对比需求的例子论证了与单独产品的最优价格相比，捆绑产品最优价格的价值。在只有两个细分市场、没有边际成本、有两种预定价格的情况下，单一捆绑比混合捆绑的盈利性更强。在单一捆绑中，不提供单个产品而只提供捆绑产品。单一捆绑对产品有效地进行了重新定义。单个产品包含在新的产品中，当单个产品不再单独出售后，捆绑产品和最优价格问题转化为捆绑价格的管理问题。

如果不只有两个细分市场或者不满足之前的假设，那么混合捆绑就成为更好的选择。在混合捆绑中，顾客可以选择购买捆绑产品或者单个产品。可以根据之前的例子来论证混合捆绑的利润。

为了论证混合捆绑与单一捆绑的区别，在之前的例子中加入两个细分市场。假设悲剧爱好者和喜剧爱好者这两个细分市场仍然存在。进一步假设另外两个细分市场，分别是莫扎特爱好者和德沃夏克爱好者。假设所有细分市场的规模相同（虽然假设市场规模相同不是必须的，但是通过此假设避免了市场高度不对称的情况）。莫扎特爱好者对《唐·乔凡尼》的支付意愿是 1 600 克朗，但对《水仙女》的支付意愿只有 100 克朗。与此同时，德沃夏克爱好者愿意为观看《水仙女》支付 1 600 克朗，但只愿意为《唐·乔凡尼》支付 100 克朗。这些细分市场存在对比需求。表 12—2 总结了不同细分市场的支付意愿。

表 12—2　　　　　　　　　　四个歌剧细分市场的支付意愿

细分市场	《唐·乔凡尼》	《水仙女》
喜剧爱好者	1 500 克朗	700 克朗
悲剧爱好者	700 克朗	1 500 克朗
莫扎特爱好者	1 600 克朗	100 克朗
德沃夏克爱好者	100 克朗	1 600 克朗

在此例中，假设能够为所有潜在观众提供充足的座位，在对《唐·乔

凡尼》和《水仙女》制定 2 200 克朗的捆绑价格的同时，对《唐·乔凡尼》和《水仙女》单场均定价为 1 600 克朗，歌剧院实现了利润最大化。定价 2 200 克朗的捆绑票价将吸引所有悲剧爱好者和喜剧爱好者，因为捆绑价格与他们预期的单场价格之和相等。同时 2 200 克朗高于莫扎特爱好者和德沃夏克爱好者的预定价格，这对他们没有吸引力，而 1 600 克朗的单场价格则可以吸引他们观看更感兴趣的歌剧。

　　这个混合捆绑的例子能够用图形较为清晰地展示出来。在图 12—1 中，竖轴表示不同细分市场对《唐·乔凡尼》的预期价格，横轴表示不同细分市场对《水仙女》的预期价格。不同细分市场的价格弧形表示对捆绑门票的支付意愿。与仅提高单独门票相比，捆绑门票提高了利润。

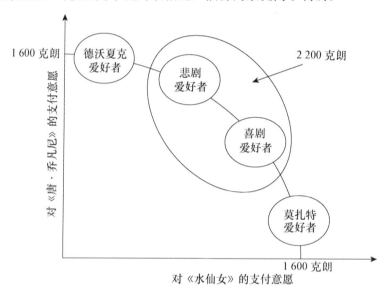

图 12—1　四个细分市场对歌剧的对比需求

　　如果只有两个细分市场，支付意愿不是均等对比性的，市场份额不等，单一捆绑的盈利能力比不实施捆绑或混合捆绑的低。例如，假设两个细分市场中，悲剧爱好者细分市场较小，他们愿意为了《唐·乔凡尼》支付 300 克朗，但愿意为了《水仙女》支付 1 700 克朗；喜剧爱好者细分市场较大，如之前描述的那样。盈利性最强的定价策略是为喜剧爱好者细分市场提供 2 200 克朗的捆绑门票，为悲剧爱好者细分市场提供 1 700 克朗的《水仙女》门票。这个例子就回到了版本策略。

　　在实践中，混合捆绑在以下条件下比版本策略或附加策略更适用：

- 捆绑中的每件产品都有单独的市场。
- 每种产品的市场是重叠的。
- 一种产品的消费不是从另一种产品的消费价值中减去。
- 顾客的保留价格分布广泛，并与他们对某种产品的欲望相关。

● 生产的边际成本低。

许多经济学家和市场人员设计不同的模型论证捆绑策略的价值。[1] 通常来说，为了论证混合捆绑比版本策略或附加策略的盈利性更强，必须利用三种或者更多的具有对比需求的顾客类型来说明。

寻找捆绑最优价格的一种直接方法是试错法，如下：（1）高管必须知道各个细分市场的规模以及顾客对捆绑中不同产品的支付意愿，这可以通过联合分析或其他市场分析方法得到；（2）对不同的单个产品和捆绑制定菜单价格；（3）利用菜单价格，研究人员能计算出在假设每个细分市场选择传递最高消费者剩余的产品的条件下，期望的消费者剩余；（4）在考虑细分市场规模、顾客选择和估计边际成本的情况下，根据具体的菜单价格计算出收益和利润；（5）选择的价格菜单就是能够使利润最大化的那个，稳健性检验旨在对细分市场规模和保留价格的变化做出解释。

12.3　捆绑设计

边际成本

价格捆绑策略适用于边际生产成本较低的产品。捆绑定价是在单个产品价格之和的基础上给予一定的折扣。如果生产的单个产品的边际成本很高，那么捆绑则因为折扣而对利润产生不利影响。

捆绑策略使利润增长的一种方法是它将不同需求的顾客集中在一起。对于这些集中起来的有对比需求的顾客，企业通过捆绑降低顾客价值的分散性，但是如果边际成本很高，卖方会提高而不是降低顾客价值评估的分散性。

捆绑定价是在单个产品价格之和的基础上给予一定的折扣。如果平均边际成本高于平均评估价值，捆绑策略将降低利润，相反，捆绑策略将增加利润。

捆绑策略在数字产品市场上运用广泛并且经历了多次考察。数字产品与有形产品不同，它的再生产成本基本为 0。其他采用捆绑策略的行业也与之类似，虽然开发产品的成本很高，但再生产的边际成本很低，例如信息业、娱乐业、知识产权和基础设施产品。[2] 即使高固定成本的工业制成品也因其非常低的边际成本而从捆绑策略中受益，例如硅晶片。

回顾到目前为止我们讨论过的捆绑策略的例子，边际成本低都是其中的一个条件。在不同情况下，我们很容易想象一些顾客可能偏好捆绑中的某些产品，而其他顾客则偏好捆绑中的另一些产品，因此市场具有对比需求异质性，而且产品都满足低边际成本的条件，以较低的捆绑价格销售，销量越大获得的利润就越高。

餐馆中食物配料的价格是其成本结构中的一小部分。经营餐馆的大部分成本是租金成本和人力成本，即使顾客增加也不会对这部分成本产生影响。

通信业的基础设施成本很高，但是边际成本很低。一旦基础设施建立起来，增加一项服务的成本基本上为 0，或者接近 0。

软件业的边际成本长期以来都被认为是可以低到可忽略的。与数字产品类似，软件的开发成本很高，但再生产成本很低。类似的结论在医药行业也可以得到，与高昂的开发成本相比，药物的制造成本很低。

类似地，娱乐场所的固定成本较高而边际成本较低。一旦娱乐活动被预订、座位被安排了，娱乐场所的成本结构是高度固定的，利润依赖于座位预订的数量，上座率与利润直接相关。

促销绑定与品牌转换

捆绑策略通过吸引顾客购买更多产品来增加利润，下一个问题是购买的起源，也就是说，捆绑策略是鼓励顾客从同类产品中购买更多，还是品牌转换，抑或是转换零售商？换句话说，捆绑策略会对消费选择（购买什么）和消费率（购买多少）产生影响。对于成熟的市场，零售销售数据、学术实验对这些问题已有定论，捆绑促销带来的额外销量增加更多地源于品牌转换（影响购买什么）而不是类别扩展（购买多少）。[3]

例如，零售商促销捆绑的通常形式是"买一赠一"或"两件减 0.5 美元"。这些形式的捆绑对刺激顾客转换品牌或零售商有很大作用，但是这些促销形式对加速购买（尽早购买，储备产品）或增加类别支出（比平时购买更多）的影响却十分有限。即使顾客没有为了获得捆绑折扣而购买相应数量的产品，但通过制造一种低价的感觉，捆绑促销仍然能有效地促进销售。

制造商需要在对单个产品进行价格促销与利用捆绑促销对更多产品进行价格促销这两种决策间做出权衡。在检验单品促销和捆绑促销的效果时发现，如果目的是增加单品销售或品牌销量，捆绑促销比单品促销更有效。正如零售商捆绑促销一样，销量的增加主要来自刺激顾客在同类产品中进行品牌转换，而不是向新顾客销售更多。换句话说，捆绑促销从其他品牌那里吸引重度使用者，而不是将不使用者转变为使用者或将轻度使用者转化为重度使用者。

正如啤酒销售中发现的那样，如果重度使用者的购买数量出奇的高，那么捆绑策略选择性地吸引重度使用者的能力会对利润产生惊人的影响。

吸引重度使用者优先选择制造商品牌，并将这些顾客转变为忠诚顾客，是公司长期获利的重要因素。

进一步调查的结果显示，捆绑对品牌转换和零售商转换有杠杆效应。根据杠杆效应，顾客通过购买捆绑产品获得心仪产品节约的花费转移为对捆绑中其他产品的购买意愿的增加。与其他没有采取捆绑策略的品牌和零售商相比，捆绑策略中最受欢迎的产品增加了捆绑中所有产品的购买偏好。如果是为了增加捆绑中某个单品的销量，利用杠杆效应，只需要选择有一定吸引力的产品放入捆绑中就可以增加这个产品的销售。杠杆效应可以在一定程度上解释捆绑策略诱导在较少需求的产品间进行品牌转换的能力。

品牌背叛限制了捆绑的最优规模。品牌背叛意味着顾客不再选择那些他们经常选择的品牌而转向其他品牌。在捆绑策略中，当顾客感知捆绑对数量的要求设置得过高，以至于大部分顾客无法享受捆绑的利益时，品牌背叛就产生了。因此，捆绑的数量不宜设置得过高，但是应该设置到足够影响重度使用者。

分开节省费用增加捆绑选择

另一项关于顾客对捆绑策略的反应的调查显示，如果捆绑中的花费节省是分开的，捆绑策略能够吸引更多的顾客，提高销量。这就好像是帮助顾客节省了费用。如果捆绑策略节省的费用分为几部分，一部分来自单个产品花费的节省，另一部分来自捆绑本身，这种情况下顾客感知的节省费用比合并在一起节省的费用更高。[4]

这个结论来自于对箱包市场的调查。假设销售一个西装袋和一个大手提箱，如表 12—3 所示。如果顾客同时购买西装袋和大手提箱，有三种感知费用节省的结构：

● 结构一：感知捆绑费用节省（178 美元－158 美元＝20 美元）。

● 结构二：分开的两部分感知节省——与单独购买相比节省的部分以及捆绑节省的部分（20 美元＋20 美元＝40 美元）。

● 结构三：将单独购买节省的部分和捆绑节省的部分视为一个整体（198 美元－158 美元＝40 美元）。

表 12—3 箱包捆绑

产品	单独购买时的价格	
	正常价格	特价
西装袋	99 美元	89 美元
大手提箱	99 美元	89 美元
	198 美元	178 美元

注：成套购买西装袋和大手提箱的价格为 158 美元。

研究表明结构二在三种结构中是最主要的。将节省的花费进行拆分对顾客的吸引力高于单一的捆绑折扣。

这个结论与展望理论中"好处分开，痛苦捆绑"的概念一致。折扣是好处的一种形式，与参考价格相比，折扣能节省费用。如果提供两种折扣，即单品折扣和捆绑折扣，与单一的捆绑折扣相比更能刺激顾客购买。

对单品价格与捆绑价格的对比研究表明，额外的捆绑费用节省对顾客的交易价值的感知影响强于捆绑中单品的费用节省。

买家对捆绑价格的心理计算

捆绑策略的研究也考虑了对买家捆绑价格心理计算的影响。价格心理计算关系到顾客怎样计算捆绑策略的花费节省，特别是顾客是否将节省的花费与捆绑中更需要的产品相联系，或者说与捆绑中最不需要的产品节省的费用相联系。

根据参考独立模型（reference-dependent model），顾客首先会对捆绑中的各个产品评估，决定购买意愿或捆绑中每件产品的参考价格，将参考价格相加后决定购买捆绑产品的意愿。[5]通过这种方法，顾客将捆绑中节省的大部分费用与最不需要的产品联系起来。

例如，假设一种捆绑中包括两种产品，两种产品的单价均为 8 美元，一位顾客认为产品 A 的参考价格为 8 美元，产品 B 的参考价格为 4 美元。在这种情况下，以 8 美元价格出售的产品 A 的净效用为 0；以 8 美元出售的产品 B 的净效用为 −4 美元。如果这两种产品捆绑起来以 12 美元的价格销售，当折扣与参考价格低于市场价格的产品（产品 B）相联系时，参考独立模型预测顾客对捆绑的评价会更高，于是顾客将折扣分配给捆绑中价值较低的产品。

通过询问哪种产品对顾客更有吸引力可以检验参考独立模型：（1）一种配料的棒约翰大比萨售价 7.99 美元，10 只鸡翅的价格为 3.99 美元；（2）10 只鸡翅的价格为 7.99 美元，一种配料的棒约翰大比萨售价 3.99 美元。虽然经济效用是一致的，但觉得比萨比鸡翅更有价值的顾客认为第一种更有吸引力。

参考独立模型对捆绑策略和市场营销有积极的影响，它表明捆绑中节省的大部分费用包含在捆绑中不太需要的产品节省的费用中，对最需要的产品的预期价格没有影响。从价格期望管理的角度看，这种结论是很有吸引力的。

不幸的是，早期研究捆绑策略下消费者行为的结果表明，捆绑策略的经济模型只给出了顾客怎样看待捆绑的不完整结论。[6]从经济学的角度看，与参考独立模型类似，我们期望顾客对捆绑产品的支付意愿是他们对单个产品支付意愿的和，但是一些研究论证了顾客往往根据参考独立模型对捆绑产品进行评估，而不是将单个产品的价格加总进行评估。

另一种买家计算模型是捆绑策略的权重叠加模型。根据权重叠加模型，顾客对捆绑产品进行评估时，先从最喜欢的产品开始，一直评估到最不喜欢的产品。捆绑节省会被视为是购买最喜欢产品所节省的费用。

顾客对捆绑产品的评估始于他们对捆绑中最喜欢产品的评估，然后结合捆绑中的其他产品调整评估。[7]根据权重叠加原则，对顾客而言，捆绑中的某一种产品比捆绑中的其他产品重要。顾客浏览后识别出捆绑中对他们最重要的产品或焦点产品，根据产品价格进行评估，接着对捆绑中的其他产品进行评估，并调整对整个捆绑的评估。在评估捆绑产品时，顾客对最喜欢的产品赋予最大的权重。换句话说，捆绑产品的整体评估是先对产品依重要程度排序，依序对单品评估，同时调整捆绑的整体评估。

例如，将顾客喜欢和不喜欢的两种杂志进行捆绑，顾客更倾向于在喜欢的杂志上获得购买折扣而不是不喜欢的杂志上。顾客喜欢的杂志对衡量整个捆绑价格的影响更大，因此与对顾客不喜欢的杂志打折相比，对顾客喜欢的杂志打折对捆绑评估的影响更大。捆绑产品的折扣往往是针对更受顾客喜欢的产品，而不是针对全部捆绑产品或者顾客不太喜欢的产品。

此外，顾客对捆绑产品评估的调整依赖于焦点产品，也就是说，如果不是增加焦点产品的价值，而是增加捆绑中附加产品的价值，顾客并不会相应地提高对捆绑产品的评估，导致的结果就是与顾客对单独产品的支付意愿相比，捆绑产品的价值常常被低估。购买捆绑产品节省的费用也将归入购买顾客更喜欢的产品所节省的费用之中，这样就重新设定了捆绑中更受欢迎产品的期望价格。以上结论都不是从期望价格管理的角度所乐见的。

权重叠加模型与参考独立模型哪一个更能够精确地描述顾客对捆绑价格的计算，仍需要进行大量的研究，即使不知道哪种模型更好，高管们仍然可以主动地通过顾客偏好进行管理，以达到更好的结果。

例如，在商业市场中，采购员在一个季度购买捆绑产品时要求打折并希望在下一季度时仅在需求量最大的产品上获得同样折扣，这样的情况十分常见。在采购员实施这种策略时，他们通过从需求量最大的产品上获得最大的费用节省，利用权重叠加模型对捆绑产品进行评估。销售人员在这种情况下应当说明这个季度节省的费用是来自那些较不受欢迎的产品，而无法在接下来的季度中对需求更大的产品打折，这样就可以避免采购员的陷阱。

法律问题

虽然一般情况下捆绑策略并不违法，但是也有少数值得注意的捆绑策略违反法律的例子。[8]近年来最引人注目案例就是微软公司将不同的产品与操作系统和浏览器进行捆绑。捆绑策略在例如钢铁、铁路其至食盐行业也十分常见。仔细分析可以大致了解捆绑策略的合法性，法律正被新的案例不断修改。

相关的法律可以分为本身违法原则和合理原则。这两个原则的精神是：捆绑策略不应该通过限制竞争损害顾客利益。在本身违法原则下，一旦以下情况出现，捆绑策略就违反了法律：商业危机时，拥有市场支配力的公司将独立的产品进行纯捆绑。更加严厉的合理原则规定，在与本身违法原则相同条件下如果出现下列两个附加条件，捆绑策略就违反了法律：捆绑策略使实施捆绑策略的公司获得超过捆绑产品中的至少一种产品的更多市场支配力，形成了对市场的威胁；没有合理的消费者利益可以抵消对竞争的潜在破坏。

市场支配力是衡量价格捆绑的关键因素之一。在竞争市场中，几乎所有的竞争者都可以自由地采用捆绑策略。在某个公司拥有大量市场份额的市场中，虽然该公司没有完全垄断，但是捆绑策略的合法性更容易遭到质疑。

衡量价格捆绑的第 2 个因素是捆绑是否增加了消费者价值，还是仅仅用来阻止竞争者。战略性的产品捆绑能有效地增加进入市场的壁垒，巩固市场统治地位，阻止新进入者。如果捆绑为顾客提供了利益，则认为是合法的，否则，高管应评估捆绑行为以减轻违法风险。

本章讨论过的案例均不违反法律，因为它们关注的焦点是混合捆绑而不是纯捆绑，而且假设处于竞争激烈的行业中。

12.4　附加定价、版本策略与捆绑定价的权衡

附加定价、版本策略或捆绑定价这三种定价结构都利用了支付意愿的异质性进行价格细分，提高利润，但是每种定价策略适用的条件不同。高管在选择定价策略时应结合市场条件，特别是需求驱动因素。

决定采用附加定价、版本策略或捆绑定价的首要因素是顾客异质性。需求高度异质性和多维度需求异质性的市场适合采用附加定价策略，顾客可以选择基础产品和定制附加产品。需求异质性只有一个维度的市场，将基础产品升级可生产顾客利益更高、价格更高的产品，更适合采用版本策略。如果需求为对比需求，一些顾客喜欢一部分产品，另一些顾客喜欢其他产品，所有产品传递的利益对顾客来说是可叠加的，则适合采用捆绑

策略。

　　第二个决定采用附加定价、版本策略或捆绑定价的因素是成本结构。在附加定价策略中，附加产品是单独定价的，除非顾客支付意愿高于边际生产成本，否则就不会将其推向市场。与之类似，当顾客愿意为升级版本支付高于边际生产成本的价格时，版本策略能对边际成本的增加进行管理。通过这种方式，边际成本对版本策略的影响与对附加定价策略的影响类似。较高的边际成本不适合采用捆绑策略，因为捆绑价格通常低于被捆绑的单品价格之和。如果边际成本过高，公司倾向于根据顾客的支付意愿对市场进行细分，而不是将顾客整合为单一细分市场。

　　除以上两个因素外，还有其他因素影响附加策略、版本策略、捆绑策略的选择，例如，展望理论与价格结构的相互影响。附加价格结构要求顾客对每件附加产品单独付费，但是展望理论鼓励市场人员将好处分开，对费用进行捆绑。同样地，展望理论预测对附加产品的需求会被抑制，因为每一个附加产品在带来附加利益的同时，也形成了额外的痛苦（以价格的形式）。相反地，版本策略将痛苦捆绑进一个单一的价格（虽然价格比较高），使顾客获得额外的利益。最后，展望理论支持捆绑策略，因为捆绑策略不仅向顾客传递更多利益，而且比起个别产品价格的总和，它以折扣的形式带来新的附加利益。

　　表12—4总结了顾客异质性、边际成本、展望理论对附加策略、版本策略和捆绑策略选择的影响。

表 12—4　　　　　　　　　附加策略、版本策略和捆绑策略的权衡因素

	顾客异质性	边际成本	展望理论
附加策略	多维度的偏好异质性	边际成本高低均适用	不支持
版本策略	单一维度的偏好异质性	边际成本高低均适用	支持
捆绑策略	顾客对不同产品有对比需求	不适用于高边际成本，适用于低边际成本	支持

小结

● 在捆绑策略中，两种或多种独立产品以单一的捆绑价格进行销售。捆绑价格低于单品价格之和，但高于捆绑的任一产品的单价。

● 捆绑策略利用对比需求，也就是说，一部分顾客偏好捆绑中的某一产品，而另一部分顾客偏好捆绑中的其他产品。

捆绑策略将这两类顾客集合到对捆绑有购买意愿而不是购买单品的同一细分市场中。

● 捆绑策略适用于边际成本较低的情况。

● 在混合捆绑中，市场上同时销售捆绑中的单品和捆绑产品。纯捆绑是指

只销售捆绑产品的情况。纯捆绑相当于重新定义了产品分类。

● 捆绑策略对品牌转换和零售商转换的作用大于刺激消费，增加购买。

● 杠杆效应对捆绑策略有积极的影响，与竞争品牌相比，捆绑中顾客最需要的产品增加了顾客购买捆绑产品的意愿。

● 如果费用节省是分开的，促销捆绑对吸引顾客更有效，也就是说，捆绑

费用节省包括单个产品的费用节省以及购买整个捆绑产品的附加费用节省。

● 顾客对捆绑费用的心理计算分为多种形式。有时候顾客将费用节省归为购买捆绑中最不偏好的产品节省的费用（参考独立模型），有时候顾客将费用节省归为购买最偏好产品节省的费用（权重叠加模型）。

● 市场领导者采用捆绑策略时应考虑法律限制。

 练习

1. AT&T 提供互联网、移动通信、固定电话和数字电视服务。假设有新兴和传统两个细分市场，支付意愿和市场份额如下表所示。假设整个市场规模为5 000 万美元。

细分市场	移动通信+互联网支付意愿	固定电话+数字电视支付意愿	市场份额
新兴市场	95 美元	25 美元	30%
传统市场	30 美元	115 美元	70%

a. 情况 A：假设 AT&T 提供两种服务套餐，一种是移动通信+互联网服务，价格为 95 美元；另一种是固定电话+数字电视服务，价格为 115 美元。回答下列问题并填表：

i. 计算每种服务套餐下每个细分市场的消费者剩余（消费者剩余=价格-支付意愿）。

ii. 计算每种服务套餐下每个细分市场的收入（假设某项服务针对的细分市场上消费者剩余为 0 或为正，价格、市场份额和市场规模如前所述）。

iii. 情况 A 下全部收入是多少？

	消费者剩余	
	移动通信+互联网	固定电话+数字电视
新兴市场		
传统市场		
	收入	
	移动通信+互联网	固定电话+数字电视
新兴市场		
传统市场		

b. 情况 B：假设 AT&T 提供三种服务套餐，移动通信+互联网服务，价格为 95 美元；固定电话+数字电视服务，价格为 115 美元；移动通信+互联网+固定电话+数字电视服务，价格为145 美元。回答下列问题并填表：

i. 计算每种服务套餐下每个细分市场的消费者剩余。

ii. 计算每种服务套餐下每个细分市场的收入。

iii. 情况 B 下全部收入是多少？

	消费者剩余		
	移动通信＋互联网	固定电话＋数字电视	移动通信＋互联网＋固定电话＋数字电视
新兴市场			
传统市场			

	收入		
	移动通信＋互联网	固定电话＋数字电视	移动通信＋互联网＋固定电话＋数字电视
新兴市场			
传统市场			

c. 情况 B 比情况 A 的收入多多少？

d. 与情况 A 相比，情况 B 下收入增长的百分比是多少？

e. 以上的价格是怎样确定的？是否有其他价格可以增加收入？

2. 迪士尼的度假村包括酒店和主题公园。假设四个细分市场对酒店和主题公园的支付意愿及市场份额如下表所示。假设度假村每天可以接纳 5 000 人。

细分市场	酒店客房	主题公园	市场份额
主题公园偏好者	200 美元	150 美元	20%
豪华偏好者	300 美元	50 美元	10%
会议偏好者	325 美元	5 美元	20%
迪士尼偏好者	50 美元	200 美元	50%

a. 绘制不同细分市场的支付意愿图（用气泡表示不同细分市场的规模）。

b. 情况 A：假设迪士尼酒店客房的价格为 300 美元，主题公园的门票为 150 美元。回答下列问题并填表：

i. 计算每个细分市场的消费者剩余。

ii. 哪些细分市场愿意为哪些服务付费？

iii. 计算每个细分市场的收入。

iv. 情况 A 下全部收入是多少？

	消费者剩余	
	酒店客房	主题公园
主题公园偏好者		
豪华偏好者		
会议偏好者		
迪士尼偏好者		

	收入	
	酒店客房	主题公园
主题公园偏好者		
豪华偏好者		
会议偏好者		
迪士尼偏好者		

c. 情况 B：假设迪士尼酒店客房的价格为 200 美元，主题公园的门票为 150 美元。回答下列问题并填表：

i. 计算每个细分市场的消费者剩余。

ii. 哪些细分市场愿意为哪些服务付费？

iii. 计算每个细分市场的收入。

iv. 情况 B 下全部收入是多少？

	消费者剩余	
	酒店客房	主题公园
主题公园偏好者		
豪华偏好者		
会议偏好者		
迪士尼偏好者		

	收入	
	酒店客房	主题公园
主题公园偏好者		
豪华偏好者		
会议偏好者		
迪士尼偏好者		

d. 情况 C：假设迪士尼酒店客房的

价格为 325 美元，主题公园的门票为 200 美元，酒店＋主题公园的捆绑价格为 350 美元。回答下列问题并填表：

i. 计算每个细分市场的消费者剩余。

ii. 哪些细分市场愿意为哪些服务付费？假设顾客实现消费者剩余最大化。

iii. 计算每个细分市场的收入。

iv. 情况 C 下全部收入是多少？

	消费者剩余		
	酒店客房	主题公园	酒店＋主题公园
主题公园偏好者			
豪华偏好者			
会议偏好者			
迪士尼偏好者			
	收入		
	酒店客房	主题公园	酒店＋主题公园
主题公园偏好者			
豪华偏好者			
会议偏好者			
迪士尼偏好者			

e. 如果不实施捆绑策略，酒店客房和公园门票的最优价格是多少？

f. 实施捆绑策略与不实施相比，收入增加多少？

g. 实施捆绑策略与不实施相比，收入增长百分比是多少？

h. 捆绑策略怎样增加总体收入？

3. 《芝加哥太阳报》有政治、商业、体育和娱乐版。假设有四个细分市场，支付意愿和市场份额如下表所示。假设订阅者为 400 000 人。

细分市场	政治＋商业	体育＋娱乐	市场份额
政客	90 美元	5 美元	20%
高管	75 美元	25 美元	30%
足球妈妈（Soccer Mom）	25 美元	75 美元	30%
周末战士（Weekend Warrior）	5 美元	90 美元	20%

a. 绘制不同细分市场的支付意愿图。

b. 在没有其他捆绑形式的情况下，《芝加哥太阳报》政治＋商业版的最优价格以及体育＋娱乐版的最优价格是多少？如果只提供这两种捆绑产品，该报的收入是多少？

c. 将政治、商业、体育和娱乐版捆绑，这一纯捆绑的最优价格是多少？纯捆绑的收入是多少？

d. 混合捆绑策略下最优价格分别是多少？混合捆绑包括三种产品：包括政治、商业、体育和娱乐版的完整版；政治＋商业版；体育＋娱乐版。混合捆绑策略下《芝加哥太阳报》的收入是多少？

e. 纯捆绑的利润比独立版本的收入多多少（完整版 VS 政治＋商业版、体育＋娱乐版）？

f. 混合捆绑的利润比独立版本和纯捆绑的收入高多少（完整版、政治＋商业版、体育＋娱乐版 VS 完整版）？

g. 哪些因素可能促使《芝加哥太阳报》不实施捆绑策略？

4. Adobe CS 5 软件有不同的版本。假设有三种版本：网络增强版的价格为 1 799 美元，制片增强版的价格为 1 899 美元，大师典藏版的价格为 2 599 美元。这些版本的功能如下表所示：

Adobe CS 5 构成		1 799 美元 网络增强版	1 899 美元 制片增强版	2 599 美元 大师典藏版
图像编辑	Photoshop Extended	X	X	X
	Illustrator	X	X	X
	InDesign			X
	Acrobat Pro	X		X
网页编辑	Flash Catalyst	X	X	X
	Flash Professional	X	X	X
	Flash Builder Standard	X		X
	Dreamweaver	X		X
	Fireworks	X		X
	Contribute	X		X
视频编辑	Premier Pro		X	X
	After Effects		X	X
	Soundbooth		X	X
	OnLocation		X	X
	Encore		X	X

a. 识别并至少描述 Adobe CS 5 软件吸引的三个细分市场。

b. Adobe 软件产品适合实施捆绑策略吗？为什么？

5. 德国的家具商店 Bauhaus 计划进行 6 月促销捆绑，庭院家具和庭院太阳伞捆绑售价为 425 欧元，包括四把椅子和一张桌子的庭院家具通常售价为 300 欧元，庭院太阳伞售价为 200 欧元。两种产品均有 50% 的边际贡献。如果促销捆绑可能减少 75 套庭院家具和 25 把太阳伞的销售，那么需要销售多少套捆绑产品才能提高利润？

附录12A　促销捆绑的销量门槛

在第 2 章中，我们研究了改变产品价格、设置销量门槛对利润影响的敏感度。销量门槛决定了价格折扣增加利润的水平。在此附录中，我们将研究一种不同的销量门槛——促销捆绑的销量门槛。

在促销捆绑策略中，销售的通常不是单品而是两个产品。将单品折扣策略运用到捆绑产品中会出现很多问题，其中一个最大的问题就是将折扣分配给单个产品。为了避免这些问题，引申出不同的销量门槛。

通过识别与销售单品相比捆绑销售时的利润增加可以得到销量门槛。销量门槛可以直接通过利润公式推导得到。

我们先来看看没有捆绑的情况下公司的利润公式。假设公司销售产品 A 和产品 B 两种产品。为了使推导简化，假设固定成本为 0，公司的利润为：

$$\pi(\text{单品}) = Q_A \cdot (P_A - V_A) + Q_B \cdot (P_B - V_B)$$

(12—1)

式中，Q_A 和 Q_B 表示没有捆绑情况下产品 A 和产品 B 的销量；P_A 和 P_B 表示产品 A 和产品 B 的价格；V_A 和 V_B 表示产品 A 和产品 B 的可变成本。

捆绑策略下，捆绑中单品的销量以及捆绑的销量与不捆绑情况下不同。捆绑策略对销量有四种影响：

1. 捆绑使那些只购买产品 A 不购买产品 B 的顾客不再单独购买产品 A。本来只购买产品 A 的顾客转而购买捆绑产品。$\Delta Q_{A \to T}$ 表示这部分顾客导致的数量变化。$\Delta Q_{A \to T}$ 表示减少了单品 A 的销量但增加了捆绑产品的销量。

2. 捆绑使那些只购买产品 B 不购买产品 A 的顾客不再单独购买产品 B。本来只购买产品 B 的顾客转而购买捆绑产品。用 $\Delta Q_{B \to T}$ 表示这部分顾客导致的数量变化。$\Delta Q_{B \to T}$ 表示减少了单品 B 的销量但增加了捆绑产品的销量。

3. 捆绑使那些单独购买产品 A 和产品 B 的顾客不再单独购买。对这类细分顾客，捆绑策略成为价格让步。用 $\Delta Q_{AB \to T}$ 表示这部分顾客导致的数量变化。$\Delta Q_{AB \to T}$ 表示减少了单品 A 和 B 的销量但增加了捆绑产品的销量。

4. 捆绑策略将吸引本不打算购买产品 A 或 B 的顾客。用 ΔQ_{new} 表示这部分顾客导致的数量变化。ΔQ_{new} 增加了整个捆绑产品的销量但对单品 A 或 B 的销量没有影响。

促销捆绑条件下，公司利润公式为：

$$\pi(捆绑)$$
$$= (Q_A - \Delta Q_{A \to T} - \Delta Q_{AB \to T}) \cdot (P_A - V_A)$$
$$+ (Q_B - \Delta Q_{B \to T} - \Delta Q_{AB \to T}) \cdot (P_B - V_B)$$
$$+ (\Delta Q_{A \to T} + \Delta Q_{B \to T} + \Delta Q_{AB \to T} + \Delta Q_{new})$$
$$\cdot (P_A + P_B - \delta P_T - V_A - V_B) \quad (12-2)$$

在式（12—2）中，在实施促销捆绑的情况下，第一部分表示产品 A 的利润，第二部分表示产品 B 的利润，第三部分表示捆绑产品的利润。假设捆绑策略的实施不会导致边际成本的变化，因为促销捆绑仅仅是将市场上已有的两种独立产品进行捆绑后成为一种产品以捆绑价格进行销售。引入 δP_T 表示与单品价格相比，捆绑产品的价格折扣。

捆绑销量门槛是由捆绑促销下的利润应该比销售单品的利润高这一要求决定的，换句话说，我们希望利润的变化更大：

$$\Delta \pi = \pi(捆绑) - \pi(单品) > 0$$
$$(12-3)$$

设 CM_A 和 CM_B 分别表示产品 A 和产品 B 的边际贡献，那么

$$CM_A = P_A - V_A \quad (12-4a)$$
$$CM_B = P_B - V_B \quad (12-4b)$$

将式（12—1）和式（12—2）代入式（12—3），并用 CM 替代 $P-V$ 得到：

$$(\Delta Q_{A \to T} + \Delta Q_{B \to T} + \Delta Q_{AB \to T} + \Delta Q_{new}) \cdot$$
$$(CM_A + CM_B - \delta P_T) - (\Delta Q_{A \to T} + \Delta Q_{AB \to T}) \cdot CM_A - (\Delta Q_{B \to T} + \Delta Q_{AB \to T})$$
$$\cdot CM_B > 0 \quad (12-5)$$

式（12—5）包括捆绑策略预期的销量以及单品销量的减少量。为了使销量的变化更明确，令 ΔQ_A 和 ΔQ_B 分别表示产品 A 和产品 B 销量的变化：

$$\Delta Q_A = \Delta Q_{A \to T} + \Delta Q_{AB \to T} \quad (12-6a)$$
$$\Delta Q_B = \Delta Q_{B \to T} + \Delta Q_{AB \to T} \quad (12-6b)$$

并令 ΔQ_T 表示捆绑产品的销量变化：

$$\Delta Q_T = \Delta Q_{A \to T} + \Delta Q_{B \to T}$$

$$+\Delta Q_{AB\to T}+\Delta Q_{new}$$
$$(12\text{—}6c)$$

根据式（12—6）和式（12—5），得到促销捆绑销量门槛：

$$\Delta Q_T > \frac{CM_A \cdot \Delta Q_A + CM_B \cdot \Delta Q_B}{CM_A + CM_B - \delta P_T}$$
$$(12\text{—}7)$$

式（12—7）右边的每一项都应在执行促销捆绑之前进行估计。CM_A 和 CM_B 可以根据单品计算出来，对促销捆绑没有影响。捆绑产品的价格折扣由促销设

计决定。ΔQ_A 和 ΔQ_B 估计产品 A 和产品 B 的销量变化，能够帮助理解捆绑销量门槛。促销捆绑策略实施后，可以计算捆绑销量以及捆绑对单品销量的影响，将它们与式（12—7）的销量门槛相比较，ΔQ_T 估算出捆绑策略提高了利润还是减少了利润。

与单品折扣的标准销量门槛类似，高管利用捆绑销量门槛估计捆绑折扣是否可以提高利润，或者预测捆绑策略提高还是降低盈利能力。

附录12B 捆绑策略经济模型

捆绑策略经济研究的焦点是创立抽象模型来论证实施捆绑策略比不实施捆绑策略盈利能力更强的条件。[9] 虽然模型不能提供捆绑产品的定价方法，但是能规定实施捆绑策略的要求，并解释在一定条件下捆绑策略如何提高利润。为了便于比较，捆绑策略经济模型与附加产品策略和版本价格结构经济模型类似，其中有一个重要的特殊促进因素，即部分顾客对捆绑中的单品有对比需求。

假设捆绑策略下单个产品的最优价格不变。这是一个特别严格的限制性假设，在此假设下我们仍可以论证捆绑策略的作用。这个假设在很多案例中真实存在。例如，假设某公司已经制定了单品的最优价格，正在计划上市包括许多单品的捆绑产品。在这种情况下，公司不太可能通过上市捆绑产品而调整单品的价格。

购买量为 Q_T 的顾客对产品 A 和产品 B 的需求为对比需求，净效用函数如

下所示：

$$U(t) = S_A \cdot t - P_A,$$
$$\text{如果购买产品 A} \qquad (12\text{—}8a)$$
$$U(t) = S_B \cdot (1-t) - P_B,$$
$$\text{如果购买产品 B} \qquad (12\text{—}8b)$$
$$U(t) = S_A \cdot t + S_B \cdot (1-t) - P_T,$$
$$\text{如果购买捆绑产品 T} \qquad (12\text{—}8c)$$

假设 S_A 和 S_B 是任意顾客对产品 A 和产品 B 的最高估价，P_A，P_B 和 P_T 是产品 A 和产品 B 的单价以及捆绑产品 T 的价格。

用偏好参数 t 表示不同细分市场的需求异质性（更多内容可参见附录 6A）。偏好参数的变化范围是 0～1。偏好参数低（接近 0）的顾客对产品 A 的估价低，对产品 B 的估价高。偏好参数高（接近 1）的顾客对产品 B 的估价低，对产品 A 的估价高。偏好参数可以代表顾客的对比需求。为了简化起见，假设这类细分顾客的偏好参数服从均匀分布，当产品 A 的估价提高时，产品 B 的估价降低

（如图 12—2 所示）。

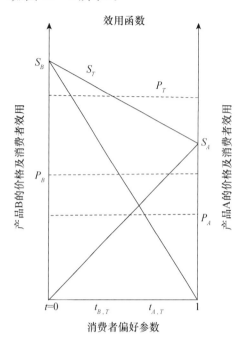

效用函数

图 12—2 捆绑策略中的顾客对比需求效用函数

与之前的方法类似，需要找到边际顾客。捆绑策略下有两种边际顾客：一种是认为购买产品 A 或捆绑产品没有差别的顾客（$t_{A,T}$）；一种是认为购买产品 B 或捆绑产品没有差别的顾客（$t_{B,T}$）。假设两种顾客都存在，而且 $0 \leqslant t_{B,T} \leqslant t_{A,T} \leqslant 1$。当 $0 \leqslant t < t_{B,T}$ 时，顾客只购买产品 B。当 $t_{B,T} \leqslant t \leqslant t_{A,T}$ 时，顾客购买捆绑产品 T。当 $t_{A,T} < t \leqslant 1$ 时，顾客只购买产品 A。

根据效用函数式（12—8a）和式（12—8c），认为购买单品 A 或捆绑 T 没有差别的顾客，购买产品 A 或产品 T 获得的效用相同：

$$S_A \cdot t_{A,T} - P_A$$
$$= S_A \cdot t_{A,T} + S_B \cdot (1 - t_{A,T}) - P_T$$
$$(12—9)$$

求解 $t_{A,T}$，得到：

$$t_{A,T} = 1 - \frac{P_T - P_A}{S_B} \qquad (12—10)$$

同样地，根据效用函数式（12—8b）和式（12—8c），认为购买单品 B 或捆绑产品 T 没有差别的顾客，购买产品 B 或产品 T 获得的效用相同：

$$S_B \cdot (1 - t_{B,T}) - P_B$$
$$= S_A \cdot t_{B,T} + S_B \cdot (1 - t_{B,T}) - P_T$$
$$(12—11)$$

求解 $t_{B,T}$，得到：

$$t_{B,T} = \frac{P_T - P_B}{S_A} \qquad (12—12)$$

对于那些在单品 A 和捆绑产品间权衡的顾客，$t_{A,T}$ 的值小于 1。对于那些在单品 B 和捆绑产品间权衡的顾客，$t_{B,T}$ 的值大于 0。这些条件意味着：

$$t_{A,T} \leqslant 1 \Rightarrow P_T \geqslant P_A \qquad (12—13a)$$
$$t_{B,T} \geqslant 0 \Rightarrow P_T \geqslant P_B \qquad (12—13b)$$

式（12—13）表明，当一部分顾客购买单品，另一部分顾客购买捆绑产品时，捆绑产品的价格必须高于捆绑中任意产品的单价。

我们知道一部分顾客会购买捆绑产品。为了使这部分顾客存在，那些在产品 B 和捆绑产品中选择的顾客的偏好函数必须低于在产品 A 和捆绑产品中选择的顾客的偏好函数。也就是

$$t_{B,T} \leqslant t_{A,T} \Rightarrow P_T \leqslant \frac{S_A \cdot P_A + S_B \cdot P_B}{S_A + S_B}$$
$$+ \frac{S_A \cdot S_B}{S_A + S_B}$$
$$(12—14)$$

捆绑价格必须低于单品效用加权平均价格加上效用之积除以效用之和。

接下来研究利润最大化问题。对比需求顾客给公司带来的利润是：

$$\pi(P_T)$$
$$=Q_T \cdot (1-t_{A,T}) \cdot (P_A-V_A)$$
$$+Q_T \cdot t_{B,T} \cdot (P_B-V_B)$$
$$+Q_T \cdot (t_{A,T}-t_{B,T}) \cdot (P_T-V_T)$$

$$(12\text{—}15)$$

式中，V_A 和 V_B 表示产品 A 和产品 B 的边际成本；V_T 表示捆绑产品的可变成本。假设固定成本为 0 没有失去普遍性。

为了得到捆绑产品的最优价格，假设捆绑策略下，单品价格 P_A 和 P_B 不变，求关于 P_T 的一阶导数并令其等于 0：

$$\frac{\partial \pi}{\partial P_T}=0 \Rightarrow 0=-\frac{\partial t_{A,T}}{\partial P_T}(P_A-V_A)$$
$$+\frac{\partial t_{B,T}}{\partial P_T}(P_B-V_B)$$
$$+\left\{\frac{\partial t_{A,T}}{\partial P_T}-\frac{\partial t_{B,T}}{\partial P_T}\right\}$$
$$\cdot (\hat{P}_T-V_T)$$
$$+(t_{A,T}-t_{B,T}) \quad (12\text{—}16)$$

$$\frac{\partial t_{A,T}}{\partial P_T}=\frac{-1}{S_B} \qquad (12\text{—}17a)$$

$$\frac{\partial t_{B,T}}{\partial P_T}=\frac{1}{S_A} \qquad (12\text{—}17b)$$

利用式（12—10）、式（12—12）、式（12—17）的结论代入式（12—16），化简 P_T 得到最优捆绑价格与单品价格的函数：

$$\hat{P}_T=\frac{V_T}{2}+\frac{S_A \cdot S_B}{2 \cdot (S_A+S_B)}$$

$$+\frac{S_A \cdot (2P_A-V_A)+S_B \cdot (2P_B-V_B)}{2(S_A+S_B)}$$

$$(12\text{—}18)$$

利用附录 6A 中式（6—5）的最优单品价格化简式（12—18）。如果 $P_A=\dfrac{S_A+V_A}{2}$ 和 $P_B=\dfrac{S_B+V_B}{2}$ 表示产品 A 和产品 B 的最优价格，那么 P_T 为：

$$\hat{P}_T=\frac{S_A+S_B+V_T}{2}-\frac{1}{2} \cdot$$
$$\frac{S_A \cdot S_B}{(S_A+S_B)} \qquad (12\text{—}19)$$

最优捆绑价格代表考虑边际成本节省后的单品价格减去效用之积除以效用之和。最优捆绑价格低于销售单品时的价格。

在上述价格下，再计算成本的限制。捆绑成本必须低于单独产品的效用加权平均成本加上效用之积除以效用之和：

$$t_{B,T} \leqslant t_{A,T} \Rightarrow V_T \leqslant$$
$$\frac{S_A \cdot V_A+S_B \cdot V_B}{S_A+S_B}+\frac{S_A \cdot S_B}{S_A+S_B}$$

$$(12\text{—}20)$$

捆绑成本应满足式（12—20）的条件。正因如此，捆绑策略才能提高公司利润。请读者通过此模型自己计算利润的增量。正如本章所指出的，建议找出捆绑的最优价格，并通过只考虑细分市场规模和购买意愿的简化的经济模型计算出捆绑策略对利润的影响。

注释

[1] One of the more-complete analysis of bundling can be found in Stefan Stremersch and Gerard J. Tellis, "Strategic Bundling of Products and Prices: A New Synthesis for Marketing," *Journal of Marketing* 66, No. 1 (January 2002): 55–72. See also Yannis Bakos and Erik Brynjolfsson, "Bundling Information Goods:

Pricing, Profits, and Efficiency," *Management Science* 45, No. 12 (December 1999): 1613–30; and Ward Hanson and R. Kipp Martin, "Optimal Bundle Pricing," *Management Science* 36, No. 2 (February 1990): 155–74.

[2] Infrastructure-based industries are industries with high sunk costs and low marginal costs, such as telecoms, utilities, cellular phone providers, and highways.

[3] For retail-level promotional bundling, see Bram Foubert and Els Gijsbrechts, "Shopper Response to Bundle Promotions for Packaged Goods," *Journal of Marketing Research* 44, No. 4 (November 2007): 647–62. Francis J. Mulhern and Robert P. Leone, "Implicit Price Bundling of Retail Products: A Multiproduct Approach to Maximizing Store Profitability," *Journal of Marketing* 55, No. 4 (October 1991): 63–76.

[4] For a study of how consumers view bundling, see Manjit S. Yadav and Kent B. Monroe, "How Buyers Perceive Savings in a Bundle Price: An Examination of a Bundle's Transaction Value," *Journal of Marketing Research* 30, No. 3 (August 1993): 350–58.

[5] Chris Janiszewski and Marcus Cunha, Jr., "The Influence of Price Discount Framing on the Evaluation of a Product Bundle," *Journal of Consumer Research* 30, No. 4 (March 2004): 534–46.

[6] Stephen M. Goldberg, Paul E. Green, and Yoram Wind, "Conjoint Analysis of Price Premiums for Hotel Amenities," *Journal of Business* 57, No. 1, Part 2: Pricing Strategy (January 1984): S111–32.

[7] Manjit S. Yadav, "How Buyers Evaluate Product Bundles: A Model of Anchoring and Adjustment," *Journal of Consumer Research* 21, No. 2 (September 1994): 342–53. Manjit S. Yadav, "Bundle Evaluation in Different Market Segments: The Effects of Discount Framing on Buyers' Preference Heterogeneity," *Journal of the Academy of Marketing Science* 23, No. 3 (July 1995): 206–15.

[8] Stefan Stremersch and Gerard J. Tellis, "Strategic Bundling of Products and Prices: A New Synthesis for Marketing," *Journal of Marketing* 66, No. 1 (January 2002): 55–72.

[9] The model presented here is adapted from Paul Belleflamme, "Versioning in the Information Economy: Theory and Applications," *CESifo Economic Studies, Munich* 51, No. 2/3 (January 2005): 329–58.

第13章

订阅与顾客终身价值

学习目标

- 订阅应该如何定价？
- 什么因素决定了公司创造、获取顾客的价值？
- 订阅者与购买现货的顾客有什么不同？
- 顾客无法预测他们未来的行为如何影响订阅价格？
- 什么是信息不对称？订阅如何帮助解决购买障碍？
- 什么是软件即服务（SaaS），应该如何定价？
- 延伸问题：订阅产品在重度使用者和轻度使用者间如何进行价格区分？

订阅价格结构在杂志和报纸定价中十分常见，但也作为一种标准的定价方法在许多行业中得到了实践。早在17世纪，出版物和书籍的订阅在英国已经很常见。[1]现在很多信息供应商采用订阅定价法，例如股票报价、法律条款、商业档案以及研究性期刊。读书俱乐部、音乐俱乐部、健身中心以及其他组织也运用了订阅定价。以订阅为基础的定价法被越来越多地运用到各行各业中。

目前应用服务提供商（ASP）和软件即服务（SaaS）价格结构在企业应用中发展很快。[2]这些定价模型不仅是市场发展的重大进展，而且为小型、中型企业扩大了软件市场。在这些定价模型中，软件公司通过订阅定价出售软件的使用权，而不是包括软件升级、维护和服务的一次性销售。

许多公司通过订阅协议降低交易成本从而获得利润。以电子商务的形式提供数字产品，再生产的成本可以忽略不计，但进行交易管理的管理成本却十分高昂。订阅产品使交易成本降低，于是提高了获利能力并可能降低获得数字产品的成本，最终使市场扩大。即使不是电子市场，订阅协议依旧可以降低交易成本。

订阅协议使一系列相关的单独购买转化为单一的购买决策。例如，与购买健身中心定期门票或单独门票相比，订阅使顾客只需要交易一次就能获得多次进入的权利。即使支付是随时间分散的，但与单独多次购买相比，订阅模型减少了交易达成的总时间。订阅的内容也可以发生变化，软件订阅不仅包括使用软件的权限，而且包括软件升级和服务，有时还包括数据托管。

订阅还可以使支付时间从消费时间中分离出来。有时候通过定期汇总消费进行支付，例如早期的报纸订阅和投送。有时候付款与使用是同时进行的，例如一年的会员合同要求顾客如果在一年中持续获得产品或服务必须按月支付费用。

参考单品销量进行订阅定价时，有两种衡量标准：第一种是顾客购买订阅中的全部单品的总期价格或价格总和。这是不考虑价值主张变化的最高订阅价格。第二种是在给定期间内平均顾客支付模式下顾客周期价值或价格总和。顾客周期价值是公司应提供订阅的最低价格，若低于此价格公司利润将低于只提供单品时的利润。

在总期价格与顾客周期价值两种标准间调整价格与消费者行为和价值主张变化密切相关。出于多方面原因，公司发现很难使订阅价格与总期价格相等，但是这并不意味着订阅价格应该与更低的顾客周期价值相等。由于订阅与单品相比增加了顾客利益，订阅价格明显高于预期期间价值。价值主张使订阅价格结构产生更复杂的变化。例如许多软件订阅服务，不仅为顾客提供软件使用、维护、服务支持，而且承担托管和管理数据的责任，这就增加了传递给顾客的经济价值，因此会要价更高。

13.1 订阅定价

假设在单品销售中增加订阅销售，公司应该确定增加订阅比销售单品带来的利润更多。为了确保这点，我们估计订阅价格位于两个边界之间，如图13—1所示。上界是总期价格，或者顾客单独购买订阅中的全部产品愿意支付的价格。下界是由顾客期望决定的顾客周期价值。

计算顾客周期价值的方法与计算顾客终身价值的方法极其类似。为了易于执行，分析顾客周期价值或终身价值需要认真识别许多影响因素。在研究决定订阅价格的因素前，先总结一些常用来计算两种边界价格的方法。[3]

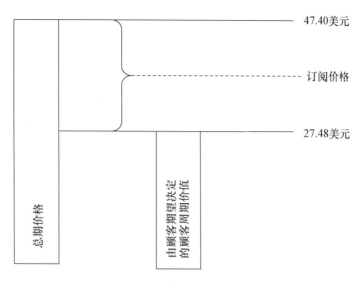

图13—1 订阅价格的边界

总期价格

总期价格是指如果顾客单独购买订阅的所有单品所需支付的价格。这是顾客愿意支付的最高价格。

例如，单价为 3.95 美元的月刊一年的总期价格为 47.4 美元，如图 13—1 所示。同样地，健身中心的顾客每次支付 10 美元，如果每周健身 3 次，顾客愿意为全年 52 周支付 1 560 美元。

即使订阅的单品是不同的，总期价格仍然是所有单品单价之和。例如，一个基础企业软件订阅包括软件使用权限加上软件维护、软件升级和故障恢复支持。其他的附加服务还包括数据托管和管理，这种情况下，总期价格是软件许可、维护与支持、数据托管与管理价格的总和。

为了建立企业软件总期价格模型，假设软件许可费为 325 000 美元，维护与支持费用为软件许可费的 18%。订阅五年软件的总期价格为 617 500 美元，包括许可费、维护与支持费用。忽略支付时间的影响，每月的价格为 10 292 美元。

公司很少用总期价格对订阅进行定价。虽然潜在的交换价值是总期价格，但是低于总期价格的订阅价格比销售单品的盈利性更强。在计算总期价格时，我们假设顾客会在特定期间内购买所有单品，在此特定期间内能保持这部分顾客，但顾客的行为往往不是如此。即使某一产品的忠诚顾客也不可能在特定期间内购买所有单品。总期价格假设购买欲望最强烈的顾客认为购买单品与订阅没有区别。考虑到订阅的缺点，例如预先承诺未来消费的某一产品未来不一定需要，如果订阅价格与总期价格相等，顾客就失去了购买订阅产品的激励。在不考虑价值主张影响的条件下，当订阅价格低于潜在总期价格时公司获得的利润更高。

顾客周期价值

顾客周期价值（CPV）计算在实际购买中，某一期间内公司从一位顾客身上获得的期望利润。通过计算顾客周期价值，可以得到订阅的最低价格。

顾客周期价值与总期价格概念上最大的不同是考虑了顾客行为因素的影响。例如，顾客不可能在结束与产品的关系前就已经购买了产品。在这种情况下，顾客维持率成为分析一位顾客的期望利润和订阅最低价格的关键因素。

支付时间是顾客利润的细化评估因素。顾客购买一系列单品与购买订阅产品的支付时间不同。为了控制这种差异，计算顾客周期价值应考虑到与折现因子相关的货币时间价值。

营销成本差异是顾客利润的另一个细化评估因素。在分析顾客交易的边际利润时，首先应该关注价格与可变成本的差异，但是这样简化的分析忽视了获取和维持顾客的营销成本。在区分获取顾客成本和维持顾客成本时，顾客周期价值模型的准确性更高。

获取新顾客的成本高于维持老顾客的成本。在许多行业中，获取新顾客的成本是维持老顾客成本的 5～10 倍。每个公司的这种成本差异略有不同。

建立顾客周期价值基础模型需要解决以下四个问题：（1）订阅产品中的每种单品的单价和可变成本必须已知。（2）顾客维持率必须已知。顾客维持率用来衡量顾客购买订阅的系列产品中某一产品后继续购买该产品的可能性。（3）在平等的财务运算基础上，订阅支付和一系列单品支付都应该考虑支付时间和适用的贴现率。（4）营销成本要在获取新顾客和维持老顾客上进行分配。

为了论证顾客周期价值的计算，让我们回到订阅一年杂志定价的例子。最低订阅价格可以使公司从订阅顾客和单独在报刊亭购买的顾客那里获得的利润相等，因此，需要计算出单独在报刊亭购买的顾客的期间价值，当顾客在订阅与单独购买间转换时，在顾客周期价值不变的情况下得出订阅价格。

首先对一位在报刊亭购买杂志的顾客带来的利润进行估计。报刊亭每本杂志的价格为 3.95 美元，订阅或单独购买的生产成本和分销成本均为 1.45 美元。假设顾客维持率（r）为 80%，意味着 80% 的顾客第一次购买后还会进行第二次购买，80% 第二次购买的顾客第三次仍会购买，第三次购买的顾客是最初顾客的 64%（80%×80%＝64%）。后续计算可以重复这种方法。假设贴现率（d）为 11%，相应的每月贴现率为 0.873%。[4] 最后假设每位新顾客的营销成本为 1.25 美元，维持老顾客的营销成本为

0.125 美元（在许多行业中，新顾客的获得成本高于他们的边际贡献的现象十分常见）。这种情况下，新顾客 12 个月的顾客周期价值为 9.64 美元。计算过程参见表 13—1。

表 13—1　　　　　　　　　　　　报刊亭杂志销售的顾客周期价值

月	价格（美元）	可变成本（美元）	顾客获得及维持成本（美元）	单个顾客带来的利润（美元）	顾客维持概率	折现因子	顾客周期价值（美元）
n	P	V	MKT	$P-V-MKT$	r^{n-1}	$\dfrac{1}{(1+d)^{n-1}}$	$\dfrac{(P-V-MKT)\cdot r^{n-1}}{(1+d)^{n-1}}$
1	3.95	1.45	1.250	1.25	1.000	1.000	1.25
2	3.95	1.45	0.125	2.38	0.800	0.991	1.88
3	3.95	1.45	0.125	2.38	0.640	0.983	1.49
4	3.95	1.45	0.125	2.38	0.512	0.974	1.18
5	3.95	1.45	0.125	2.38	0.410	0.966	0.94
6	3.95	1.45	0.125	2.38	0.328	0.957	0.75
7	3.95	1.45	0.125	2.38	0.262	0.949	0.59
8	3.95	1.45	0.125	2.38	0.210	0.941	0.47
9	3.95	1.45	0.125	2.38	0.168	0.933	0.37
10	3.95	1.45	0.125	2.38	0.134	0.925	0.29
11	3.95	1.45	0.125	2.38	0.107	0.917	0.23
12	3.95	1.45	0.125	2.38	0.086	0.909	0.19
总计	47.40	17.40	2.625	27.38			9.64

在设定最低可接受订阅价格时，应保证顾客订阅或购买单品带来的利润相同。如果假设第一次购买时就支付订阅价格，最低订阅价格可以根据单独购买的顾客周期价值与免费订阅的顾客周期价值的差异得到。

跟之前的例子一样，订阅的生产和分销成本为 1.45 美元，顾客获取成本为 1.25 美元，贴现率为 11%。如果允许取消订阅，订阅者在订阅期间的顾客维持率为 100%。在这种情况下，免费订阅损失的顾客周期价值为 17.84 美元。计算过程参见表 13—2。因此，订阅价格高于 27.48 美元（＝9.64 美元＋17.84 美元）都会比出售单品的利润更高。这是根据表 13—2 得出的顾客周期价值。

表 13—2　　　　　　　　　　　　订阅销售的顾客周期价值

月	价格（美元）	可变成本（美元）	顾客获得及维持成本（美元）	单个顾客带来的利润（美元）	顾客维持概率	折扣因子	顾客周期价值（美元）
n	P	V	MKT	$P-V-MKT$	r^{n-1}	$\dfrac{1}{(1+d)^{n-1}}$	$\dfrac{(P-V-MKT)\cdot r^{n-1}}{(1+d)^{n-1}}$
1	P	1.45	1.25	$P+(2.70)$	1	1.000	$P+(2.70)$
2		1.45		(1.45)	1	0.991	(1.44)

续前表

月	价格	可变成本（美元）	顾客获得及维持成本（美元）	单个顾客带来的利润（美元）	顾客维持概率	折扣因子	顾客周期价值（美元）
n	P	V	MKT	$P-V-MKT$	r^{n-1}	$\dfrac{1}{(1+d)^{n-1}}$	$\dfrac{(P-V-MKT)\cdot r^{n-1}}{(1+d)^{n-1}}$
3		1.45		(1.45)	1	0.983	(1.42)
4		1.45		(1.45)	1	0.974	(1.41)
5		1.45		(1.45)	1	0.966	(1.40)
6		1.45		(1.45)	1	0.957	(1.39)
7		1.45		(1.45)	1	0.949	(1.38)
8		1.45		(1.45)	1	0.941	(1.36)
9		1.45		(1.45)	1	0.933	(1.35)
10		1.45		(1.45)	1	0.925	(1.34)
11		1.45		(1.45)	1	0.917	(1.33)
12		1.45		(1.45)	1	0.909	(1.32)
总计	P	17.40	1.25	$P+(18.65)$			$P+(17.84)$

通过进一步细化假设来调整顾客周期价值模型。细化的假设包括允许销售系列单品和订阅的成本变化。如果包括购买单品的顾客或重新订阅的顾客，计算的方法与上述方法非常不同，模型也会变得更加复杂。细化假设并不会改变计算顾客周期价值的理论方法，但是会增加模型的复杂程度，读者可以结合具体的例子自己练习。

13.2　顾客终身价值

我们通过杂志订阅的例子了解了顾客周期价值。如果分析更长的周期，例如顾客整个生命周期与公司的互动，这就需要计算顾客终身价值（CLV）。[5]之前用表格的办法计算杂志的顾客周期价值是非常直接的，通过更高级的运算工具能够使运算过程更加简单。

顾客终身价值除了影响订阅定价外，还影响许多领域的定价决策。很多时候公司在最初销售时都是亏损的，希望通过未来产品的销售获得利润。例如，搭售协议，剃须刀架的利润由未来刀片的利润来弥补，打印机的利润由墨盒的利润弥补，游戏机的利润可由未来游戏软件的利润弥补。

许多因素对顾客终身价值产生影响，一些财务因素如价格、成本、支付时间、贴现率都会对一个顾客的利润造成直接影响。此外，顾客行为因素和影响顾客行为的营销手段对顾客利润有影响，例如顾客维持率和获取顾客、维持顾客的成本。

期望的顾客周期价值是加总一定期间内顾客每次购买所产生利润贴现后的现值乘以购买概率所得的利润之和。用数学式表示为：

$$CPV = (P_i - V_i - A) + \sum_{n=2}^{N} \frac{(P_s - V_s - R)r^{n-1}}{(1+d)^{n-1}} \qquad (13-1)$$

$P_i - V_i - A$ 表示第一次销售时的利润，P_i 表示价格，V_i 表示第一件单品的可变成本，A 表示为获得顾客所花费的营销成本。第二部分是未来销售利润贴现后的现值，$\sum$ 表示周期由第 2 次开始直至第 N 次的加总（2 是购买后续产品的第一期，N 表示订阅的最后一期。例如若订阅周期为 12 个月，则 $N=12$）。$P_s - V_s - R$ 表示同一产品未来所有销售的利润，P_s 表示价格，V_s 表示可变成本，R 表示维持顾客的营销成本。r^{n-1} 是用来说明一位顾客未来购买的概率，r 是某一期间顾客的维持率。$(1+d)^{n-1}$ 是贴现率为 d 时某一期间的贴现率。

如果顾客未来的购买行为十分类似，维持顾客所花费的营销成本也是不变的，我们创建一个广义的代数公式来计算包括上述所有因素的顾客终身价值。利用收敛总和的性质，重写式（13—1）：

$$CPV = (P_i - V_i - A) + (P_s - V_s - R) \cdot \left[\frac{r}{1+d-r} \cdot \left(1 - \left(\frac{r}{1+d} \right)^{N-1} \right) \right]$$
$$(13-2)$$

与式（13—1）相比，式（13—2）是完全的代数公式，更容易计算。

如果不是计算某一周期的顾客价值而是顾客终身价值，式（13—2）可化简为：

$$CLV = (P_i - V_i - A) + (P_s - V_s - R) \cdot \left[\frac{r}{1+d-r} \right] \qquad (13-3)$$

这里我们用 CLV 而非 CPV，用来指顾客终身价值。

13.3　订阅中的行为因素

之前对总期价格和顾客周期价值的分析减小了订阅定价中的不确定性。为了吸引顾客订阅，订阅价格应该低于总期价格，因此在杂志的例子中订阅价格应该低于 47.4 美元。为了提高公司的盈利能力，应该高于顾客周期价值，因此在杂志的例子中订阅价格应该高于 27.48 美元。在这个价格范围内，订阅价格还受到许多定性行为因素的影响。

市场细分

在系列产品的市场中，存在市场异质性或者顾客的偏好差异。部分顾客愿意购买系列产品中的所有产品，部分顾客只偏好他们购买的产品。[6]

如果顾客能够预测自身的未来需求，那些预测全期购买的价格高于订阅价格的顾客会理性选择订阅，同时，那些预测全期购买的价格低于订阅价格的顾客（通常是寻求多样化的顾客）只购买他们需要的单品。在这种情况下，订阅价格是对忠诚顾客的一种折扣。

不同细分市场的顾客对购买全系产品的欲望存在差异，这种差异使得公司制定的订阅价格应高于单独考虑平均顾客忠诚度的价格。那些仍会订阅的顾客表示他们显然是忠诚的顾客，并能有较高的顾客维持率。有较高维持率的顾客，同时也具有较高的顾客周期价值。随着顾客周期价值的增加，订阅最低价格也在增长，最终将提高公司利润。

因为订阅顾客的维持率高于只购买单品的顾客，公司可以对订阅者比市场上一般顾客要价更高，所以订阅价格通常高于顾客周期价值。

锁定

当顾客订阅某一系列产品，他们就被供应商的安排锁定了。许多顾客意识到了预先向供应商承诺购买所具有的价值，但是顾客需要承担预测未来需求的不确定性，他们同样看重如果未来供应商不能传递期望价值，在未来放弃与供应商关系的能力。因为锁定对顾客有消极影响，所以订阅价格必须低于总期价格才能吸引顾客。

提高消费模式

在面对一些订阅产品时，顾客倾向于比一般情况下消费得更多。增加消费的一个原因是一旦顾客订阅，未来产品消费的边际价格将是0或者很低。例如，研究表明杂志订阅者阅读的文章比在报刊亭购买杂志的读者阅读得更多。另一个增加消费的原因是订阅产品解决信息不对称引起的市场失灵的能力。

许多以订阅形式销售的产品都存在卖方与买方信息不对称的情况。信息产品就是典型的此类商品。在阅读杂志、听歌曲、使用数据库等信息产品之前，买方不了解消费信息的价值，但是信息产品的卖方清楚地了解所卖产品的价值，并会理性地制定高价，这就导致了解其价值的卖方与不了解其价值的买方信息不对称。

订阅产品通过降低顾客面临的风险减少信息不对称引起的市场失灵。当顾客订阅杂志时，他们不知道未来杂志的内容，因而他们不能事先知道任一单品的价值。虽然顾客不能决定他们从订阅的每一件单品中获得的价值，但他们预测从全部订阅中获得的效用高于全部订阅的价格，因此订阅降低了因为买到不满意的杂志而停止阅读的风险。

通过订阅减少信息不对称是引起与单品销售相关的订阅需求增加的原因之一，因此既卖单品又有订阅产品的公司的销量应该高于只卖单品公司的销量。订阅价格应该高于只由顾客周期价值决定的价格。

13.4　高估偏差

当顾客在订阅和现买现付之间选择时，通常会产生对未来行为的高估偏差。[7]例如，人们参加健身俱乐部希望能更多地锻炼，从而提高健康水平和生活品质，但是顾客往往不能准确预测未来的行为，很多时候顾客加入健身俱乐部，却很少健身，即使仍然是会员，他们也很少去。这就是一个高估偏差的例子，人们倾向于高估未来的积极行为。

在研究实际购买行为时发现，顾客购买健身中心一个月会员资格比现买现付支付的费用高出 70%，而且 80% 的单月会员最好单次付费。这些研究结果有助于理解顾客高估他们未来的效率，也就是说，他们高估自己的执行力，例如参加健身活动，或者有意识地改变合同使其能够提供最高的经济利益。

作为高估偏差的扩展，研究人员调查了不同订阅支付安排与顾客续订的可能性，结果发现支付时间影响顾客行为，按月或经常支付能够鼓励顾客使用，同时会形成较高的顾客维持率。健身中心的顾客在按月支付和按年支付间选择，不论选择哪种支付时间的顾客都高估了自己使用健身器材的能力，那些按月支付的顾客健身频率更高，继续成为会员的概率也更大。

在订阅时，顾客往往会高估未来积极的行为，较高的使用频率和较短的支付时间能够维持更长的订阅，因此潜在的利润更高。

13.5　价值主张改变与软件即服务

在许多例子中，订阅协议传递的价值高于现买现付传递的价值。例如，杂志订阅通常会包括书籍、参考指南或其他表示心意的礼物，健身中心也会送免费的 T 恤或者其他礼物给新会员，这些无关紧要的礼物不会增加订阅的费用，但是订阅中会包括一些单独购买时不提供的，对顾客十分重要的特定单品或效用。当订阅产品与单品的价值主张改变时，公司就有机会提高订阅价格。

软件即服务

订阅软件即服务（Software as a Service，SaaS）传递的效用是非常有价值的，但服务的可变成本很高。软件即服务不仅包括使用软件的权限，而且包括管理软件和数据。管理数据在提高顾客效用的同时也增加了成本。公司试图提高软件即服务的价格，使其高于单独软件的总期价格。

一些公司发现与只销售软件相比，高价销售软件即服务会遭到顾客的抵制。一些顾客反感高价支付订阅服务的原因在之前已经提到过，例如锁定效应和基于期望未来需求的自然市场细分，但其中一个最大的原因是，与单独销售的软件相比，软件即服务不一定能够传递更高的价值。

软件即服务的效用明显高于单一的软件使用权，但是不确定这些效用一定能归入顾客的资产负债表。购买软件即服务的公司想降低某些成本，包括提高运算能力的成本、数据存储成本、数据管理人力成本、培训成本，但不幸的是，有许多这类成本节约对顾客来说是没有效果的。

例如，购买软件的企业顾客发现它的信息技术员工不需要改变人员配备就能管理软件。如果软件即服务协议不能使企业减少员工，那么能够节约人力成本这一点就很难让人信服。只有在多个软件即服务协议下顾客才有可能感受到人力成本确实在降低。同样的争论也存在于软件管理成本和运算成本中。

尽管软件即服务能够提供额外的效用，但是实现这些效用的不确定性，加上抑制订阅价格的行为因素，使得提供企业软件公司很难对软件即服务定高价。虽然不能对软件即服务定高价，但是仍能从其他影响订阅服务的行为效应中获益，例如保有更高的顾客维持率，它能增加顾客的总体终身价值。

随着越来越多的企业软件供应商推出软件即服务，可以预测，由于顾客逐渐意识到软件即服务带来的潜在成本节约，企业顾客将逐渐接受软件即服务的价格高于单纯的软件授权、维护以及服务合约的价格。

案例：QuickBooks 软件

通过研究一家采用软件即服务的著名公司我们可以进一步了解实施这一策略的难点。2009 年，Intuit 公司推出了 QuickBooks Simple Start 和 QuickBooks Online Basic 两个版本的财务软件。[8] Simple Start 版本需要顾客每年年底更新一次。Online Basic 版本以软件即服务的形式销售，除了一些附加效用外，定位与 Simple Start 版本相差无几。

与其他软件即服务类似，Online Basic 版本不用安装软件、存储数据、备份数据、恢复数据，就可用任何浏览器实现对线上数据的安全管理。使用 Online Basic 版本的顾客有权通过电子邮件获得支持服务。类似的支持服务只有购买高价的 Simple Start 版本才能获得。使用 Online Basic 版本的顾客可以随时取消合作。

在定价方面，Simple Start 版本对新顾客的售价是 99.95 美元，续约顾客可以获得 20 美元的折扣。Online Basic 版本每月的费用为 9.95 美元。从全期定价的角度看，Online Basic 版本的价格稍高于 Simple Start 版本。Online Basic 版本全年的价格为 119.4 美元。Online Basic 版本高出 Simple Start 版本价格的部分可以说是附加利益的价格，但是这个些微的价差也成为如何让软件即服务对其附加利益提供应有价值的挑战。

在顾客周期价值的基础上，第一年从 Online Basic 版本获得的利润低于 Simple Start 版本。为了比较购买 Simple Start 版本的顾客与 Online Basic 版本的顾客的周期价值，需要把与顾客周期价值相关的因素量化。

第一，Online Basic 版本未来获得的收入应该折现为现值。假设与时间推移支付相关的成本每年的贴现率为 6%，对应的每月贴现率为 0.487%。

第二，Online Basic 版本的可变成本高于 Simple Start 版本。Simple Start 版本可以下载，因此再生产的成本可以忽略不计，于是可以假设 Simple Start 版本的可变成本为 0。增加功能的 Online Basic 版本的服务成本高于 Simple Start 版本。假设与增加数据存储和管理等服务相关的可变成本每月为 1.5 美元。

第三，假设两种产品的营销成本相同。可以预测，Intuit 公司的营销费用多用在获取新顾客而不是维持老顾客上。因此，假设每月获得新顾客的营销成本为 20 美元，每月维持老顾客的成本为 2 美元。

最后，Intuit 公司在维持小型企业顾客时面临一些特殊的挑战。即使 Intuit 公司致力于为顾客服务，但由于公司停业等原因导致的顾客流失是非常严重的。假设每年的顾客维持率为 75%，对应的每月顾客维持率为 97.6%。[9]

在以上假设基础下，Simple Start 版本每年每位顾客的价值为 79.95 美元，也就是支付价格与顾客获得成本间的差值，参见表 13-3。Simple Start 版本的顾客终身价值为 268.54 美元。

表 13—3　QuickBooks 的 Simple Start 版本和 Online Basic 版本的价值

变量		Simple Start 版本	Online Basic 版本	
		每年	每年	每月
最初价格	P_i	99.95 美元	N/A	9.95 美元
后续价格	P_s	79.95 美元	N/A	9.95 美元

续前表

变量		Simple Start 版本	Online Basic 版本	
		每年	每年	每月
最初可变成本	V_i	0.00 美元	N/A	1.50 美元
后续可变成本	V_s	0.00 美元	N/A	1.50 美元
顾客获取成本	A	20.00 美元	N/A	20.00 美元
顾客维持成本	R	2.00 美元	2.00 美元	0.167 美元
贴现率（每年）	d	6%	6%	0.487%
顾客维持率（每年）	r	75%	75%	97.6%
顾客周期价值（第一年）	CPV	79.95 美元		65.41 美元
顾客终身价值	CLV	268.54 美元		271.65 美元

利用式（13—2）可以计算出 Online Basic 版本第一年每位顾客的周期价值为每月 65.41 美元。因此，在第一年即使 Online Basic 版本的总期价格较高，但 Simple Start 版本的利润高于 Online Basic 版本的利润。Simple Start 版本的利润较高的原因是 Online Basic 版本的成本包括较高的服务成本。

如果在上述假设下计算顾客终身价值，可得到 Online Basic 版本订阅者的顾客终身价值为 271.65 美元。Online Basic 版本的顾客终身价值高于 Simple Start 版本的原因是 Simple Start 版本的续约价格更低。

根据以上分析，如果考虑整个顾客生命周期，Online Basic 版本的顾客与 Simple Start 版本的顾客一样有价值。分析中没有考虑与消费者行为相关的因素。Online Basic 版本的用户有较高的维持率，能够进一步提高公司利润。

软件即服务虽然能增加利润，但是面临的困难也不可忽视。软件即服务订阅者可能随时取消订阅，为了使软件即服务获得的顾客价值与其他产品获得的顾客价值相等，较高的服务成本促使企业提高软件即服务的价格，使其高于总期价格。

小结

• 订阅将一系列相关的单品购买转化为一次性购买决策。订阅的支付时间可以与消费时间分开。虽然订阅费用在协议形成时就要支付，但是支付的费用可以分摊在整个订阅期中。

• 两个关键的定量指标可以指导订阅定价决策。订阅价格应该低于总期价格，或低于购买订阅中每一单品的价格之和。订阅价格应该高于顾客周期价值。

• 顾客周期价值由顾客在某一周期内每次购买的净贡献、获取顾客和维持顾客相关的营销成本、考虑货币时间价值的贴现值，以及顾客维持率这四个因素决定。

● 顾客终身价值是整个顾客关系期间顾客的周期价值。

● 订阅受到许多消费者行为因素的影响。订阅将市场细分为购买全部单品和购买部分产品的两个市场。

● 锁定效应抑制了涉及总期价格的潜在订阅价格。

● 与单独购买相比，订阅顾客会增加消费量。例如，杂志订阅者比在报刊亭购买杂志的顾客阅读的文章更多。

● 在信息市场，订阅解决了由信息不对称引发的市场失灵。信息产品就是典型的此类产品。信息产品的卖方比买方更了解信息产品的价值。在这种情况下，买方很难对信息产品进行估价。通过订阅的方式销售信息产品，降低了买方的风险，需求量增加。

● 在一些市场中，顾客对未来行为存在高估偏差。例如，在健身市场，许多年卡会员很难充分利用他们的会员资格，实际上现买现付更适合他们。

● 软件即服务的价值高于直接销售软件使用权、维护和服务的价值。供应商不仅管理软件，而且负责更新和托管数据。仅从经济模型的角度看，软件即服务应该定高价，但是因为顾客可能无法获取软件即服务的全部利益，所以顾客抵制高价的软件即服务。

练习

1. 好事达公司（Allstate）向多个细分市场销售汽车保险。假设某一细分市场顾客半年保险费用为 345 美元。

a. 如果平均可变成本为价格的75%，保险的可变成本是多少？

b. 如果每位顾客的获得成本为 50 美元，顾客维持成本是顾客获得成本的20%，每位顾客的维持成本是多少？

c. 如果每年的顾客维持率是 90%，半年的顾客维持率是多少？

d. 如果每年的贴现率为 8%，半年的贴现率是多少？

e. 假设价格和平均可变成本不随时间改变。在此细分市场上，一位顾客的终身价值是多少？

f. 如果好事达公司不能满足该细分市场的需求，顾客维持率降到 85%，一位顾客的终身价值是多少？

g. 如果好事达公司采取措施后，顾客维持率提高到 95%，一位顾客的终身价值是多少？

h. 为了使该细分市场的顾客维持率从 90% 上升到 91%，好事达公司愿意在每位顾客身上花费多少？

2. Symantec 公司销售电脑杀毒软件和网络安全软件。假设诺顿网络安全软件在零售渠道的标价为 69.99 美元，诺顿网络安全软件的包装成本和分销成本为每件产品 7 美元。进一步假设后续每年诺顿网络安全软件都直接通过 Symantec 公司的在线商店进行下载，Symantec 公司没有成本发生。除了零售渠道成本外，假设 Symantec 公司获得每一位新顾客的销售和营销成本为 6 美元，维持一名老顾客的销售和营销成本为 1.2 美元。Symantec 公司每年的贴现率为 12%，假设通过零售渠道已经获取的顾客每四年更换一台电脑，因此需要重新获取。

a. 根据以上信息，第一次销售诺顿网络安全软件的可变成本是多少？后续销售的可变成本是多少？

b. 如果零售渠道的库存费用是诺顿网络安全软件零售标价的50%，Symantec公司通过零售渠道获得一名购买诺顿网络安全软件的顾客的成本是多少？

c. 对Symantec公司来说，一位新的购买诺顿网络安全软件的顾客带来的利润是多少？

d. 如果通过在线下载方式进行软件升级的顾客可以获得20美元的折扣，那么该软件后续每年的价格是多少？

e. 对Symantec公司来说，一位更新该软件的顾客带来的利润是多少？

f. 如果顾客维持率是90%，通过零售渠道获得的诺顿网络安全软件的顾客四年的价值是多少？

g. 如果顾客维持率是75%，通过零售渠道获得的诺顿网络安全软件的顾客四年的价值是多少？

h. 如果顾客维持率是50%，通过零售渠道获得的诺顿网络安全软件的顾客四年的价值是多少？

3. WebEx公司提供在线会议和电话会议服务，客户可以每次付费也可以年度订阅。三人及以下的在线会议或电话会议的收费为每小时95.4美元。假设WebEx公司的一个客户每月都会开一次小型在线会议。假设每次小型电话会议成本为36美元。每月的贴现率为0.7974%。

a. 如果顾客订阅年度的会议服务，一小时在线会议的总期价格是多少？

b. 对于非订阅客户，假设获得一位新客户的成本是5美元，维持老客户的成本是0.5美元，客户维持率为75%。一位没有订阅的顾客一年的客户周期价值是多少？

c. 对于订阅客户来说，假设获得一位新客户的成本是5美元，维持老客户的成本是0美元，客户维持率为100%。订阅价格为多少时，可以使订阅客户的客户周期价值与非订阅客户的客户周期价值相等？

d. 你认为WebEx公司年度订阅的价格变化范围是什么？

e. WebEx公司花费708美元对年度订阅进行广告宣传。这个价格是否位于上题的价格范围之内？

f. 假设顾客维持率仅为20%。与让顾客每次单独购买服务相比，WebEx公司将低维持率的客户转化为订阅客户能多获得多少利润？

4. 《金融时报》在报刊亭每份售价2美元，一年共有52周，《金融时报》每周发行6期。假设每期《金融时报》的生产成本和分销成本为0.75美元，每期的贴现率为0.03055%。

a. 《金融时报》每年发行多少期？

b. 在报刊亭购买当年每一期《金融时报》的总期价格是多少？

c. 对于在报刊亭购买报纸的读者来说，假设获取新顾客和维持老顾客的营销成本均为0.1美元，顾客维持率为99%，一位在报刊亭购买报纸的读者一年的顾客周期价值是多少？

d. 对订阅者来说，假设获取新顾客的营销成本为20美元，维持老顾客的营销成本为0美元。一年中，顾客维持率为100%。订阅价格为多少时，可以使订阅者的顾客周期价值与非订阅顾客的顾客周期价值相等？

e. 《金融时报》年度订阅价格的变化范围是什么？

f. 《金融时报》年度订阅价格为 99 美元。这个价格是否位于价格变化范围内？如果不是，你如何解释存在的差异？提示：考虑订阅价格对两个市场的影响。

5. 讨论：SalesForce. com 提供销售自动化和顾客关系管理应用的软件即服务。SalesForce. com 如何与其他销售自动化和顾客关系管理应用的定位相区别？软件即服务对大型公司还是小型公司的吸引力更大？SalesForce. com 应该按月收费还是按年收费？解释原因。

注释

[1] Sarah L. C. Clapp, "The Beginnings of Subscription Publications in the Seventeenth Century," *Modern Philology* 29, No. 2 (November 1931): 199–224.

[2] Arun Sundararajan, "Nonlinear Pricing of Information Goods," *Management Science* 50, No. 12 (December 2004): 1660–73. Peter C. Fishburn and Andrew M. Odlyzko, "Competitive Pricing of Information Goods: Subscription Pricing versus Pay-per-Use," *Economic Theory* 13, No. 2 (March 1999): 447–70.

[3] Most academic research has treated subscription-based offerings as a bundle of individual products or as one part of a two-part tariff; yet it fails to undertake the task of guiding an executive in pricing a subscription. The approach presented here differs for the following reasons: (1) offers made in a subscription include products that are not purchased and consumed at the same time, unlike most product bundles; (2) decisions in pricing subscriptions may have access to information not available to those of bundling, such as customer retention rates; and (3) many products sold through subscriptions are subject to specific behavioral effects, such as information asymmetry, that change the nature of the purchasing decision. For a discussion of the failure of the use of quantitative methods in pricing subscriptions, see Underwood Dudley, "Two-Year Magazine Subscription Rates," *American Mathematical Monthly* 100, No. 1 (January 1993): 34–37.

[4] To convert annual percentage rates (d_{yr}) to monthly percentage rates(d_{mn}), we can use the following equation:

$$d_{mn} = \left[(1 + d_{yr})^{\frac{1}{12}} \right] - 1.$$

[5] Robert C. Blattberg and John Deighton, "Manage Marketing by the Customer Equity Test," *Harvard Business Review* 74, No. 4 (July–August 1996): 136–44.

[6] Amihai Glazer and Refael Hassin, "On the Economics of Subscriptions," *European Economic Review* 19, No. 23 (October 1982) 343–56. Peter C. Coyte and David L. Ryan, "Subscribe, Cancel, or Renew: The Economics of Reading by Subscription," *Canadian Journal of Economics* 24, No. 1 (February 1991): 101–23.

[7] John Gourville and Dilip Soman, "Pricing and the Psychology of Consumption," *Harvard Business Review* 80, No. 9 (September 2002): 90–97. Stefano Della Vigna and Ulrike Malmendier, "Paying Not to Go to the Gym," *American Economic Review* 96, No. 3 (June 2006): 694–719.

[8] Prices for Intuit QuickBooks Pro and Online Plus retrieved from the Intuits website, www.intuit.com (accessed on June 6, 2009).

[9] To convert retention rates from an annual to a monthly basis, simply take the twelfth root. Thus, a 75 percent annual retention rate is equivalent to a 97.6 percent monthly rate (97.6 percent = $75\%^{1/12}$).

第14章 收益管理

学习目标

- 航空公司和酒店如何利用收益管理定价？
- 航空公司如何管理不同舱位的座位？酒店如何安排不同价位的房间？
- 什么是动态嵌套？它对预订控制有什么作用？
- 怎样在不同级别的舱位间分配座位数量才能使收益最大化？
- 低端消费者的需求是否应该影响高端消费者预订座位的数量？
- 延伸问题：除了航空公司和酒店，还有哪些公司和市场会因收益管理获益？

在过去的 20 年中，几乎所有买过机票的消费者都会注意到，如果提前预订机票，他们就可以享受更低的价格。收益管理是一种产品价格随产品使用日期临近而上涨的定价结构。进行收益管理的卖家希望通过随时间变化的价格使自己的利润最大化。

收益管理是一种动态定价技巧。[1]进行收益管理时，产品价格随产能的消耗变得越来越高，这是一种在固定产能的情况下利用价格差异将预期收益最大化的定价技巧。收益管理利用时间和预期市场需求来进行市场价格细分，通过概率加权的市场需求预测值来决定不同价位、不同等级的舱位的可获得性。

收益管理的应用不仅限于航空公司，许多行业都在用这项定价技巧。从内部操作的角度来看，有四个主要因素决定是否可以应用收益管理：（1）产能有限且有时限；（2）顾客可以提前预订；（3）存在不同等级的产品（例如舱位），每个等级都有自己不同的价格；（4）公司可以随时决定是否继续售卖某个价位的产品。

我们可以对照航空业来详细了解一下这些决定因素。一个特定航班的容量是一定的，要想加入更多的座位，只能改换飞机或者再加一条航线，同时，飞机上的座位也有时效性，一旦飞机起飞，空着的座位就不会再有人坐了，而这些座位在这次航班中可能带来的收益和价值也永远消失了。由于顾客和航空公司都明确知道飞机的座位是有限的，顾客一般会提前预订机票。在同一航班上，由于存在头等舱、商务舱和经济舱，航空公司可以为不同的舱位制定不同的价格，而在同一舱位内，座位也可能存在不同的价格，有的顾客享受很低的折扣，有的则购买了全价票。当打折机票全部售完时，航空公司就会停止售卖打折机票，转而售卖全价机票。

与航空公司类似，酒店也可以运用收益管理。可用房间的数量是一定的，房间的价值具有时效性，每天早上空置房间在昨晚的潜在价值就消失了，顾客可以提前进行预订。因此，酒店也可以利用收益管理为相同的房间制定不同的价格并限定打折房间的数量。其他可以运用收益管理的产品还包括出租的汽车、火车票、体育比赛或戏剧演出的门票，以及餐厅的预订。

除了以上提到的服务与产品，收益管理还适用于其他行业市场。比如货运公司，货运交通工具的容量固定，其价值也具有时效性。与航空公司的顾客一样，货运公司的顾客一般也会提前预订。还有媒体公司，它们在卖广告时也会采用收益管理。其他符合条件的行业与公司，例如按订单制造的公司，也可以采用收益管理。

抛开操作性的限制条件，我们还会发现这些行业的市场结构存在许多相似之处。尽管其中有买方市场也有卖方市场，但是每个应用收益管理的市场都存在大量的潜在顾客。此外，不同的顾客对几乎相同的产品有不同的支付意愿，这些顾客因为自己的某种需求与消费者行为，愿意在不同的时间点为几乎相同的商品付出不同的价格。很多顾客与公司的交易都是"一锤子买卖"，尽管公司也注重培养顾客的忠诚度，但是公司也很清楚，其所在行业大量的顾客一般是由于某些特定原因零星地被引入市场，并不存在稳定的持续客流。换句话说，这些市场的顾客为产品支付溢价的意愿不仅取决于自身的消费水平，还取决于购买的时间和购买时顾客的处境。正因如此，这些行业的顾客对价格变化的接受程度较高，这些行业的公司也就有了很大的定价空间。

在本章中，我们将学习收益管理的相关基本概念和分析基础。我们将继续以航空业和酒店业为例，其他行业的收益管理的操作基本与之相同。[2]

14.1　舱位等级与预订管理

收益管理通过动态限制各舱位等级座位的座位数量来使收益最大化。举个例子,想象一下航空公司的舱位等级和订票流程。航空公司会将一次航班的座位分成不同等级,并且限定每种等级座位的数量。预订限制就是特定航班上特定等级舱位的座位数量限制。

当顾客想要预订时,航空公司会查看对应等级舱位的剩余座位数量,如果该等级舱位还有剩余座位,顾客的预订就会被确认,但如果相应舱位没有剩余座位,顾客的预订申请就会被拒绝,为了留住顾客,航空公司可以为顾客更换其他等级舱位再次进行预订,或者帮助顾客调换其他航班。举个例子,一家人要在一次航班上预订四个座位,如果低价的舱位只剩三个座位,而高价舱位还有足够的座位,那么这家人就只能预订高价舱位而不能预订低价舱位,这个过程就叫预订管理。

固定分配法

控制预订的第一步是固定分配。固定分配就是将所有的空间分成不同的等级舱位,同时为每个等级舱位分配固定的座位数量。顾客可以预订任何等级舱位的座位直到该等级舱位的座位订满为止。一旦订满,那么顾客就只能预订其他等级舱位的座位。

鉴于顾客倾向于先预订低价的座位,固定分配可以帮助公司实现收益最大化。相反,如果顾客倾向于预订高价座位,那么固定分配的做法就会强迫愿意买高价票的顾客去购买低价票,显然,这样是无法实现潜在收益最大化的。

举个例子,一架 120 个座位的航班被分为三个等级舱位,其中,定价 550 美元的商务舱共 24 个座位,定价 300 美元的全价经济舱共 60 个座位,还有定价 200 美元的打折经济舱共 36 个座位。同时,假设航空公司为乘客提供其他便利,比如允许商务舱和全价经济舱的乘客选择座位并免费运送两件行李,而不为购买打折机票的乘客提供这样的服务。在这种情况下,那 60 张全价经济舱机票很可能先于 36 张打折机票全部卖出。当全价机票全部卖光而打折机票尚有剩余时,固定分配政策会阻止公司售卖全价机票而只能继续卖打折机票,显然,这样的做法无法实现收益最大化。

动态嵌套法

动态嵌套法是在固定分配法基础上修正的控制预订的方法。像固定分配法一样，动态嵌套法也为每个舱位等级设定预订限制，但与固定分配法不同的是，在动态嵌套法中，当任意等级有机票被预订时，所有等级的舱位预订上限都会下降，这种方式可以防止前文提到的低价票可以预订而无法预订高价票的情况。

在这一节中，我们将首先介绍动态嵌套法的作用机制，然后对表 14—1 中的例子进行分析。

表 14—1

	订位要求	预订上限			保护水平			结果	售出座位数			
	价格	\$550	\$300	\$200	1	2	3		1	2	3	T
	舱等	1	2	3	y_1	y_2	y_3					
		b_1	b_2	b_3								
1	第 2 等级 2 个座位	120	96	36	24	84	120	接受	0	2	0	2
2	第 1 等级 1 个座位	118	94	34	24	84	118	接受	1	2	0	3
3	第 3 等级 30 个座位	117	93	33	24	84	117	接受	1	2	30	33
4	第 3 等级 5 个座位	87	63	3	24	84	87	拒绝	1	2	30	33
5	第 2 等级 5 个座位	87	63	3	24	84	87	接受	1	7	30	38
6	第 3 等级 1 个座位	82	58	0	24	82	82	拒绝	1	7	30	38
7	第 1 等级 4 个座位	82	58	0	24	82	82	接受	5	7	30	42
8	第 2 等级 54 个座位	78	54	0	24	78	78	接受	5	61	30	96
9	第 2 等级 2 个座位	24	0	0	24	24	24	拒绝	5	61	30	96
10	第 1 等级 2 个座位	24	0	0	24	24	24	接受	7	61	30	98
11	第 3 等级 1 个座位	22	0	0	22	22	22	拒绝	7	61	30	98

动态嵌套法中，首先我们定义 b_i 为第 i 个舱位等级的预定上限，i 取值 $1 \sim n$，其中 n 为舱位等级的总数。第一个舱位等级也就是 $i=1$ 的等级，拥有最高的定价，依次排列到第 n 个等级。在动态嵌套法中，预订上限随舱位等级依次递减，也就是说，动态嵌套法中需要满足：

$$b_1 \geqslant b_2 \geqslant b_3 \geqslant \cdots \geqslant b_n \qquad (14—1)$$

最高舱位等级的预订限制与飞机上的座位总数相等。因为 b_1 与座位总数相等，所以只要有乘客预订，航空公司可以尽可能多地卖出高价机票。如果航空公司接到的预订全部是最高等级舱位的预订，它们就可以只卖最高等级的机票（此处为了使例子简单，不考虑不同舱位座位之间的固有差别）。

如前文所述，在动态嵌套法中，当任意等级有机票被预订时，所有等级的舱位预订上限都会下降，也就是说，当乘客预订了一张最高等级的机票时，所有等级机票的预订上限都将相应减少 1，同理，当乘客预订了一张其他等级的机票，所有等级机票的预订上限也都会相应减少 1。

只要乘客预订的舱位等级还未达到预订上限，乘客都可以成功订票，而当某舱位等级客满时，乘客只能预订更高等级的机票。

动态嵌套法中的预订上限也可以用保护水平来表述。保护水平是指某舱位等级以及所有更高等级的舱位剩余的可预订的座位数。也就是说，保护水平是反映预订上限的一面镜子，如果我们将第 i 舱位等级的保护水平设为 y_i，那么 y_i 就等于第一等级与第 $i+1$ 等级预订上限之间的差额：

$$y_i = b_1 - b_{i+1} \tag{14—2}$$

根据保护水平的定义，与预订上限相反，保护水平在各等级之间递增：

$$y_1 \leqslant y_2 \leqslant y_3 \leqslant \cdots \leqslant y_{n-1} \tag{14—3}$$

应用动态嵌套法时，一个等级的保护水平只有在下一等级的座位全部订满时才会改变。当下一等级座位订满时，再有顾客进行预订，则该等级保护水平降低。在这种机制下，最高价的等级将受到最高水平的保护。

要了解动态嵌套法中预订上限和保护水平的作用机制，我们还要回到之前那 120 个座位、3 个舱位等级飞机的例子上。仍然是 550 美元的商务舱 24 个座位，300 美元的全价经济舱 60 个座位，200 美元的打折经济舱 36 个座位，在这种定价结构下，n 等于 3。第一舱位等级是商务舱，第二舱位等级是全价经济舱，第三舱位等级是打折经济舱。

如果要用动态嵌套法进行管理，那么商务舱的预订上限 $b_2 = 120$，全价经济舱的预订上限 $b_2 = 96$，打折经济舱的预订上限 $b_3 = 36$。由于打折经济舱的预订上限为 36，航空公司在该舱位等级将仅能接受 36 个预订，同时，全价经济舱的预订上限为 96（60+36），如果大家都选择全价经济舱而没人预订打折经济舱，那么这 96 张机票都可以被预订为全价经济舱机票。同理，商务舱的预订上限为 120（24+60+36），如果情况允许，这 120 个座位可以全部预订为商务舱等级，这样就不存在希望买高价票的顾客不得不去买低价票的情况。

从保护水平的角度，商务舱 $y_1 = 24$（$b_1 - b_2 = 120 - 96 = 24$），全价经济舱 $y_2 = 84$（$b_1 - b_3 = 120 - 36 = 84$），打折经济舱 $y_3 = 120$（$b_1 - b_4 = 120 - 0 = 120$）。当有顾客预订机票时，各个等级的预订上限都将减少，因此，各个等级的保护水平也将随舱位等级由低到高依次降低。

表 14—1 展示的是预订上限和保护水平随乘客预订而产生的一系列变化。表中的每一行展示一次乘客预订、相应的预订上限和保护水平、预订是否被接受，以及各个等级预订机票的数量。

动态嵌套法中，较低舱位等级可能因为顾客预订更高的舱位等级而最终无法预订。在表 14—1 第五次乘客预订中我们可以看到,乘客希望预订 5 张第 2 等级的机票。这次预订完成后,第 3 等级的预订上限变为 0,而第 1、第 2 等级的预订上限仍大于 0,这就意味着乘客将只能预订第 1、2 等级的机票而不能再预订第 3 等级的机票。由此可见,应用动态嵌套法时,即便乘客没有预订低价的客票,为保证卖出更多的高价票,只要有预订完成,可预订的低价票数量还是会减少。

另外,动态嵌套法保证机票按照由低价到高价的顺序依次变为无法订购的状态。从表 14—1 中我们可以看到,第五次预订导致第 3 等级的机票无法预订,而直到第八次预订后,第 2 等级的机票才变得无法预订。在这种机制下,最高价的票会受到最大限度的保护。

取消预订、没有登机的情况以及超额预订

乘客预订了机票后又取消了预订或者最终没有登机都是很常见的情况。应对这种情况,收益管理中一般有两种方法。首先,为了应对乘客最终没有登机的情况,航空公司一般会将预订上限定得比实际飞机的座位多一些。如果最终所有预订机票的乘客都准时到达并准备登机,那么航空公司一般会劝说一部分乘客换乘其他航班。其次,为了应对乘客取消预订的情况,一旦有乘客取消预订,其他乘客就可以再次预订他的座位。当然,还有其他应对方式,但是这两种方法最简单。

14.2 产能分配与收益优化

动态嵌套法保证了最高等级舱位会被保留到最后。应用动态嵌套法的先决条件是为各个等级舱位设定预订上限,当然,同时也设定了保护水平,而产能分配就是为每个等级舱位设定预订上限的过程。

为了探讨这个问题,我们将利用一个简化的只有两个等级的例子。为多等级进行产能分配的原理与本节中呈现的一样。其实,在日常运营中,我们一般会运用管理决策捷思法将多个等级的情况转化成近似两个等级的情况,这些内容可以在更高级的关于收益管理的教材中找到。

需求明确情况下的产能分配

当需求可以提前完全准确预测时,产能分配的挑战性就比较小了。为最高等级分配最高优先权,并依次分配优先权,接着只要根据提前的预测数据分配产能就可以了。

举个例子，假设一个酒店有 30 个房间，设施完全一样。标准房价为 250 美元一晚，打折的价格是 150 美元一晚。应用收益管理，这家酒店可以对当晚到店的客人收取全价房费，而对提前预订的客人收取打折房费。

如果酒店的管理人员在某一晚预测当晚到店入住的人数为 10 人，那么管理人员就应该预留 10 个房间准备收取全价房费，这就是说全价房间的保护水平为 10（$y_1 = 10$），而打折房间的保护水平为 30（$y_2 = 30$）。与依据先到先得的原则将全部房间预订出去相比，应用收益管理预留 10 个房间可以使当晚的收益增长 1 000 美元。

需求不明情况下的产能分配

收益管理还适用于需求不明的情况。即使在需求不明的情况下，过往的经验数据也可以帮助预测需求的区间。在这种情况下，收益管理要以量化分析来预测在每个等级上的需求情况。

最常用来预测不确定需求的函数是正态分布函数，也可以叫做高斯或钟形曲线。要确定需求的正态分布函数只需要计算两个量，一个是期望平均值，一个是需求的范围。在附录 14A 中将给出正态分布函数的数学表达式。

概率函数

回到刚才酒店的例子，管理人员预计平均可能会有 10 人当晚到店，但是不确定需求究竟会是 6 个房间还是 14 个房间（10 减 4 或加 4）。在这种情况下，平均的需求仍然是 10。标准差是一种描述需求不确定性的方法，标准差越大表示不确定性越大。酒店房间的需求每天晚上都会变化，但是酒店管理人员相信 68% 的情况下全价房间的需求量是 6～14 间，也就是说，有 32% 的可能性需求不在这个范围内，即房间需求的标准差为 4（正态分布中，68% 的可能性说明需求在正负一个标准差之间）。前文所述例子的正态分布图如图 14—1 所示（我们在这个图中用非连续的近似方式来表示正态分布函数。详情见附录 14A）。

累计概率函数

正态分布描述了全价房间需求为 6，10，14 或其他数字的概率。对 10 个房间收取全价房费的概率并不是单单 10 个人当晚到店的概率，而是 10 个人或 10 个人以上当晚到店需要全价房间的概率。收益管理根据能够卖出这些高价房间的概率为高价房间设定保护水平，而不只考虑需求等于保护水平的概率。要获知卖出 10 间以上全价房间的概率，我们就需要用到累计概率函数。

累计概率函数可以描述小于或等于某需求值的概率值，用 1 减去该值

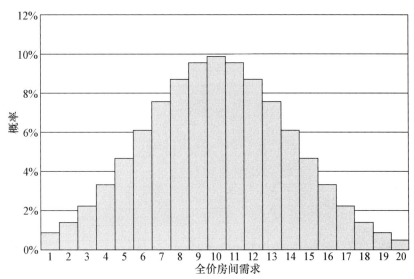

图 14—1　全价需求的正态分布（全价房间需求的正态分布
函数以平均需求为 10、标准差为 4 来表示）

就可以得出大于或等于该需求值的概率值。

我们用累计概率函数来帮助定义分配原则。回到刚才的例子，需求
的期望是 10 而标准差为 4。图 14—2 展示了非连续的近似正态分布图
（正态分布函数的非连续近似请参见附录 14A）。图 14—2 显示，如果预
留 1 间房间，那么 99％的概率该房间当晚可以被全价售出；同样地，如
果预留 8 间房间，那么全部卖出的概率为 73％；如果预留 10 间房间，全
部售出的概率为 55％；当预留房间数为 12 间时，全部售出的概率
为 35％。

因为 10 是预计售出全价房间的中位数，所以能够售出 10 间的概率为
55％。这种情况下，恰好需求也是 10 间的概率为 10％，而少于 10 间的概
率为 45％，多于 10 间的概率也为 45％。

收益优化

累计分布函数帮助使用收益管理的管理者预测需求情况。应用需求预
测和不同的保护水平，产能分配可以帮助优化收益。

在制定保护水平时，我们无法预知真实情况会恰好等于、高于还是低
于预期，但是卖出相应数量全价房间的概率可以通过正态分布曲线预测，
因此，我们可以预测相应的来自全价房间的收益。

优化收益的一种方法是通过检测保护水平对预期收益的边际效益来
检测保护水平决策的正确性。预留房间以便能够全价卖出的代价就是不
能将之出售给提前预订的客人。如果打折的房间肯定能卖出去，那么预
留房间的条件就是从下一个全价消费者处获得的预期收益要高于打折
房价。

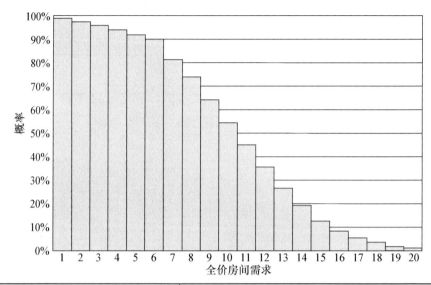

全价房间的保护水平	全价房间需求大于或等于保护水平的概率
i	$1-G(i-0.5, \mu, \sigma)$
0	100%
1	99%
2	98%
3	97%
4	95%
5	92%
6	87%
7	81%
8	73%
9	65%
10	55%
11	45%
12	35%
13	27%
14	19%
15	13%
16	8%
17	5%
18	3%
19	2%
20	1%

图 14—2　预留全价房间全部售出的概率（全价房间需求的累计分布函数
以平均需求为 10、标准差为 4 来表示）

让我们再回到之前的例子（预期全价房间需求为 10 间，需求标准差为 4）。如果预留了 10 个房间，那么第 10 个房间全价售出的预期边际收益只有 138 美元（55％×250 美元，55％是需求大于或等于 10 间全价房间的概率，250 美元是一间全价房间的收益，详见图 14—2）。如果酒店可以肯定打折情况下房间都可以售出，那么酒店就不应该预留 10 个房间，因为最后一个房间的预期收益比确定的 150 美元的收益要少，因此，酒店应该调低保护水平以实现收益优化。

比较来看，将保护水平定为 9 或更高可以实现收益优化。第 9 个房间的边际收益为 163 美元（65％×250 美元，65％是需求大于或等于 9 间全价房间的概率，250 美元是一间全价房间的收益，详见图 14—2），因此，预留 9 个房间的预期收益超过打折房价，将保护水平定为 9 或者更高可以实现收益优化。

表 14—2 是在全价房间需求不明确而打折房间需求超过供给的情况下，全价房间和打折房间预期的需求和预期收益的表格。第一列是可能的全价房间的保护水平，第二列是打折房间的预订上限，第三列是全价房间的需求大于或等于保护水平的概率，第四列和第五列是预留间获得的预期边际收益和总收益，剩余两列分别是通过打折房间预期获取的收益和预期获取的总收益。通过分析表 14—2，可以得知最优的保护水平是 9，当保护水平定为 9 时，酒店有机会获得最大收益。

表 14—2　保护水平、需求预测与预期收益（一个拥有 30 个房间的酒店，在给定全价房间平均需求为 10、标准差为 4 以及折扣房间需求超过供给的情况下，其保护水平、需求预测以及预期收益的列表）

全价房间的保护水平	打折房间预订上限	全价房间的需求大于或等于保护水平的概率 $1-G_f(i-0.5,\mu,\sigma)$ $\mu=10$, $\sigma=4$	预期全价边际收益（美元） $250 \cdot [1-G_f \cdot (i-0.5,\mu,\sigma)]$	预期全价总收益（美元）	预期折扣价总收益（美元）	预期总收益（美元）
1	29	99％	248	248	4 350	4 598
2	28	98％	246	494	4 200	4 694
3	27	97％	242	736	4 050	4 786
4	26	95％	237	973	3 900	4 873
5	25	92％	229	1 202	3 750	4 952
6	24	87％	218	1 420	3 600	5 020
7	23	81％	203	1 622	3 450	5 072
8	22	74％	184	1 806	3 300	5 106
9	**21**	**65％**	**162**	**1 968**	**3 150**	**5 118**

续前表

全价房间的保护水平	打折房间预订上限	全价房间的需求大于或等于保护水平的概率 $1-G_f(i-0.5,\mu,\sigma)$ $\mu=10$，$\sigma=4$	预期全价边际收益（美元） $250\cdot[1-G_f\cdot(i-0.5,\mu,\sigma)]$	预期全价总收益（美元）	预期折扣价总收益（美元）	预期总收益（美元）
10	20	55%	138	2 106	3 000	5 106
11	19	45%	113	2 219	2 850	5 069
12	18	36%	89	2 308	2 700	5 008
13	17	27%	67	2 374	2 550	4 924
14	16	19%	48	2 422	2 400	4 822
15	15	13%	33	2 455	2 250	4 705
16	14	9%	21	2 476	2 100	4 576
17	13	5%	13	2 490	1 950	4 440
18	12	3%	8	2 497	1 800	4 297
19	11	2%	4	2 501	1 650	4 151
20	10	1%	2	2 504	1 500	4 004
21	9	0%	1	2 505	1 350	3 855
22	8	0%	1	2 505	1 200	3 705
23	7	0%	0	2 506	1 050	3 556
24	6	0%	0	2 506	900	3 406
25	5	0%	0	2 506	750	3 256
26	4	0%	0	2 506	600	3 106
27	3	0%	0	2 506	450	2 956
28	2	0%	0	2 506	300	2 806
29	1	0%	0	2 506	150	2 656
30	0	0%	0	2 506	—	2 506

　　当全价房间的预订上限更低时，最后一间全价房间获得预期收益高于最后一间打折房间。当全价房间的预订上限更高时，最后一件全价房间获得的预期收益低于最后一件打折房间，因此，预留 9 个房间以备全价出售将实现最大收益。

　　观察预期总收益，我们也可以看出保护水平为 9 是最优选择。当预留 9 个房间时，预期总收益最大。在表 14—2 中不同保护水平下的预期总收益标示在图 14—3 中。在表 14—2 和图 14—3 中我们都可以看出，保护水平为 9 时，预期总收益最大。在图 14—3 中我们还可以看出，一旦保护水平更高，全价房间的收益贡献将下降，造成损失。

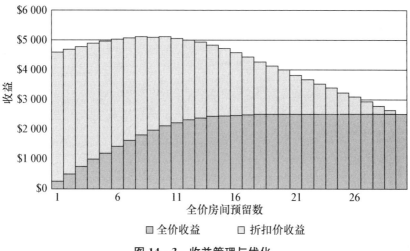

图 14—3 收益管理与优化

14.3 决策树法

收益管理通过在不同的等级舱位之间分配产能来实现预期收益最大化。像酒店的例子一样，收益管理包括在高价消费者和低价消费者之间的权衡。一方面，如果公司为了高价消费者完全放弃了低价消费者，那么公司的座位或者房间很可能卖不出去，这样的做法称为损耗（spoilage），因为当飞机起飞或者夜晚结束时存货被无谓消耗了。另一方面，如果公司为了低价消费者而拒绝高价消费者，那么公司很可能卖不出最好的价格，这样的做法称为稀释（dilution），因为收益被过多的低价销售稀释了。收益管理中产能分配的目标是在损耗与稀释之间找到最佳的平衡。

我们可以用决策树表述这种权衡。如图 14—4 所示，设 C 为产能总量，B 为低价等级的预订上限。我们要决策公司是否应该将低价等级的预订上限提升 1。如果将低价等级的预订上限提升 1，那么稀释的风险就会增加；如果保持预订上限不变，损耗的风险就会增加。

如果低价等级的预订上限提升 1，而折扣价的需求比现行的预订上限低，那么这种改变不会对收益产生任何影响。在动态嵌套法中，卖不掉的打折位子可以作为更高等级的位子卖出，因此当打折等级的预订上限增加 1 但是没有打折顾客购买，那么这种做法就对收益构不成影响。打折等级的需求小于现行预订上限的概率为 $G_d(B)$，其中 $G_d(B)$ 为打折等级需求小于或等于现行预订上限 B 的累积概率函数（读者本节可以考虑正态分布函数的连续形态）。

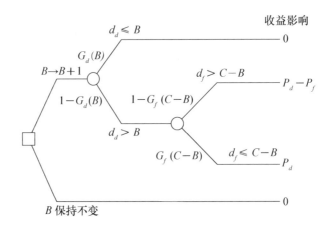

图 14—4　两个等级的产能分配决策树

如果打折等级的预订上限增加 1 而打折等级的需求大于现行预订上限，那么这种做法将对收益产生影响。打折等级需求高于现行预订上限的概率为 $1-G_d(B)$。要确定这种影响是正向的还是负向的，要看支付全价的顾客到来的概率。

如果折扣价的需求比现行打折等级的预订上限高，那么打折等级的预订上限增加 1 就意味着增加的收入等于打折等级的价格（P_d），在此假设全价等级的需求小于现行的保护水平。全价等级的需求小于现行保护水平的概率为 $G_f(C-B)$，其中 $G_f(C-B)$ 是全价等级需求小于或等于现行保护水平（$C-B$）的累计概率函数。全价等级需求大于或等于现行保护水平的概率为 $1-G_f(C-B)$。增加打折等级预订上限意味着牺牲全价的收益，其成本为 P_d-P_f。

总之，打折等级预订上限增加 1 对于预期收益的影响等于所有可能结果的概率加权总和。我们可以这样表述：

$$E[B\to B+1]=G_d(B) \cdot 0+[1-G_d(B)] \cdot [(1-G_f(C-B)) \cdot$$
$$(P_d-P_f)+G_f(C-B) \cdot P_d]$$
$$=[1-G_d(B)] \cdot [P_d-P_f \cdot (1-G_f(C-B))]$$

（14—4）

如果预订上限增加 1 对于预期收益的影响大于或等于 0（$E[B\to B+1]$），那么增加预订上限就可以带来更多的收益，减少损耗，否则，这种做法就会造成稀释，减少收益。

因为最佳的预订上限是指进一步增加预订上限无法对收益产生影响或者有损收益，所以我们可以令式（14—4）等于 0 以确定最优的折扣价格预订上限。通过整理我们得到：

$$1-G_f(C-\hat{B})=\frac{P_d}{P_f}$$

（14—5）

式（14—5）的结果也叫李特伍德法则，其中 $\hat{B}$ 就是最佳预订上限。式（14—5）的等号左侧表示全价等级需求大于保护水平的概率，右侧表示不同等级价格的比率。李特伍德法则是一种在两个等级之间快速找到最佳预订上限的简便方法。

最佳保护水平与预测打折等级的需求无关似乎有点不可思议，其实这是嵌套预订上限的结果。因为预订上限是嵌套的，没有卖给购买打折机票消费者的座位都可以卖给全价机票消费者，所以以最佳预订上限与打折等级的需求无关，仅与高价消费者需求的概率和高低价格等级之间的价格分散程度有关。

14.4　进一步强化收益管理

本章介绍的收益管理还有很多扩展方法来提升收益，最显著的就是借由考虑多重价格等级以及潜在相依需求效果来改善产能分配。尽管不同的收益管理方法之间有很多共性，这些方法在某些细节上仍有一些不同。

当价格等级超过两个时，最佳产能分配的计算就会变得很复杂。为了应对挑战，公司一般会利用座位预期边际收益法（expected marginal seat revenue，EMSR）来加速计算（有关 EMSR 的讨论请参考专门探讨收益管理的教材）。

更具挑战性的是相依需求带来的影响，特别是有网络效应时。顾客通常并不只购买某航班某个等级舱位的座位或不只在酒店住一晚，他们可能会连续购买不同机场间的多个航班的机票或在酒店住好几晚，简单的收益管理已经无法处理这些因为相依需求产生的问题，在此需要应用网络管理技术来进行优化处理。

小结

• 收益管理是一种动态定价技巧，用来在固定产能下优化收益。

• 从内部角度来说，要应用收益管理必须满足以下条件：（1）产能有限且有时限；（2）顾客可以提前预订；（3）存在不同等级的产品（例如舱位），每个等级都有自己不同的价格；（4）公司可以随时决定是否继续售卖某个价位的产品。

• 收益管理应用在许多领域，最普遍的是航空公司和酒店，还有货运行业和广播广告。

• 从市场的角度看，收益管理很受大市场青睐，有大量的顾客有不同的消费意愿，并且他们的消费意愿会随时间变化。

- 收益管理运用预订管理来管理各个价格等级。主流的预订管理方法是动态嵌套法，它可以保证最高价格等级受到最大限度的保护。

- 在动态嵌套法中，只要有预订，那么该等级及其以下等级的预订上限都会降低，一旦一个等级客满，该等级不能再接受预订。

- 收益管理利用产能分配法则决定各个价格等级的预订上限。产能分配决策的目标是令概率加权预期收益最大化。

- 因为未来的需求不确定，所以产能分配决策一定要考虑概率。一种方法是假设需求为正态分布，在给定产能分配的条件下找出需求耗尽产能的概率。

- 产能分配的决策是在损耗（存货或产能未售出）和稀释（存货或产能原本能以高价卖出却以低价卖出）成本之间权衡。

1. 假设一家酒店房间有两个价格等级，全价房间 250 欧元一晚，打折房间 150 欧元一晚。假设酒店共有 30 个房间，酒店管理人员决定预留 9 个房间以留给支付全价房费的客人。

a. 最初全价房间和打折房间的预订上限是多少？

b. 最初全价房间和打折房间的保护水平是多少？

c. 如果客人做出以下预订，哪些会被接受？哪些会被拒绝？预订上限和保护水平将如何变化？每个预订完成后会有多少房间售出？请填写下表。

	价格	预订上限		保护水平		结果	售出房间		
	价格等级	250 欧元	100 欧元	1	2		1	2	T
		1	2						
		b_1	b_2	y_1	y_2				
1	1 间房；折扣价								
2	1 间房；全价								
3	17 间房；折扣价								
4	1 间房；全价								
5	2 间房；折扣价								
6	2 间房；全价								
7	1 间房；折扣价								
8	1 间房；全价								
9	5 间房；全价								
10	1 间房；折扣价								
11	1 间房；全价								

2. 西南航空公司每天从芝加哥到凤凰城有 11 次航班。一张"想走就走"的单程票价为 182 美元，而一张"任何时间"的机票票价为 398 美元。假设在西

南航空的 737-300 型飞机上共有 137 个座位。

a. 如果预计有 30 人购买"任何时间"机票，增减范围为 15 人，在一个标准差以内，最佳的"想走就走"机票的预订上限是多少？应该为"任何时间"的客人预留多少座位？

b. 如果预计有 60 人购买"任何时间"机票，增减范围为 30 人，在一个标准差以内，最佳的"想走就走"机票的预订上限是多少？应该为"任何时间"的客人预留多少座位？

c. 在这种价格情况下，"任何时间"座位的最佳数量比预期的需求多还是少？

3. 国际芝加哥大酒店有很多房间。假设房间的门市价为 400 美元，打折价格为 223 美元，共有 792 个房间。

a. 如果预计有 75 人会支付门市价，增减范围为 37 人，在一个标准差以内，最佳的打折房间的预订上限是多少？应该为支付全价的客人预留多少房间？

b. 如果预计有 180 人会支付门市价，增减范围为 90 人，在一个标准差以内，最佳的打折房间的预订上限是多少？应该为支付全价的客人预留多少房间？

c. 在这种价格情况下，全价房间的最佳数量比预期的需求多还是少？

4. 瑞安航空提供从英国伦敦到波兰弗罗茨瓦夫的 10 英镑单程机票。

a. 你认为瑞安航空会在这个价位提供多少座位？是否多于 10 个？

b. 如果瑞安航空相信正常 89.99 英镑的机票可以全部出售，应该出售多少 10 英镑的机票？

c. 讨论题：为什么瑞安航空要卖 10 英镑的机票？

5. KLM 每天有一班飞机从美国芝加哥飞到捷克布拉格。经济舱中，KLM 提供打折的 450 美元的单程机票和 1 200 美元的全价单程机票。假设经济舱共有 295 个座位，经过长时间观察，KLM 估计全价机票乘客以 112 名乘客为平均数，56 为标准差，呈现正态分布；打折机票乘客以 274 名乘客为平均数，137 为标准差，呈现正态分布。

a. 一位顾问建议 KLM 通过找到最佳预订上限来优化收益。最佳预订上限是多少？

b. 航空公司将打折机票的预订上限设为 183 并为全价机票乘客保留了 112 个座位。在这种情况下，一次航班的预期收益是多少？

c. 运用最佳预订上限能比原先的预订上限增加多少收入？

d. 汉莎航空决定进入市场，KLM 预计打折机票的需求会下降到 186 名乘客，标准差为 93。全价机票的需求量不变。新的最佳预订上限为多少？

附录14A 正态分布函数

人们研究正态分布函数已经超过三个世纪，该函数常用来描述顾客行为、科学现象、经济现象和其他现象。正态分布函数的函数式如下所示：

$$g(x,\mu,\sigma)=\frac{1}{\sqrt{2\pi}\sigma}\exp\left[\frac{-(x-\mu)^2}{2\sigma^2}\right]$$

$$(14—6)$$

其中的平均需求由希腊字母 μ 代表，标

准差由希腊字母 σ 代表，函数 $g(x)$ 代表在一个正态分布中找到需求 x 的概率。

某一点的累计概率分布函数是该点需求的概率总和或从任意一点到该点需求的概率总和。对于连续函数，利用积分即可进行加总。因此，累计概率分布函数公式如下所示：

$$G(x,\mu,\sigma) = \int_{-\infty}^{x} g(x',\mu,\sigma)\mathrm{d}x'$$

(14—7)

累计概率分布函数值域从 0（在 $G(-\infty)$）到 1（在 $G(+\infty)$）。我们知道一种物品的需求总会分布在正负无穷之间，因此概率总和为 1。

要找到需求大于或等于某个水平的概率（亦即需求大于或等于某个保护水平），只需要用 1 减去累计概率分布函数即可，此特性与累计概率分布函数的定义有关。若我们知道 $G(x)$ 是需求小于或等于 x 单位的概率，那么 $1-G(x)$ 就是需求大于或等于 x 的概率。

$$\text{需求超过 } x \text{ 的概率} = 1-G(x)$$

(14—8)

正态分布函数及其累计概率分布函数在大部分计算软件中都可以找到。[3]

因为房间不能被分割出售或者以负数销售，取值只能是正整数，因此我们用非连续正态分布而不是连续正态分布函数来表示。非连续正态分布可以从连续正态分布逼近得到。设 $G(i,\mu,\sigma)$ 为不连续需求 i 及 i 以下在连续正态分布函数上近似的累计概率，则 i 单位需求的不连续概率可以表示为：

$$g_D(0,\mu,\sigma) = G(0.5,\mu,\sigma),$$
$$i=0$$
$$g_D(i,\mu,\sigma) = G(i+0.5,\mu,\sigma)$$
$$-G(i-0.5,\mu,\sigma),$$
$$i=1,2,3,\cdots,n \quad (14—9)$$

简单来说，给定一个预订上限，我们想计算，在需求大于或等于 i 的情况下，一个房间会被售出的概率，其累计概率函数能用下式表示：

$$\text{需求大于或等于 } i \text{ 的概率}$$
$$=1-G(i-0.5,\mu,\sigma) \quad (14—10)$$

因为非连续正态分布函数需要估计近似值，所以会有一些小误差，这些误差的影响根据情况而定。本章中，我们通过式（14—9）与式（14—10）运用了非连续的正态分布函数。

 注释

[1] Avrind Sahay, "How to Reap Higher Profits With Dynamic Pricing" *MIT Sloan Management Review* 48, No. 4 (Summer 2007): 53–60.

[2] Much of the discussion on yield management provided in this chapter is also discussed in greater detail in Robert L. Phillips, "Revenue Management" and "Capacity Allocation," in *Pricing and Revenue Optimization* (Stanford: Stanford Business Press, 2005): 120–175.

[3] To get the cumulative distribution function of a normal distribution in Microsoft Excel, use normdist(*x,mean,standard_dev,cumulative*), where *x* is the point of interest, *mean* is the average (*mean = μ*), and *standard_dev* is the standard deviation (*standard_dev = σ*). Set *cumulative* equal to TRUE.

第 Ⅳ 篇　定价策略

第15章

竞争与定价

- 公司是故意参与价格战的吗?
- 为什么会爆发价格战?
- 在什么情况下容易爆发价格战?
- 公司该如何应对激进的价格竞争?
- 公司什么时候可以战略性地运用低价战术?
- 高管如何预测对手的价格动向?
- 高管如何防止价格战的发生?
- 延伸问题:公司的价格战略应该如何与公司的竞争位置联系起来?

尽管战略性定价可以使公司的价格和市场的购买意愿相互促进,但我们也不能忽视市场的购买意愿还会受到竞争者行动的影响。定价并不是在真空中完成的。竞争者及其定价策略显然会限制公司战略定价的空间。

竞争的意义在这本书中已经说明过了。利用交换价值模型以及模型展示顾客购买意愿的作用,我们需要对价格和竞争替代品的价值有深刻的理解。从消费者知觉的角度出发,消费者对一种产品的认知价值会受到替代品认知价格的影响。

大多数战略定价的目的都是将竞争带到另一个层面。像第2章中在利润对价格变化的敏感性的讨论中提到的,只有在少数情况下才可能通过低价、大销量的策略增加利润。在战术上,价格促销对获取边缘顾客有效。在战略上,价格竞争通常让所有公司精疲力竭。比起利用价格作为竞争武器,大部分公司更喜欢利用其他战略营销工具,例如市场细分、产品定义、促销媒体选择、品牌定位和分销。

如果我们考虑价格结构就会发现，率先做出价格变化的公司往往能获得巨大的回报，而其他公司只能疲于奔命地试图跟上变化。举个例子，1992 年微软通过 Office 软件的价格变化大赚了一笔，而它的竞争对手 Lotus 123、WordPerfect 和 Eudora 则没那么幸运。然而，一家公司只能非经常性地修改定价以给竞争对手战略性的打击。

这些对战略定价的理解都基于一个叫竞争优势的概念。所有的竞争优势的核心都是与竞争对手不同，而不是抄袭竞争对手。战略性资源之所以具有战略意义是因为其具有稀缺性并且不易模仿。战略性资源可以为公司带来更多的利润，因此战略性资源可以发展为竞争优势。当我们寻找具有竞争优势的资源时，我们可以从战略性资源开始寻找，能够增加收益而不增加成本的资源，能够减少成本而不减少收益的资源，以及能够加快公司对新机会反应速度的资源都可以带来竞争优势。这些说明价格并不是一种战略性资源。

单纯以低价销售与竞争对手相同的产品和开发战略性资源完全是两回事，这种做法不大可能使公司比竞争对手获得更多的利润。相反地，有针对性地对产品进行市场细分，为产品制定在细分市场上消费者愿意支付的价格，并向该细分市场宣传介绍产品的价值将为公司带来很高的回报。

我们可以得出结论，比竞争者更低的价格并不是公司的竞争优势。即使利用低价战术抢占市场份额的做法也存在争议，因为光有巨大的市场份额而不能盈利是没有意义的。很明显，竞争还是会影响定价。那么竞争怎样影响定价策略呢？公司是否应该将价格定得比竞争对手更低？现实中有很多公司通过低价打败对手的例子，也有很多公司忽视定价较低的对手的例子，在某些情况下，公司将不得不应对竞争对手的低价。在本章中，我们将针对竞争中的价格管理战略进行讨论。

15.1 价格战的起源

> 所有战争的目的都是为了最终的和平。
>
> ——圣奥古斯丁

公司一般都不会主动参与价格战。尽管我们经常听到这样的论调，说公司会掀起价格战以便将竞争者挤出市场，然后提价以获取更高的利润，但是现实中这种策略成功的例子很少，其原因是这种战略很难成功实施。价格战的成本很高，不仅会直接带来利润损失，损失还随着时间越来越大，而且即使价格战成功，所能带来的利益也具有很大的不确定性。

事实上，价格战很少能真正搞垮一家公司。尽管价格战的确能削弱对手，但是想要打垮一家企业并使其永久丧失生产能力还是很困难的。决定性的胜利十分少见。

即便对手退出市场，引发价格战的公司可以提价并坐享垄断带来的利润，但竞争市场的性质决定了这种高额利润会带来其他的竞争者。因此，通过惨烈的价格战赢得的垄断地位很难带来足够的收益来弥补价格战造成的损失。

现实中价格战的目的并不是消除竞争。当管理者发现公司身陷价格战之中时，他们会努力寻求一种公司可以繁荣发展的和平状态。

尽管价格战不合逻辑，但它还是会不时爆发。根据大多数公司的利润目标及实现目标的需要，我们可以在一定程度上对价格战的原因进行推测。尽管公司很少故意掀起价格战，但它们会在市场中尽力抓住机会，这种抢占市场的倾向以及无法预知的竞争对手的动向可能会引起不必要的价格战，并减少整个行业的利润。

现实中这样的例子很常见。在分析了大量商品需求的品牌弹性和行业水平弹性之后，我们发现需求的品牌弹性一般都在弹性区间内，而需求的行业水平弹性则一般在非弹性区间内。从利润最大化的角度来看，将价格定在非弹性区间没有意义。大多数行业都可以通过普遍提价来获得更大的利润，然而，这就意味着行业中的每一家面对弹性需求的企业必须集体提价，如果任何一家企业在竞争对手没有提价时提高价格，那么消费者就会转向其竞争对手，这家企业就会失去市场份额和利润。鉴于很少有不通过非法共谋就实现的整个行业的提价行为，现实中通过这种方法实现行业利润最大化的情况很少见。

囚徒困境

囚徒困境理论可以帮助我们解释行业内的竞争和对机会的渴求是怎样造成整个行业的利润减少的。这个理论之所以被命名为"囚徒困境"是因为其描述的逻辑环境与两个嫌疑犯被分开审讯的情况一样。警官们会分别审讯两个囚犯并劝说他们认罪并指认同伙以获得减刑机会，如果两个人都不认罪，那么警官无案可办，两个人都会被释放。然而，警官们一般不会遇到这种情况，因为两个犯人没办法沟通决定都拒不认罪，而两个人都有认罪减刑的机会，那么其中一个人很可能会顶不住压力而认罪。一旦有人认罪，两个囚犯就都会被判刑，尽管认罪的人可以减刑而另一个人刑期会更长。

互相竞争的公司在面对减价决定时与囚徒困境相似。假设在同一个行业中有两家公司，一家是 Alpha，一家是 Beta，它们面临着价格变动的困境。图 15—1 展示了该行业中四种可能的价格情况组合。

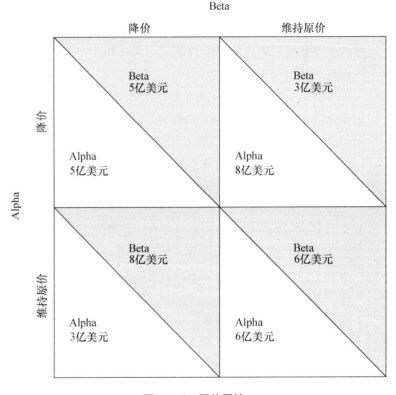

图 15—1　囚徒困境

首先，考虑两家公司都不进行价格变动的情况，这样的话该行业的情况就不会变化。在我们假设的收益矩阵中，这种情况对应矩阵的右下角，两家公司都将获得 6 亿美元的收益，而整个行业的总收益为 12 亿美元。

与该情况相邻的两种情况中，两家公司分别降价以抢占市场份额。这种定价行为会为降价的公司带来好处，但是会损害竞争对手和行业整体的收益。这两种情况在矩阵中的左下角和右上角。在该例中，降价公司获得市场份额后收益提升为 8 亿美元，而竞争对手的收益则降至 3 亿美元，行业总收益降至 11 亿美元。

当然，如果任何一家公司单独行动，其竞争对手的最佳方案就是跟着该公司降价以挽回被抢占的市场份额，结果就是两家公司都只会获得更低的收益，就像矩阵中左上角表示的一样。这种情况中，跟随降价的公司会获得比维持原价更高的收益，但是行业整体收益会下降。在本例中，两家公司的收益都只有 5 亿美元，而行业总收益仅为 10 亿美元。

尽管例子是假设的，但现实中真正的竞争者在管理价格时会遇到同样的困境。在我们的例子中，我们假设两个竞争对手实力相当，其实这种方法还可以应用到竞争者实力不对等、多个竞争者或者不同收益矩阵的情况。该例子的目的并不是真的分析 Alpha 和 Beta 两家公司，而是让大家看到投机行为会对整个行业所有竞争者利益产生影响。

囚徒困境的分析说明如果行业中所有竞争者都保持价格不变，那么整个行业可以获得最大的总收益。如果没有竞争者改变价格，所有竞争者的情况都会更好一些。然而，大部分竞争者都具有短期通过降低价格以抢占市场份额的动因，除非它们可以从长期的角度考虑到其他竞争者的反应会带来的影响。一旦公司考虑到其他竞争者的反应，它们就会明白这种伤害其他竞争者的行为会引发相似的行为，最终导致行业中所有公司都遭受损失。

行业价格管理的目标就是鼓励竞争者不要采取会对彼此造成破坏的价格行为。如果行业内的竞争者可以直接沟通，那么这种破坏性的价格行为就可以避免，然而，价格合谋在任何市场中都是违法的。尽管如此，在行业中，我们还是希望各家公司可以维护整个行业健康的价格环境。

结构性驱动因素

如果所有公司短期都有降价的倾向，而长期都有不降价的倾向，那么任何理性的公司管理者都应该明白会引发破坏的降价行为都应该避免，价格战更不应该出现。然而，不知为何，价格战还是会爆发。

长途航空公司早已深陷价格战的泥潭，而食品生产商的价格环境则一直很稳定。在研究了各种行业的例子之后，研究者们发现了容易引发价格战的五个结构性驱动因素。尽管任何单一的结构性因素都不足以引起价格战，但是当一个行业在这些结构性因素上都比较弱时，这个行业中的公司将更可能面临价格战。

竞争者的数量

在只有少数竞争者的行业中，公司可以比较容易地监控其他竞争者的价格行为并且做出相应的反应，因此，任何一个竞争者的价格变动都很容易被发现，而且其他公司也会迅速反应，最终造成整个行业的利润减少。在这样的行业中的公司更容易遭受价格战造成的不必要的损失。

相反，一个完全竞争市场中存在大量的竞争者。由于竞争者数量太多，想要实时监控其他公司的价格行为成本太高，任何一家公司都可能通过短期降价行为抢占市场份额而无须惧怕其他竞争者的反应，就算其他竞争者跟着降价，率先降价的公司也无法准确知道这些竞争者的行为究竟是针对其降价行为做出的反应，还是针对其他外界因素影响做出的反应。在完全竞争市场中，公司不太容易因为价格战遭受损失，整个行业的收益水平也不太会受到单方面价格行为的影响。

总而言之，高度竞争的行业中的公司不易陷入价格战，而竞争者较少的行业中的公司则可能不知不觉就加入了价格战。

竞争者的管理成熟度

要真正理解如何通过价格来抢占市场，高管需要具有一定的管理成熟度。成熟的竞争者会在预测对手对价格的反应和了解对手的价格行为两方面做得更好。新入行或者不成熟的竞争者会缺少探知竞争者价格行为的能力，并且错误预测竞争者对价格的反应。这种成熟性并不单单针对某一家公司的管理者，而是指整个行业的竞争者都能够很明智地避免不必要的价格战。在高度竞争的市场中，有一句话在管理者中很流行："我的定价能力只与行业内最愚蠢的竞争者相同。"

高固定成本、低边际成本

在高固定成本、低边际成本的行业中，公司会承受极大的降价压力来赚取边际收益。由于边际成本较低（有些例子中边际成本甚至为0），大部分的边际收益都可以直接加到公司的利润中。比如，软件公司赚取的收益大部分会变为利润，因此软件公司会为顾客提供很高的折扣。在软件市场中甚至出现过1折的情况，而大部分公司都觉得4折左右是一个比较正常的折扣。

行业成熟度和经济节约

对成熟度的需求不仅限于管理者的成熟度，还有行业的成长率。在新兴、高成长的行业中，管理者极为倾向于抢占市场份额以便在市场成熟时利用杠杆效应降低成本，这些想法来源于对未来规模经济、范围经济和学习经济的预期。如果一家公司预计未来可以获得规模经济、范围经济或者学习经济的效果，那么这家公司将更倾向于利用低价来占领市场，开发新的核心能力，或者加速学习曲线以期从长期考虑节约成本。

规模经济（economies of scale）是指在长期经营中由于公司规模而节约成本的经济形式。随着产量增加，固定成本可以被大量的产品分摊，减少了长期平均成本。在1913年亨利·福特发明了现代流水线之后，规模经济第一次获得了关注。规模经济可能有多种来源，例如，随着产量增加，工人们进行分工，专业化程度更高，还可以减少转换工作的时间，节约产品成本。同理，在扩大生产的过程中，还可以引入更具效率的生产技术来节约成本。

学习经济（economies of learning）是指随着生产的进行由于经验积累而节约成本的经济形式。学习经济是工作中学习的结果，来源于提高劳动效率、标准化、提高对劳动工具与劳动资源的使用效率，或者是产品设计的改善以加速制造。学习经济是从第二次世界大战时的飞机生产引发关注，其中的数字关系最先是于1936年在赖特·帕特森空军基地被量化出来的，当时统计发现，每次累计飞机产量翻倍时，相应的工时会减少10%～15%。[1]

范围经济（economies of scope）是指随公司经营广度的扩大而节约成本的经济形式。与规模经济相似，范围经济依赖大量产品分摊成本。与规模经济不同的是，范围经济不需要专业化分工。举个例子，一家加油站可以利用相同的固定资产同时销售汽油和食物。同样地，大学的教室可以用来教授数学、商业或者文学。在范围经济效应下，一种单一的资源可以有多种用途。由于一种资源可以多用途利用，总成本得以减少。20 世纪中期，当现代联合企业开始主导市场，范围经济便开始流行，并成为一种获利能力的来源，范围经济在 1975 年正式定名。[2]

行业成熟度和网络外部效应

就像在新行业中公司希望利用低价抢占市场份额，以便未来利用规模经济、范围经济和学习经济的效果一样，它们还会利用网络外部效应获取更多的未来收益。

网络外部效应可以随着应用某商品的人数的增多而带来更多的价值。网络外部效应可以在具有两面性市场的行业和具有高利润的互补品市场的行业引发价格战。例如东芝的 HD-DVD 和索尼的蓝光 DVD 之间的格式大战事实上就是由网络外部效应引起的，因为一旦赢得这场"战争"，其背后相关的技术将可以带来更大的利益。同样的情况有游戏主机行业任天堂的 Wii、微软的 Xbox 和索尼的 PS3，手机行业的苹果和黑莓，还有社交网站如 Facebook，LinkedIn 和 Skype。

能够利用网络外部效应的产品都倾向于将大量的顾客加入自己的顾客网络，为此，公司可能在定价上采取激进的低价策略。一旦抢占顾客成功，获胜的公司将因为其庞大的网络而获得更多的收益。

15.2　降价的应对策略

在一个有利可图的行业中做一个小竞争者远比引领一个无利可图的行业要好得多。

面对行业对手的降价行为，高管必须小心应对。应对策略不能过激，否则可能引发价格战，同时，应对策略又不能过于保守，必须能够对抗对手的价格行为并且谋得利润。如果可能，还可以向对手传达出价格战会两败俱伤的信息。

在确定应对策略的过程中应该考虑三个主要问题：首先，要应对竞争者的降价行为需要付出哪些直接成本，又将会获得哪些直接收益？其次，接下来会有什么样的连锁反应？再次，竞争对手是否有战略成本优势，可以在更低的价格水平上盈利？

直接成本和直接收益

当决定如何应对竞争者的降价行为时，管理者要评估应对策略会带来的成本和收益。为了降低应对策略引发价格战的风险，高管应该关注应对策略可以带来的收益和利润而不应关注对手降价带来的损失。

对手的降价一半会减少公司的收入，但是不大可能抢走所有的生意。事实上，有时对手降价只会对公司的收入造成很小的影响。通过判断可能的损失，公司可以准确地知道该如何改变价格来重新获得边际收益。

一种判断损失的方式是想办法回答以下这些问题：哪些细分市场会受到影响？哪些顾客会转投对手？多少收入可能因此被对手抢走？哪些产品的销售会受到影响？哪些地区的销售会受到影响？相应的收益受损的概率是多大？有没有其他因素能说明即使对手发动降价攻势，公司的收益受到的影响仍然很小？

相应地，在判断能带来的收益时，也要回答一系列问题：通过应对策略能够抢回销售额的概率是多大？应对策略能够带来多少利润？风险收益的战略意义是什么？在该市场上立足不稳是否会影响其他产品的销售？在该市场上阻止竞争者的入侵能否阻止竞争者抢占其他市场？

连锁反应

当一家公司对竞争对手降价做出反应时，可能会产生两种主要的连锁反应：首先，降价可能会对原本没有面临威胁的销售市场也造成影响；其次，采用降价的方法应对可能会引发之后更多轮的降价行为。

在一种情况下降价可能会引起在其他情况下顾客也都要求降价。在工业市场中，顾客有可能获悉公司给某位顾客的报价，在下次购买时，其他顾客可能会要求以相同的低价购买，因此，很可能给一个顾客的一次降价很快演变成战略上的全面降价。在消费市场中，仅给某位顾客提供低价会被认为不公平，更糟的是，原本忠诚的顾客可能会发现自己没有享受低价而背叛品牌。公司可以采取行动消除这些可能性，而且这种威胁应该被评估，公司也应该采取缓和策略。要完成这项任务需要计算可能因为连锁反应带来的损失，并将该损失与不进行应对可能蒙受的损失进行对比。

商业竞争的本质和想要抓住每个机会的欲望会使高管倾向于应对竞争者所有的降价行为。如果放任不管，这种倾向会造成自杀性的市场氛围，并削弱市场中所有的竞争者。对竞争对手的降价做出回应很可能会引来竞争对手第二轮降价，而第二轮降价可能带来更大的损失。在做出反应之前，公司应该评估引发多轮次价格战的可能性。公司需要回答以下问题：如果我们在价格上作出回应，对手有多大的可能进一步降价？如果对手进一步降价，我们还能否承受继续降价？

战略地位

对手降价有可能是因为其拥有竞争优势。当行业中的一个竞争者具有成本优势时，它就可以在更低的价格水平上盈利。处于成本劣势的公司更希望行业能够整体提价。因此，不具有成本优势的公司最好避免价格战，因为胜算很小。

举一个钢铁行业的相关例子，1989 年，纽柯钢铁公司开始应用迷你工厂以较低的成本为特定的细分市场生产产品。面对迷你工厂生产这些特定产品的价格优势，在 20 世纪 90 年代许多大型一体化钢铁公司不得不让出了这些细分市场的市场份额。

另一个例子是关于 PC 市场的。惠普和戴尔在这个市场中竞争了几十年，戴尔直到 2005 年一直具有价格优势。戴尔应用直销策略，在 PC 销售成本上一直具有成本优势，相反，像惠普一样的公司在成本上处于劣势，这让戴尔抢占了大量的市场份额。然而，在 2005—2009 年形势有所转变。惠普公司在组织内部建立了咨询团队，同时并购了 EDS 公司。EDS 是一家系统整合公司，它令惠普能够在销售电脑的同时销售软件[3]，这让惠普公司在抢占大公司合同上有了更多的优势，因为惠普可以同时提供技术服务和软件，而这两项服务的利润率更高。

像这些例子说明的一样，高管在做出应对之前要考虑对手在价格上具有竞争优势的可能性。如果对手真的具有竞争优势，那么高管应该避免在价格上做出回应，而在市场份额上做出让步。如果对手不具有竞争优势，这可能就是痛击对手的好机会。

根据公司所处的不同战略地位，公司有很多不同的战略可以采用，包括与对手定价相同、比对手定价更低或者保持价格不变而让出市场份额。图 15—2 总结了公司可能采用的应对对手降价的各种策略。[4]

图 15—2　应对降价

15.3 发起降价

> 多算胜，少算不胜。
>
> ——孙子
>
> 行动前要深思熟虑。
>
> ——无名氏

除了机会主义，率先降价可能还有战略原因。一家公司可能想要抢占大市场的市场份额而降低价格。当公司决定在价格和价值的权衡间选择利于顾客的低价战略，那么就应该在实行战略前先估计竞争对手可能的反应。

将价格作为战略核心

西南航空、宜家和沃尔玛都致力于降低成本和价格，通过抢占未开发或不完全开发的市场来创造利润。这些公司之所以能这么做是因为它们很仔细地调查了顾客关注的价值点，将资源从顾客不关注的市场移走，并开发新的价值关注点。

举个例子，宜家是一家以价格作为战略核心的家具和家居品零售公司。在设计新产品时，宜家公司会在进行其他决策前先确定新产品的销售价格和市场需求。接着，确定产品的属性，例如产品的设计、选材，都是为了将产品的成本压在预订售价以下。这样设计的产品可以满足家庭平日的使用。尽管与高端家具相比，宜家家具的使用寿命并不是特别长，但是宜家的产品完全可以满足对家具的紧急需求。

宜家的成本管理在整个零售环节也都有体现。产品的供应商会通过竞标选出，一个餐桌的各个部件可能来自不同的供应商，即使连接部件也可能来自不同的国家。宜家通过降低成本，以较低的价格获取利润的做法也需要顾客的合作，顾客需要自己运送家具，回家后自己组装家具。即使在营销环节，宜家也很依赖顾客的口碑效应和回头客带来的利润。

宜家放弃了一些价值环节，但是创造了一些新的价值点。比如，宜家以其采光良好的购物空间、丰富多样的购物选择和令人愉悦的购物环境而闻名。同时，宜家的物品摆放也经过精心布局，以鼓励顾客做出选择。相反，其他低价零售商的购物环境则很糟糕，选择也很少。尽管与其他低价零售商相比，良好的环境的确会提高一部分成本，但是这种环境为宜家增添了很多吸引力。

竞争对手也许可以效仿宜家的成本管理模式和价格定位，但是它们很难在战略和必要资源上与宜家匹敌，这让宜家可以一直享受价格优势，同时又与其他低价零售商有很大差别，甚至可以吸引一些高端消费者。

将价格作为战略核心其实是高度顾客导向的战略。在这种战略下，价格是根据顾客的支付意愿而不是生产成本制定的。先有了价格目标，像宜家一样的公司再行制定成本目标。大部分公司都采用生产成本导向战略来定价，而顾客价格导向战略的工作机制完全相反。当价格被作为战略核心时，价格决定成本而非成本决定价格。

当价格作为战略核心时，顾客的需求和支付意愿决定公司的运营和生产。在这种战略中，公司只能决定进入那些顾客支付意愿高于公司能够承受的低价的市场，否则，像宜家这样的公司会离开该市场，而不会说服顾客以高价购买其商品。

评估竞争对手的反应

在降价之前，高管应该评估竞争对手可能的反应[5]，也就是说，如果公司降价，竞争对手是否会做出回应？竞争对手会有什么样的选择？竞争对手最有可能做出怎样的选择？

两项事实证明这个过程很有用：（1）调查显示大部分公司会在判断对手应对情况时利用基本分析工具，因此，对手的反应在一定程度上可以预测；（2）大部分公司在面对竞争者的行动时有预计的行动模式，因此，高管可以通过研究竞争者之前的案例来预测其进一步的行动。

竞争者会做出反应吗

在大多数情况下，竞争者不会对价格行为做出反应。想清楚四个问题将有助于预测竞争者会做出回应的可能性：（1）你的对手是否会注意到你的价格行为？（2）竞争者是否会觉得受到威胁？（3）竞争者除了做出反应外是否有其他事项要做？（4）对手能否克服组织惯性？

（1）你的对手是否会注意到你的价格行为？大部分竞争者只能依靠不完整的数据分析市场的变化。例如，沃尔玛公司在美国并没有加入美国主流的市场追踪服务，但是其在美国的零售日用品市场的占有率高达 20%。同理，小一些的商店的价格行为可能也不会有记录显示。鉴于存在这些数据缺口，很多公司可能注意不到竞争者的价格行为。一个关于高管的调查显示，只有 12% 的公司及时了解竞争对手的价格变化情况并能够准备做出回应。

（2）竞争者是否会觉得受到威胁？即使发现了公司的价格行为，竞争者也不一定就会觉得受到威胁，通常竞争者会认为不值得对这种价格行为做出反应。大部分公司每年有严格的预算限制，如果面对价格变动公司仍然能完成财务目标，那么公司就会觉得安全。公司可以利用公共声明信息来预测竞争者的财务目标，例如收益目标、证券分析师的预测或者财务回报。如果在公司改变价格之后其竞争对手仍然能完成预定目标，那么这些竞争者很可能不会做出反应。

（3）竞争者除了做出反应外是否有其他事项要做？在你降价之前，你的竞争者很可能早有其他安排。竞争者可能在筹划新产品的发布、营销攻势、重组、并购、新厂开工或者努力降低成本。如果在此时竞争者要对价格变动做出反应，那么它们可能就不得不停止手头上进行的计划。竞争者实现现有战略目标的程度会限制它们回应价格变动的能力。

（4）对手能否克服组织惯性？即使对手的一名管理者希望做出反应，对手的整个组织也可能会反对这项决定。当威胁产生时，高管必须统一意见才能做出反应。尽管关于价格的大动作会被所有竞争者注意到，但公司倾向于高估竞争者注意到中小价格变动的可能性。事实上，在现实中竞争对手不做反应的概率很高。

竞争对手会有什么样的选择

大部分竞争者在面对降价或者新品发布时一般会有四种回应方式，因此高管对待价格行为的方式可以预测。最常用的应对方式就是推出与新品相似的产品或者与率先变价的竞争者在价格上保持一致。大部分管理者还会参考公司之前相似的例子。一小部分管理者会参考其他公司的案例、咨询董事会或者专家的建议，或者根据管理者的经验做出应对。

竞争对手最有可能做出怎样的选择

很多竞争者的高管并不能按照游戏规则去考虑他们的应对方式，他们只考虑直接结果而不能考虑连锁反应。就算他们考虑了连锁反应，一般也只能再考虑一步，很少有高管能想到多于一步的情况，因此，对手的应对是可以预测的。

当竞争者考虑选择时，他们一般会考虑不同结果带来的财务影响，也就是说，考虑短期、长期的市场份额变化和收益变化。管理者可以用他们自己的分析方法来分析对手的应对方式。通过这些分析，他们将能够确定竞争者可能利用的最好的选择，也就是他们最可能采用的选择。

15.4 价格行为管理

不战而屈人之兵，善之善者也。

——孙子

温言在口，大棒在手。

———西奥多·罗斯福

因为价格战一般极具破坏性，所以最好降低价格战发生的可能性。就算价格战开始了，公司也可以限制价格战的范围。有两种方法可以预测一个价格行为可能带来的负面影响：一种是价格信号理论；一种是"以牙还牙"定价理论。两种理论都告诉竞争者最好的竞争方式是脚踏实地的竞争，而非仅仅在价格上竞争。

价格信号理论

依据价格信号理论，公司通过间接方式向其他竞争者传达战略定价行为。直接与竞争者进行关于价格的沟通是违法的合谋行为，因此，公司不能互相直接交换关于定价的信息。然而，传达有关价格决定的信息通常被视为一种必要的市场机制，以便让消费者了解未来的价格变动或者让投资者知晓潜在的收益提升。因此，公司可以通过公开的形式传达价格信息，例如通知媒体或者投资者，以便让整个市场知道将会有价格变动。在这个过程中，公司也会向其他竞争者传达相关信息。

价格信号理论不仅可以在进行降价管理时限制价格战爆发的可能性，而且可以鼓励整个行业提价。行业的领导者和小竞争者都可以利用该理论，领导者可以引领行业价格，而小竞争者可以表明跟随价格变动的态度。

想要有效传达价格变动信息，需要两个主要条件：（1）价格变动必须以高度公开的形式发布；（2）价格行为的理由必须十分可信。要想行业竞争者传达价格变动信息，让它们跟随价格变动，或者放弃价格战，竞争者必须能够获得这些信息才行。因此，价格信号一般在知名报刊发布，比如像《华尔街日报》和《金融时报》这样的商业报纸，或者相关行业的主流期刊。

在传递价格信号时，最好提前宣布价格变动。法庭一般认为提前通知股东和顾客未来价格水平的变动是必要的过程。然而，公司如果想以这种方式试探不同价格行为并等待竞争者的反应，那么管理者应该小心。只发布"试水"声明比声明计划并进行执行的法律风险要大得多。即使之后计划由于竞争者跟随变价而失败，将计划实施也要安全得多。

在传达价格信息时，公司应该给出可信的理由。全行业范围的成本增加会对所有行业竞争者造成影响，把这种成本增加作为理由可以让全行业的竞争者都有机会提价。如果公司由于市场需求变化或者更低的成本而降价，那么公司也应向对手传达这样的信息，以阻止竞争者跟着降低价格。

"以牙还牙"定价理论

"以牙还牙"定价理论是一种极端的价格跟随战略，不论竞争对手怎样改变价格，公司都跟随变价。如果竞争者降低价格，公司也跟着降低价格；如果竞争者提升价格，公司也会跟着提价。

使用"以牙还牙"定价理论的公司会不断跟随竞争者变动价格。当这种情况重复时，竞争者会发现价格变动总会被跟随，而降低价格只能对自己和整个行业造成伤害。

为了应对竞争者的降价行为，公司可以随着竞争者的降价声明向整个行业发布降价的原因以及可能带来的利润损失。一旦竞争者重新提升价格，公司就可以快速把价格提升回来以表示想要结束价格战的意愿。

"以牙还牙"定价理论的目的并不在于摧毁敌人，而在于让其相信价格战得不到好处。这是一种和平解决的方式，而且可以令企业在未来繁荣发展。

小结

● 公司很少会主动参与价格战。价格战不仅成本高，而且会带来利润损失，这种损失会随时间累计。从长期角度看，价格战能带来的好处也不确定，因为一次价格战结束之后很可能会掀起下一次价格战。

● 囚徒困境强调机会主义价格行为可能带来的价格战和对整个行业造成的影响。

● 一些行业的价格压力很大，另一些行业的价格环境则比较健康。五个会引发价格竞争的结构性动因是：（1）缺乏行业竞争；（2）低水平的管理成熟度；（3）高固定成本、低边际成本；（4）高行业增长率，并且随着行业成熟可以产生经济节约；（5）高行业增长率并有网络外部效应。

● 竞争优势可能来自于规模经济、范围经济和学习经济。规模经济是指在长期经营中由于公司规模扩大而节约成本的经济形式。学习经济是指随着生产的进行由于经验积累而节约成本的经济形式。范围经济是指随着公司经营广度的扩大而节约成本的经济形式。

● 在确定应对策略的过程中应该考虑三个主要问题：首先，要应对竞争者的降价行为需要付出哪些直接成本，又将会获得哪些直接收益？其次，接下来又会有什么样的连锁反应？再次，竞争对手是否有战略成本优势，可以在更低的价格水平上盈利？

● 除了机会主义，率先降价可能还有战略原因：一家公司可能想要抢占大市场的市场份额而降低价格。

● 在降价之前，高管应该评估竞争对手可能的反应。

● 有两种方法可以预测一个价格行为可能带来的负面影响：一种是价格信号理论；一种是"以牙还牙"定价理论。两个理论都告诉竞争者最好的竞争方式是脚踏实地的竞争，而非仅仅在价格上竞争。

练习

索尼和微软的游戏主机案例分析

2007 年，索尼公司发布了 PS3 主机，是 PS2 的下一代产品。在 2007—2009 年，索尼公司的 PS3 最大的竞争对手是微软的 Xbox。这两条产品线各自的每一代产品都在硬件能力上有很大差异，而索尼的 PS3 与微软的 Xbox 最大的差异是 PS3 可以支持 HD 蓝光电子游戏。阅读参考资料（见第 8 项），并回答以下问题：

1. 索尼以什么样的价格发布了 PS3？PS3 和最大的竞争对手 Xbox 360 的价格和特点有怎样的差异？

2. 微软怎样应对索尼进入高端主机市场？

3. 到 2008 年 9 月，PS3 和 Xbox 谁的市场份额更大？市场份额较低的那个是怎么应对的？

4. 2007—2009 年，索尼的 PS3 和微软的 Xbox 是怎么变化的？

5. 在 2009 年 8 月，索尼的 PS3 进一步降价。微软是怎样应对的？应对速度有多快？

6. 如果你为索尼的高管提供建议，你会提出怎样的建议以避免引发价格战？如果微软的 Xbox 开始比索尼的 PS3 卖得更多，你的建议还一样吗？

7. 如果你为微软的高管提供建议，你会提出怎样的建议以避免引发价格战？如果微软的 Xbox 比索尼的 PS3 更具成本优势，你的建议还一样吗？

8. 索尼与微软的案例参考资料：

a. Nick Wingfield，"Sony Cuts PlayStation 3 Price to Life Sales," *Wall Street Journal* （July 9，2007）：B-4.

b. Roger Cheng，"Business Technology：Microsoft Sets Price Cuts in Bid to Boost Xbox Sales," *Wall Street Journal* （August 7，2007）：B-4.

c. Nick Wingfield，"Microsoft Cuts Xbox to ＄199," *Wall Street Journal* （September 4，2008）：B-9.

d. Se Young Lee，"Microsoft Lowers Price for Xbox 360," *Wall Street Journal* （August 28，2009）：B-6.

注释

[1] Theodore Paul Wright, "Factors Affecting the Cost of Airplanes, Learning Curve," *Journal of the Aeronautical Sciences* 3, No. 4 (February 1936): 122–28.

[2] John C. Panzar and Robert D. Willig, "Economies of Scope," *American Economic Review* 71, No. 2 (May 1981): 268–72.

[3] Justin Scheck, "Corporate News: PC Makers to Show Their Mettle—Analysts Expect H-P Was Better Positioned Amid Downturn Than Dell," *Wall Street Journal Eastern Edition* (May 19, 2009): B-5.

[4] Thomas T. Nagle and Reed K. Holden, "Competition," in *The Strategy and Tactics of Pricing: A Guide to Profitable Decision Making*, 3d ed. (Upper Saddle River, NJ: Prentice Hall, 2002): 133.

[5] Kevin P. Coyne and John Horne, "Predicting Your Competitor's Reaction," *Harvard Business Review* 87, No. 4 (April 2009): 90–97.

- 产品销量和利润会怎样随产品生命周期变化？
- 产品生命周期的不同阶段，消费者行为会有怎样的变化？
- 在产品生命周期中，价格会提升吗？
- 在产品生命周期中，价格策略的重点会有怎样的变化？
- 延伸问题：产品生命周期会怎样影响定价策略？

产品生命周期是一个用于理解行业市场轨迹的概念。[1]本章我们将只讨论其最具战略意义的形式，在这种形式下，产品生命周期是针对一个产品类别的整体概念，而不是针对产品类别下的某种产品、某个品牌或公司的小概念。根据市场生命周期理论，像生态系统一样，一个产品类别会经历引入期、成长期、成熟期和衰退期。产品生命周期的不同阶段会表现出不同的特征。由于在产品生命周期的不同阶段会产生不同的市场动因，为了获取市场利润，公司的营销战略，具体来说就是价格战略，也需要随之改变。

产品生命周期是一种基于时间理解行业行为的方法。被研究的行业行为需要以收入、市场饱和度、产品单位需求或者利润的形式表示，在其函数关系图中，这些变量通常作为纵轴变量，时间作为横轴变量，其单位可以是月、年、十年，甚至是世纪。图16—1展示了一个具有代表性的定性产品生命周期函数图。

尽管图16—1中，产品生命周期的各个阶段是等长的，事实上产品生命周期的阶段往往不一样，有的市场的成长期只有几个月，有的则长达几

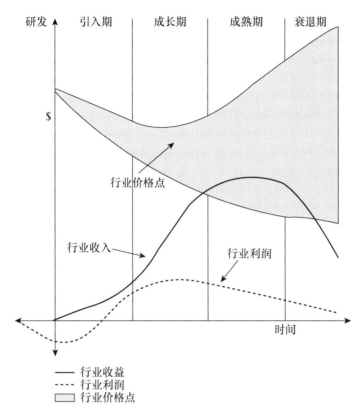

图 16—1　产品生命周期

十年。成熟期通常持续的时间比较长。例如，1947 年引入市场的合成洗衣液产品直到现在还处于成熟期。毛绒动物小玩具在 1995—1999 年达到了产品成熟期，之后就进入了衰退期。产品的衰退期也可能短至几个月或长至几十年，例如标准金属支架很快就被药物洗脱支架代替了，而燃煤火车则直到现在还在游乐园及其他特殊场合使用。

　　如图 16—1 所示，行业收入在引入期都会比较低，在成长期会迅速升高，在成熟期会稳定下来或者随人口增长而上升，在衰退期下降。

　　同时，图 16—1 还展示了常见的行业利润随产品生命周期变化的曲线。在引入期，行业的利润水平一般比较低，甚至可能是负的。出现这一情况不仅因为在引入期销量比较低，还因为在此阶段公司为了抢占未来市场在产品研发和市场营销上加大投入。在成长期，由于竞争水平较低，行业利润一般会快速攀升而且很可能达到顶峰。在成熟期，因为竞争变得越来越激烈，而且竞争者之间开始利用价格进行竞争，行业利润一般会趋于稳定，甚至可能小幅下降。最后，在衰退期，行业利润一般会大幅跳水，而公司会因收入过低而退出市场。

　　接着，我们从定价的角度来看看图 16—1。图中展示了价格随产品生命周期发生的变化。在引入期和成长期，在产品类别下的新产品价格很可能会随着规模经济、范围经济和学习经济或者网络外部效应而迅速下降以便吸引大量的顾客。一旦进入成熟期以及之后的衰退期，产品的价格水平一般会趋于稳定，即使实际价格继续下降，其速度也会放缓，因为通过降低成本来降低价格的难度变得更大了。

虽然新产品的价格可能下降，但同一产品类别内的高端产品价格不一定会下降。高端产品价格也有可能下降，但其走势并不像新产品那么确定，相反，高端产品的价格有可能保持平稳甚至逐渐升高。例如，2003 年小屏幕的液晶电视定价在 4 000 美元左右，三年后，同样大小的液晶电视降价 1/10，而屏幕更大、功能更强的新型液晶电视开始进入市场。2006 年，高端液晶电视的价格达到了 150 000 美元。[2] 随着市场成长，高端市场的缺口变得有利可图，高端产品的价格就会渐渐增长。即使在一个产品类别的衰退期，虽然整个市场顾客的支付意愿很低，但某些特定的细分市场的顾客还是愿意为产品支付高价的。

本章的以下内容将介绍产品生命周期各个阶段的定价策略所面临的挑战。定价挑战的变化是由市场结构的变化，更具体地说是由不同产品生命周期阶段的顾客特点造成的。

16.1　引入期

在产品的引入期，革命性的新产品会创造一个全新的市场。尽管在发布新产品时商家都会说该产品具有"革命性"意义，但是事实上革命性的产品很少见。革命性的产品在任何时候都很少见，严格一些的研究者甚至认为几年甚至几十年才偶尔会出现一件革命性的产品。

根本性的革命性产品的例子包括货运火车和铁路、管理记录的信息技术和移动通信系统。根本性的革命性产品不仅能创造一个全新的市场，而且能改变其他间接与该产品有关的行业以及这些行业的消费者行为。从铝制易拉罐到杂交玉米再到智能远传电表系统，这些都属于具有根本性革命意义的产品。这些产品的发布可能会对公众造成很大影响，但其直接影响的行业并不是特别多。

从战略的角度说，革命性的产品能够以一种从未被考虑到的方式或者之前被认为是不可能实现的方式满足市场需求。在一个已存在的市场中，革命性产品能够以与其他产品完全不同的方式满足市场需求，或者可以满足一种之前被认为不可能满足的市场需求。

例如，智能远传电表系统最初被发明出来是为了满足不再用人力来查电表的需求。在这种情况下，这个市场需求在远传电表系统发明之前就已经存在了，但在找到低成本的无线通信方法之前，这种远程自动统计电表数据的想法是不可能实现的。随着这个市场发展了 20 年，新的市场需求又被开发出来，例如停电的快速识别和迅速回应需求的市场结构。在引入智能远传电表系统之前，供电公司只能通过顾客告知的方式获知停电的情况，在应用了智能远传电表系统之后，供电公司就可以更快地准确定位造成停电的原因并找到解决方案。同样地，在应用智能远传电表系统之前，供电公司很难在每天的不同时间为电费制定不同的价格，而在应用之后，公司可以根据每天的不同时间、用电总量或者其他法律法规允许的标准制定不同的电费价格标准。

革命性的产品具有破坏性质。火车被引入货运行业后就破坏了原来通过运河、马匹和马车进行货运的行业结构。同样地，在电视被引入之后，原本以广播电台为主的媒体市场结构就被破坏了。更近的例子有互联网对报纸等传统媒介的影响，手机对其他通信工具的影响和邮政服务对其他文件传递服务的影响。

发布革命性产品从根本上与营销已有的商品和发布现有产品的升级版有很大差别。革命性产品会进入之前完全不存在的市场，因此，消费者对这种新的产品类别不熟悉，也就不存在所谓的消费者习性，同时，对于产品定价分析的严密性也会受限，不过相应地，构建价格结构的自由度就很大了。

革命性产品的成功是通过满足市场的**潜在需求**（latent demand）实现的。潜在的市场需求是指在产品发布前需求已经存在，但是从未有过可行的解决方案。也就是说，因为不存在能够实现这种市场需求的产品，所以这种需求虽然存在但是无法满足，而一旦革命性的产品出现，这种潜在的需求就被激活了，并且会通过购买行为来表达。通过释放这种潜在需求，一种新的产品分类就创造出来了。

潜在需求和已表达需求的概念可以类比物理中的势能和动能的概念来理解。一个位于山顶的球具有可以转化为动能的势能，一旦被释放，这个球就将顺着山坡滚下。同样地，消费者可能拥有看似不可能实现的目标，这样的消费者就对能实现这个目标的方法拥有一种潜在需求，而一旦一种新的革命性产品可以满足这种需求，这些消费者就会购买这种产品，这样原本的潜在需求就变成了已表达需求。

举个例子，iPod 和 iTunes 可以满足听音乐和便携化的需求。在 iPod 和 iTunes 之前，MP3 播放器、互联网和其他相关技术早已存在，但是这些技术和设备从未实现音乐购买和享受之间如此简易的无缝对接。从这种情况分析，消费者有潜在的便捷地购买音乐并随时收听的需求，但是之前没有产品能满足这种需求。随着 iTunes 和 iPod 的引入，市场表达了这种需求，将潜在需求转化成已表达需求。

同样地，Zipcar 公司及其分割汽车所有权服务让没有车的人也可以开上车。在 Zipcar 出现之前，住在公共交通发达的市中心区的居民为了偶尔运送大型物件或者出城不得不买车，但是大部分时间，由于主要乘坐公共交通工具、骑自行车或步行，这些市民只能看着自己的车停在收费昂贵的停车场中。有了分割汽车所有权服务，Zipcar 的消费者可以在需要时短期使用一辆车，既可以满足需求，又不用承担完全拥有汽车的成本或责任，例如汽油和保险（Zipcar 估计公司的一辆车可以满足 20 辆私家车主的需求）。在一个城市中，Zipcar 的车在上百个居民区的停车场都可以找到，按小时收费，这种服务比传统的租车服务还要方便廉价得多。Zipcar 的服务满足了不经常用车的消费者对车的潜在需求，又免去了买车的困扰。

另一个例子是能源行业的例子。这个市场希望能找到一种经济的方式开发可再生能源，因此有了对绿色能源的潜在需求。由于没有更先进的技术支持，全世界一直依赖化石能源。可以预见在未来的几年或者几十年，随着化石能源对环境的破坏加剧和化石能源储量的减少，一定会有关于再生能源的可行解决方案提出。一旦提出可行方案，人们关于绿色能源的需求就可以表达了。

引入期的营销焦点在于占领市场。发布革命性产品的公司必须识别哪个细分市场会因该产品获益，它们必须从该细分市场的视角理解产品的价值，另外，它们还必须向细分市场宣传能够通过该产品获得的利益。要想抢占市场份额，公司就必须采取以上行动。

引入期市场的消费者

在产品生命周期的引入期，消费者按特点可以分为新产品爱好者和远见型消费者。新产品爱好者主要会对前期市场做出贡献，而远见型消费者则对引入期的后期市场做出主要贡献。[3] 这两个群体以完全不同的标准评估新产品，因此，他们也会在决定购买意愿时有不同的侧重，而这会决定公司的定价空间。

新产品爱好者

新产品爱好者单纯因为产品的革命性属性而喜欢新产品。他们是社会中那一小部分热衷于最新科技和产品的人群。他们通过关注科技和产品的发展获得愉悦感。新产品爱好者倾向于把新产品作为玩具，而不是解决商业问题的方案。因此，新产品爱好者也有很多别名，例如"技术宅"和"科技狂"。

当新产品爱好者评估一种新产品时，他们喜欢研究新产品的性质、功能和用途，他们经常从产品的结构入手，并从科技与外形结合的角度在产品间进行比较。

当他们有机会使用新产品时，他们愿意尝试将新产品应用于一些原先设计者没有想到的用途。他们的做法可以拓展新产品的用途，并帮助创造产品的新市场。新产品爱好者是重要的细分市场，他们可以帮助公司达到目的。

新产品爱好者的行为很有趣，他们用事实说话，不喜欢夸大其词，通过关注细节来评估新产品。当他们在使用新产品遇到问题时，他们会避开公司的客服、销售和营销人员，希望直接与技术人员对话以解决问题。

在处于 B2B（企业对企业）市场的组织中，新产品爱好者并不是主要决策者，他们对预算的影响也很小，而且他们不倾向于附和"附加价值"的论调，而是希望能够以成本价接触到高科技。

从定价角度来讲，新产品爱好者可以帮助公司开发新市场，公司希望他们能接触到新产品。然而，公司可能会需要将价格定低才能抓住新产品爱好者，但是这样做公司可能为未来的销售定下过低的参考价格，这种做法可能迫使公司放弃在未来产品生命周期能够获得的潜在利润。为了解决这个问题，一些公司会推出试用版产品，这些产品针对新产品爱好者设计并定价，并不适用于投放大市场。通常这些针对新产品爱好者版本的产品在应用上会受到很多限制，也可能在一段试用期之后需要顾客返还。

远见型消费者

远见型消费者往往寻求解决某些问题方法的巨大突破，他们会不断地寻找能够帮他们解决问题的革命性新产品。与新产品爱好者不同，远见型消费者关注的是革命性新产品解决原本无法解决问题的能力和改进原有解决方案的能力。远见型消费者在潜在市场中所占份额很小，但是他们的重要性远远高于新产品爱好者，因为他们会成为早期的新产品采用者。

当远见型消费者评估新产品时，他们不会尝试为新产品添加用途，而是会利用新产品寻求解决问题的战略性突破。如果他们是商业顾客，他们想要的是大量的回报，而不是长期回报的小幅提升。他们是受到解决问题的目标驱动的。远见型消费者希望能够解决没人解决的问题。

远见型消费者能够将新的解决方案与战略机会相匹配，他们会将这种机会转化为高曝光度、高风险的项目，而且他们有足够的现金购买革命性新产品。

在商业市场中，远见型消费者是必要的高层管理者，他们要有足够的魅力和必要的权力让组织中的其他参与者跟随他们采用一项有风险但又十分有前途的新产品。一旦购买，他们愿意承担新产品带来的风险，当然，还会寻找降低风险的方法。比如，商业市场的远见型消费者一般是高度项目导向的，他们在应用新产品时会划分很多阶段，每个阶段都有项目里程碑以及潜在的撤出出口。

相比新产品爱好者，远见型消费者对价格的敏感性更低，但是他们对结果的敏感性更高。他们的结果敏感性源自他们的购买目的。远见型消费者希望获取巨大突破以补偿他们承担的购买具有革命性意义但未被测试和证明的新产品的风险。如果成功，远见型消费者很愿意被高度曝光，因为这种成功不仅能够反映新产品的优势，而且能反映他们发现新产品优势并应用产品解决问题的能力。只要有利可图，远见型消费者就愿意购买新产品。

引入期的定价策略

管理层在发布新产品时拥有很大的定价空间，但是也面临两个很难办的问题：（1）价格应该定在什么水平？（2）价格结构是什么样的？

引入期的市场中，没有相近的产品能够作为对比参照物，而且在新产品发布之前，这个市场根本不存在，即使在发布之后，这个市场在一段时间内还是很小的，因此，大部分的计量经济学和顾客导向的研究方法都无法使用。更重要的是，在这个潜在的市场中，消费者对新产品缺少经验，不太会了解这种新产品的潜在价值，因此，消费者的支付意愿范围可能很大，而且没有明显的逻辑，也与产品价值的关系不大。

要在一个引入期的市场中定价，管理层最好使用我们在第 1 章 Cordis 药物洗脱支架案例中讨论的交换价值模型。其他的主流价格制定方法对引入期的市场一般都不起作用。消费者对新产品类别不了解，也不清楚新产品的特征能够带来的好处，因此，那些分析方法都不太适用。经济价格优化的方法需要研究价格变化的历史模式以及相应的产品销量变化，而这些在引入期市场中都不存在。

交换价值模型主要依赖管理层对新产品价值的评估。有一种整合这种模型的方式是进行 "As If/To Be" 分析。通过这种分析，管理层会形成对消费者购买新产品过程的理解，首先管理层会模拟消费者购买新产品之前一天解决相应问题的过程，然后模拟消费者购买新产品之后一天解决问题的过程。通过这种模拟，管理层就可以形成一张关于新产品经济交换价值的说明图。

通过交换价值模型，管理层还可以了解最佳的价格结构。在模拟中，管理层可以将价格与产品能为不同细分市场消费者带来的价值一一联系起来。

对成功公司的调查显示，将价格定位在通过交换价值模型得出的一系列价格的较高水平对公司最有利。[4]这种定价方式背后的部分逻辑是基于引入期市场的特性。不管价格定得高还是低，谨慎的细分市场消费者都不会买新产品。远见型消费者是最应该抓住的细分市场，只要可以满足他们对价值的需求，他们在价格上是不会吝啬的。因此，成功的公司都会把价格定在潜在价格范围的高端水平。虽然公司不能将产品价格定得比产品能够带来的价值更高，但是公司也应该把价格定在一个比较高的水平，以便让消费者了解产品能够带来的价值。

16.2　成长期

在产品生命周期的成长期，新兴市场的各个维度都在迅速地发生着变化。新的消费者进入市场并接受这个新兴市场的产品，为大市场带来了更多的细分市场。同时进入市场的还有被利益吸引的竞争者。竞争者会尝试不同的组合策略，可能会带来产品增殖、特性区分和价格水平变动。另外，这个产品类别将不再是革命性的，并且会迅速产生各种进化产品。

进化产品是在核心产品上加上或减掉一些特点或便利条件而产生的产品。产品进化可能会产生不同的风格、设计方式或者种类以满足不同消费者的需求。产品进化还可能带来特性区分以满足特定细分市场消费者的需求。

新的竞争者和消费者的争相进入也会促进成长期市场的产品快速进化。在竞争者开发新产品的同时，他们也会为不同的消费者增加价值点。随着产品价值点的增加，更多的消费者又会被吸引来购买产品。当足够的拥有不同品位的消费者被吸引进市场之后，市场细分就变得有利可图，因为服务细分市场比服务整个大市场的利润率更高，同时，细分市场的发展又会吸引更多的竞争者，这是一种良性循环。

在成长期，公司可能已经开始享受到节约成本效应了。这种成本节约效应可能来自规模经济、范围经济或学习经济。节约成本不只能让公司获得更高的收益，还给了公司降价的空间。

在成长期，网络外部效应也可能开始显现，让公司能够集合消费者，快速提升公司的收益水平。当所有的消费者应用同一种技术，使用同一种设备时，就可能产生网络外部效应，例如20世纪90年代电子邮件、文字处理软件、电子制表软件和幻灯片制作软件都引起了网络外部效应。市场内合作伙伴的参与也可能引发网络外部效应，例如为电脑、游戏和手机开发软件的开发商。这种网络外部效应可以让一家公司在市场中脱颖而出。

公司预计在成熟期由于巨大的成本或收入效应可以很容易获利，公司在成长期很可能会承受巨大的降价压力。在成本方面，公司可能会力图利用低价战术来实现规模经济、范围经济或学习经济。在收益方面，由于存在网络外部效应，公司希望利用低价来吸引更多的消费者，以便通过实现网络外部效应获取比业内其他竞争者更高的收益。

成长期市场的消费者

在成长期，消费者根据特点分为早期多数顾客、晚期多数顾客和迟滞型顾客。下面我们将分别进行讨论。

早期多数顾客

早期多数顾客寻求解决问题的改良方法并愿意承受可控的风险以享受新产品带来的价值。他们对价值的敏感性很高，对价格敏感性也在一个合理的高度。早期多数顾客的购买意愿不单单由价格决定，价格和产品带来价值的差额对购买意愿的影响更大。

在商业市场中，早期多数顾客通常都是 CEO 级别的消费者。他们相信，前沿的产品通常风险也最大，因此他们在引入期不大会参与市场。然而，他们对价值的追求会让他们在产品脱离实验性的引入期进入快速发展的成长期后迅速进入市场。

高层管理者会控制使用革命性新产品的风险，他们利用标准化的管理并只依靠少数供应商来解决这个问题。在与供应商合作时，他们会考虑各个方面，包括供应商的持久力、售后服务以及后续的产品升级和互补产品的情况。这些选择供应商时考虑的问题都有可能引起网络外部效应。

CEO 的巨大责任会让他们考虑新产品的各个方面，包括要应用新产品需要进行的组织上和流程上的变革。

晚期多数顾客和迟滞型顾客

晚期多数顾客和迟滞型顾客不喜欢接受新产品，但迫于现实又不得不接受，他们骨子里还是喜欢传统和沿袭下来的习惯，对创新比较排斥。

在进行购买决策时，晚期多数顾客和迟滞型顾客十分挑剔。他们喜欢能够满足他们特别需求的产品，一般倾向于购买单一功能的产品，而且对具有创新性特点的产品没什么兴趣。一旦满足了他们的需求，他们就会坚持使用，而且具有一定的品牌忠诚度。他们对风险的容忍度很低，一般希望产品的功能就像一台可靠的冰箱一样：开门灯就亮，关门灯就灭。

晚期多数顾客和迟滞型顾客对价格敏感性很高，因为他们对新产品未来的发展没什么兴趣。

成长期的定价策略

比起引入期市场，处于成长期市场的公司管理层的定价空间相对较窄，但是他们会因为更好的定价准确性和定价行动获益，这会影响产品的定价方法以及公司研究新的价格结构以抓住顾客的可能性。

在成长期市场，消费者对产品比引入期时更为熟悉，这让消费者可以较为清楚地在不同的产品特性之间做出权衡，并且预测应用产品能够带来的好处，而且随着市场中消费者的增加，消费者的偏好可以利用统计学方法来研究，因此，在第 3 章应用联合分析的芒果汁定价例子中提到的消费者感知定价法就能够得出合理准确的价格。

交换价值模型的作用重心从定价转变为传达进入市场的价值的营销工具。尽管这个模型能预测准确的价格范围，但分析得出的价格选择会少得多，因此，在成长期市场的公司一般会采用研究顾客偏好的方法来定价。

在成长期市场的公司一般会探索新的价格结构。竞争者会开始研究新的附加品和不同的产品版本以满足不同市场的消费者，例如 20 世纪 90 年代末，Intuit 公司就分别推出了 Quicken Home Finance 和 Turbo Tax。在 21 世纪的前十年，美国的手机市场就发生了这种情况，先前市场上大部分是预存话费购买手机的销售方式，后来分化为预存话费服务和手机单独购买服务。

在成长期的市场，价格水平一般会下降，但并不是所有产品在成长期的价格都低于引入期价格。新竞争者进入市场会带来更大的降价压力，但是成本的降低一般也可以为降价带来支持。随着市场的扩大，细分市场的增加，提价的可能性也会增大，因为在某些细分市场，顾客为了获得更大的收益和价值愿意支付更高的价格。

跨期价格歧视

从引入期到成长期，新产品类别的初级产品价格往往会下降，这种现象叫做跨期价格歧视（intertemporal price discrimination）。

跨期价格歧视能够帮助公司从对价格敏感的消费者中获取最多的价值。在跨期价格歧视中，时间成为细分的标准。新产品类别中，远见型消费者和早期多数消费者对价格的敏感性比晚期多数消费者和迟滞型消费者要低，因此，管理者可以先将价格定高，随着市场细分增多慢慢降价。

跨期价格歧视与撇脂定价法相似又有所不同。尽管价格变化是一样的，但这两种方法背后的驱动因素是不同的。撇脂定价法是因为产品类别内的产品竞争而将价格定得高一些，而在新产品发布时，是不存在同类竞争产品的，因此，不存在定价差异。随着竞争者进入成长期市场，可能使用撇脂定价法，但是这不足以解释跨期价格歧视和引入期与成长期之间的价格变化。

跨期价格歧视引发了一个有趣的学术问题，叫做科斯问题。[5] 理智的消费者可以正确预见未来价格的降低，因此他们会延迟自己的购买行为。如果是这样，公司因为不能差别定价就只能忍受低利润，而且可能也无法吸引大量的客户。因此，在一个完全理性的市场中，利用时间进行细分是不可能的。

解决科斯问题的一种方法是考虑市场异质性。利用其他细分市场方法时，需要考虑顾客的不同偏好来解释价格的变化。像引起科斯问题一样，经济学往往将市场作为一个整体，这样并不能解释、市场需求异质性的现象。一些消费者为了率先用上新产品愿意支付更高的价格，另一些则希望晚一些以较低的价格购买时下流行的产品。

16.3 成熟期

在产品生命周期的成熟期，市场需求会增加，竞争会更加激烈，快速的产品演进将被更加可预测的行业动向代替。产品渗透基本饱和，进一步的市场成长空间很小。与先前吸引更多的消费者进入市场不同，现在的市场成长更多地要依赖整体的经济和福利增长以及人口的增长。尽管产品还是会继续发展，但是其改动程度不会再像之前那样大。竞争格局基本形成，公司一般会选择一种常用的竞争战略——成本领先战略、差异化战略或者利基营销战略。[6]

成熟期市场定价准确性更高，因为竞争者对市场有了更好的理解。像联合分析这样的消费者偏好分析理论有了足够的消费者和市场分析样本。在大多数的成熟期市场中，消费者偏好分析是最主流的定价方法。在一些产品导向的行业，经济价格优化会变得有利可图。由于有了大量的历史数据，管理层可以通过跟踪历史数据找到价格和销量间的统计学联系，他们可能找出有意义的需求弹性关系来进行价格优化。

早期建立起的价格结构在成熟期会变得缺乏弹性。消费者开始希望存在一个标准的价格结构，在选择供应商时也会关注特定的价格结构。同时，市场中的竞争者会根据已建立的价格结构制定商业模式、商业流程和组织模式。

因为价格结构缺乏弹性，所以如果可以开发一种新的有利可图的价格结构，就会对其他竞争者造成打击。举一个航空业的例子，美国航空公司在 20 世纪 80 年代开始在这个成熟的市场中应用收益管理技术。该公司应用先进的信息技术和电子订票系统改变了价格结构。在美国航空公司进行收益管理后，其每英里收益大幅增加，让它一跃成为行业的领导者。

在成熟期，提价的压力让定价的重点从建立价格结构和制定价格水平转向了管理价格变化，而竞争的压力和顾客的异质性也会令优惠券、打折和价格促销更加常见。定价组织也会出现以便管理价格变化，增加市场利润。这种定价组织的发展会伴随着数据管理和分析系统的发展，同时还会运用本书中提到的各种折扣管理技巧。

总之，行业利润水平会在成熟期承受巨大压力。特定的市场竞争者会保持稳定，但是它们都会为了一点市场份额而激烈争斗。公司可能会采取行动来影响整个行业的价格水平，降低未来价格战发生的概率，并应对爆发的价格战。

在成熟期，公司可能会找到新的利润来源。规模经济、范围经济和学习经济带来的成本优势会在成熟期显现，而且研发上的投入可以转向降低成本或者提高收益。然而，从长期来看，竞争会将价格下压到边际成本，而在此基础上再行降价会损害公司的利益，这样的机制降低了公司赚取巨额利润的可能。

16.4　衰退期

最后，一种产品可能会过时。在这种情况下，这种产品类别就会衰退。举个例子，制造马车和马鞍的行业曾经在美国西部十分常见，随着汽车的发明，这些行业迅速衰退。然而，并不是所有行业都会面临衰退期。比如，鉴于生存需要，人类对干净的水源的需求就不会减少。

当市场进入衰退期，行业竞争者可以选择三种对策：**收割**（harvest）、**巩固**（consolidate）和**专注**（focus）。[7] 应用收割战略的公司会在赚取剩余利润的同时慢慢退出市场。在这段时期，公司不会在固定资产和技术改进方面进行投资。一家执行收割战略的公司最后可能会寻求被并购的机会。

采用巩固战略的公司会一直坚持到最后。巩固战略往往依赖于规模经济或者技术上的优势进行低成本生产。巩固战略的实施者很可能会最终并购实施收割战略的公司。

第三种战略是专注。应用专注战略的公司往往专注于某种特殊的市场利基。执行这种战略的公司会退出其弱势市场，专注于其优势市场。它们的优势可能各不相同，有可能是成本优势、技术优势、客户关系优势或者其他战略资源优势。

衰退期的价格不稳定，要预测价格变化的方向不太可能。在大多数行业，竞争压力会使价格变低，而在某些行业，针对某种特定的高价值利基需求，产品稀缺性还可能让价格升高。

小结

- 产品一般会经历引入期、成长期、成熟期和衰退期，这个周期称为产品生命周期。

- 行业的收入在引入期都会比较低，在成长期会迅速增加，在成熟期会稳定下来或者随人口增长而增加，在衰退期下降。

- 在引入期，行业的利润水平一般会比较低，甚至可能是负的。在成长期，由于竞争水平较低，行业利润一般会快速攀升且很可能达到顶峰。在成熟期，行业的利润一般会趋于稳定，甚至可能小幅下降。最后，在衰退期，行业利润一般会大幅跳水。

- 在产品的引入期，革命性的新产品会创造一个全新的市场。革命性产品可以满足从未被满足的客户需求。

- 通常革命性新产品可以满足消费者的某种潜在需求。消费者可能拥有看似不可能实现的目标，而在新的革命性产品发布之前，没有方法可以满足这种需求。

- 在产品生命周期的引入期，消费者按特点可以分为新产品爱好者和远见型消费者。新产品爱好者单纯因为产品的革命性属性而喜欢新产品。远见型消费者往往寻求解决某些问题方法的巨大突破。

- 管理层在发布新产品时拥有很大的定价空间。在引入期定价，最好是利用交换价值模型。通过该模型，管理层还可以对最优价格结构有一个很好的了解。

- 在成长期，根据消费者特点分为早期多数顾客、晚期多数顾客和迟滞型顾客。早期多数顾客寻求解决问题的改良方法并愿意承受可控的风险以享受新产品带来的价值。晚期多数顾客和迟滞型顾客不喜欢接受新产品，但迫于现实又不得不接受，他们骨子里还是喜欢传统和沿袭下来的习惯，对创新比较排斥。

- 比起引入期市场，处于成长期市场公司的定价空间相对较窄，但是它们也会因为更好的定价准确性和定价行动获益。在此阶段，应用消费者感知定价法能够得出合理准确的价格。

- 在产品生命周期的成熟期，市场需求会增加，竞争会更加激烈，快速的产品演进将被更加可预测的行业动向代替。像联合分析这样的消费者偏好分析理论有了足够的消费者和市场分析样本。在大多数的成熟期市场中，消费者偏好分析是最主流的定价方法。在一些产品导向的行业，经济价格优化会变得有利可图。由于有了大量的历史数据，管理层可以通过跟踪历史数据找到价格和销量间的统计学联系。

- 在成熟期，提价的压力让定价的重点从建立价格结构和制定价格水平转向管理价格变化。

- 当市场进入衰退期，行业竞争者可以选择三种对策：收割、巩固和专注。应用收割战略的公司会在赚取剩余利润的同时慢慢退出市场。采用巩固战略的公司会一直坚持到最后。应用专注战略的公司往往专注于某种特殊的市场利基，执行这种战略的公司会退出其弱势市场，专注于其优势市场。

练习

亚马逊 Kindle 案例分析

电子书阅读器市场是在 2006 年由索尼电子书阅读器（Sony Reader）开创的，但是直到 2007 年 11 月亚马逊（Amazon）推出 Kindle 电子书阅读器，这个市场在美国才真正建立起来。接着，巴诺公司（Barnes & Noble）在 2009 年 11 月推出了 Nook 电子书阅读器，在 2010 年 4 月苹果推出了 iPad。阅读项目 12 中提到的参考资料并回答以下问题：

1. 在亚马逊推出 Kindle 之前，索尼的 Reader 预计卖出了多少？

2. Kindle 的初始价格是多少？这个价格与索尼的 Reader 价格比起来怎样？

3. 2008 年 5 月，亚马逊将 Kindle 2 降价至 359 美元，在 2009 年 6 月又进一步降价至 299 美元。在 2009 年 10 月，亚马逊又怎样改变了 Kindle 2 的价格？

4. 到 2009 年，亚马逊的 Kindle 和索尼的 Reader 分别卖出了多少台？

5. 巴诺的 Nook 在进入市场时定价是多少？与亚马逊的 Kindle 比起来怎么样？

6. 与 Kindle 相比，iPad 初入市场时的性能和价格怎么样？

7. 在 2010 年 3 月，索尼如何应对即将发布的苹果 iPad？

8. 到 iPad 发布时，亚马逊的 Kindle 是什么样的机型？价格怎样？Kindle 各个型号之间有什么优化设计？

9. 到 2010 年 6 月，Kindle 和 Nook 的价格怎样？

10. 电子书阅读器市场的变化是怎样遵循产品生命周期理论的？又与该理论有什么差别？

11. 如果你能够给亚马逊的 CEO 提建议，你会建议亚马逊在未来的 12 个月中采取什么行动以便在电子书阅读器市场中保持竞争力？

12. 参考资料：

a. Mylene Mangalindan and Jeffrey A. Trachtenberg, "IPod of E-Book Readers? Amazon Taps Apple Strategy," *Wall Street Journal* (November 20, 2007): B-1.

b. Geoffrey A. Fowler and Jessica E. Vascellaro, "Sony, Google Challenge Amazon," *Wall Street Journal* (March 19, 2009): B-5.

c. Geoffrey A. Fowler and Jeffrey A. Trachtenberg, "Amazon Cuts Price of Kindle E-Reader," *Wall Street Journal* (October 8, 2009): B-9.

d. Jeffrey A. Trachtenberg, "Corporate News: B&N Holds Back Nook from Store," *Wall Street Journal* (November 30, 2009): B-2.

e. Geoffrey A. Fowler and Yukari Iwatani Kane, "Apple's Big Push: New Device Revives Classic Gadget Debate—Consumer Electronics Makers Split Over Selling All-in-One Gizmos vs. Products with Specialized Purpose," *Wall Street Journal* (January 28, 2010): B-6.

f. Geoffrey A. Fowler, "Business Technology: Sony Drops Price by $30 on E-Reader," *Wall Street Journal* (March 23, 2010): B-7.

g. Yukari Iwatani Kane and Geoffrey A. Fowler, "For Amazon, Arrival of the iPad Opens Door to More e-Book Sales," *Wall Street Journal Online* (April 2, 2010); http://online.wsj.com/article/SB10001424052702303338304575-5156622836258874.html? mod = WSJ_Tech_LEADTop(accessed on August 21, 2010).

h. Geoffrey A. Fowler, "Price Cuts Electrify E-Reader Market," *Wall Street Journal* (June 22, 2010): A-1.

附录16A　巴斯扩散模型

研究者针对引入期和成长期的市场变化构建了一些数学定量模型。这些模型中，被研究最多的是 20 世纪 60 年代由弗兰克·巴斯（Frank Bass）提出的扩散模型。[8]巴斯扩散模型为许多产品类别定量分析了图 16—1 中所示的产品生命周期早期的情况。

巴斯扩散模型可以用来预测市场成长率。许多行业都已经应用这个模型进行分析，包括农业、工业、医药业和日用消费品行业，同时，这个模型也在不同国家、不同文化环境中广泛应用。

巴斯扩散模型的核心是将新产品消费者分为两类：创新型顾客和模仿型顾客。创新型顾客会因为自身的动机在知晓新产品后就进行购买。模仿型顾客则会等待其他人购买新产品之后再行购买。

要构建巴斯扩散模型，我们要令时间段 t 内的单位销量为 S_t，累计销量为 Q_t。同理，下一时间段的单位销量就为 S_{t+1}，累计销量为 Q_{t+1}（t 代表的时间可以以星期、月、年为单位，通常为年）。巴斯扩散模型的价值在于能够预测下一时间段的单位销量 S_{t+1}。通过这种计算，我们还可以预测下一时间段的累计销量 $S_{t+1}+Q_t$。巴斯扩散模型还可以用来预测在引入期和成长期整个市场的销量潜力。我们把整个市场的销量潜力设为 N。N 是指市场中所有的消费者都有一件商品时整个市场的销量。

巴斯扩散模型假设销售量是创新型顾客和模仿型顾客购买量的总和。在该模型的基本模式中，还要假设市场中的每个消费者购买且只购买一次产品。这些假设令这个模型更适用于一个可持续市场的早期阶段，而不适用于频繁购买的产品市场和成熟的市场。

创新型顾客在 $t+1$ 时间段内的单位销量由两个因素决定：第一个因素设为 a，为创新系数，表示顾客表现为创新型顾客的倾向。第二个因素是市场中还未进行购买的顾客数量。因为 Q_t 是时间段 $t+1$ 之前的累计销量，而 N 表示潜在的总销量，所以在 $t+1$ 时间段还未购买的顾客数量为 $N-Q_t$。创新型顾客的数量就是创新系数与还未购买的顾客数量的乘积：

$$\begin{matrix} 下一期创新型 \\ 顾客的销量 \end{matrix} = a \cdot [N - Q_t]$$

$$(16-1)$$

$t+1$ 时间段内的模仿型顾客的单位销量由三个因素决定。第一个因素 b 是模仿系数，表示顾客表现为模仿型顾客的倾向。第二个因素是模仿型顾客模仿现有顾客的可能性。根据假设，模仿型顾客只会在看到别人买了产品之后才会购买，他们能看到现有顾客购买产品的概率与累计顾客数量和总潜在顾客数量的比率有关。因为 Q_t 表示到目前为止的累计销量，而 N 表示总潜在销量，所以之前提到的比率就表示为 Q_t/N。第三个因素与创新型顾客中一样，是还未购买的顾客的数量 $N-Q_t$。模仿型顾客的销量就为上述三个因素的乘积：

$$\text{下一期模仿型顾客销量} = b \cdot \frac{Q_t}{N} \cdot [N-Q_t]$$

$$(16\text{—}2)$$

下一个时间段的总销量就等于上述创新型顾客销量和模仿型顾客销量的总和：

$$S_{(t+1)} = a \cdot [N-Q_t]$$
$$+ b \cdot \frac{Q_t}{N} \cdot [N-Q_t]$$

$$(16\text{—}3)$$

式（16—3）十分有用。只要知道了新市场的三个参数 N，a 和 b，管理者就可以预测未来任何时间段内市场的销量，因此，市场的变化就可以较为精确地预测了。

剩下的问题就是定量分析出上述三个参数：总市场规模 N，创新系数 a 和模仿系数 b。一种应用比较广泛的计算方式是多元回归分析。利用回归分析，研究者将式（16—3）调整为一种适当的形式并依据时间段 t 的累计销量和时间段 $t+1$ 的累计销量的平方数回归出时间段 $t+1$ 的销量。这样，要确定市场的参数并预测未来的市场销量只要确定之前的销量就可以了。表 16—1 展示了通过多元回归分析出的一些市场的巴斯扩散模型的参数。

表 16—1   巴斯扩散模型参数

产品	分析期间	a	b	N
农场动物人工授精	1942—1959	0.028	0.307	73.2
Ultrasound Imaging	1964—1978	0.000	0.534	84.8
吹氧炼钢炉（法国）	1960—1980	0.013	0.374	85.2
塑料牛奶容器	1963—1987	0.021	0.245	101.5
电子开罐器	1960—1979	0.050	0.126	68.0
电冰箱	1925—1979	0.017	0.188	101.1
家用个人电脑	1981—1988	0.121	0.281	25.8

 注释

[1]　John E. Smallwood, "The Product Lifecycle: A Key to Strategic Marketing Planning," *MSU Business Topics* 21 No. 1 (1973): 29–35. See also George S. Day, "The Product Lifecycle: Analysis and Application Issues," *Journal of Marketing* 45, No. 4 (Fall 1981): 60–67.

[2] As reported in *Tech Digest*, http://www.techdigest.tv/2006/11/lgs_100inch_lcd_1.html (accessed on July 15, 2009).

[3] For a review of industry growth patterns and decision-making habits of customers in revolutionary markets, see Geoffrey A., Moore, "High-Tech Marketing Enlightenment," *Crossing the Chasm* (New York: Harper Business, 1991): 27–62.

[4] Saras Sarasvathy and Nicholas Dew, "Entrepreneurial Logics for a Technology of Foolishness," *Scandinavian Journal of Management* 21, No. 4 (December 2005): 385–406. Stuart Read, Nicholas Dew, Saras D. Sarasvathy, Michael Song, and Robert Wiltbank, "Marketing under Uncertainty: The Logic of an Effectual Approach," *Journal of Marketing* 73, No. 3 (May 2009): 1–18. Stephen L. Vargo and Robert F. Lusch, "Evolving to a New Dominant Logic for Marketing," *Journal of Marketing* 68, No. 1 (January 2004): 1–17.

[5] Nancy L. Stokey, "Intertemporal Price Discrimination," *The Quarterly Journal of Economics* (August 1979): 355–71. T. Stengos and E. Zacharias, "Intertemporal Pricing and Price Discrimination: A Semiparametric Hedonic Analysis of the Personal Computer Market," *Journal of Applied Econometrics* 21, No. 3 (April 2006): 371–86. Mark D. White, "A Simple Model of Intertemporal Price Discrimination," *Eastern Economic Journal* 30, No. 3 (Summer 2004): 487–92. Praveen Kumar, "Intertemporal Price-Quality Discrimination and the Coase Problem," *Journal of Mathematical Economics* 42, No. 7/8 (November 2006) 896–940. R. H. Coase, "Durability and Monopoly," *Journal of Law and Economics* 15, No. 1 (April 1972): 143–49.

[6] Michael E. Porter, "The Transition to Industry Maturity," *Competitive Strategy: Techniques for Analyzing Industries and Competitors* (New York: The Free Press, 1980): 237–52.

[7] Thomas T. Nagle and Reed K. Holden, "Life Cycle Pricing," in *The Strategy and Tactics of Pricing: A Guide to Profitable Decision Making*, 3d ed. (Upper Saddle River, NJ: Prentice Hall, 2002): 192–95.

[8] Vijay Mahajan, Eitan Muller, and Frank M. Bass, "New Product Diffusion Models in Marketing: A Review and Directions for Research," *Journal of Marketing* 54, No. 1 (January 1990): 1–26. Everett M. Rogers, "New Product Adoption and Diffusion," *Journal of Consumer Research* 2, No. 4 (March 1976): 290–301.

第17章

定价决策与法律

- 美国哪些机构负责违法定价行为的指控，哪些法律管制它们的调查？
- 横向限价和纵向限价的区别是什么？
- 在美国，一个企业怎样制定既具有低法律风险又能强有力促进竞争的非价格限制政策？
- 在美国，什么时候进行市场分割会带来法律风险？
- 美国同欧洲和世界其他地方相比，围绕定价政策的法律风险有何不同？

那些等到自己付出大量的时间和精力制定出一个价格策略后，再问这个策略是否合法的做法是愚蠢的。尽管规则有时候是模糊的，但对法律风险的评估还是应该始终贯穿于价格策略的制定过程。有时候，做出最终判决所需的细节分析非你能力所及。你首要的目标应该是明确法律的边界，这样才能在制定价格策略时尽早划定需要帮助的地方。基于上述思想，本章简要概括了美国联邦反垄断法并指出了影响价格决策的约束条件。[1]

多年以来，联邦反垄断法的实施已经变得与商业友好多了。即便如此，熟悉反垄断法还是至关重要的，因为违反法律将导致你锒铛入狱或面对数额庞大的经济罚款，抑或二者兼得。联邦反垄断法律规定，不管是由美国司法部提起的刑事诉讼还是由美国司法部或联邦贸易委员会提起的民事诉讼，都是对违法行为提起的诉讼。罚金是分级计算的，最大可达到所得或所失数额的两倍。对于极恶劣的违法案件将保留控诉权，最典型的案例是对竞争对手采取限价手段。尽管政府的民事诉讼看上去没那么严重，但因为要求进行大量的调查取证工作，（为配合这项工作而付出的）代价还是相当大的。

本章的目的是为你构建一个可行的框架，帮助你回答某一特定的价格实施方案是否会受到挑战。遗憾的是，法律中很少有关于定价的明确规定，法院很可能进行基于事实的调查。因此，本章首先概括了联邦反垄断法关于定价部分的基本目标，以帮助你更好地理解法院是如何处理具有争议性的价格实施方案的。之后，本章就得到法律认定的几种类型的定价行为进行讨论，并大致解释哪些定价行为被认定为是允许的，哪些是不允许的。

17.1　定价法的目标

理解反垄断法监管什么与不监管什么同等重要。美国反垄断法的主要目标是促进市场竞争，而不是保护竞争者，因此这项法律针对的是那些剥夺了消费者享受自由竞争利益的定价行为，这是任何法院评估一项价格实施方案的概念起点。尽管现在就断言未来政府机构可能会改变联邦反垄断法的执行还为时过早，但现在政府机构的政策申明承诺了一个更新的焦点，那就是不仅要促进竞争，还要防范那些可能会破坏自由竞争和损害消费者利益的具有排他性或掠夺性的行为。[2]

限价是美国反垄断法的历史准则，它起始于一个经典的限价案例：两个竞争者销售邻近加油站的相同品级的汽油，二者协议价格统一并停止相互竞争，结果是二者享有"约束竞争"。为了判断这份协议对竞争的影响，法院一开始会做出这样的假设：从本质上说，一份协定不再竞争的协议必然会削弱竞争的效果，那么附近需要加油的司机不再能享受到市场竞争带来的更优惠的价格。这个假设成为所谓的"本身标准"，应用于分析大部分类型的限价案例。尽管法院口头上支持只有"不合理的"竞争约束才违反《谢尔曼法》第一条，但很久以前美国最高法院就判定制定统一价格的协议必然是被禁止的类型。这个决定性的假设也适用于像围标这样的经典限价案例，还包括市场配置，即两个竞争者同意不在相同区域里销售同样的产品。

伴随缓慢的经济思想启蒙，人们对这个假设提出了异议，但经历了几十年后，这种质疑才得以扩散。现在，这个异议已经大体上吞没了"本身标准"的违法原则。根据"合理性原则"，那些异议通过对竞争产生的实际效果来判定。在对一个约束市场行为的影响进行深入调查后，"合理性原则"可用来衡量所有的情形。"合理性原则"实施后，法院准许被告公司为其受到争议的定价行为进行辩护，它们有机会证明这种行为实际上是促进而非约束了竞争。

几十年来，不断发展的反垄断分析认为，如今大部分的定价活动可归入这样两大类之一：本身违法原则或合理性原则。这里提到的一些类型的案例已经从本身违法原则转变成了合理性原则。最后要指出的是，这两大类型的界限并不总是那么清晰，这就带来了这样的规定：法院在推断反竞争效果之前，要求只使用合理性原则开始"快速审查"案件，因为至少直观上它是显而易见的。

至少在过去的 30 年里，合理性原则一直是反垄断分析的起点。即使乍一看是涉及操纵价格的案件，现在也能得到以合理性原则为依据的更仔细的审查。老套、简单的限价仍然属本身违法，法院现在用合理性原则来分析类型多得多的定价体系。因此，美国反垄断法是否禁止一项定价方案，很大程度上取决于该特定方案对竞争造成的影响的评估。

17.2 非法定价行为

通常来说，法律认定四种类型的反竞争定价行为（因此予以禁止）：（1）限价；（2）非价格纵向限制；（3）排他性或掠夺性定价；（4）价格和促销歧视。下面就每种类型依次进行讨论。

限价

限价可以是水平的（由竞争对手销售给相同顾客）或垂直的（在同一销售链的企业）。向分销商（水平竞争者）销售竞争产品的生产商可能不同意制定或维持相同产品销售的价格或条款，这是将你送进监狱最明显的行为案例。垂直价格限制（转售价格鼓励）涉及制造商和分销商之间以规定价格出售的协议。不同于水平价格限制，本章之后会谈到这些垂直价格限制协议并非本身违法。尽管《谢尔曼法》第一条说，在没有进一步分析前，不是所有的"合同、联盟或勾结"都被视为"限制贸易"。法院这样做并不是通过应用合理性原则鼓励上述行为，而是决定哪些协议会限制贸易并鉴定特定协议对经济的影响是更有利于竞争而非相反。

水平限价和其他协议

竞争者不能协商定价。不过《谢尔曼法》第一条从未禁止单边的限价决定，即你可以拒绝将产品出售给任何不接受你的价格的人。分销商 A 不能同分销商 B（竞争对手）就共同卖给零售商 C 的商品协商定价，他们也不能协定共同拒售商品给零售商 C。虽然不是正式的价格操纵，竞争者之间为了抵制供应商或拒绝特定顾客的协议也同样违法。不在某一特定地理区域竞争的协议也同样违法。

协议通过不同方法加以证实。法院不需要竞争者之间的书面合同（直接证据）证明协议的存在。正如任何其他类型的阴谋一样，即使没有一个明确的协议，操纵价格阴谋也可以通过间接证据（旁证）加以证明。其他因素可能包括某一定价行为如果独自进行，将损害实体利益；如果特定的多个实体已经相互联络或有机会达成协议（共谋），则此定价行为将使其获利。

法律是相对直白的：参与者不能协同限价。当法院宣判定价方案本身违法，意思是没有什么比这些协议更违反法律，也无须证明造成什么影响。书商 A 不能就同样的书的价格同在街那边的书商 B 制定协议，尽管他们可以在进货时自由地讨价还价，但他们不能共同商定按某一具体数额或价格的特定百分比进货，这包括那些之前描述的协议，只能得到间接证明。此外，本身违法协议不只限于竞争者之间的价格操纵协议，还包括其他影响价格的条款，如担保、折扣计划、融资利率、生产配额等。

垂直限价

法律在涉及纵向价格垄断，包括转售价格维持方面，更是细致入微。如前所述，法院基于合理性原则审理供应链内限价协议的合法性，权衡某一特定方案是起到促进竞争还是反竞争的作用。关于设定最高转售价格（最高限价）的纵向协议已根据合理性原则审理了十多年，但直到 2007 年前，关于厂家和经销商之间的最低价格（最低限价）协议还是按照本身违法原则处置，后者的协议通常涉及折扣事项。通过允许制造商奖励那些提供销售点服务（例如，知识渊博的销售人员、展厅以及较高的库存）的经销商，这种协议加强了品牌间的竞争，淘汰了那些依靠搭便车享受优势的零售商。请记住，合理性原则是一个平衡测试，它权衡品牌间的转售价格协议对竞争可能造成的正负面影响。

当事人之间没有约定，制造商也可以通过单方面宣布其政策拒绝销售给不接受条件的经销商，来设定最高或最低转售价格。经销商可以采取类似的合法政策。只要单边转售价格政策是自发的，那么它就是合法的，甚至合理性原则不要求对其进行任何反竞争效果的调查。

必须避免任何形式的协议，因为法律在这方面是难以捉摸的。不仅必须避免形式上显而易见的协议，如合同，避免更直观地表明协议也是必须的。例如，在没有提供警告、威胁或试用期的情况下，供应商很明智干脆地选择停止与不服从政策的经销商合作，供应商与经销商的行为表明，它们已经被迫形成了某种协议。换句话说，这个政策必须在"接受或放弃"之间做选择。经销商也应避免可能被视为同供应商产生协议的任何往来。

正品代销、代理及中间人业务安排允许供应商单方面决定转售价格，因为供应商保留品牌名。供应商和经销商都必须保持真正的委托关系，以防止有关安排被视为本身纵向限价。法院会审查经销商是否已经承担产品的损失和标识所有权的其他的风险，这也是供应商引入该系统的目的。法院也会审查经销商是自愿接受安排还是被迫接受的。

制造商可以通过书面形式向经销商提供建议零售价格，甚至可以通过向经销商的顾客打广告的方式提供产品的转售价格。在这些案例里，经销商必须独立决定是否顺从制造商，同时也必须保留拒绝的自由。制造商可以鼓励经销商接受安排，但一旦发生法律争议，有些安排需要陪审团来界定供应商的行为是说服还是强迫，因此，风险规避型制造商可能会选择侵略性较低的方法。对于经销商来说某战略是强制性的，但是也不能断言经销商接受的战略就不是协议的结果。理论上说，制造商如果收到关于经销商没有遵守"建议"转售价格的投诉，甚至可能终止合作，但诉讼需要继续追踪案件，才能决定制造商的行动是真正的单方决定，而非和其他抱怨的经销商签订了高价支付协议并导致市场长期不稳定。法院要求，要证明制造商和经销商之间存在为维持转售价格而形成的违法协议，需要证据证明制造商寻求过经销商的默许或同意，然后经销商利用某种方法回应了其保证，即使运用的是一种隐晦的手段而不是明显的合同。

转售价格激励

这些措施也称为垂直非价格限制。不同于直接给经销商制定一个特定的转售价格，供应商可以通过各种激励措施促使其偏好的转售方案得以维持。这样的激励方案是根据合理性原则来判决的。

这些激励措施以广告津贴的形式存在。例如，许多供应商都使用最低广告价格（minimum advertising price，MAP）计划。在 MAP 计划下，零售商必须同意接受供应商决定的最低价格，因为在该价格下供应商会为产品做广告，零售商可能会获得广告津贴。

同样地，一个制造商也可能：

● 直接为其经销商顾客提供回扣，甚至如果经销商有设定自己价格的自由，制造商会补偿经销商支付给顾客的回扣。

● 如果经销商可以自由决定是否降低其转售价格，则提供促销折让来降低批发价格。

● 如果经销商能自我定价，在要求经销商同意对其顾客降价的条件下，向经销商提供援助计划。

● 对没有遵守制造商的指示以建议零售价销售的经销商，没有合作广告计划补贴。

● 承诺任一经销商能享受与其同等级经销商相同的进货价格。

然而，制造商可能无法通过对地域和顾客都限制达到双重价格维持的目的，因为后一种限制属于本身违法。

非价格纵向限制

为让自己的产品主导市场并抗衡打折和经销商的搭便车行为，制造商也可能对经销商使用各种非价格限制措施。这些措施包括本章随后将讨论的顾客、地域或产品限制，以《谢尔曼法》第一条为依据的合理性原则将应用于评价这些措施。通过实施这样的限制占领了庞大的市场份额，那么原告可能根据《谢尔曼法》第二条来挑战这种限制。《谢尔曼法》第二条规定，公司"垄断或尝试垄断"贸易和商业是违法的。

顾客与地域限制

卖家可以委托经销商只对某些顾客或只在指定地域内销售其产品。如果这种安排对品牌竞争的促进效果胜过反竞争效果，法院将予以批准。虽然价格和非价格限制的实际效果相似，但与垂直价格限制有关的适用标准仍有不同。

当卖方享有可观的市场份额时，与法律相抵触的运行风险便显现了。市场份额越大，顾客或地域限制带来反竞争效果的可能性就越大。这样的卖家应考虑采取方法去控制未完全控制的市场。例如，卖方可能考虑安排一个"主要责任范围"，允许其经销商在自己的主要责任范围外销售产品，但必须在自己的主要责任范围内尽最大的销售努力。配额制可作为实现这些方案的保障。卖家可以使用一种称为"利润逾越"的方案，这一方案规定卖家允许经销商在其指定的主要责任范围外销售，但要求经销商将所得收入与这些其他地域的经销商进行分配。这些都是尽量减少依靠搭便车从其他经销商那里获得实惠的有效方法。

产品限制

（1）拒绝供应（refusals to supply）。通常来说，只要供应商愿意，它们可以拒绝向任何制造商或顾客供应产品，但前提是这一决定不是它们与竞争者达成的协议或垄断战略的一部分。比方说，供应商可以合法地只向某一指定区域内的特定经销商销售产品。

（2）独家销售协议（exclusive dealing agreements）。制造商针对经销商实施的产品限制也是典型合理的。制造商使用"独家销售协议"，以防止零售商从其他制造商那里购买特定类型的产品。法院普遍认识到，这些协议有利于产生积极促销卖方产品的专注的经销商，这能增强竞争的效果。例如，经销商会提供迷人的店面、训练有素的销售人员、较长的经营时间、相当大的库存和保修服务。这些协议还能防范廉价零售商或搭便车的网上卖家。当这些协议使零售商向顾客提供额外服务时，法院通常支持。独家销售协议的合法性是最有可能遭到质疑的——大多数的非价格垂直限制都是如此，尤其是对那些占有庞大市场份额的制造商而言。比方说，法院不太可能赞成一个强大的制造商拟定的会导致其他制造商没法达到可维持生存的订货量的独家销售协议。这样的制造商应采取法律风险较低的方法来培养忠诚的经销商，如给经销商设定购进产品的最小限额。

排他性或掠夺性定价

其他各种各样的定价方案包括制造商利用其市场地位强迫买方额外购买产品或将竞争者逐出市场。

捆绑销售

在一个捆绑销售安排中，卖方约束买方在购买一件产品（捆绑产品）的同时必须购买另一件（通常是不太想要的）产品（被捆绑产品）。几条不同的反垄断法令均适用于这些安排，并且服务、特许经营权和商标也可以作为捆绑"产品"。较早的案例把捆绑销售安排视为本身违法，但是现在法院用于审理多数这类安排的依据更近似于合理性原则。卖方必须有足够的市场力量，才能谋求捆绑销售以抑制市场自由竞争，并且必须利用这种力量来强制销售被捆绑产品。捆绑销售安排势必会对商业造成"非实质"金额的影响。卖方必须有足够的力量迫使买方做一些其在激烈竞争的市场上本来不会做的事情，但做到这点并不需要垄断力量。即使是一个拥有产品专利权的卖家也不会被认定就拥有垄断力量。对于那些卖方要求与买方建立独家交易关系或强制买家只销售其一家产品的案例，也适用于类似的分析。

掠夺性或低于生产成本定价

掠夺性定价是指卖方利用其垄断力量单方面维持或试图获得垄断的一种方法。掠夺性或低于生产成本定价都违法了《谢尔曼法》第二条，该条款为与产品和地理边界"相关的"市场作出了定义。具有垄断力量的卖家可能不会通过反竞争行为来维护其市场地位，这样做是为了与野蛮的竞争方式区别开来。尽管还没有明确的界限，法院会通过调查卖方是否为了达到维护、增强、获得垄断力量的效果，而存在故意将竞争者排挤出市场的行为，并以此将"排他性行为"和"积极竞争行为"区别开来。

卖方为了消灭竞争者，在短期内采取低于生产成本的定价是被禁止的，但是法院明确规定，为了促销而实行降价是典型的竞争行为。识别掠夺性定价的关键在于卖方指望通过将竞争者长期排挤出市场后获得的增长利润来弥补短期内亏损的做法，这需要卖方在明确其成本是递增的而不是固定的前提下，制定一个低于边际成本或平均可变成本的价格。因为需要用到经济原理，所以这个分析会变得更加复杂。联邦上诉法院应用了各种各样，有时甚至会相互抵触的分析来处理这类案件。除了要给掠夺性定价行为下定义外，法院还要估算它的范围、存在期间和掠夺性定价者承受短期亏损的财务能力，还要确认这是不是一个将其受害者驱逐出市场后，就能维持垄断的市场。这类案件经常会出现卖方这样的自我辩护，他们说自己只是在进行促销或短期的折扣活动，但实际上持续的时间已经足够让其具有掠夺性了。掠夺性定价者拥有这样一种产品，在某一个市场上其售价极具竞争力，但同时会在二级市场上以不合常理的低价销售。当前的案例中，被告卖方必须具有垄断力量，或者在下游市场中具有威胁到原告竞争的可能性。

价格歧视和促销歧视

国会第一次通过针对价格歧视的法律时，第一次世界大战还没有开始。1936年，《罗宾逊-帕特曼法》做了修订，但这次修订给商业留下了一部违反直觉的法律，即如果没有造成彻底的伤害，那么法律就需要耐心去执行。

好消息是被该法律禁止的措施中，只有一部分措施会受到刑事起诉，但50年来这样的起诉从来没有发生过。[3]实际上，司法部已经把必要的执行权移交给了联邦贸易委员会，其执法活动降到了最低限度。原告在这方面胜诉的可能性比较低，但是这也不能保证你会免于被起诉、不用为此付出高昂的代价，或者免于由于竞争者或顾客的诉讼造成严重的精力分散。因此，你还是必须理解并遵守该法律，因为你的顾客或竞争对手可能试图以此来搞乱你的促销和其他定价活动。

《罗宾逊-帕特曼法》的内容包括：

- 若价格歧视对竞争产生不利影响，卖方禁止对不同的买方实行价格歧视，除非卖方的价格与竞争者的价格相当（"符合竞争"）。
- 禁止买方故意诱导或接受歧视性价格。
- 除非服务已经发生，否则卖方禁止提供某些佣金或中介费用，而买方亦禁止收受这些佣金或中介费。
- 产品转售时，卖方禁止提供促销或广告，或者为这些促销或广告买单，除非卖方对所有相互竞争的买方提供等价的条件。

价格歧视（price discrimination）是指一个卖家将产品以不同的价格卖给两个买家。服务不是商品。这些产品根据自身特性来看必须是"同等级和同质量"，而不是根据它们的品牌名称、商标、包装或保修来判断。产品物理性质的不同将使它们免受调查。

另一个可起诉的条件是价格差异必须损害竞争。这一损害发生的可能性极大，它不是严重地削弱市场竞争，就是倾向于创造垄断，要么是与欣然接受利益的人合作或伙同顾客一起削弱市场竞争。和反垄断案例中的其他概念一样，对竞争损害的界定已经有了一个更客观的掠夺性定价标准。然而早年的案例更注重卖方的意图，自 1993 年的一个案例以来，法院已经拒绝了纯粹主观的调查，代之以一种以《谢尔曼法》第二条为依据的应用于掠夺性定价案件的基于成本的调查，但留给法院驳斥和起诉的空间还是很大的：为实施该调查，最高法院只要求使用"一种合适的方法"对卖方的成本进行调查。[4]

前面谈到，竞争损害不仅会在卖方进行评估，也会在买方进行评估，后者要求的竞争是在同一地域市场内的受利买方和受害买方之间的竞争。按理说，你或许希望证明竞争者确实蒙受损失，原告需要证明其销售受损，但通常只要推断出会造成损失即可。这种推断可能基于这样的事实，经一段颇长的时间，参与激烈竞争的卖家转售某种产品时存在大幅度的价格差异。受到挑战的公司可能会辩护说，推断出的竞争损害可能只是特定顾客表现不佳，遭受销售量减少、利润下滑和绩效不佳。

如果调查结果不够确凿，最高法院会要求原告以正确的方式提出必要的法律陈述，他们必须一开始就有至少能够证明推断的足够事实。即便如此，你的公司也不太可能会因为违反这些法律而遭到起诉和败诉，因为判断你设定的价格是否合法的调查具有不确定性。除此之外，不同的联邦程序并不总是同意之前关于怎样处理关键事项的讨论决定。因此，即使你让一个律师来评价你制定的价格的合法性，这个答案也可能由于处于不同的地理区域而不同，因为不同的法院执行不同的标准。更有甚者，最高法院还留下一些未解决的基本的不确定事项，比如是否待证明的损害必须是实质性的损害，而不是一个有足够历史依据推断出来的损害。

17.3　国际反垄断法执行

美国除了要对那些做出了冲击国内市场竞争行为的公司执行反垄断法，司法部下的反垄断部门现在还强调关于一般反垄断禁令连贯执行的重要性，因此，在国际经济中运行的企业将由统一的标准评估。[5]这要求和其他国家那些禁止反竞争行为——类似于美国法律禁止的行为——的法律实现一定程度的协调。比如，在欧盟，《欧洲共同体条约》（Treaty of the European Communities）第 81 条禁止在共同市场上限制市场竞争的联合企业和垂直协议。该条约还禁止限价和分占市场，但如果这个限制并非不合理且不存在消除市场竞争的风险，那么它会排除这类促进市场分配或技术创新的共谋。第82条禁止占有主导地位的企业通过价格歧视和独家经营滥用权力。类似美国反垄断法，欧盟法律禁止出现可能显著阻碍有效竞争的兼并。加拿大和日本也有相似的规定。

17.4　英特尔回扣案例练习

2007年7月28日，欧盟委员会，一个反垄断权威机构，控告英特尔公司在芯片市场滥用其市场主导地位对付其竞争对手AMD公司。进行调查后，欧盟委员会于2009年5月13日对英特尔开出了10.6亿欧元的罚款。英特尔认为自己遵守法律且针对自己的指控是错误的，因此，英特尔选择将一审判决上诉至欧洲法院。阅读以下关于英特尔和欧盟委员会调查情况的参考文献（在第10项中列出），然后回答下列问题：

1. 针对英特尔回扣计划的指控是什么？

2. 从英特尔获取销售的角度考虑，英特尔回扣计划的积极商业意图是什么？

3. 对于消费者来说，英特尔回扣计划的商业积极方面和消极方面是什么？

4. 对于竞争者（AMD）来说，英特尔回扣计划的商业消极方面是什么？

5. 对行业厂商而言，英特尔的回扣计划是不正常的举措吗？

6. 从研究与分析的角度考虑回扣计划以及无法被竞争者仿效的价格结构，你会对行业内厂商的CEO提供何种建议？

7. 公司何时应该采用一个让竞争对手无法仿效的合法价格结构？何时又应该避免，即便此价格结构能提高利润？

8. 讨论问题：你如何分析是否要在美国与受欧盟标准管辖的地域采用不同的计划？

9. 讨论问题：对于在美国市场上，你觉得是否需要回答上述问题？为什么？如果不需要，你认为需要回答什么问题？

10. 英特尔案例参考文献：

a. Don Clark, "Intel to Face Antitrust Charges in Europe." *Wall Street Journal* (July 27, 2007): B-4.

b. "Intel in Euro-Land," *Wall Street Journal* (July 31, 2007): A-14.

c. Jennifer L. Schenker, "Intel's in Hot Water in Europe," *Business Week Online* (September 2007); http://www.businessweek.com/global-biz/content/sep2007/gb20070921_968706.htm? chan＝top＋news_top＋news＋index_businessweek＋exclusives (accessed on August 21, 2010).

d. Charles Forelle，"Intel Confronts EU Antitrust Allegations；AMD Says Chip Giant Used Illegal Discounts，Rebates to Fix Market，" *Wall Street Journal* (March 12，2008)：B-12.

e. Don Clark and John R. Wilke，"FTC Begins Formal Inquiry into Intel's Chip Pricing；Case over Incentives to Makers of PCs Could Benefit AMD，" *Wall Street Journal* (June 7，2008)：A-3.

f. Charles Forelle，"EU Says Intel Paid to Hinder AMD Products，" *Wall Street Journal* (July 18，2008)：B-6.

g. Nikki Tait and Richard Waters，"Brussels accuses Intel of retailer pay-offs，" *Financial Times* (July 18，2008)：21.

h. "Business：A billion-euro question；Intel's antitrust ruling，" *The Economist* 391，No. 8631 (May 2009)：70.

i. Charles Forelle and Don Clark，"EU Shows Its Cards Behind Intel Case—In Emails，PC Makers Feared Retaliation by Chip Giant；'Best Friend Money Can Buy，'" *Wall Street Journal* (September 22，2009)：B-1.

j. Nikki Tait，"E-mails central to EU's case against Intel"，*Financial Times* (September 22，2009)：20.

注释

[1] State antitrust laws typically mirror the federal ones discussed here. Differences among states can be significant, and you should assume that any product sold in the United States is subject to one or more state laws. International antitrust laws are beyond the scope of this chapter. Articles contained in the Treaty of the European Communities are comparable to the Sherman Act prohibitions of price fixing and other "concerted" activity among competitors and monopolization (the EC terms are "abuse . . . of a dominant position within the common market"). However, the results reached by the EC in specific cases- for example, applying these provisions to rebates and imposing stiff fines on Intel in May 2009 for rebates in exchange for future exclusive purchases—may be more harsh than U.S. rulings on the same facts would be.

[2] Christine A. Varney, Assistant Attorney General, Antitrust Division, U.S. Department of Justice; "Vigorous Antitrust Enforcement in this Challenging Era," Remarks as prepared for the U.S. Chamber of Commerce on May 12, 2009 (withdrawing a portion of a Bush administration policy statement that provided greater latitude to dominant firms to avoid so-called over-deterrence).

[3] The criminal provisions include charging "unreasonably low prices for the purpose of destroying competition or eliminating a competitor," but the Supreme Court has interpreted that to prohibit below-cost prices implemented with predatory intent. *United States v. National Dairy Products Corp.*, 372 U.S. 29 (1963). Criminal provisions also prohibit territorial price discrimination "for the purpose of destroying competition or eliminating a competitor and failing to make discounts, rebates or allowance available to the recipient's competitors in the sale of goods of "like grade, quality, and quantity."

[4] *Brooke Group v. Brown & Williamson Tobacco Corp.*, 509 U.S. 209 (1993). Lower courts have used different measures of costs for this test, including average variable and marginal costs.

[5] Christine A. Varney, Assistant Attorney General, Antitrust Division, U.S. Department of Justice; Remarks as prepared for the 36th Annual Fordham Competition Law Institute Annual Conference on International Antitrust Law and Policy (September 24, 2009).

Supplements Request Form（教辅材料申请表）

Lecturer's Details（教师信息）			
Name： （姓名）		Title： （职务）	
Department： （系科）		School/University： （学院/大学）	
Official E-mail： （学校邮箱）		Lecturer's Address / Post Code： （教师通讯地址/邮编）	
Tel： （电话）			
Mobile： （手机）			

Adoption Details（教材信息）	原版□ 翻译版□ 影印版 □		
Title：（英文书名） Edition：（版次） Author：（作者）			
Local Publisher： （中国出版社）			
Enrolment： （学生人数）		Semester： （学期起止时间）	

Contact Person & Phone/E-mail/Subject：
（系科/学院教学负责人电话/邮件/研究方向）
（ 我公司要求在此处标明系科/学院教学负责人电话/传真号码并加盖公章。）

教材购买由 我□　　我作为委员会的一部分□　　其他人□［姓名：　　　］ 决定。

Please fax or post the complete form to（请将此表格传真至）：

CENGAGE LEARNING BEIJING
ATTN：Higher Education Division
TEL：(86)10 - 83435100
FAX：(86)10 - 82862089
ADD：北京市海淀区科学院南路 2 号
　　　融科资讯中心 C 座南楼 7 层 707 室　　100080

Note：Thomson Learning has changed its name to CENGAGE Learning.

中国人民大学出版社　管理分社

教师教学服务说明

中国人民大学出版社管理分社以出版工商管理和公共管理类精品图书为宗旨。为更好地服务一线教师，我们着力建设了一批数字化、立体化的网络教学资源。教师可以通过以下方式获得免费下载教学资源的权限：

★　在中国人民大学出版社网站 www.crup.com.cn 进行注册，注册后进入"会员中心"，在左侧点击"我的教师认证"，填写相关信息，提交后等待审核。我们将在一个工作日内为您开通相关资源的下载权限。

★　如您急需教学资源或需要其他帮助，请加入教师 QQ 群或在工作时间与我们联络。

中国人民大学出版社　管理分社

🔔　**教师 QQ 群：** 648333426（工商管理）　114970332（财会）　648117133（公共管理）
教师群仅限教师加入，入群请备注（学校＋姓名）

☎　**联系电话：** 010-62515735，62515987，62515782，82501048，62514760

📠　**电子邮箱：** glcbfs@crup.com.cn

📍　**通讯地址：** 北京市海淀区中关村大街甲 59 号文化大厦 1501 室（100872）

管理书社

人大社财会

公共管理与政治学悦读坊